ŒUVRES

DE

J. F. COOPER

IMPRIMERIE DE H. FOURNIER ET Cᵉ, 14 RUE DE SEINE.

J. F. COOPER

TRADUCTION

par Defauconpret

LIONEL LINCOLN.

Paris.
FURNE & Cie CH. GOSSELIN
Éditeurs.
1839.

OEUVRES

DE

J. F. COOPER

TRADUITES

PAR

A. J. B. DEFAUCONPRET

TOME QUATRIEME

LIONEL LINCOLN

PARIS
FURNE ET Ce, CHARLES GOSSELIN
ÉDITEURS

M DCCC XXXIX

PRÉFACE

DE LA NOUVELLE ÉDITION

DE LIONEL LINCOLN.

Peut-être il n'y a pas de pays dont l'histoire prête moins à la poésie que celle des Etats-Unis d'Amérique. L'imprimerie était en usage longtemps avant l'établissement des premiers colons, et la politique des provinces et des Etats fut toujours d'encourager la propagation des lumières. Il n'y a donc pas dans toute l'histoire d'Amérique un fait obscur, et il n'y en a pas même de douteux; tout est non seulement connu, mais si bien et si généralement connu, qu'il ne reste rien à embellir pour l'imagination d'un auteur. Il est vrai que le monde est tombé dans ses erreurs ordinaires relativement à des réputations individuelles, prenant pour guide les actions les plus frappantes et les plus facilement comprises, afin d'établir des conséquences sur lesquelles il se fonde pour appuyer un jugement, tandis que celui qui a profondément étudié la nature humaine sait que les défauts et les qualités les plus opposés se disputent souvent le même cœur. Mais le rôle du poëte n'est point de détruire ces erreurs, car il n'y a pas de maladresse plus promptement suivie de châtiment que la tentative d'instruire des lecteurs qui ne veulent être qu'amusés. L'auteur connaît cette vérité par expérience, ainsi que par les difficultés qu'il rencontra en écrivant cet ouvrage, le seul ouvrage historique qu'il se soit permis ; et par la manière dont il fut reçu dans le public. Il a prouvé qu'il ne dédaignait pas l'opinion de ce dernier en discontinuant des tentatives dont l'inutilité lui avait été si clairement, quoique si poliment prouvée.

Lorsqu'un auteur de romans peut violer l'ordre des temps, choisir des coutumes et des événements dans différents siècles, et en faire sa propriété légitime, il ne doit accuser de son manque de succès que son défaut d'intelligence et de talent. Mais lorsque les circonstances sont opposées à ses succès, il lui est permis de dire, pour sa propre justification, surtout lorsqu'il admet ses erreurs en se rétractant, que sa principale faute est d'avoir tenté l'impossible.

Bien que l'auteur de cet ouvrage admette franchement que *Lionel Lincoln* n'est pas ce qu'il espérait qu'il serait lorsqu'il commença sa tâche, il pense cependant qu'il n'est pas sans quelques droits à l'attention du lecteur. Les batailles de Lexington et de Bunker's Hill et le mouvement sur Prospect-Hill sont aussi exactement décrits que pouvait le faire un homme qui n'avait pas été témoin oculaire de ces importants événements. L'auteur n'épargna aucune peine en examinant les documents, soit anglais, soit américains, et consulta bien des autorités particulières avec un ferme désir de parvenir jusqu'à la vérité. Le terrain fut visité et examiné avec soin, et les différentes relations furent balancées par une comparaison sévère avec les probabilités. L'auteur ne s'en tint pas là ; il se procura même un journal de l'état du temps, et respecta minutieusement, dans son ouvrage, les variations de l'atmosphère. Ainsi, celui qui prend intérêt à tous ces détails peut être assuré que tout ce qu'il lira dans *Lionel Lincoln* sur ces faits particuliers est de la plus parfaite exactitude. Au moment où parut cet ouvrage, les faiseurs de *Revues* ont donc eu tort de reprocher à l'auteur son indifférence pour les lois de la nature, en mettant trop souvent en scène le clair de lune. Le critique, dans son zèle, oubliait le fait matériel, que le cours de la lune change de mois en mois ; il se souviendra maintenant que le journal météorologique était sous les yeux de l'auteur, pendant tout le temps où il fut occupé de ce roman.

Les ouvrages d'imagination sont rarement compris, même par ceux qui ont toute l'habileté nécessaire pour les juger. Un article, certainement très-favorable au livre, si l'on considère ses mérites, contenait la remarque que la conception et le dessin des caractères de l'idiot et du fou avaient dû donner beaucoup de peine à l'auteur. Il sera donc juste d'ajouter que Job Pray et Ralph sont des hommes que l'auteur a connus, et qu'il a conservé jusqu'à leur langage, autant que la narration le lui permettait.

Lionel Lincoln, comme la plupart des ouvrages du même auteur, fut imprimé primitivement sur un manuscrit qui n'avait point été recopié, sujet à toutes les imperfections qui font travailler la plume et la presse *pari passu*. Dans cette édition, beaucoup de fautes inséparables de cette négligence maladroite ont été corrigées, et l'auteur espère qu'il en est ainsi de quelques offenses contre le bon goût.

Paris, septembre 1832.

DÉDICACE

A WILLIAM JAY, ESQ.,

DE BEDFORD, WEST-CHESTER.

Mon cher Jay,

Une intimité non interrompue de vingt-quatre ans expliquera comment votre nom se trouve ici. Un homme d'un esprit plus facile que le mien pourrait, à ce sujet, trouver l'occasion de dire quelque chose d'ingénieux sur les brillants services de votre père; mais mon faible témoignage ne pourrait rien ajouter à une gloire qui appartient déjà à la postérité, tandis qu'ayant si bien connu le mérite du fils et éprouvé si longtemps son amitié, je puis trouver encore de meilleures raisons pour vous offrir ces Légendes.

Votre véritable et fidèle ami,

J. FENIMORE COOPER.

PRÉFACE

DES

LÉGENDES DES TREIZE RÉPUBLIQUES[1].

La manière dont les événements particuliers, les caractères et les descriptions qu'on trouvera dans ces légendes sont venus à la connaissance de l'auteur, restera probablement toujours un secret entre lui et son libraire. Il croit inutile d'assurer que les principaux faits qui y sont contenus sont vrais; car s'ils ne portaient pas en eux-mêmes des preuves certaines de leur vérité, il sent que toutes les assurances qu'il pourrait donner n'y feraient pas ajouter foi.

Mais quoiqu'il n'ait pas dessein de fournir des témoignages positifs à l'appui de son ouvrage, l'auteur n'hésitera pas à donner toutes les preuves négatives qui sont en son pouvoir.

Il déclare donc solennellement, d'abord, qu'aucun inconnu de l'un ou de l'autre sexe n'est jamais mort dans son voisinage laissant des papiers dont il se serait emparé légitimement ou non. Aucun étranger à physionomie sombre, à caractère taciturne, et se faisant une vertu du silence, ne lui a jamais remis une seule page d'un manuscrit illisible. Aucun hôte ne lui a fourni des matériaux pour en faire une histoire, afin que le profit en résultant puisse acquitter les loyers arriérés d'un locataire mort chez lui de consomption, et ayant fait sa sortie du monde avec assez peu de cérémonie pour oublier le dernier *item* de son compte, c'est-à-dire les frais de ses funérailles.

1. Dans la première édition *Lionel Lincoln* était annoncé comme la première des *Légendes des treize républiques*. L'auteur n'a pas donné suite à ce plan; néanmoins, et bien que cette préface ainsi que celle qui suit, et qui est particulière à *Lionel Lincoln*, aient été supprimées par l'auteur dans la dernière édition, nous avons cru devoir les conserver ici. M. Fenimore Cooper, s'étant lié d'amitié avec Walter Scott depuis la publication de *Lionel Lincoln*, aura cru ne pas devoir reproduire cette préface, qui aurait pu paraître renfermer une critique des *préfaces* des romans de *l'auteur de Waverley*. (Note de l'éditeur.)

Il ne doit rien à aucun conteur bavard cherchant à charmer l'ennui des longues soirées d'hiver. Il ne croit pas aux esprits. Il n'a pas eu une vision dans toute sa vie, et il dort trop profondément pour avoir des songes.

Il est forcé d'avouer que dans aucun des journaux publiés chaque jour, chaque semaine, chaque mois ou chaque trimestre, il n'a pu trouver un seul article louangeur ou critique, contenant une idée dont ses faibles moyens pussent profiter. Personne ne regrette cette fatalité plus que lui, car les rédacteurs de tous ces journaux mettent en général dans leurs articles tant d'imagination, qu'en en profitant avec soin on pourrait assurer l'immortalité d'un livre, en le rendant inintelligible.

Il affirme hardiment qu'il n'a reçu de renseignements d'aucune société savante, et il ne craint pas d'être contredit là-dessus, car pourquoi un être aussi obscur serait-il l'objet exclusif de leurs faveurs?

Quoiqu'on le voie de temps en temps dans cette société savante et frugale connue sous le nom de *club du pain et du fromage*, où il est coudoyé par des docteurs en droit et en médecine, des poëtes, des peintres, des éditeurs, des législateurs et des auteurs en tout genre, depuis la métaphysique et les hautes sciences jusqu'aux ouvrages de pure imagination, il assure qu'il regarde l'érudition qu'on y recueille comme trop sacrée pour en faire usage dans tout ouvrage qui n'est pas relevé par la dignité de l'histoire.

Il doit parler des colléges avec respect, quoique les droits de la vérité soient supérieurs à ceux de la reconnaissance. Il se bornera à dire qu'ils sont parfaitement innocents des erreurs qu'il a pu commettre, ayant oublié depuis longtemps le peu qu'ils lui ont enseigné.

Il n'a dérobé ni image à la poésie profonde et naturelle de Bryant, ni sarcasme à l'esprit d'Halleck, ni expressions heureuses à l'imagination riche de Percival, ni satire à la plume caustique de Paulding [1], ni périodes bien arrondies à Irving [2], ni vernis séduisant aux tableaux de Verplanck [3].

---

1. Poëtes américains dont on ne connait en Europe que quelques extraits, y compris les épigraphes des romans de M. Cooper.
2. L'auteur du *Sketch-Book* et de l'*Histoire de Christophe Colomb*, surnommé *l'Addison américain*.
3. Auteur encore moins connu en Europe que les autres.

Aux soirées et aux coteries des bas-bleus, il croyait avoir trouvé un trésor dans les *Dandys* littéraires qui les fréquentent; mais l'expérience et l'analyse lui ont fait reconnaître qu'ils ne sont bons qu'à suivre l'instinct qui les fait agir.

Il n'a pas à se reprocher la tentative impie de s'approprier les bons mots de Joe Miller[1], le pathos des écrivains sentimentalistes, ni les inspirations des Homères qui écrivent dans les journaux.

Il n'a pas eu la présomption d'emprunter la vivacité des Etats orientaux de l'Amérique; il n'a pas analysé le caractère homogène de ceux de l'intérieur; il a laissé ceux du sud en possession tranquille de tout leur esprit morose.

Enfin il n'a rien pillé ni dans les livres imprimés en caractères gothiques, ni dans les brochures à six pence; sa grand'mère a été assez dénaturée pour refuser de l'aider dans ses travaux; et, pour parler une fois positivement, il désire vivre en paix avec les hommes et mourir dans la crainte de Dieu.

PRÉFACE

DE LA PREMIÈRE ÉDITION

DE LIONEL LINCOLN.

On trouvera dans cette histoire quelques légers anachronismes; et, si l'auteur n'en parlait pas, les lecteurs qui s'attachent à la lettre pourraient en tirer des conclusions aux dépens de sa véracité; ils ont rapport aux personnes plutôt qu'aux choses. Si l'on veut les traiter d'erreurs, comme elles sont d'accord avec le fond des faits, qu'elles sont liées à des circonstances beaucoup plus probables que les événements réels, et qu'elles possèdent

---

1. Rédacteur d'un recueil de facéties et de chansons grivoises.

toute l'harmonie du coloris poétique, l'auteur est hors d'état de découvrir pourquoi ce ne sont pas des vérités.

Il abandonne ce point difficultueux à la sagacité d'instinct des critiques.

Cette légende peut se diviser en deux parties à peu près égales : l'une comprenant des faits qui sont de notoriété publique, l'autre fondée sur des renseignements particuliers qui ne sont pas moins certains. Quant à ses autorités pour cette dernière partie, l'auteur s'en réfère à l'avant-propos qui précède ; mais il ne peut parler avec aussi peu de cérémonie des sources où il a puisé la première.

Les bons habitants de Boston connaissent parfaitement le rôle glorieux qu'ils ont joué dans les premières annales de notre confédération, et ils ne négligent aucun moyen louable pour perpétuer la gloire de leurs ancêtres. De là tous ces ouvrages d'un intérêt local, publiés en si grand nombre à Boston, qu'on ne pourrait en trouver autant dans aucune autre ville des Etats-Unis. L'auteur s'est efforcé de tirer parti de ces matériaux, en comparant les faits, en en faisant un choix, et en montrant, comme il l'espère, un peu de cette connaissance des hommes et des choses qui est nécessaire pour présenter un tableau fidèle.

S'il a échoué dans son projet, il n'a du moins rien négligé pour le faire réussir.

Il ne prendra pas congé du berceau de la liberté américaine, sans exprimer ses remercîments des facilités qui ont été accordées à son entreprise. S'il n'a pas reçu la visite d'êtres aériens, s'il n'a pas eu de ces belles visions que les poëtes aiment à inventer, il est certain qu'on le comprendra, quand il dira qu'il a été honoré de l'intérêt de quelques êtres ressemblant à ceux qui ont inspiré leur imagination.

LIONEL LINCOLN,

ou

LE SIÉGE DE BOSTON.

Laissez-moi d'abord parler avec ce philosophe.

CHAPITRE PREMIER.

> Ils semblent ranimer mon âme accablée par la fatigue, et, pleins de joie et de jeunesse, respirer un second printemps.
>
> GRAY.

Aucun Américain ne peut ignorer les principaux événements qui portèrent le parlement de la Grande-Bretagne, en 1774, à frapper le port de Boston de ces restrictions impolitiques qui détruisirent si complètement le commerce de la principale ville de ses colonies occidentales. Tout Américain doit également savoir avec quelle noblesse, avec quel dévouement aux grands principes de cette lutte, les habitants de Salem, ville la plus voisine de Boston, refusèrent de profiter de la situation de leurs compatriotes. En conséquence de ces mesures impolitiques du gouvernement anglais, et de l'unanimité louable qui régnait alors parmi les habitants de la capitale, il devint rare de voir flotter sur les eaux de la baie oubliée de Massachusetts d'autres vaisseaux que ceux qui arboraient le pavillon royal.

Cependant, vers la fin d'un jour d'avril, en 1775, les yeux de plusieurs centaines de citoyens étaient fixés sur une voile éloignée qu'on voyait s'élever du sein des vagues, s'avançant dans les eaux prohibées et se dirigeant vers l'entrée du port proscrit. Un rassemblement considérable de spectateurs s'étaient réunis sur Beacon-Hill, en couvraient le sommet conique et la rampe orientale, et regardaient cet objet de l'intérêt général avec cette attention et cette sollicitude profonde pour les événements de chaque jour qui caractérisaient cette époque. Cette foule nombreuse se composait pourtant de gens qui n'étaient pas tous animés par les mêmes sentiments, et dont les uns formaient des vœux diamétralement opposés à ceux des autres. Tandis que le citoyen grave, sérieux, mais prudent, cherchait à cacher sous l'air d'une froide indifférence l'amertume de ses sensations, des jeunes gens, mêlés dans tous les groupes, et dont le costume annonçait la profession militaire, se livraient aux transports d'une joie bruyante, et se félicitaient à haute voix de la perspective qu'ils avaient de recevoir bientôt des nouvelles de leur patrie lointaine et de leurs amis absents. Mais le roulement prolongé des tambours qu'on battait dans la plaine voisine, et dont le son était apporté par la brise du soir, éloigna bientôt tous ces spectateurs oisifs, et laissa la montagne en possession de ceux qui y avaient le meilleur droit. Ce n'était pourtant pas alors une époque à laquelle on pût se livrer à des communications franches et sans réserve.

Longtemps avant que les vapeurs du soir eussent remplacé les ombres que le soleil faisait tomber du côté de l'occident, la montagne fut entièrement abandonnée, les spectateurs qui y étaient restés en étant descendus chacun de leur côté, pour regagner solitairement, et dans le silence de la réflexion, les rangées de toits sombres qui s'élevaient sur la côte, le long de la partie orientale de la péninsule.

Malgré cette apparence d'apathie, la renommée, qui, dans les temps de grand intérêt, trouve toujours le moyen de faire entendre un léger murmure quand elle n'ose parler à haute voix, s'empressait de faire circuler la nouvelle désagréable que le vaisseau qu'on venait d'apercevoir n'était que le premier d'une flotte qui amenait des renforts à une armée déjà trop nombreuse et trop fière de sa force pour respecter les lois. Nul bruit, nul tumulte ne succéda à cette fâcheuse annonce ; mais on ferma sur-le-champ toutes les portes des maisons et tous les volets des fenêtres, comme si l'on eût voulu seulement exprimer le sentiment général par ces preuves silencieuses de mécontentement.

Pendant ce temps le vaisseau était arrivé à l'entrée rocailleuse du havre, et s'y trouvant abandonné par la brise avec la marée contraire, il fut obligé de s'arrêter, comme s'il eût pressenti le mauvais accueil qui lui était dû. Les habitants de Boston s'étaient pourtant exagéré le danger; car ce navire, au lieu de présenter l'attroupement désordonné d'une soldatesque licencieuse qui aurait couvert le tillac d'un bâtiment de transport, n'offrait que très-peu de monde; le meilleur ordre régnait sur le pont, et il ne s'y trouvait rien qui pût gêner les passagers qu'il portait. Toutes les apparences extérieures auraient annoncé à l'œil d'un observateur que ce vaisseau amenait quelques personnages d'un rang distingué, ou qui possédaient les moyens de faire contribuer largement les autres à leur bien-être.

Le petit nombre de marins nécessaires à la manœuvre étaient assis ou couchés de différents côtés, regardant, avec un air d'indolence, tantôt la voile qui battait contre le mât comme une aile fatiguée, tantôt les eaux tranquilles de la baie, tandis que plusieurs domestiques en livrée entouraient un jeune homme qui faisait des questions au pilote, descendu à bord du navire à la hauteur de l'endroit nommé les Sépulcres[1]. Les vêtements de ce jeune homme étaient d'une propreté recherchée, et, d'après les peines excessives qu'il prenait pour les ajuster, on pouvait évidemment conclure que, dans l'opinion de celui qui les portait, ils étaient le *nec plus ultra* de la mode du jour. Depuis l'endroit où était ce groupe, près du grand mât, une grande partie du gaillard d'arrière était déserte; mais près du marin qui tenait nonchalamment la barre du gouvernail, on voyait un être jeté dans un moule tout à fait différent.

C'était un homme qui aurait paru arrivé au terme le plus reculé de la vieillesse, si sa marche agile et ferme, et les regards rapides de ses yeux brillants, tandis qu'il se promenait de temps en temps sur le pont, n'avaient paru démentir les indices ordinaires d'un âge avancé. Il avait la taille voûtée, et sa maigreur était extrême; le peu de cheveux qui tombaient sur son front étaient d'une blancheur qui semblait annoncer au moins quatre-

---

1. *The Graves.*

vingts hivers; de profondes rides, semblables à des sillons tracés par le temps et de longs soucis, avaient flétri ses joues creuses, et rendaient encore plus remarquables des traits empreints de noblesse et de dignité. Il portait un habit simple et modeste de drap gris, qui paraissait lui avoir rendu d'assez longs services, et qui laissait apercevoir des traces visibles de la négligence de son maître. Quand il détournait du rivage ses regards perçants, il marchait à grands pas sur le gaillard d'arrière, où il était seul, et semblait entièrement occupé de ses propres pensées, ses lèvres s'agitant rapidement, quoique aucun son ne sortît d'une bouche qui était silencieuse par habitude.

Il était sous l'influence d'une de ces impulsions soudaines qui font partager au corps l'activité de l'esprit, quand un jeune homme monta de la cabane sur le tillac, et se rangea parmi les curieux qui avaient les yeux fixés sur la terre. Son âge pouvait être d'environ vingt-cinq ans; il portait un manteau militaire jeté nonchalamment sur ses épaules, et ce qui paraissait de ses habits annonçait suffisamment que sa profession était celle des armes. Tout son extérieur avait un air d'aisance et de bon ton, quoique sa physionomie expressive parût quelquefois comme obscurcie par un air de mélancolie, pour ne pas dire de tristesse. En arrivant sur le pont, il rencontra les yeux du vieillard infatigable qui continuait à s'y promener; il le salua poliment, et détourna ensuite les yeux pour les porter sur les côtes, et examiner les beautés qui étaient sur le point de s'éclipser.

Les montagnes rondes de Dorchester brillaient encore des derniers rayons de l'astre qui venait de disparaître derrière elles : des bandes d'une lumière plus pâle jouaient encore sur les eaux, et doraient le sommet verdoyant des groupes d'îles qui se trouvent à l'entrée de la baie. On voyait dans le lointain les clochers de la ville de Boston, s'élançant du sein des ombres qui couvraient la ville, et dont les girouettes étincelaient encore, tandis que quelques rayons d'une plus vive lumière s'échappaient irrégulièrement du sombre fanal élevé sur le pic conique de Beacon-Hill. Plusieurs grands vaisseaux étaient à l'ancre entre les îles et en face de la ville, et devenaient moins distincts de moment en moment, au milieu des vapeurs du soir, quoique le sommet de leurs mâts brillât encore de la clarté du jour; de chacun de ces vaisseaux, des fortifications qui s'élèvent à peu de hauteur sur une petite île enfoncée dans la baie, et de divers postes dans la partie la plus élevée de la ville, on voyait flotter au gré du vent le pavillon anglais. Tandis que le jeune officier contemplait cette scène, il entendit le bruit des canons qui annonçaient la fin du jour; et, tandis qu'il suivait des yeux la descente des symboles superbes du pouvoir britannique, il sentit son bras pressé d'une manière expressive par la main de son vieux compagnon de voyage.

— Le jour n'arrivera-t-il jamais, lui dit le vieillard à voix basse, où nous verrons ce pavillon s'abaisser pour ne jamais se relever sur cet hémisphère?

Le jeune homme tourna les yeux avec vivacité sur celui qui lui parlait ainsi, mais les baissa sur-le-champ pour éviter les regards perçants de son vieux compagnon. Un assez long silence, un silence qui semblait pénible au jeune officier, succéda à cette observation. Enfin il dit en lui montrant la terre :

— Dites-moi, vous qui êtes de Boston, et qui devez connaître cette ville depuis longtemps, quels sont les noms de tous les beaux endroits que je vois?

— N'êtes-vous pas aussi de Boston?

— Il est vrai que j'y suis né, mais je suis Anglais par les habitudes et l'éducation.

— Maudites soient ces habitudes! Et combien doit être négligée l'éducation qui apprend à un enfant à oublier le pays qui l'a vu naître!

Le vieillard se détourna en murmurant ces mots à demi-voix, et, se remettant à marcher à grands pas, il s'avança vers le gaillard d'avant.

Le jeune officier resta quelques minutes comme absorbé dans ses réflexions, et, semblant se rappeler tout à coup le motif qui l'avait fait monter sur le tillac, il appela à haute voix : — Meriton !

Au son de sa voix, le groupe de curieux qui était rassemblé autour du pilote se dispersa, et le jeune homme vêtu avec prétention, dont nous avons déjà parlé, s'approcha de lui d'une manière qui offrait un singulier mélange de familiarité présomptueuse et de profond respect. Cependant le jeune officier, sans y faire attention et sans même l'honorer d'un regard, continua en ces termes :

— Je vous ai chargé de retenir la barque qui a amené le pilote pour me conduire à terre : voyez si elle est prête à partir.

Le valet courut exécuter les ordres de son maître, et revint presque au même instant lui dire que tout était prêt.

— Mais, Monsieur, ajouta-t-il, vous ne voudriez pas partir dans cette barque, j'en suis parfaitement assuré.

— Votre assurance, monsieur Meriton, n'est pas la moindre de vos recommandations ; mais pourquoi ne le voudrais-je pas ?

— Ce vieil étranger, cet homme désagréable avec ses haillons d'habits, s'y est déjà établi.

— Eh bien ! il faudrait pour me retenir un inconvénient beaucoup plus grave que celui d'avoir la société du seul homme de bonne compagnie qui se trouve sur ce vaisseau.

— Juste ciel ! s'écria Meriton en levant les yeux d'un air étonné ; sûrement, Monsieur, quant aux manières, vous êtes plus en état que personne d'en juger, mais pour les habits...

— Il suffit, il suffit, dit son maître d'un ton un peu brusque ; sa compagnie me convient. Si vous ne la trouvez pas digne de votre mérite, je vous permets de rester à bord jusqu'à demain matin. Je puis fort bien, pour une nuit, me passer de la présence d'un fat.

Sans faire attention à l'air mortifié de son valet déconcerté, il s'avança sur le tillac jusqu'à l'endroit où la barque l'attendait. Le mouvement général qui eut lieu à l'instant parmi tout l'équipage, et le respect avec lequel le capitaine le suivit jusqu'à l'échelle, prouvaient suffisamment que, malgré sa jeunesse, c'était principalement par égard pour lui qu'on avait maintenu un ordre si admirable dans toutes les parties du vaisseau. Cependant, tandis que tout ce qui l'entourait s'empressait de lui faciliter les moyens de descendre dans la barque, le vieil étranger s'y était assis à la meilleure place, avec un air de distraction, sinon de froide indifférence. Il ne fit aucune attention à l'avis que lui donna indirectement Meriton, qui avait pris le parti de suivre son maître, qu'il ferait bien de lui céder cette place, et le jeune officier s'assit à côté du vieillard avec un air de simplicité que son valet trouvait souverainement déplacé. Comme si cette humiliation n'eût pas suffi, le jeune officier, voyant que les rameurs restaient dans l'inaction, se tourna vers son compagnon et lui demanda poliment s'il était prêt à partir. Le vieillard ne répondit que par un signe affirmatif, et sur-le-champ toutes les rames furent en mouvement pour avancer vers la terre, tandis que le vaisseau manœuvrait pour aller jeter l'ancre à la hauteur de Nantasket.

Nulle voix n'interrompit le bruit cadencé des rames, tandis que, combattant la marée contraire, la barque traversait les nombreux détroits formés par différentes îles ; mais quand on fut à la hauteur du *château*[1], l'obscurité céda à l'influence de la nouvelle lune ; les objets qui les environnaient commençant à devenir plus distincts, le vieil étranger se mit à parler avec cette véhémence qui lui semblait naturelle, et il rendit compte à son compagnon de toutes les localités avec le ton passionné d'un enthousiaste, et en homme qui en connaissait depuis longtemps toutes les beautés. Mais il retomba dans le silence quand on s'approcha des quais négligés et abandonnés, et il s'appuya d'un air sombre sur les bancs de la barque, comme s'il n'eût osé se fier à sa voix pour parler des malheurs de sa patrie.

Laissé à ses propres pensées, le jeune officier regardait avec le plus vif intérêt les longs rangs de bâtiments qui devenaient visibles à ses yeux, et que la lune couvrait d'un côté d'une douce lumière, tandis que de l'autre le contraste de ses rayons épaississait les ombres. On ne voyait dans le port que quelques bâtiments démâtés. La forêt de mâts qui le couvrait autrefois avait disparu. On n'y entendait plus ce bruit de roues, ce mouvement actif qui auraient dû faire distinguer à cette heure le grand marché de toutes les colonies. Les seuls sons qui frappassent l'oreille étaient le bruit éloigné d'une musique martiale, les cris désordonnés des soldats qui s'enivraient dans les cabarets situés sur le bord de la mer, et la voix farouche des sentinelles placées sur les vaisseaux de guerre, qui arrêtaient dans leur marche le petit nombre de barques que les habitants conservaient encore pour la pêche ou le commerce côtier.

— Quel changement ! s'écria le jeune officier en jetant les yeux sur cette scène de désolation ; quel spectacle différent me retracent mes souvenirs, quelque imparfaits qu'ils soient, quelque loin qu'ils remontent !

Le vieillard ne répondit rien ; mais un sourire, dont l'expression était singulière, se peignit sur ses joues amaigries, et donna à tous ses traits un caractère doublement remarquable. Le jeune

---

1. Le *château* (*castle*). Ce château était un simple fort qui n'existe plus depuis que les îles ont été fortifiées sur une plus large échelle : on l'appelait aussi *Castle-William*.

officier n'en dit pas davantage, et tous deux gardèrent le silence jusqu'au moment où la barque, étant arrivée au bout du long quai, jadis si vivant, et où il ne se trouvait alors qu'une sentinelle qui le parcourait à pas mesurés, s'avança vers le rivage, et s'arrêta au lieu ordinaire du débarquement.

Quels que pussent être les sentiments des deux passagers, en atteignant en sûreté le but d'un voyage long et pénible, ils ne les exprimèrent point par des paroles. Le vieillard découvrit ses cheveux blancs, et, plaçant son chapeau devant son visage, il sembla rendre au ciel en esprit des actions de grâces de se trouver à la fin de ses fatigues, tandis que son jeune compagnon marchait avec l'air d'un homme que ses émotions occupaient trop pour qu'il pût songer à les peindre.

— C'est ici que nous devons nous séparer, Monsieur, dit enfin ce dernier; mais à présent que nos relations communes sont terminées, j'espère que la connaissance que nous devons au hasard se prolongera au-delà du terme de notre voyage.

— Un homme dont les jours sont aussi avancés que les miens, répondit le vieillard, ne doit pas présumer de la libéralité de Dieu au point de faire des promesses dont l'accomplissement dépend du temps. Vous voyez en moi un homme qui revient d'un triste, d'un bien triste pèlerinage sur l'autre hémisphère, pour laisser ses dépouilles mortelles dans son pays natal; mais si le ciel daigne m'accorder assez de vie pour cela, vous entendrez encore parler de celui que vos bontés et votre politesse ont si grandement obligé.

L'officier fut affecté du ton grave et solennel de son compagnon, et répondit en lui serrant sa main :

— Ne l'oubliez pas! je vous le demande comme une faveur spéciale. Je ne sais pourquoi; mais vous avez obtenu sur mes sentiments un empire que nul autre n'a jamais possédé; c'est un mystère pour moi, c'est comme un songe; mais j'éprouve pour vous, non seulement du respect, mais de l'amitié.

Le vieillard fit un pas en arrière, sans quitter la main du jeune homme, le regarda fixement quelques instants, et lui dit en levant lentement une main vers le firmament :

— Ce sentiment vient du ciel; il est dans les desseins de la Providence; ne cherchez pas à l'étouffer, jeune homme; conservez-le précieusement dans votre cœur.

LIONEL LINCOLN.

La réponse qu'allait lui faire le jeune officier fut interrompue par des cris subits et violents qui rompirent le silence général, et dont l'accent plaintif leur glaça le sang dans les veines. Le bruit de coups de courroies se joignait aux plaintes de celui qui les recevait, et était accompagné de jurements et d'exécrations que proféraient des voix qui ne paraissaient pas à une grande distance. Un mouvement commun les entraîna tous du côté d'où venait le tumulte, et ils y coururent avec rapidité. Lorsqu'ils approchèrent des bâtiments, ils virent un groupe rassemblé autour d'un jeune homme, dont les cris troublaient la tranquillité du soir, et dont les plaintes n'excitaient que la dérision. Ceux qui étaient spectateurs de ses souffrances encourageaient ceux qui les lui infligeaient à continuer.

— Grâce! grâce! pour l'amour de Dieu! ne tuez pas le pauvre Job! s'écriait la malheureuse créature; Job fera toutes vos commissions! Job n'a pas d'esprit! ayez pitié de lui! Oh! vous lui déchirez la chair!

— J'arracherai le cœur de la poitrine à ce jeune mutin! s'écria une voix rauque avec un accent de colère. Refuser de boire à la santé de Sa Majesté!

— Job lui souhaite une bonne santé; Job aime le roi, mais Job n'aime pas le rum.

Le jeune officier était alors assez près pour s'apercevoir que c'était une scène d'abus et de désordre, et, se faisant jour à travers les soldats qui composaient ce groupe, il se trouva bientôt au centre du cercle.

CHAPITRE II.

> Ils me fouetteront si je dis la vérité, tu me fouetteras si je mens, et quelquefois je suis fouetté pour avoir gardé le silence. J'aimerais mieux être je ne sais quoi... qu'un fou.
>
> SHAKSPEARE. *Le roi Lear.*

— QUE signifient ces cris? demanda le jeune officier en arrêtant le bras d'un soldat en fureur qui s'apprêtait à frapper de nouveau; de quel droit maltraitez-vous ainsi cet homme?

— Et de quel droit osez-vous porter la main sur un grenadier anglais? s'écria le soldat courroucé, se tournant vers lui, et levant sa courroie pour en frapper celui qu'il regardait comme un bourgeois de la ville. L'officier fit un pas de côté pour éviter le coup dont il était menacé : ce mouvement entr'ouvrit son manteau, et la clarté de la lune tombant sur son uniforme, le bras du soldat surpris resta suspendu.

— Répondez, je vous l'ordonne, continua l'officier tremblant de colère et d'indignation : pourquoi cet homme est-il tourmenté ainsi? A quel corps appartenez-vous?

— Aux grenadiers du 47e régiment, Votre Honneur, répondit un autre soldat d'un ton humble et soumis. C'est une leçon que nous donnions à un indigène pour lui apprendre à refuser de boire à la santé de Sa Majesté.

— C'est un pécheur endurci qui ne craint pas son Créateur ! s'écria la victime du courroux des soldats, en tournant avec empressement vers son protecteur son visage baigné de larmes ; Job aime le roi, mais Job n'aime pas le rum.

L'officier détourna les yeux de ce spectacle cruel, et ordonna aux soldats de délier leur prisonnier. Les doigts et les couteaux furent mis en réquisition pour lui obéir plus promptement, et le malheureux, rendu à la liberté, s'occupa à se couvrir des vêtements dont on l'avait dépouillé. Pendant ce temps, le tumulte qui avait accompagné cette scène de désordre avait fait place à un silence si profond, qu'on entendait la respiration pénible du pauvre diable dont le martyre avait été interrompu.

— Messieurs les héros du 47e régiment, dit l'officier quand l'objet de leur courroux eut remis ses habits, connaissez-vous ce bouton?

Le soldat à qui il semblait adresser plus particulièrement cette question regarda le bras qu'étendait l'officier, et il ne fut pas peu déconcerté en voyant sur le parement blanc qui décorait un uniforme écarlate, un bouton portant le numéro de son propre régiment. Personne n'osa répondre, et, après un silence de quelques instants, l'officier continua :

— Vous êtes de nobles soutiens de la gloire acquise par le régiment de Wolf, de dignes successeurs des braves guerriers qui ont été victorieux sous les murs de Quebec! Retirez-vous! demain on s'occupera de cette affaire.

— J'espère, dit un des soldats, que Votre Honneur se rappellera qu'il a refusé de boire à la santé du roi ; je suis sûr que si le colonel Nesbitt était ici...

— Osez-vous hésiter à m'obéir, misérable? Partez, puisque je vous en accorde la permission.

Les soldats déconcertés, car leur turbulence s'était évanouie comme par enchantement devant le regard sévère d'un officier supérieur, se retirèrent en silence, quelques vétérans disant tout bas à leurs camarades le nom de l'officier qui avait paru au milieu d'eux si inopinément. L'œil courroucé du jeune militaire les suivit tant que le dernier d'entre eux fut visible; après quoi, se tournant vers un vieux citoyen de la ville qui était appuyé sur une béquille et qui avait été spectateur de cette scène, il lui demanda :

— Savez-vous quelle est la cause du cruel traitement que ce pauvre homme vient de recevoir? Quel motif a occasionné cette violence?

— C'est un pauvre garçon, répondit le boiteux, un véritable innocent qui ne sait pas grand'chose, mais qui ne fait de mal à personne. Les soldats se sont divertis dans ce cabaret, et ils l'emmènent souvent avec eux pour s'amuser de sa faiblesse d'esprit. Si l'on souffre une pareille conduite, je crains qu'il n'en résulte de grands malheurs : des lois dures arrivant de l'autre côté de l'eau, ici des soldats qui se permettent tout, avec des gens comme le colonel Nesbitt à leur tête, tout cela ne peut manquer de...

— Nous ferons aussi bien de ne pas continuer cet entretien, mon cher ami, dit l'officier. J'appartiens moi-même au régiment de Wolf, et je veillerai à ce que justice soit rendue à qui de droit dans cette affaire. Vous me croirez aisément quand vous saurez que je suis un Enfant de Boston [1]; mais, quoique natif de cette ville, j'en ai été si longtemps absent, que je trouverais bien difficilement mon chemin dans ces rues tortueuses. Connaissez-vous la demeure de Mrs [2] Lechmere?

— C'est une maison bien connue dans tout Boston, répondit le boiteux d'une voix sensiblement changée par la connaissance qu'il venait d'acquérir qu'il parlait à un concitoyen. Job que voilà ne fait autre chose que des commissions, et il vous montrera le

---

1. Cette qualification est prise par tous ceux qui sont nés à Boston.
2. *Mrs.* Abréviation de *Mistress*.

chemin par reconnaissance du service que vous lui avez rendu. N'est-il pas vrai, Job?

L'idiot, car l'œil hébété et la physionomie insignifiante du jeune homme qui venait d'être arraché à ses bourreaux ne prouvaient que trop clairement qu'il appartenait à cette malheureuse classe d'êtres humains, répondit avec une précaution et une sorte de répugnance qui étaient assez singulières après ce qui venait de lui arriver :

— Mrs Lechmere? Oh! oui, Job connaît le chemin; il irait chez elle les yeux bandés, si... si...

— Si... si... si, quoi? imbécile! s'écria le zélé boiteux.

— S'il faisait jour.

— Les yeux bandés, s'il faisait jour? Entendez-vous le nigaud? Allons, Job, il faut que vous conduisiez monsieur dans Tremont-Street, sans parler davantage. Le soleil vient seulement de se coucher[1]; vous pouvez y aller et être dans votre lit avant que l'horloge d'Old-South sonne huit heures[2].

— Oui-dà, cela dépend du chemin que vous prenez. Je suis sûr, voisin Hopper, qu'il vous faudrait plus d'une heure pour aller chez Mrs Lechmere, si vous preniez par Lynn-Street, Prince-Street et Snow-Hill, surtout si vous passiez quelque temps à regarder les sépultures sur Copps-Hill.

— Allons, voilà l'idiot qui va tomber dans un accès d'humeur sombre, avec ses sépultures et Copps-Hill, s'écria le boiteux qui prenait intérêt à son jeune concitoyen, et qui lui aurait volontiers offert de lui servir de guide lui-même, si ses infirmités le lui eussent permis. Il faudra que Monsieur rappelle les grenadiers pour le mettre à la raison.

— Il est inutile d'user de sévérité avec ce malheureux jeune homme, dit l'officier; mes souvenirs m'aideront sans doute à trouver mon chemin à mesure que j'avancerai, et si je me vois embarrassé, je m'adresserai à quelque passant.

— Si Boston était encore ce que Boston a été, vous trouveriez à chaque coin de rue des gens qui répondraient civilement à vos

---

1. *'Tis but just Sundown.* Il est à peine nécessaire de dire au lecteur intelligent qu'un auteur n'est pas responsable de l'emploi des mots d'un usage local, lorsqu'il les place dans la bouche de ses personnages.

2. Le *Old-South* par opposition au *Old-North* est aussi bien connu à Boston que Saint-Pierre à Rome.

questions; mais, depuis le massacre¹, il est rare que nos compatriotes sortent de leurs maisons à une pareille heure. D'ailleurs, c'est aujourd'hui samedi, comme vous le savez; n'est-ce pas une honte pour ces tapageurs de choisir un pareil jour pour faire la débauche? Mais quant à cela, les soldats sont devenus plus insolents que jamais depuis le désappointement qu'ils ont éprouvé à Salem, relativement aux canons. Au surplus, ce n'est pas à un homme comme vous que j'ai besoin d'apprendre ce que sont les soldats quand ils ont une fois la tête montée.

— Je ne connais pas bien mes camarades, si la scène dont je viens d'être témoin est un échantillon de leur conduite ordinaire, Monsieur. Suivez-moi, Meriton; je ne crois pas que nous courrions grand danger de nous égarer.

Meriton reprit le porte-manteau dont il était chargé, et qu'il avait déposé à terre, et ils se mettaient en marche quand l'idiot s'approcha gauchement de l'officier, le regarda attentivement en face quelques instants, et sembla puiser de la confiance dans ses traits.

— Job conduira l'officier chez Mrs Lechmere, dit-il, si l'officier veut empêcher les grenadiers de le rattraper avant qu'il soit revenu de North-End.

— Ah! ah! dit l'officier en riant, il y a quelque chose de l'adresse d'un fou dans cet arrangement. Eh bien! j'accepte vos conditions; mais prenez garde de ne pas me mener contempler les sépultures au clair de lune, ou je vous livrerai aux grenadiers, et j'appellerai pour les aider l'infanterie légère, l'artillerie et tous les corps de l'armée.

Après cette menace faite en riant, l'officier suivit son agile conducteur, ayant fait ses adieux au boiteux obligeant, qui continua à recommander à l'idiot de prendre le chemin le plus droit, tant qu'il put lui faire entendre sa voix. Le jeune guide marchait si rapidement, qu'à peine l'officier put-il jeter un coup d'œil à la hâte sur les rues étroites et tortueuses qu'il traversait. Un ou deux regards lui suffirent pour reconnaître qu'il était dans la partie la plus sale et la plus mal bâtie de la ville, et, malgré tous ses efforts, il n'y trouva rien qui pût rappeler à sa mémoire son

---

1. Ceci est une allusion à une querelle qui eut lieu entre les soldats et les citoyens, et dans laquelle cinq ou six de ces derniers furent tués. Cet événement eut une grande influence dans les contestations subséquentes.

pays natal. Meriton, qui suivait son maître pas à pas, ne faisait que se plaindre du mauvais chemin et de sa longueur. Enfin l'officier commença lui-même à douter un peu de la bonne foi de son conducteur.

— N'avez-vous rien de mieux à montrer à un concitoyen qui revient dans son pays après dix-sept ans d'absence? s'écria-t-il. Tâchez donc de nous faire passer par quelques plus belles rues, s'il y en a de plus belles à Boston!

L'idiot s'arrêta un instant et regarda l'officier avec un air d'étonnement véritable; alors, sans lui répondre, il changea de direction, et, après une ou deux déviations, il entra dans un passage si étroit, qu'en étendant les bras on pouvait toucher les deux murailles. L'officier hésita un instant à le suivre dans cette allée tortueuse; mais un coude lui cachant déjà son guide, il se décida, doubla le pas, et regagna le terrain qu'il avait perdu. Ils sortirent enfin de ce passage obscur, et se trouvèrent dans une rue plus large.

— Là! dit Job d'un air de triomphe en regardant l'allée qu'ils venaient de traverser, le roi demeure-t-il dans une rue comme celle-là?

— Sa Majesté doit vous le céder à cet égard, répondit l'officier.

— Mrs Lechmere est une grande dame, continua l'idiot suivant évidemment le cours de ses idées décousues, et pour rien au monde elle ne voudrait demeurer dans cette rue, quoiqu'elle soit aussi étroite que la route qui conduit au ciel, comme dit la vieille Nab; je suppose que c'est pour cette raison qu'on l'appelle la rue des Méthodistes.

— J'ai certainement entendu dire que la rue dont vous parlez est étroite, on dit aussi qu'elle est droite, dit l'officier qui ne pouvait s'empêcher de s'amuser un peu du babillage de son guide; mais en avant, le temps passe vite, et il ne faut pas le perdre.

Job tourna sur sa droite, et, marchant le premier d'un pas agile, il passa par une autre allée qui méritait pourtant un peu mieux le nom de rue, et où les premiers étages des bâtiments construits en bois faisaient saillie en s'avançant de chaque côté. Après avoir suivi pendant quelque temps les détours irréguliers de leur route, ils entrèrent dans une place triangulaire, de quelques verges d'étendue, et Job, dédaignant de suivre les murailles comme il l'avait fait jusqu'alors, s'avança directement vers le centre. Là, s'arrêtant encore une fois et regardant d'un air très-sérieux un bâtiment formant un des côtés du triangle, il dit d'une voix qui exprimait toute son admiration :

— Voyez, voilà Old-North ; avez-vous jamais vu une aussi belle église ? Le roi adore-t-il Dieu dans un pareil temple ?

L'officier ne gronda point l'idiot de la liberté qu'il prenait, car dans l'architecture simple et antique de cet édifice construit en bois, il reconnut un des premiers efforts de ces constructeurs puritains dont le goût grossier s'est transmis à leur postérité avec tant de déviations, toutes dans le style de la même école, et avec si peu de perfectionnements. A ces considérations se joignaient des souvenirs qui commençaient à renaître, et il sourit en se rappelant le temps où il regardait lui-même ce bâtiment avec des sentiments qui n'étaient pas très-éloignés de la profonde admiration de l'idiot. Job examinait sa physionomie, et il se méprit aisément sur son expression ; il étendit le bras vers une des rues les plus étroites qui aboutissaient à cette place, et où l'on voyait quelques maisons qui annonçaient des prétentions plus qu'ordinaires.

— Et là, dit-il, voyez-vous tous ces palais ? Tommy le Ladre demeurait dans celui qui a des pilastres sur le haut desquels vous voyez des fleurs et des couronnes ; car Tommy le Ladre aimait les couronnes ; mais la maison commune de la province n'était pas assez bonne pour lui, et il demeurait là ; à présent on dit qu'il demeure dans un buffet du roi.

— Et qui était ce Tommy le Ladre, dit l'officier, et quel droit aurait-il eu de demeurer dans la maison commune, quand il l'aurait voulu ?

— Quel droit il en aurait eu ? Parce qu'il était gouverneur, et que la maison commune de la province appartient au roi, quoique ce soit le peuple qui la paie.

— Avec votre permission, Monsieur, dit Meriton qui était toujours derrière son maître, les Américains donnent-ils à tous leurs gouverneurs le nom de Tommy le Ladre ?

L'officier tourna la tête à cette sotte question de son valet, et s'aperçut que son vieux compagnon de voyage les avait suivis jusque-là. Il était alors appuyé sur son bâton, et contemplait avec attention la maison où avait demeuré Hutchinson, tandis que les rayons de la lune tombaient d'aplomb sur sa figure ridée mais expressive. Il fut si surpris de le revoir, qu'il ne songea pas à répondre à son valet, et Job se chargea de justifier lui-même les termes dont il s'était servi.

— Sûrement, ils leur donnent ce nom à tous, dit-il; ils appellent toujours les gens par leur véritable nom. Ils appellent l'enseigne Peek, enseigne Peek; et si vous donniez au diacre Winslow un autre nom que diacre Winslow, vous verriez comme ils vous regarderaient! Je suis Job Pray, et l'on m'appelle Job Pray. Pourquoi donc n'appellerait-on pas un gouverneur Tommy le Ladre, si c'est un Tommy le Ladre?

— Prenez garde de parler si légèrement du représentant du roi, dit le jeune officier en levant sa badine comme s'il eût voulu le châtier; oubliez-vous que je suis militaire?

L'idiot recula un peu d'un air craintif, et lui dit en le regardant avec timidité :

— Je vous ai entendu dire que vous êtes de Boston.

L'officier allait lui répondre avec gaieté; mais le vieillard passa devant lui avec agilité, et se plaça à côté du jeune guide avec un empressement si remarquable, que le cours des pensées du jeune militaire en fut entièrement changé.

— Ce jeune homme connaît les liens du sang et de la patrie, dit le vieillard à demi-voix, et je l'honore pour ce sentiment.

Ce fut peut-être le souvenir soudain du danger de ces allusions que l'officier comprenait parfaitement, et auxquelles son association accidentelle avec l'être singulier qui se les permettait commençait à familiariser son oreille, qui l'engagea à se remettre en marche silencieusement, livré à ses réflexions. Ce mouvement fit qu'il ne s'aperçut pas que le vieillard serra cordialement la main de l'idiot en murmurant encore quelques mots d'éloge.

Job reprit son poste en tête des autres, et l'on se mit en marche quoique d'un pas un peu moins rapide. A mesure qu'il avançait dans la ville, il hésita évidemment deux ou trois fois sur le choix des rues qu'il voulait prendre, et l'officier commença à craindre que l'idiot ne fût assez malin pour vouloir lui faire faire une longue promenade, au lieu de marcher directement vers une maison dont il était évident qu'il s'approchait avec répugnance. Il regardait autour de lui, dans le dessein de demander le chemin au premier passant qu'il rencontrerait; mais tout était déjà aussi tranquille que s'il eût été minuit, et pas un individu ne se présenta à ses yeux dans aucune des rues qu'il traversa.

Enfin l'air de son guide lui parut si suspect, qu'il venait de prendre la résolution de frapper à une porte pour demander des renseignements, quand, en sortant d'une rue sombre et étroite, ils se trouvèrent sur une place beaucoup plus grande que celle qu'ils venaient de quitter. Passant le long des murs d'un bâtiment noirci par le temps, Job les conduisit au centre d'un grand pont qui joignait à la ville une petite île du havre, et qui s'étendait à quelque distance dans la place, formant une espèce de quai. Là il s'arrêta et laissa la vue des objets qui les entouraient produire son effet sur ceux qu'il y avait amenés.

Cette place était formée par plusieurs rangées de maisons basses, sombres, irrégulières, dont la plupart paraissaient inhabitées. Au bout du bassin, et un peu de côté, un bâtiment long et étroit, orné de pilastres, percé de fenêtres cintrées, montrait ses murs de briques à la clarté de la lune. L'étage qui soutenait cette rangée de croisées, brillant dans le silence, était appuyé sur des piliers massifs aussi en briques, entre lesquels on apercevait plus loin les étaux du marché. De lourdes corniches en pierre étaient placées au haut des pilastres, et il était évident qu'une architecture maladroite avait fait tous ses efforts pour donner à ce bâtiment une apparence plus imposante que celle des maisons qu'ils avaient vues jusqu'alors. Tandis que l'officier regardait cet édifice, l'idiot examinait sa physionomie avec une attention qui semblait excéder ses facultés morales. Enfin s'impatientant de ne l'entendre prononcer aucun mot, soit pour exprimer son admiration, soit pour dire qu'il reconnaissait cet édifice, Job s'écria :

— Si vous ne connaissez pas Funnel-Hall[1], vous n'êtes pas de Boston.

— Mais je suis de Boston, répondit l'officier en riant, et je connais parfaitement Fanueil-Hall; mes souvenirs se réveillent à cette vue, et me rappellent les scènes de mon enfance.

— C'est donc là, dit le vieillard, que la liberté a trouvé tant d'avocats intrépides !

— Cela ferait plaisir au cœur du roi, dit Job, s'il pouvait quel-

---

1. Fanueil-Hall (que Job prononce Funnel) est un édifice de Boston désigné souvent dans les Etats-Unis comme le berceau de la liberté: c'était l'hôtel-de-ville où les citoyens firent entendre ces discussions hardies qui armèrent finalement toute l'Amérique du nord contre la tyrannie anglaise. Cet édifice avait été bâti, dans l'origine, aux frais d'un riche marchand, nommé Fanueil, descendu d'un réfugié français qui était venu en Amérique lors de la révocation de l'édit de Nantes.

quefois entendre parler le peuple dans Funnel-Hall. J'étais monté sur les corniches, et je regardais par une fenêtre, le jour de la dernière assemblée qui y a été tenue; et s'il y avait des soldats sur la place, il y avait dans la salle des gens qui ne s'en inquiétaient guère.

—Tout cela est fort amusant sans doute, dit l'officier d'un ton grave; mais cela ne me rapproche pas d'un pas de la maison de Mrs Lechmere.

—Ce qu'il dit est instructif, s'écria le vieillard; continuez, mon enfant. J'aime à l'entendre exprimer ses sentiments avec cette simplicité, cela indique l'état de l'esprit public.

—Que voulez-vous que je vous dise? répondit Job; ils parlaient bien, et voilà tout. Je voudrais que le roi vînt ici les écouter, cela abattrait son orgueil; il aurait pitié du peuple, et il ne songerait pas à fermer le port de Boston. Mais, quand il empêcherait l'eau d'y entrer par le détroit, elle y viendrait par Broad-Sound; et si on lui bouchait ce chemin, elle arriverait par Nantasket. Il n'a pas besoin de s'imaginer que les habitants de Boston se laisseront priver, par des actes du parlement, de l'eau que Dieu a faite pour eux, tant que Funnel-Hall sera à sa place.

—Drôle, s'écria l'officier d'un ton un peu courroucé, vous nous avez fait perdre tant de temps que voilà déjà huit heures qui sonnent.

L'air animé de l'idiot disparut, et il répondit en baissant les yeux:

—J'avais bien dit au voisin Hopper qu'il y avait plus d'un chemin pour aller chez Mrs Lechmere; mais chacun veut connaître la besogne de Job mieux que Job lui-même. A présent que vous m'avez fait oublier le chemin, il faut que j'entre pour le demander à la vieille Nab; elle ne le connaît que trop bien.

—La vieille Nab! s'écria l'officier, qui est la vieille Nab? Qu'ai-je affaire à elle? N'est-ce pas vous qui vous êtes chargé de me conduire?

—Il n'y a personne à Boston qui ne connaisse Abigaïl Pray, dit l'idiot.

—Que dites-vous? s'écria le vieillard avec agitation, que dites-vous donc d'Abigaïl Pray? n'est-elle pas honnête?

—Aussi honnête que la pauvreté peut la rendre, répondit l'idiot avec une sorte d'humeur. A présent que le roi a dit qu'on n'enverra plus à Boston d'autres marchandises que du thé, il est aisé de vivre quand on n'a pas de loyers à payer. Nab tient sa boutique dans l'ancien magasin, et c'est une bonne place. Job et sa mère ont chacun une chambre pour y dormir, et ils disent que le roi et la reine ne peuvent en avoir davantage.

Tandis qu'il parlait ainsi, les gestes qu'il faisait dirigeaient les yeux de ses auditeurs vers le singulier édifice auquel il faisait allusion. Comme la plupart des autres maisons qui donnaient sur cette place, c'était un bâtiment fort ancien, peu élevé, sombre et malpropre. Il était de forme triangulaire, une rue le bordant de chaque côté, et les trois extrémités se terminaient par autant de tours hexagones et surmontées, comme le principal édifice, par un toit presque perpendiculaire, couvert en tuiles et décoré d'ornements grossiers. Ses murs étaient percés d'un grand nombre de petites fenêtres, à travers l'une desquelles la faible lueur d'une chandelle était le seul indice qui annonçât que ce bâtiment sombre et silencieux était habité.

— Nab connait Mrs Lechmere mieux que Job, continua l'idiot après une pause d'un instant, et elle saura si Mrs Lechmere voudra faire fustiger Job pour lui amener de la compagnie un samedi soir[1], quoiqu'on assure qu'elle est assez mal apprise pour parler, rire, et boire du thé, le samedi soir comme les autres jours.

— Je vous garantis que vous en serez bien traité, dit l'officier que les délais de son guide commençaient à fatiguer.

— Voyons cette Abigaïl Pray, s'écria le vieillard en saisissant tout à coup Job par le bras, et en l'entraînant avec une force irrésistible vers une des portes du bâtiment, où ils entrèrent sur-le-champ.

Resté sur le pont avec son valet, le jeune officier hésita un instant avant de se décider sur ce qu'il avait à faire; mais cédant à l'intérêt vif et puissant que ce vieillard avait réussi à lui inspirer, il ordonna à Meriton de l'attendre, et suivit son guide et son compagnon de voyage dans la sombre habitation du premier. Après avoir passé la porte, il se trouva dans un appartement spacieux, sans autre décoration que les murs, et qui, d'après quelques marchandises de peu de valeur qu'on y voyait encore, paraissait avoir servi autrefois de magasin. La lumière l'attira vers une

---

[1]. Peut-être est-il nécessaire d'expliquer aux lecteurs européens que les Puritains observent le samedi soir comme étant le commencement du jour du Seigneur.

chambre, située dans une des tours, et, tandis qu'il s'avançait vers la porte qui en était entr'ouverte, il entendit la voix aigre d'une femme s'écrier :

— Où avez-vous été courir ainsi un samedi soir, vagabond? sur les talons des soldats, je gage. Vous êtes allé écouter leur musique impie, et assister à leurs réjouissances un jour si voisin du sabbat! Vous saviez pourtant qu'il y avait un navire dans la baie, et que Mrs Lechmere m'avait priée de la faire avertir dès qu'il serait arrivé. Je vous attends depuis le coucher du soleil afin de vous envoyer chez elle pour lui en porter la nouvelle, et l'on ne sait où vous trouver, vous qui savez si bien ce qu'elle attend.

— Ne grondez pas Job, ma mère, car les grenadiers lui ont fouetté la peau avec des courroies, jusqu'à lui en faire sortir le sang. Mrs Lechmere? je crois, ma mère, qu'elle a changé de logement, car il y a plus d'une heure que je le cherche, attendu qu'il y a là quelqu'un qui vient de débarquer du vaisseau, et qui m'a demandé de l'y conduire.

— Que veut dire cet imbécile? s'écria sa mère.

— Il parle de moi, dit le jeune officier en entrant dans l'appartement; c'est moi qu'attend Mrs Lechmere. Je suis venu à bord de *l'Avon*, de Bristol; mais votre fils m'a fait faire bien du chemin. Il parlait d'abord de me conduire par les sépultures de Copps Hill.

— Excusez un pauvre garçon qui n'a pas de jugement, Monsieur, dit la matrone en mettant ses lunettes pour examiner le jeune officier. Il connaît le chemin aussi bien que celui de son lit; mais il est quelquefois capricieux et volontaire. Ce sera une joyeuse soirée dans Tremont-Street. M'excuserez-vous, Monsieur?... Et levant la chandelle, elle l'approcha de son visage pour mieux examiner ses traits. — Un beau jeune homme, dit-elle comme en se parlant à elle-même; il a le sourire agréable de sa mère et l'œil terrible de son père. Que Dieu nous pardonne tous nos péchés, et qu'il nous rende plus heureux dans un autre monde que nous ne le sommes dans cette vallée de larmes et d'iniquité.

En finissant ces mots, elle remit la chandelle sur la table avec un air d'agitation singulière. Quoiqu'elle les eût prononcés sans intention de les faire entendre, l'officier n'en avait rien perdu, et un nuage soudain passant sur son front, en doubla l'expression mélancolique.

—Vous me connaissez donc ainsi que ma famille? dit-il.

—J'étais à votre naissance, jeune homme, et ce fut un jour de joie. Mais Mrs Lechmere attend la nouvelle de votre arrivée, et ce malheureux garçon va vous conduire à sa porte; elle vous dira tout ce qu'il convient que vous sachiez. Job! Job! que faites-vous donc dans ce coin? Prenez votre chapeau et conduisez Monsieur dans Tremont-Street; vous savez que vous aimez à aller chez Mrs Lechmere.

— Job n'irait jamais chez elle si Job pouvait s'en dispenser, murmura l'idiot avec humeur; et si Nab n'y avait jamais été, cela n'en vaudrait que mieux pour son âme.

— Osez-vous me manquer ainsi de respect, vipère? s'écria la vieille courroucée; et dans la violence de sa colère, elle prit les pincettes et les leva pour en frapper son fils.

— Femme, la paix! s'écria une voix derrière l'officier.

L'arme menaçante tomba de la main énervée de la furie, et ses joues jaunes et ridées se couvrirent de la pâleur de la mort. Elle resta immobile près d'une minute, comme si un pouvoir surnaturel l'avait changée en pierre. Enfin elle réussit à balbutier:

— Qui me parle ainsi?

— C'est moi, dit le vieillard en s'avançant vers un endroit de la chambre que la faible clarté de la chandelle pouvait atteindre; c'est un homme qui a vécu longtemps, et qui sait que si Dieu aime l'homme, l'homme doit aimer les enfants qui sont issus de lui.

Les jambes d'Abigaïl Pray ne purent la soutenir plus longtemps; tous ses membres furent agités par un tremblement universel; elle se laissa tomber sur une chaise: ses regards allaient sans cesse du vieillard au jeune officier, et les efforts infructueux qu'elle faisait évidemment pour parler annonçaient qu'elle avait perdu l'usage de la parole. Pendant ce court intervalle, Job s'approcha du vieillard, et lui dit en le regardant d'un air suppliant:

—Ne faites pas de mal à la vieille Nab; lisez-lui ce bon passage de la Bible que vous venez de prononcer, et elle ne frappera jamais Job avec les pincettes. N'est-ce pas, ma mère? Voyez-vous sa tasse? elle l'a cachée sous cette serviette quand nous sommes entrés. Mrs Lechmere lui donne de ce poison de thé; et quand elle en a bu, Nab n'est jamais pour Job ce que Job serait pour sa mère si sa mère était Job, et que Job fût la vieille Nab.

Le vieillard examina avec une attention marquée la physionomie mobile du jeune idiot, tandis qu'il lui parlait ainsi en faveur de sa mère; et lui passant ensuite doucement la main sur la tête, il dit avec un air de compassion :

— Pauvre malheureux enfant, le ciel t'a refusé le plus précieux de ses dons, et cependant son esprit veille autour de toi; car tu peux distinguer la dureté de la tendresse, et il t'a appris à discerner le bien et le mal. Jeune homme, ne trouvez-vous pas une leçon de morale dans cette volonté de la Providence? N'y voyez-vous pas quelque chose qui apprend que le ciel n'accorde pas de dons en vain, et qui montre la différence existant entre le devoir obtenu par l'indulgence, et celui qu'arrache l'autorité?

L'officier chercha à éviter les regards perçants du vieillard, et après une pause embarrassante de quelques instants, il exprima à la vieille femme, qui sortait de son état de stupeur, le désir qu'il avait de se rendre sur-le-champ chez Mrs Lechmere. La matrone, dont les yeux avaient toujours été fixés sur le vieillard depuis qu'elle avait recouvré l'usage de ses facultés, se leva lentement, et ordonna à son fils, d'une voix faible, de conduire le jeune officier dans Tremont-Street. Elle avait acquis, par une longue pratique, un accent qui ne manquait jamais de réprimer, quand il le fallait, l'humeur capricieuse du jeune idiot, et le ton de solennité que sa vive agitation donnait en ce moment à sa voix, l'aida à y réussir. Job se leva sans répliquer, et se disposa à obéir. Chacun des acteurs de cette scène éprouvait une contrainte qui annonçait qu'elle avait fait naître en eux des sentiments qu'il serait plus prudent d'étouffer, et ils se seraient séparés en silence, si l'officier n'eût trouvé devant la porte le vieillard qui y était comme immobile.

— Passez, Monsieur, lui dit-il; il est déjà tard, et vous pouvez comme moi avoir besoin d'un guide pour trouver votre demeure.

— Les rues de Boston me sont familières depuis longtemps, répondit le vieillard; j'ai vu cette ville s'accroître, des mêmes yeux qu'un père voit grandir son enfant, et mon amour pour elle est vraiment paternel. Il me suffit de me trouver dans un endroit où la liberté est regardée comme le plus grand bien; peu m'importe sous quel toit ma tête y repose : autant vaut celui-ci qu'un autre.

— Celui-ci! répéta l'officier en jetant les yeux sur un ameublement qui annonçait la pauvreté; vous serez plus mal dans cette maison que sur le navire que nous venons de quitter.

— Elle suffira pour tous mes besoins, répondit le vieillard en s'asseyant d'un air calme et en plaçant près de lui une petite valise qu'il portait; allez à votre palais de Tremont-Street, j'aurai soin que nous nous revoyions.

L'officier avait trop bien appris, pendant le voyage, à connaître le caractère de son compagnon pour lui rien répliquer; il le salua et sortit de l'appartement, laissant le vieillard la tête appuyée sur sa canne, d'un air rêveur et distrait, et la matrone regardant cet hôte inattendu avec une surprise qui n'était pas sans quelque mélange de terreur.

CHAPITRE III.

> Les liqueurs parfumées coulent des flacons d'argent, tandis que la porcelaine de la Chine reçoit l'onde fumante : ils récréent à la fois leur odorat et leur palais : de fréquentes libations prolongent de somptueux repas.
>
> Pope. *La Boucle de cheveux enlevée.*

Le souvenir des injonctions réitérées de sa mère servit à tenir Job en respect, et il ne songea qu'à remplir son message. Dès que l'officier parut, Job se dirigea vers le pont, le traversa, et, après avoir suivi pendant quelque temps le bord de l'eau, il entra dans une rue large et bien bâtie qui conduisait du quai dans la partie haute de la ville. Une fois dans cette rue, Job se mit à marcher avec une grande vitesse, et il était arrivé au milieu lorsque des cris de joie et des éclats de rire, qui partaient d'une maison voisine, attirèrent son attention et l'engagèrent à s'arrêter.

— Rappelez-vous les recommandations de votre mère, lui dit l'officier; que regardez-vous dans cette taverne?

— C'est le café anglais, dit Job en secouant la tête; oui, il est facile de s'en apercevoir au bruit qu'ils y font un samedi soir; tenez, il est rempli maintenant des officiers de lord Botte[1]; les

---

1. Job veut parler du comte de Bute, et prononce son nom Boot, *Botte* : la prononcia-

voyez-vous à la fenêtre, avec des uniformes si brillants, qu'on dirait autant de diable rouges? mais demain, lorsque la cloche d'Old-South sonnera, ils oublieront leur maître et leur créateur, les pécheurs endurcis qu'ils sont¹!

— Drôle! s'écria l'officier, c'est par trop abuser de ma patience. Allez droit à Tremont-Street, ou laissez-moi, que je cherche à me procurer un autre guide.

L'idiot jeta un regard de côté sur la physionomie irritée de son compagnon; puis il détourna la tête, et se remit en marche en murmurant assez haut pour être entendu :

— Tous ceux qui ont été élevés à Boston savent comment on y observe le samedi soir², et si c'est à Boston que vous êtes né, vous devriez aimer les usages de Boston.

L'officier ne répondit rien, et comme ils marchaient alors très-rapidement, ils eurent bientôt traversé deux nouvelles rues, King-Street et Queen-Street, et arrivèrent enfin dans celle de Tremont. A peine y étaient-ils entrés que Job s'arrêta, et dit en montrant du doigt un bâtiment qui était près d'eux :

— Vous voyez cette maison avec une cour et des pilastres, et une grande porte cochère? eh bien! c'est celle de Mrs Lechmere. Tout le monde dit que c'est une grande dame, mais je dis, moi, que c'est dommage que ce ne soit pas une meilleure femme.

— Et qui êtes-vous pour oser parler si hardiment d'une dame qui est si fort au-dessus de vous ?

— Moi? dit l'idiot en regardant fixement et d'un air de simplicité celui qui l'interrogeait ; je suis Job Pray, c'est le nom qu'on me donne.

— Eh bien! Job Pray, voici une couronne pour vous. La première fois que vous servirez de guide à quelqu'un, soyez attentif. Je vous dis, mon garçon, de prendre cette couronne.

— Job n'aime pas les couronnes. On dit que le roi porte une couronne, et que cela le rend fier et dédaigneux.

— Il faut en effet que le mécontentement soit bien général,

---

tion américaine de l'*u* se rapproche naturellement du son *ou* figuré par *oo*. D'ailleurs le peuple aimait à exprimer sa haine pour lord Bute en suspendant une botte à une potence.

1. L'observation du *sabbat* est encore rigoureuse en Amérique ; elle l'était encore davantage à cette époque, surtout dans les villes où le presbytérianisme était le culte dominant.

2. Le *sabbat* presbytérien, ainsi que cela a déjà été dit, commence le samedi soir pour finir le dimanche après le coucher du soleil.

pour qu'un pareil être refuse de l'argent plutôt que de manquer à ses principes, dit l'officier en lui-même. Allons, voilà donc une demi-guinée, si vous préférez l'or.

Job continua à frapper nonchalamment du pied contre une pierre, sans ôter ses mains de ses poches où il les tenait ordinairement, et à cette nouvelle offre il répondit, toujours dans la même posture, en relevant seulement un peu la tête enfoncée sous son chapeau rabattu :

— Vous avez empêché les grenadiers de battre Job, Job ne veut pas prendre votre argent.

— C'est bien, mon ami, c'est montrer plus de reconnaissance qu'on n'en trouverait souvent dans des hommes plus sensés. Allons, Meriton, je reverrai le pauvre garçon, et je n'oublierai pas ce refus. Je vous charge de le faire habiller plus convenablement dans le commencement de la semaine.

— Mon Dieu, Monsieur, dit le valet, si c'est votre bon plaisir, je n'y manquerai pas, je vous assure ; mais, de grâce, examinez un peu le personnage, et dites-moi, avec une pareille tournure, comment vous voulez que je m'y prenne pour en faire jamais quelque chose.

— Monsieur, Monsieur, cria Job en courant après l'officier qui avait déjà fait quelques pas, si vous voulez faire promettre aux grenadiers de ne plus jamais battre Job, Job vous montrera toujours le chemin dans Boston, et il fera aussi vos commissions, voyez-vous.

— Pauvre garçon ! Eh bien, oui, je vous promets que vous ne serez plus maltraité par les soldats. Bonsoir, mon bon ami. Venez me voir.

L'idiot parut satisfait de cette promesse ; car il se retourna aussitôt, descendit la rue en faisant mille gambades, et disparut bientôt au premier tournant. Cependant le jeune officier entra dans la cour de la maison de Mrs Lechmere. Le bâtiment était en briques et d'un extérieur plus imposant que la plupart de ceux qu'il avait vus dans la partie basse de la ville ; les ornements en étaient lourds et en bois, suivant une mode un peu plus ancienne, et il présentait une façade de sept fenêtres dans les deux étages supérieurs, celles sur les côtés étant beaucoup plus étroites que les autres. L'étage du bas offrait le même arrangement, à l'exception de la porte d'entrée.

On voyait une grande quantité de lumières aller et venir dans différentes parties de la maison, ce qui lui donnait un air de vie et de gaieté au milieu des édifices sombres et obscurs qui l'entouraient. L'officier frappa, et un vieux nègre se présenta aussitôt, portant une livrée assez belle et qui était même riche pour les colonies. — Mrs Lechmere est-elle chez elle? A cette demande le nègre répondit affirmativement, et traversant un corridor assez étendu, il ouvrit la porte d'un appartement qui se trouvait sur l'un des côtés, et dans lequel il fit entrer le jeune homme.

Cet appartement serait regardé aujourd'hui comme beaucoup trop petit pour contenir la société d'une ville de province; mais s'il lui manquait quelque chose en grandeur, ce désagrément était bien racheté par la richesse et la beauté des décors; les murs étaient divisés en compartiments par des panneaux de menuiserie sur lesquels étaient peints des paysages et des ruines de toute beauté; les châssis brillants et vernissés de ces tableaux étaient surchargés d'armoiries destinées à rappeler les différentes alliances de la famille; au-dessous étaient des divisions de panneaux plus petites, sur lesquelles étaient dessinés différents emblèmes, et de là s'élevaient, entre les compartiments, des pilastres en bois, cannelés, avec des chapiteaux dorés; une corniche lourde et massive, également en bois et surchargée d'ornements, se prolongeait autour de l'appartement et couronnait les autres ouvrages.

L'usage des tapis était encore, à cette époque, peu répandu dans les colonies, quoique le rang et la fortune de Mrs Lechmere l'eussent probablement engagée à l'introduire dans sa maison, si son âge et le caractère général de l'édifice ne l'eussent décidée à s'en tenir à l'ancienne méthode. Le plancher, dont la beauté répondait au reste de l'ameublement, était un ouvrage de marqueterie très-remarquable, et se composait de petits carrés alternativement de bois de cèdre rouge et de pin; au milieu se faisaient remarquer les lions de Lechmere, que l'artiste avait mis tout son talent à faire ressortir avec avantage.

De chaque côté du manteau de la cheminée, ouvrage lourd, mais très-soigné, étaient des compartiments voûtés d'un travail plus simple qui semblaient servir à quelque usage, et en effet l'un des châssis à coulisses qui les fermaient se trouvant levé laissait voir un buffet couvert d'argenterie massive. L'ameublement était riche, et quoique ancien, parfaitement conservé.

Au milieu de cette magnificence coloniale que la présence d'un grand nombre de bougies rendait encore plus imposante, une dame, sur le déclin de la vie, était assise avec dignité sur un sofa. L'officier avait ôté son manteau dans le vestibule, et l'uniforme militaire donnait une nouvelle grâce à son maintien et à sa tournure. Le regard dur et sévère de la dame s'adoucit sensiblement dès qu'elle le vit entrer; après s'être levée pour recevoir son hôte, elle le regarda quelque temps avec une douce surprise; le jeune homme rompit le premier le silence en disant :

— Excusez-moi, Madame, si j'entre sans m'être fait annoncer; mon impatience l'a emporté sur la cérémonie, tant chaque pas que je fais dans cette maison me rappelle les jours de mon enfance et la liberté dont je jouissais autrefois dans cette enceinte.

— Mon cousin Lincoln[1], interrompit la dame, qui était Mrs Lechmere; ces yeux noirs, ce sourire, votre démarche seule vous annoncent suffisamment; il faudrait que j'eusse oublié mon pauvre frère, et une personne qui nous est encore si chère, pour ne pas reconnaître en vous un véritable Lincoln.

Il y avait pendant cette entrevue, dans les manières de la dame et du jeune homme, une réserve et une contrainte qui pouvaient être aisément attribuées à l'étiquette minutieuse de l'école de province dont la dame était un membre si distingué, mais qui n'étaient pas suffisantes pour expliquer l'expression de tristesse qui se manifesta tout à coup sur la figure du jeune homme pendant qu'elle parlait. Ce changement ne fut cependant que momentané, et se remettant aussitôt, il répondit du ton le plus gracieux :

— Depuis longtemps on m'a appris à espérer que je trouverais dans Tremont-Street une seconde maison paternelle, et le souvenir obligeant que vous avez bien voulu conserver de mes parents et de moi, chère Mrs Lechmere, me prouve que mes espérances ne m'ont pas trompé.

La dame entendit cette remarque avec un plaisir sensible, et un sourire dérida son front sévère tandis qu'elle répondait :

— Tout mon désir en effet est que vous vous regardiez ici comme chez vous, quoique cette modeste habitation soit loin d'égaler les somptueuses demeures qu'a dû occuper l'héritier de

---

1. Mrs Lechmere appelle toujours Lionel Lincoln son cousin, quoique, à strictement parler, ce fût son petit-neveu. Le mot *cousin* se prend en Amérique, comme en Angleterre, dans une acception beaucoup plus générale que chez nous.

la riche maison de Lincoln. Il serait étrange qu'une personne qui a l'honneur d'appartenir à cette noble famille ne reçût pas son représentant avec les égards qui lui sont dus.

Le jeune homme, sentant qu'on en avait dit assez sur ce sujet, résolut de donner un autre tour à la conversation, et baisa respectueusement la main de Mrs Lechemere. En relevant la tête, il aperçut une jeune personne que la draperie des rideaux de la croisée l'avait empêché de remarquer d'abord. S'avançant vers elle, il dit avec vivacité, pour empêcher la vieille dame de reprendre l'entretien :

— Je présume que j'ai l'honneur de voir miss Dynevor, dont je suis aussi le cousin.

— Vous vous trompez, major Lincoln ; mais, quoiqu'elle ne soit pas ma petite-fille, Agnès Danforth est votre parente au même degré, puisque c'est la fille de feu ma nièce.

— Mes yeux et non mon cœur m'avaient donc trompé, dit le jeune militaire, et j'espère que miss Danforth me permettra de l'appeler ma cousine.

Une simple inclination de tête fut la seule réponse qu'il obtint, quoique Agnès ne refusât pas la main qu'il lui offrit en la saluant. Après quelques phrases sur le plaisir qu'ils avaient à se trouver ensemble, Mrs Lechmere engagea son jeune parent à s'asseoir, et une conversation plus suivie s'engagea.

— Je suis charmée de voir que vous ne nous ayez pas oubliées, cousin Lionel, dit Mrs Lechmere ; cette province éloignée offre si peu de rapports avec la mère-patrie, que je craignais que vous n'eussiez perdu jusqu'au moindre souvenir des lieux où vous avez reçu la vie.

— Je trouve la ville bien changée, il est vrai ; cependant j'ai traversé divers endroits que je me suis parfaitement rappelés, quoique l'absence, et l'habitude de voir des pays étrangers, aient un peu diminué l'admiration que m'inspiraient dans mon enfance les monuments de Boston.

— Il est certain que la splendeur de la cour britannique a dû singulièrement nous nuire dans votre esprit, et nous avons bien peu de monuments qui puissent attirer l'attention du voyageur étranger. On dit par tradition dans notre famille que votre château, dans le Devonshire, est aussi grand que les douze plus beaux édifices de Boston ; et nous sommes fiers de le dire, le roi n'est aussi bien logé que le chef de la famille Lincoln que dans son palais de Windsor.

— Ravenscliffe est assurément un domaine assez considérable, reprit le jeune homme d'un air d'indifférence, quoique j'aie été si peu dans le comté, qu'à dire vrai j'en connais à peine les agréments et l'étendue. Du reste, vous devez vous rappeler que Sa Majesté vit très-simplement lorsqu'elle est à Kew [1].

La vieille dame fit une légère inclination de tête avec cet air de satisfaction et de complaisance que ne manquent jamais de prendre les habitants des colonies, lorsqu'on fait allusion aux rapports qu'ils ont eus avec un pays vers lequel tous les yeux sont fixés, comme sur la source de l'illustration et de la grandeur. Puis ensuite, comme si le sujet qui l'occupait alors eût été la suite naturelle de celui qu'on venait de quitter, elle s'écria avec vivacité.

— Certainement Cécile n'est pas instruite de l'arrivée de notre parent, car elle n'a pas l'habitude de tarder autant à venir souhaiter la bienvenue aux hôtes qui nous arrivent.

— Miss Dynevor, dit Lionel, me fait l'honneur de me regarder comme un parent pour la réception duquel on ne doit point faire de cérémonie.

— Vous n'êtes cousins qu'au second degré, répondit Mrs Lechmere un peu gravement, et cela ne peut justifier l'oubli des devoirs qu'imposent la politesse et l'hospitalité. Vous voyez, cousin Lionel, quel prix nous attachons à la parenté, puisqu'elle est un sujet d'orgueil pour les branches même les plus éloignées de la famille.

— Je suis un pauvre généalogiste, Madame; cependant, s'il m'est resté une idée juste de ce que j'ai quelquefois entendu dire, miss Dynevor est d'un sang trop noble en ligne directe pour attacher beaucoup de prix à l'illustration qu'elle pourrait devoir aux alliances contractées par des membres de sa famille.

— Pardonnez-moi, major Lincoln; son père, le colonel Dynevor, était, il est vrai, un Anglais d'un nom ancien et honorable; mais il n'est point de famille dans tout le royaume qui ne tînt à honneur d'être alliée à la nôtre. Je dis la nôtre, cousin Lionel, car j'espère que vous n'oublierez pas que je suis Lincoln, et que j'étais la sœur de votre grand-père.

1. Château royal à quelques milles de Londres.

Un peu surpris de l'espèce de contradiction qu'il remarquait dans les paroles de Mrs Lechmere, Lionel se contenta d'incliner la tête en silence, et il essaya d'engager la conversation avec la jeune personne silencieuse et réservée qui était près de lui, tentative bien naturelle de la part d'un jeune homme de son âge. A peine avait-il eu le temps de lui faire une ou deux questions et d'en recevoir la réponse, que Mrs Lechmere dit à sa nièce, en montrant quelque mécontentement au sujet de sa petite-fille :

— Allez, Agnès, allez apprendre à Cécile l'heureuse arrivée de son cousin. — Elle n'a pas cessé de s'occuper de vous pendant tout le temps qu'a duré votre voyage. Depuis le jour où nous avons reçu la lettre qui nous annonçait l'intention où vous étiez de vous embarquer, nous avons demandé chaque dimanche les prières de l'Eglise pour une personne qui était en mer, et j'ai remarqué avec plaisir la ferveur avec laquelle Cécile joignait ses prières aux nôtres.

Lionel murmura quelques mots de remerciement, et se renversant sur sa chaise, il leva les yeux au ciel ; mais nous n'entreprendrons pas de décider si ce fut ou non un mouvement de pieuse gratitude. Dès qu'Agnès avait entendu l'ordre de sa tante, elle s'était levée et avait quitté la chambre. La porte était fermée depuis quelque temps avant que le silence eût été rompu de nouveau ; deux ou trois fois cependant Mrs Lechmere avait essayé de parler. Son teint pâle et flétri, malgré son immobilité habituelle, était devenu plus livide encore, et ses lèvres tremblaient involontairement ; enfin elle réussit à s'exprimer, quoique les premiers mots qu'elle prononça fussent mal articulés.

— Peut-être m'accusez-vous d'indifférence, cousin Lionel, lui dit-elle ; mais il y a des sujets qui ne peuvent être traités convenablement qu'entre proches parents. J'espère que vous avez laissé sir Lionel Lincoln en aussi bonne santé que peut le permettre sa maladie mentale ?

— Du moins on me l'a dit, Madame.

— Y a-t-il longtemps que vous ne l'avez vu ?

— Il y a quinze ans ; on m'a dit depuis lors que ma vue redoublait son délire, et le médecin défend qu'il voie personne. Il est toujours dans le même établissement près de Londres, et comme ses moments lucides deviennent de jour en jour plus longs et plus fréquents, je me berce souvent de la douce illusion de voir mon père rendu à ma tendresse. Cet espoir est justifié par son âge, car vous savez qu'il n'a pas encore cinquante ans.

Un long et pénible silence suivit cette intéressante communication ; enfin Mrs Lechmere dit d'une voix tremblante qui toucha profondément Lionel, puisqu'elle prouvait son bon cœur et l'intérêt qu'elle prenait à son père :

— Ayez la bonté de me donner un verre d'eau que vous trouverez dans le buffet ; excusez-moi, cousin Lionel ; mais ce sujet est si pénible que je ne saurais y penser sans que mes forces m'abandonnent. Je vais me retirer quelques instants, si vous le permettez, et je vous enverrai ma petite-fille ; je suis impatiente que vous fassiez connaissance avec elle.

La solitude était en ce moment trop d'accord avec les sentiments de Lionel pour qu'il cherchât à la retenir, et les pas chancelants de Mrs Lechmere, au lieu de suivre Agnès Danforth, qui était également sortie pour aller chercher Cécile, se dirigèrent vers une porte qui communiquait à son appartement particulier.

Pendant quelques minutes le jeune homme marcha à grands pas sur les *lions* de Lechmere avec une rapidité qui semblait égaler celle que l'artiste s'était efforcé de leur donner en peinture. Tandis qu'il parcourait dans tous les sens le petit salon, ses yeux se promenaient vaguement sur les riches boiseries où se trouvaient les champs d'argent, d'azur et de pourpre des différents écussons, et avec autant d'indifférence que s'ils n'eussent pas été couverts des emblèmes distinctifs de tant de noms honorables.

Cependant il fut bientôt tiré de sa rêverie par la soudaine apparition d'une personne qui s'était glissée dans l'appartement, et s'était avancée jusqu'au milieu avant qu'il se fût aperçu de sa présence. Une tournure gracieuse, les contours les plus séduisants, les proportions les plus parfaites, et avec cela une physionomie expressive où la grâce s'alliait si heureusement à la modestie, que son air seul commandait le respect, en même temps que ses manières étaient douces et insinuantes ; c'en était bien assez sans doute pour suspendre à l'instant la marche un peu désordonnée d'un jeune homme qui eût été encore plus distrait et moins galant que celui que nous avons essayé de dépeindre.

Le major Lincoln savait que cette jeune personne ne pouvait être que Cécile Dynevor, l'unique fruit du mariage d'un officier anglais, mort depuis longtemps, avec la fille unique de Mrs Lechmere, qui était aussi descendue prématurément au tombeau; elle le connaissait donc trop bien de réputation, et elle lui était alliée de trop près pour que, accoutumé au monde comme il l'était, Lionel éprouvât l'embarras qu'un jeune novice aurait pu ressentir à sa place, de se voir obligé d'être son propre introducteur. Il s'approcha d'un air assez aisé, et avec une familiarité que la parenté et les circonstances semblaient permettre, quoiqu'elle fût tempérée par un vernis de politesse. Mais la réserve avec laquelle la jeune dame répondit à ses avances était si visible, que, lorsqu'il eut fini son salut, et qu'il l'eut conduite jusqu'à un siége, il éprouva autant de gêne que s'il se fût trouvé seul pour la première fois avec une dame à laquelle il eût brûlé depuis plusieurs mois de faire l'aveu le plus délicat.

Soit que la nature ait donné à l'autre sexe plus de tact et de présence d'esprit pour ces sortes d'occasions, soit que la jeune personne eût senti elle-même que sa conduite n'était pas celle qu'elle se devait à elle-même de tenir à l'égard de l'hôte de sa grand'mère, elle fut la première à rompre le silence pour mettre fin à l'état de gêne et de contrainte où ils étaient tous deux depuis le commencement de l'entrevue.

— Ma grand'mère espérait depuis longtemps le plaisir de vous voir, major Lincoln, dit-elle, et vous ne pouviez arriver plus à propos. La situation de ce pays devient de jour en jour plus alarmante, et je l'engage bien souvent à aller passer quelque temps en Angleterre, jusqu'à ce que ces malheureuses contestations soient terminées.

Ces paroles, proférées du son de voix le plus doux et le plus mélodieux, et avec une prononciation aussi pure que si Cécile eût été élevée à la cour d'Angleterre, charmèrent d'autant plus agréablement Lionel, qu'il ne s'y mêlait aucune trace de ce léger accent du pays qui, dans le peu de mots qu'Agnès Danforth lui avait adressés, avait un peu blessé son oreille délicate.

— Vous qui avez toute la grâce et toute l'amabilité d'une Anglaise, répondit Lionel, vous trouveriez un grand plaisir à ce voyage; et s'il y a quelque vérité dans ce que m'a dit un de mes compagnons de voyage sur la situation de ce pays, j'appuierai fortement votre demande. Ravenscliffe et notre maison de Soho-Square [1] sont à la disposition de Mrs Lechmere.

---

1. L'une des plus belles places (*squares*) de Londres.

— Je désirais qu'elle se rendît aux pressantes invitations d'un parent de mon père, lord Cardonel, qui m'engage depuis longtemps à venir passer quelques années dans sa famille. Il me serait très-pénible de me séparer de ma grand'mère ; mais si les événements la décidaient à aller habiter la résidence de ses ancêtres, il me semble qu'on ne peut trouver à redire que je me retire aussi de préférence dans les domaines de mes pères.

L'œil perçant du major Lincoln se fixa sur elle pendant qu'elle prononçait ces derniers mots, et le léger sourire qui vint animer ses traits était causé par l'idée que la beauté provinciale avait hérité de l'orgueil généalogique de sa grand'mère, et qu'elle n'était pas fâchée de lui faire entendre que la nièce d'un vicomte était d'un rang plus élevé que l'héritier d'un baronnet. Mais la rougeur vive et brûlante qui couvrit un instant la jolie figure de Cécile prouva à Lionel qu'elle cédait à l'impulsion d'un sentiment plus profond et plus digne d'elle que le petit mouvement d'amour-propre dont il l'avait soupçonnée. Quoi qu'il en soit, il fut charmé de voir rentrer Mrs Lechmere, appuyée sur le bras de sa nièce.

— Je m'aperçois, mon cousin, dit la vieille dame en se dirigeant d'un pas débile vers le sofa, que je n'ai pas besoin de vous présenter Cécile : vous vous êtes reconnus aisément l'un l'autre, et il n'a point fallu pour cela d'autre indice que l'affinité qui existe entre vous. Par affinité je n'entends pas la force du sang, car ce n'est pas à des degrés aussi éloignés qu'on peut en sentir l'influence ; mais je suis sûre qu'il existe dans les familles des ressemblances morales plus frappantes encore que celles que peuvent offrir les traits.

— Si je pouvais me flatter de posséder le moindre rapport avec miss Dynevor, soit au physique, soit au moral, je serais doublement fier de notre parenté, dit Lionel d'un air distrait, en aidant la vieille dame à se placer sur le sofa.

— Mais je ne suis pas du tout disposée à me voir contester les liens du sang qui m'unissent à mon cousin Lionel, s'écria Cécile en s'animant tout à coup ; il a plu à nos ancêtres de décider…

— Allons, allons, mon enfant, interrompit sa grand'mère, vous oubliez que le terme de cousin ne saurait être employé que dans des cas de très-proche parenté, ou lorsqu'une longue connaissance peut excuser cette familiarité. Mais le major Lincoln sait que nous autres habitants des colonies, nous sommes portés à prendre les mots dans leur plus grande extension, et à compter nos cousins jusqu'à des degrés presque aussi éloignés que si nous étions membres de quelque clan écossais. A propos de clans, cela me rappelle la rébellion de 1745. Ne pense-t-on pas en Angleterre que nos fous de colons seront assez hardis pour prendre sérieusement les armes ?

— Les opinions varient sur ce point, dit Lionel. La plupart des militaires rejettent dédaigneusement cette idée, quoiqu'il se trouve des officiers qui ont servi sur le continent, et qui pensent que non seulement l'appel sera fait, mais que la lutte sera sanglante.

— Et pourquoi ne le feraient-ils pas ? s'écria tout à coup Agnès Danforth ; ils sont hommes, et les Anglais ne sont rien de plus.

Lionel tourna les yeux avec quelque surprise sur la jeune enthousiaste, qui avait dans ce moment même un air de douceur et en même temps de finesse qui ne semblait pas d'accord avec ces paroles, et il sourit en répétant ses propres expressions.

— Pourquoi ne le feraient-ils pas, demandez-vous ? Mais je n'en vois d'autre raison que parce que ce serait un acte de folie et en même temps de rébellion. Je puis vous assurer que je ne suis pas de ceux qui affectent de déprécier mes compatriotes, car vous vous rappellerez que je suis aussi Américain.

— J'ai entendu dire pourtant, reprit Agnès, que ceux de nos volontaires qui portent un uniforme le portent bleu, et non pas d'écarlate.

— Sa Majesté désire que son 47ᵉ régiment d'infanterie porte cette couleur éclatante, reprit Lionel en riant ; quant à moi, je consentirais volontiers à l'abandonner aux dames pour en adopter une plus modeste, si cela était possible.

— Cela est très-possible, Monsieur.

— Et comment donc, s'il vous plaît ?

— En donnant votre démission.

Il était évident que Mrs Lechmere avait eu quelque motif pour permettre à sa nièce de s'expliquer si librement ; mais voyant que son hôte ne montrait pas cet air piqué que les officiers anglais sont souvent assez faibles pour ne pas dissimuler lorsque les femmes prennent la défense de l'honneur de leur pays, elle tira le cordon de la sonnette en disant :

— Voilà un langage bien hardi pour une jeune personne qui

n'a pas encore vingt ans, n'est-ce pas, major Lincoln? mais miss Danforth a le privilége de tout dire librement; car plusieurs de ses parents, du côté de son père, ne sont que trop impliqués dans les scènes de désordre qui signalent ces temps malheureux; mais nous avons pris soin que Cécile restât plus fidèle à son devoir.

— Et cependant Cécile elle-même a toujours refusé d'embellir de sa présence les fêtes données par les officiers anglais, dit Agnès d'un ton un peu piqué.

— Cécile Dynevor aurait-elle pu fréquenter les bals et les fêtes sans être accompagnée d'un chaperon convenable? reprit Mrs Lechmere, et pouvait-on espérer qu'à soixante-dix ans je rentrerais dans le monde pour soutenir l'honneur de ma famille? Mais, avec nos discussions puériles, nous empêchons le major Lincoln de prendre les rafraîchissements dont il doit avoir besoin. — Caton, vous pouvez servir.

Mrs Lechmere dit ces derniers mots d'un air presque mystérieux¹ au nègre qui venait d'entrer. Le vieux domestique, qui probablement, d'après une longue pratique, comprenait les désirs de sa maîtresse plus par l'expression de ses yeux que par les ordres qu'elle lui donnait, commença par fermer les volets extérieurs et par tirer les rideaux avec le plus grand soin. Après ces préliminaires indispensables, il prit une petite table ovale qui était cachée sous les draperies des rideaux, et la plaça devant miss Dynevor; bientôt après, la surface polie du petit meuble d'acajou fut couverte d'abord d'une fontaine d'argent massif remplie d'eau bouillante, ensuite d'un plateau du même métal, sur lequel était étalé un déjeuner de la plus belle porcelaine de Dresde.

Pendant ces préparatifs, Mrs Lechmere avait tâché de captiver l'attention de son hôte en lui faisant différentes questions sur quelques parents qu'il avait laissés en Angleterre; mais malgré tous ses soins elle ne put empêcher Lionel de s'apercevoir du mystère et des précautions avec lesquelles le nègre faisait ces arran-

---

1. Cet air mystérieux cachait une *opinion*. Déjà en 1771, les habitants de Boston avaient proscrit le *thé* en haine de la Grande-Bretagne, qui avait maintenu l'impôt sur cette denrée de première nécessité pour les Américains comme pour les Anglais. Il n'y avait plus que les *loyalistes* ou plutôt les *ministériels* qui osassent en continuer l'usage, et il fallut presque le triomphe de la révolution pour l'*amnistier*. En 1774, plusieurs cargaisons de thé arrivèrent à Boston : elles furent toutes jetées à la mer, par des hommes du peuple déguisés en Indiens. L'auteur mentionnera ci-après cet événement; mais il est nécessaire d'en parler ici pour l'intelligence de ce passage.

gements. Miss Dynevor laissa tranquillement placer devant elle la table à thé; mais sa cousine, Agnès Danforth, détourna la tête d'un air de froideur et de mécontentement. Après avoir fait le thé, Caton en versa dans deux tasses cannelées, sur lesquelles étaient peintes de petites branches rouges et vertes fort bien imitées, et présenta l'une à sa maîtresse, et l'autre au jeune officier.

— Mille pardons, miss Danforth, s'écria Lionel dès qu'il eut pris la tasse, les mauvaises habitudes que l'on contracte pendant une longue traversée m'ont empêché de voir que vous n'étiez pas servie.

— Profitez de votre distraction, Monsieur, dit Agnès, si vous pouvez trouver quelque plaisir dans la jouissance dont elle a hâté le moment.

— Mais j'en jouirais bien davantage si je vous voyais partager avec nous ce raffinement de luxe.

— Oui, vous vous êtes servi du terme propre; ce n'est en effet qu'un raffinement de luxe dont on peut aisément se passer : je vous remercie, Monsieur, je ne prends pas de thé.

— Vous êtes femme, et vous n'aimez pas le thé? s'écria Lionel en riant.

— J'ignore l'effet que ce poison subtil peut produire chez vos dames anglaises, major Lincoln; mais il n'est pas difficile à une fille de l'Amérique de s'interdire l'usage d'une herbe détestable, qui est une des causes des commotions qui vont peut-être bouleverser sa patrie et mettre ses parents en danger.

Lionel, qui n'avait voulu que s'excuser d'avoir pu manquer aux égards que tout homme bien né doit aux femmes, inclina la tête en silence, et se tournant d'un autre côté, il ne put s'empêcher de jeter les yeux vers la table à thé, pour voir si les principes de l'autre jeune Américaine étaient aussi rigides que ceux de sa cousine. Cécile, penchée sur le plateau, jouait d'un air de négligence avec une cuillère d'un travail très-curieux, sur laquelle on avait voulu imiter une branche de l'arbuste dont les feuilles odorantes parfumaient le petit salon, tandis que la vapeur qui s'échappait de la théière placée devant elle formait un léger nuage autour de sa jolie tête, et lui donnait un air vraiment aérien.

— Vous au moins, miss Dynevor, dit Lionel, vous ne paraissez pas avoir d'aversion pour la plante dont vous respirez le parfum avec tant de plaisir.

L'air froid et presque fier qu'avait eu Cécile jusqu'alors avait entièrement disparu lorsqu'elle jeta les yeux sur lui, et elle lui répondit avec un ton de gaieté et de bonne humeur qui lui semblait beaucoup plus naturel :

— Je suis femme, et j'avoue ma faiblesse ; je crois que ce fut du thé qui tenta notre mère commune dans le paradis terrestre.

— Si ce que vous dites était prouvé, dit Agnès, il semblerait que l'artifice du serpent a récemment trouvé des imitateurs, quoique l'instrument de tentation ait un peu perdu de sa vertu.

— Comment le savez-vous ? reprit Lionel en riant, pour prolonger un badinage qui pouvait du moins servir à établir entre eux un peu de familiarité ; si Eve eût fermé l'oreille aux offres du serpent avec autant de soin que vous fermez la bouche lorsque je cherche à faire usage des mêmes armes, nous jouirions encore du bonheur promis à nos premiers parents.

— Oh ! Monsieur, ce breuvage tant vanté ne m'est pas aussi étranger que vous pourriez le supposer, car le port de Boston, comme dit Job Pray, n'est qu'une grosse théière [1].

— Vous connaissez donc Job Pray, mise Danforth ? dit Lionel qui s'amusait beaucoup de sa vivacité.

— Certainement. Boston est si petit, et Job si utile, que tout le monde connaît l'idiot.

— Il appartient donc à une famille très-connue, car il m'a assuré lui-même qu'il n'y avait personne à Boston qui ne connût la vieille et bizarre Abigaïl sa mère.

— Vous ! s'écria Cécile de la voix douce et mélodieuse qui avait déjà frappé Lionel ; que pouvez-vous savoir du pauvre Job et de sa mère presque aussi malheureuse que lui ?

— Maintenant, Mesdames, je vous y prends, s'écria Lionel ; vous savez résister à la tentation que vous offre ce thé délicieux : mais quelle femme peut résister à l'impulsion de sa curiosité ! Cependant, comme je ne veux pas me montrer cruel avec deux jolies cousines que je connais depuis si peu de temps, je leur avouerai que j'ai eu déjà une entrevue avec Mrs Pray.

Agnès allait répondre lorsqu'elle en fut empêchée par le bruit de quelque chose qui venait de tomber derrière elle ; elle se tourna et vit à terre les morceaux de la belle tasse de porcelaine que Mrs Lechmere venait de laisser tomber.

1. Cette comparaison de Job Pray se trouve expliquée par la note précédente.

— Ma chère grand'maman se trouve mal! s'écria Cécile en volant à son secours. Vite, Caton..... Major Lincoln, hâtez-vous; pour l'amour du ciel, avancez nous un verre d'eau... Agnès, donnez-moi vos sels.

Les aimables soins de la petite-fille de Mrs Lechmere n'étaient cependant pas aussi nécessaires qu'on aurait pu le croire d'abord à la vieille dame, qui repoussa doucement les sels, quoiqu'elle ne refusât pas le verre d'eau que Lionel lui offrait pour la seconde fois.

— Je crains que vous ne me preniez pour une vieille bien infirme et bien maussade, dit Mrs Lechmere dès qu'elle se trouva un peu mieux; mais je crois que c'est ce thé dont on a tant parlé ce soir et dont je bois beaucoup, par excès de loyauté [1], qui m'attaque les nerfs; il faudra vraiment que je m'en prive comme mes filles, mais par un autre motif. Nous sommes habituées à nous retirer de bonne heure, major Lincoln; mais vous êtes ici chez vous, et vous pouvez agir en toute liberté. Je réclame un peu d'indulgence pour mes soixante-dix ans, et je souhaite qu'une bonne nuit vous fasse oublier les fatigues du voyage. Caton aura soin qu'il ne vous manque rien.

Appuyée sur ses deux pupilles, la vieille dame se retira, laissant à Lionel l'entière jouissance du petit salon. Comme l'heure était assez avancée, et qu'il n'espérait pas voir revenir ses jeunes parentes, il demanda une lumière, et se fit conduire à l'appartement qui lui était destiné. Aussitôt que Meriton lui eut rendu les services qui, à cette époque, faisaient qu'un valet de chambre était indispensable à un gentilhomme, il le renvoya, et jouit du plaisir de s'étendre dans un bon lit.

Cependant tous les incidents de la journée le jetèrent dans une foule de pensées, qui pendant longtemps l'empêchèrent de trouver le repos qu'il cherchait. Après avoir fait de longues et tristes réflexions sur certains événements qui touchaient de trop près aux sentiments de son cœur, pour ne lui offrir qu'un souvenir passager, le jeune homme pensa à l'accueil qu'il avait reçu, et aux trois femmes qu'il venait de voir, pour ainsi dire, pour la première fois.

---

[1]. Loyauté est pris ici, comme dans le reste du roman, dans le sens politique du mot : *fidélité au roi et au gouvernement*. Aussi le traducteur a-t-il traduit quelquefois plus littéralement *loyalty* par *loyalisme*.

Il était évident que Mrs Lechmere et sa petite-fille jouaient chacune leur rôle ; était-ce de concert ou non ? c'est ce qui restait à découvrir. Mais pour Agnès Danforth, Lionel, malgré toute sa subtilité, ne put découvrir en elle que des manières simples, franches, et même quelquefois un peu brusques, qu'elle devait à la nature et à l'éducation. Comme presque tous les jeunes gens qui viennent de faire connaissance avec deux femmes d'une beauté remarquable, il s'endormit en pensant à elles, et on ne sera pas étonné si nous ajoutons qu'avant le matin il avait rêvé qu'il se trouvait sur *l'Avon* de Bristol, qui l'avait conduit sur les bancs de Terre-Neuve, où il savourait un bol de punch préparé par les jolies mains de miss Danforth, et auquel se mêlait le doux parfum du thé, tandis que Cécile Dynevor, debout derrière lui, avec toute la grâce d'une Hébé, le regardait en riant, et s'abandonnait à toute la gaieté folâtre de son âge.

CHAPITRE IV.

<blockquote>
Sur ma parole, voilà un homme bien nourri.
Shakspeare. *Le roi Henri IV.*
</blockquote>

Le soleil commençait à darder ses rayons sur le brouillard épais qui s'était répandu sur la surface de l'eau pendant la nuit, lorsque Lionel monta sur les hauteurs de Beacon-Hill pour jouir de la vue de son pays natal, au moment où il était éclairé par les premiers feux du jour. Les îles élevaient leurs têtes verdoyantes au-dessus du brouillard, et le vaste amphithéâtre de rochers qui entourait la baie était encore visible, quoique la vapeur se dessinât par intervalles le long des collines, tantôt cachant l'entrée d'une charmante vallée, tantôt serpentant en légers tourbillons autour d'un clocher élevé qui annonçait l'emplacement d'un village.

Quoique les habitants de la ville fussent éveillés et debout, cependant la solennité du jour et en même temps la situation des affaires contribuaient à entretenir un religieux silence, et l'on n'entendait ni ce bruit ni ce tumulte qui sont ordinaires dans les endroits très-peuplés. Les nuits froides d'avril, succédant à la chaleur du jour, avaient engendré un brouillard encore plus épais qu'à l'ordinaire, qui, s'élevant de la surface de l'eau et se glissant furtivement le long des terres pour s'unir aux vapeurs des rivières et des marais, dérobait, dans ses ondulations multipliées, la vue d'une grande partie de l'horizon.

Lionel, debout sur le bord de la plate-forme qui couronnait la colline, jouissait de ce délicieux spectacle. Les maisons et les rochers, les tours et les vaisseaux, les lieux que reconnaissaient ses souvenirs, ceux qu'il avait oubliés, s'offraient successivement à ses yeux à mesure que le brouillard s'entr'ouvrait pour les lui laisser apercevoir. Cette scène, à qui ce changement continuel donnait une nouvelle vie, où tout était animé, semblait à son imagination charmée une sorte de panorama magique qui se déployait sous ses yeux pour son seul plaisir, et il se livrait aux plus douces illusions, lorsqu'il fut tiré de sa rêverie par le son d'une voix qui se fit entendre à peu de distance.

C'était un homme qui chantait sur un méchant air anglais quelques fragments d'une chanson, et, à la fin de chaque vers, il faisait une cadence nasale de l'effet le plus désagréable. Comme il s'interrompait à chaque instant, Lionel finit par saisir quelques paroles qui, répétées par intervalles, semblaient évidemment servir de refrain au reste de la chanson. Le lecteur pourra juger du genre et du style de ces couplets par ce refrain, qui peut servir d'échantillon pour toute la pièce :

> Celui qui veut la liberté
>   Se met en campagne.
>   L'esclave entêté
> Reste, et qu'est-ce qu'il y gagne ?
> Il boit son poison de thé.

Lionel, après avoir écouté ce couplet expressif, suivit la direction de la voix jusqu'à ce qu'il eût rencontré Job Pray, qui était assis sur l'une des marches en bois qui conduisaient à la plate-forme ; Job s'amusait à casser quelques noisettes sur le bord d'une planche, tandis qu'il consacrait les intervalles que sa bouche ne pouvait pas employer plus utilement à chanter les beaux vers que nous venons de citer.

— Comment donc, maître Pray, s'écria Lionel en l'apercevant, venez-vous chanter ici vos oraisons à la déesse de la liberté un dimanche matin, ou bien êtes-vous l'*alouette* de la ville ¹, et, faute d'ailes, êtes-vous venu sur cette éminence pour faire entendre de plus haut vos mélodieux accents?

— Il n'y a pas de mal à chanter des airs de psaumes ou des chansons du continent, quelque jour que ce soit de la semaine, dit Job sans lever les yeux ni sans interrompre son travail ; Job ne sait pas ce que c'est que votre alouette ; mais si elle est de la ville, il faut bien qu'elle vienne sur les hauteurs, puisque les soldats occupent toute la plaine.

— Et quelle objection pouvez-vous faire à ce que les soldats occupent un coin de la plaine?

— Ils affament les vaches, et alors elles ne donnent pas de lait ; l'herbe est nécessaire à ces pauvres bêtes quand vient le printemps.

— Mais, mon pauvre Job, les soldats ne mangent point le gazon, et vos amies herbivores de toutes les couleurs peuvent savourer la première offrande du printemps comme à l'ordinaire.

— Les vaches de Boston n'aiment pas l'herbe qui a été foulée aux pieds par les soldats anglais, dit Job d'un air sombre.

— En vérité ! c'est porter l'amour de la liberté jusqu'au raffinement, s'écria Lionel en éclatant de rire.

Job secoua la tête d'un air menaçant, et lui dit :

— Prenez garde que Ralph vous entende rien dire contre la liberté.

— Ralph ! Et qu'est-ce que Ralph, mon garçon ? est-ce votre génie ? Où le tenez-vous donc caché pour qu'il puisse entendre ce que je dis ?

— Il est là, dans le brouillard, dit Job en lui montrant du doigt le pied du fanal qu'entouraient des vapeurs épaisses, attirées sans doute par le grand poteau qui le supportait.

Lionel regarda quelques moments la colonne environnée de fumée sans rien distinguer ; enfin il aperçut, au milieu des ondulations vaporeuses, le vieillard qui avait été son compagnon de voyage ; il avait toujours les mêmes vêtements, et leur couleur grise était si bien en harmonie avec les brouillards, qu'elle donnait à son extérieur quelque chose d'aérien et de surnaturel. A

---

1. *Lark*, locution anglaise qui répond au *coq de village* en français.

mesure que les vapeurs dont il était entouré devenaient moins épaisses, Lionel put distinguer les regards rapides et inquiets qu'il lançait de tous côtés, et qui semblaient errer sur les objets les plus éloignés, comme si son œil perçait le voile qui était étendu devant la plus grande partie de la perspective.

Tandis que Lionel restait immobile à la même place, examinant cet être bizarre avec cette sorte de respect involontaire qu'il avait réussi à lui inspirer, le vieillard agitait la main d'un air d'impatience, comme s'il eût voulu dissiper les ténèbres dont il était enveloppé. Dans ce moment un rayon brillant du soleil se fit jour à travers le brouillard, et, dissipant la vapeur, jeta une clarté soudaine sur toute sa personne. L'expression dure et sévère de sa physionomie, son air hagard et inquiet changèrent au même instant; un sourire doux et mélancolique se peignit sur tous ses traits et il appela à haute voix le jeune officier :

— Venez ici, Lionel Lincoln, venez au pied de ce fanal; vous pourrez y recueillir des avertissements qui, si vous savez en profiter, vous guideront sain et sauf à travers bien des dangers.

— Je suis bien aise d'entendre le son de votre voix, dit Lionel en s'avançant de son côté; vous paraissiez un être d'un autre monde, enveloppé dans ce manteau de vapeurs, et j'étais tenté de tomber à genoux et de demander votre bénédiction.

— Et ne suis-je pas en effet un être d'un autre monde! Presque tout ce qui pouvait m'intéresser à la vie est déjà dans le tombeau, et je ne prolonge ici mon pèlerinage encore quelques instants que parce qu'il y a une grande œuvre à accomplir, qui ne saurait s'effectuer sans moi. Je vois l'autre monde, jeune homme, beaucoup plus clairement et plus distinctement que vous ne voyez ce tableau mouvant qui est à vos pieds. Là il n'y a point de brouillards pour arrêter la vue, point d'illusions de couleurs, point de prestige des sens.

— Vous êtes heureux, Monsieur, à l'extrême limite de la vie, d'avoir cette assurance. Mais je crains que votre détermination subite d'hier soir, de partager la demeure de cet idiot, ne vous ait exposé à bien des inconvénients.

— Cet enfant est un bon garçon, dit le vieillard en passant la main sur la tête de Job avec complaisance; nous nous entendons l'un l'autre, major Lincoln; cela dispense des compliments et rend les relations plus faciles.

— Il est un sujet sur lequel vous pensez de même ; je m'en suis déjà aperçu ; mais je crois que la ressemblance et la conformité d'opinion ne doivent pas aller plus loin.

— Les facultés de l'esprit dans son enfance et dans sa maturité sont à peu près les mêmes, reprit l'étranger. Le résultat de toutes les connaissances humaines n'est que de savoir à quel point nous sommes soumis à l'empire de nos passions ; et celui qui a appris par expérience à étouffer le volcan, et celui qui n'en a jamais éprouvé les feux, sont assurément des compagnons dignes l'un de l'autre.

Lionel baissa la tête en silence devant une opinion si humble et si modeste ; et, après une pause d'un moment, il changea de sujet.

— Le soleil commence à se faire sentir, dit-il au vieillard, et, lorsqu'il aura dissipé ces restes de vapeurs, nous reverrons ces lieux que chacun de nous a fréquentés dans son temps.

— Et, selon vous, les retrouverons-nous tels que nous les avons laissés ? ou bien verrons-nous l'étranger en possession des lieux de notre enfance ?

— Non pas l'étranger, certainement, car nous sommes les sujets d'un seul roi ; enfants de la même famille, nous avons un père commun.

— Je ne vous répondrai pas qu'il s'est montré père dénaturé, dit le vieillard avec calme ; celui qui occupe maintenant le trône d'Angleterre est moins blâmable que ses conseillers de l'oppression qu'on souffre sous son règne.

— Monsieur, interrompit Lionel, si vous vous permettez de semblables allusions à la personne de mon souverain, il faut que je vous quitte, car il sied mal à un officier anglais d'entendre parler aussi légèrement de son maître.

— Aussi légèrement! répéta l'autre avec lenteur ; en effet, la légèreté est un défaut qui accompagne d'ordinaire des cheveux blancs et des membres usés par l'âge. Mais votre zèle inquiet vous induit en erreur. J'ai vécu dans l'atmosphère des rois, jeune homme, et je sais séparer l'individu de la politique de son gouvernement. C'est cette politique qui amènera la scission de ce grand empire, et qui privera George III de ce qui a été si souvent et si justement appelé le plus beau fleuron de sa couronne.

— Il faut nous séparer, Monsieur, dit Lionel ; les opinions que vous exprimiez si librement pendant la traversée roulaient sur des principes qui n'étaient pas en opposition directe avec notre constitution, et qu'on pouvait entendre non seulement sans répugnance, mais souvent même avec plaisir. Mais le langage que vous tenez aujourd'hui approche de la trahison.

— Allez donc, répondit l'étranger sans s'émouvoir ; descendez dans cette plaine avilie, et donnez ordre à vos mercenaires de venir me saisir. Ce ne sera que le sang d'un vieillard, mais il servira à engraisser la terre ; ou bien envoyez vos grenadiers impitoyables tourmenter leur victime avant que la hache fasse son devoir. Un homme qui a vécu aussi longtemps peut bien trouver quelques instants à donner aux bourreaux.

— Je pense, Monsieur, que vous auriez pu m'épargner de pareils reproches, dit Lionel.

— Eh bien oui ! et je fais plus encore, j'oublie mes cheveux blancs, et je demande pardon. Mais si, comme moi, vous aviez connu l'esclavage dans ce qu'il a de plus horrible, vous sauriez apprécier l'inestimable bienfait de la liberté.

— Est-ce que, pendant le cours de vos voyages, vous auriez connu l'esclavage autrement que dans ce que vous appelez la violation des principes ?

— Si je l'ai connu ! s'écria l'étranger en souriant avec amertume ; je l'ai connu comme un homme ne devait jamais le connaître, de corps et d'esprit ; j'ai vécu des jours, des mois, des années même, entendant d'autres hommes exposer froidement mes besoins, les voyant mesurer la faible ration nécessaire à ma subsistance, les entendant s'arroger le droit d'apprécier les souffrances que moi seul éprouvais, et de contrôler jusqu'à l'expression de mes douleurs, seule consolation que Dieu m'eût laissée.

— Pour avoir souffert une pareille servitude, il faut que vous soyez tombé entre les mains de barbares infidèles.

— Oui, jeune homme, vous les qualifiez comme il faut ; ils méritent bien en effet ces épithètes : infidèles, qui reniaient les préceptes de notre divin Rédempteur ! barbares, qui traitaient comme une bête brute un être ayant une âme, et doué de raison comme eux !

— Pourquoi n'êtes-vous pas venu à Boston, s'écria Job, dire tout cela au peuple dans Funnel-Hall ? cela ne se serait point passé ainsi.

— Enfant, je suis venu à Boston mainte et mainte fois en pensée, et l'appel que je faisais à mes concitoyens aurait ému jusqu'aux murs de l'antique Fanueil, s'il avait pu être proféré dans son enceinte; mais c'était en vain : ils avaient la puissance, et, comme des démons, ou plutôt comme de misérables humains, ils en abusaient.

Lionel, vivement ému, se préparait à répondre d'une manière convenable, lorsqu'il s'entendit appeler à haute voix, comme si celui qui parlait gravissait l'autre côté de l'éminence. Dès que la voix eut frappé son oreille, le vieillard, qui était assis au pied du fanal, se leva tout à coup, et, suivi de Job, il s'éloigna avec une rapidité surprenante : le brouillard qui environnait encore les flancs du rocher les eut bientôt dérobés l'un et l'autre aux regards.

— Vous voilà donc enfin, Lionel, s'écria le nouveau-venu en paraissant sur la hauteur; ma foi, si vous tenez du lion par le nom, vous tenez du daim pour l'agilité : que diable venez-vous faire si matin au milieu des nuages? Il faudrait vraiment avoir été dressé à Newmarket [1] pour escalader un pareil précipice. Mais Lionel, mon cher camarade, je suis charmé de vous voir; nous savions que vous étiez attendu par le premier vaisseau, et, en revenant ce matin de la parade, j'ai rencontré deux coquins de valets portant *la livrée verte de Lincoln* [2], et conduisant chacun un cheval en laisse. Par ma foi! soit dit en passant, l'un de ces chevaux m'aurait fort bien convenu pour gravir ce maudit rocher; mais n'en parlons plus. Vous jugez bien que j'ai reconnu la livrée au premier coup d'œil; quant aux chevaux, j'espère faire bientôt avec eux plus ample connaissance. Dites-moi, mon ami, dis-je en m'adressant à l'un de ces marauds en livrée, qui servez-vous? — Le major Lincoln de Ravenscliffe, Monsieur, répondit-il d'un air aussi impudent que s'il eût pu dire, comme vous et moi : — Nous servons Sa Majesté. Voilà pourtant le ton que prennent les domestiques de ces gens qui ont dix mille livres sterling de rente. Qu'on fasse une pareille question à mon fripon de valet, il se contentera de répondre : — Le capitaine Polwarth du 47e; et le traître se gardera bien d'ajouter, quand le questionneur serait une jolie

---

1. On dresse des chevaux à Newmarket pour les courses célèbres qui y ont lieu.
2. Dans ces simples mots *Lincoln green*, le vert de Lincoln, il y a une allusion : depuis longtemps le drap vert de Lincoln est cité en Angleterre. Ces mots reviennent souvent dans Shakspeare; Walter Scott les emploie également dans la *Dame du Lac* et ailleurs.

fille qui aurait pris du goût pour ma personne, qu'il existe au monde un endroit qui se nomme Polwarth-Hall.

Pendant ce discours, prononcé avec une volubilité qui ne fut interrompue que par les efforts que fit le harangueur pour reprendre haleine, qu'il avait perdue en montant, Lionel serra cordialement la main de son ami, et il essaya inutilement de lui exprimer le plaisir qu'il avait à le revoir. Enfin la respiration, qui était le côté faible du capitaine Polwarth, étant venue à lui manquer entièrement, force lui fut de s'arrêter quelques minutes, et de laisser à Lionel le temps de placer sa réponse.

— Cette colline est le dernier endroit où je me serais attendu à vous rencontrer, dit celui-ci ; j'étais bien persuadé que vous ne bougiez jamais de votre chambre, je pourrais dire de votre lit, avant neuf ou dix heures, et mon intention était de m'informer alors de votre adresse, et de passer chez vous avant d'aller présenter mes respects au commandant en chef.

— Ah ! c'est une faveur spéciale dont vous pouvez remercier Son Excellence l'honorable Thomas Gage, gouverneur en chef de toute la province de la baie de Massachusetts, vice-amiral, etc., etc., comme il s'intitule dans ses proclamations, quoique, entre nous, il gouverne autant la province qu'il est maître de ces chevaux que vous venez de débarquer.

— Mais pourquoi dois-je le remercier de cette rencontre imprévue ?

— Ah ! pourquoi ? Eh bien ! regardez autour de vous, et dites-moi ce que vous voyez... ; rien que du brouillard, n'est-ce pas ?— Si fait pourtant, j'aperçois de ce côté la pointe d'un clocher, et là bas la mer toute fumante, et ici, sous nos pieds, les cheminées de la maison d'Hancock, qui fument aussi, comme si le rebelle à qui elle appartient était chez lui et qu'il préparât son déjeuner. Bref, tout ce qu'on découvre sent essentiellement la fumée, et vous savez que nous autres épicuriens ce n'est pas de fumée que nous aimons à nous repaître. Fi ! nous l'avons en horreur. La nature veut aussi qu'un homme qui est obligé de trainer toute la journée un corps aussi rebondi que celui de votre humble serviteur n'interrompe pas trop brusquement son sommeil le matin. Eh bien ! l'honorable Thomas, gouverneur, vice-amiral, etc., etc., nous a donné ordre d'être sous les armes au lever du soleil, officiers aussi bien que soldats.

— Il n'y a assurément là rien de très-pénible pour un militaire, reprit Lionel; et d'ailleurs il me semble que ce régime vous convient merveilleusement. Mais maintenant que je vous regarde de nouveau, Polwarth, je ne reviens pas de ma surprise. Cet uniforme... il n'est pas possible que vous soyez passé maintenant dans l'infanterie légère.

— Et pourquoi pas, s'il vous plaît? répondit le capitaine avec beaucoup de gravité; qu'y aurait-il donc de si étonnant? Est-ce que je ne fais pas honneur à l'uniforme? ou bien l'uniforme ne me fait-il pas honneur? car je vois que vous mourez d'envie de rire. Oh! ne vous gênez pas, Lionel, riez librement; j'y suis accoutumé depuis trois jours. Mais qu'y a-t-il donc de si singulier, après tout, que Peter Polwarth commande une compagnie d'infanterie légère? N'ai-je pas cinq pieds dix lignes, juste la taille voulue?

— Vous paraissez avoir pris si exactement les degrés de longitude de votre personne, que je ne doute point que vous ne portiez sur vous un des chronomètres d'Harisson. Ne vous est-il jamais venu dans l'idée de vous servir aussi du quart de cercle?

— Pour prendre ma *latitude?* je vous comprends, Lionel. Eh bien! parce que je suis un peu rondelet, comme ma très-chère mère la terre, s'ensuit-il que je ne saurais commander une compagnie d'infanterie légère?

— Oh! si fait, tout comme Josué commanda au soleil. Mais l'obéissance de la planète n'est pas un plus grand miracle à mes yeux que de vous voir dans cet appareil.

— Eh bien! donc, le mystère va être expliqué; mais commençons par nous asseoir, dit le capitaine Polwarth en s'établissant avec beaucoup de sang-froid à la place qu'avait occupée si récemment le vieillard; un vrai soldat aime à réserver ses forces pour le moment du besoin... J'ai dit *aime*, je crois? eh bien! voilà précisément où j'en voulais venir. Oui, mon cher, je suis amoureux.

— Voilà ce qui me surprend.

— Mais ce qui vous surprendra bien plus encore, c'est que je voudrais bien en venir au mariage.

— Pour le coup, il faut que ce soit une femme peu ordinaire pour inspirer de semblables désirs au capitaine Polwarth, du 47ᵉ, et de Polwarth-Hall!

— C'est une femme charmante, major Lincoln, dit l'amant

gastronome avec une gravité soudaine, qui contrastait avec son ton habituel. Pour la taille, on peut dire qu'elle est faite au tour. Quand elle est pensive, elle marche avec la gravité d'un coq de bruyère; quand elle court, c'est avec la légèreté d'une perdrix; et quand elle est en repos, je ne saurais la comparer qu'à un plat de venaison, plein de goût et de saveur, dont on ne saurait jamais avoir assez.

— Vous m'avez fait, pour me servir de vos métaphores, un portrait si appétissant de la personne, que je brûle de connaître aussi son caractère.

— Mes métaphores ne sont pas toujours très-poétiques, mais ce sont les premières qui se présentent à mon esprit, et du moins elles sont prises dans la nature. Ses qualités surpassent encore de beaucoup ses attraits. D'abord elle a de l'esprit; ensuite elle est impertinente en diable; enfin, c'est la petite traîtresse la mieux conditionnée envers le roi George qu'il y ait dans tout Boston.

— Singulière recommandation auprès d'un officier de Sa Majesté.

— Sans doute, mon cher, la plus infaillible de toutes. C'est comme une sauce piquante qui réveille l'appétit et donne aux mets plus de saveur. Sa trahison, voyez-vous (car ce n'est rien moins en vérité), est une espèce d'acide qui sert à donner encore plus de force à mon dévouement, et son esprit piquant, se mêlant à la douceur de mon caractère, forme une sorte de combinaison agréable, qui rappelle assez la composition d'un sorbet.

— Il y aurait folie à moi de vouloir contester les charmes d'une semblable femme, reprit Lionel qui s'amusait beaucoup du ton tout à la fois grave et comique du capitaine; mais parlons un peu de ses relations avec l'infanterie légère. Ne serait-elle pas aussi des troupes légères de son sexe, Polwarth?

— Excusez-moi, major Lincoln, je ne saurais plaisanter sur ce sujet. Miss Danforth est de l'une des meilleures familles de Boston.

— Miss Danforth! ce n'est sûrement pas d'Agnès que vous voulez parler?

— D'elle-même, s'écria Polwarth avec surprise; comment diable la connaissez-vous donc?

— Oh! simplement parce qu'elle m'est tant soit peu cousine, et que nous habitons la même maison. Nous sommes parents à un égal degré de Mrs Lechmere, et la bonne dame a voulu que j'acceptasse un logement chez elle dans Tremont-Street.

— Parbleu! j'en suis charmé; pour cette fois nos relations pourront avoir un but un peu plus honorable que de boire et de manger. Mais venons-en à l'objet en question. Il courait certains bruits sur ma corpulence que j'ai cru prudent d'arrêter dès le principe.

— Pour cela vous n'aviez qu'à paraître plus mince.

— Et ne trouvez-vous pas que je le parais en effet dans cet uniforme plus convenable? Mais, pour vous parler sérieusement, Lionel, car je puis m'ouvrir librement à vous, vous savez quels gaillards nous sommes dans le 47e; qu'on vous donne encore une sobriquet ridicule, vous l'emportez au tombeau, quelque fâcheux qu'il puisse vous paraître.

— Assurément il est un moyen d'imposer silence aux méchantes langues, dit Lionel d'un ton grave.

— Oui, sans doute; mais, bah! un homme n'aime pas à aller se battre pour une livre de graisse de plus ou de moins. Tout dépend au reste des premières impressions, et ce sont celles qu'il faut chercher à détruire. Mais qui croirait, je vous le demande, à moins d'être de force à croire que le grand Caire est un village, et que le grand Turc et le grand Mogol sont des petits garçons, qui croirait, dis-je, sur un simple ouï-dire, que le capitaine Polwarth, de l'infanterie légère, pèse cent quatre-vingts livres!

— Allons, vous pouvez bien en ajouter encore une vingtaine.

— Pas une de plus, je vous jure. J'ai été pesé en présence de tous mes camarades, pas plus tard que la semaine dernière, et depuis lors j'ai bien dû perdre encore une once, car tous ces levers de bonne heure ne sont nullement propres à engraisser un homme. J'étais en robe de chambre, comme vous supposez bien, Lionel, car nous ne nous amusons point, nous, pour ces sortes d'épreuves, à nous surcharger de bottes et de ceinturon, comme vous autres qui ne pesez pas plus qu'une plume.

— Mais je m'étonne que le colonel Nesbitt ait pu consentir à votre nomination, dit Lionel; il aime que ses officiers aient un peu de tenue, et qu'ils figurent.

— Eh bien! justement, il a trouvé son homme, s'écria le capitaine, et je vous assure qu'à la parade je figure plus qu'aucun officier du régiment. Mais il faut que je vous dise un secret à l'oreille : il y a eu ici dernièrement une vilaine affaire, dans laquelle le 47ᵉ n'a pas cueilli de nouveaux lauriers ; je veux parler de cet indigène qu'on s'est amusé à enduire de poix et à rouler ensuite dans des plumes, à cause d'un vieux mousquet rouillé.

— J'ai déjà ouï parler de cette affaire, dit Lionel, et hier soir j'ai entendu avec peine des soldats qui commettaient quelques excès s'autoriser de l'exemple de leur commandant.

— Chut ! c'est un sujet délicat. Eh bien ! donc, cette affaire de poix et de goudron a mis le colonel en assez mauvaise odeur à Boston, surtout parmi les femmes ; aussi sommes-nous tous au plus mal dans leurs bonnes grâces. J'ai cependant le bonheur de faire exception, et il n'y a pas dans toute l'armée un officier qui se soit fait plus d'amis dans la place que votre humble serviteur. J'ai su faire valoir ma popularité, qui n'est pas un médiocre avantage dans les circonstances actuelles ! et, à force de promesses et de protections secrètes, j'ai obtenu une compagnie, faveur à laquelle le rang que j'occupais dans la cavalerie me donnait, comme vous savez, des droits incontestables.

— Voilà une explication tout à fait satisfaisante, et je regarde l'entier succès de vos démarches comme une preuve certaine que la paix ne sera pas troublée. Gage n'aurait certainement pas autorisé votre changement de corps s'il avait en vue quelques opérations qui demandassent de l'activité.

— Ma foi, je crois que vous avez plus d'à moitié raison. Voilà plus de dix ans que les Yankies [1] pérorent, qu'ils prennent des résolutions, qu'ils les approuvent, comme ils disent ; et à quoi tout cela a-t-il abouti ? Ce n'est pas que les choses n'aillent tous les jours de mal en pis ; mais Jonathas [2] est une véritable énigme pour moi. Vous vous souvenez que quand nous étions ensemble dans la cavalerie... Dieu me pardonne le suicide que j'ai commis en passant dans la ligne ; ce que je n'aurais jamais fait si j'avais pu trouver dans toute l'Angleterre un cheval qui eût l'allure douce

---

1. *Yankie* est ici employé dans le sens le plus ancien et le plus naturel comme corruption du mot *english* dans la bouche des sauvages, qui appelèrent ainsi les premiers colons venus d'Angleterre. Plus tard ce terme devint un sobriquet de mépris : on dit encore en Anglais *yankie doodle* (un *lourdaud*, un *provincial balourd*).

2. *Jonathas*, nom générique des Américains. Ce nom de la Bible était sans doute aussi commun en Amérique que celui de *John* en Angleterre, celui de *Donald* en Ecosse, et celui de *Paddy* ou *Patrice* en Irlande.

et qui ne démontât pas son cavalier... Mais enfin, vous vous souvenez qu'alors, si la populace était mécontente d'une nouvelle taxe ou de la stagnation des affaires, elle s'ameutait aussitôt, brûlait une ou deux maisons, mettait en fuite un magistrat, allait même parfois jusqu'à assommer un constable... Alors nous arrivions au grand galop, nous brandissions nos épées, et nous avions bientôt balayé la place de toute cette canaille en guenilles. Les juges faisaient le reste, et nous avions tout l'honneur d'une victoire qui nous avait mis un peu hors d'haleine, mais qui, en revanche, avait doublé notre appétit. Mais ici les affaires prennent une tournure bien différente.

— Et quels sont les symptômes les plus alarmants qui se manifestent à présent dans les colonies? demanda le major Lincoln d'un ton d'intérêt.

— Ces êtres singuliers rejettent leurs aliments naturels pour soutenir ce qu'ils appellent leurs principes; les femmes renoncent au thé, et les hommes abandonnent leurs pêcheries. C'est à peine si de tout le printemps on a apporté au marché même un canard sauvage, à cause de ce bill contre le port de Boston. Et leur obstination augmente de jour en jour. Grâce au ciel! si l'on en vient aux coups, nous sommes assez forts pour nous ouvrir un passage jusqu'à quelque endroit du continent où les provisions soient plus abondantes; et l'on dit d'ailleurs qu'il va nous arriver de nouveaux renforts.

— Si l'on en vient aux coups, ce qu'à Dieu ne plaise! dit le major Lionel; nous serons assiégés où nous sommes maintenant.

— Assiégés! s'écria Polwarth qui prenait déjà l'alarme; si je pensais que nous fussions menacés d'une calamité semblable, je vendrais demain mon brevet. Nous ne sommes déjà pas trop bien traités maintenant; notre table d'hôte n'est que très-mesquinement servie, il ne manquerait plus qu'un siége, juste ciel!... C'est pour le coup qu'il faudrait mourir de faim! Mais non, Lionel, leurs soldats à la minute[1] et leurs milices à longues queues n'oseraient jamais attaquer quatre mille Anglais qui ont une flotte pour les soutenir. Quatre mille! si les régiments qu'on m'a désignés arrivent en effet, nous serons alors huit mille braves, aussi déterminés qu'il en fut jamais.

---

1. *Minute-men*, c'est-à-dire *toujours prêts*. Nom donné aux miliciens, et qui sera encore mieux expliqué plus tard.

— Vous pouvez compter qu'ils arriveront, et très-prochainement, reprit Lionel; Blinton, Burgoyne et Howe ont eu leur audience de congé le même jour que moi. Notre réception fut des plus gracieuses; cependant il me semble que les yeux de Sa Majesté se fixaient sur moi comme si elle se rappelait un ou deux votes de ma jeunesse dans la chambre des communes, au sujet de ces malheureuses discussions.

— Je suis sûr que vous avez voté contre le bill relatif au port de Boston, dit Polwarth, ne fût-ce que par égard pour moi?

— Non; dans cette occasion je me joignis au ministère. Le peuple de Boston avait provoqué cette mesure par sa conduite, et il y eut à peine deux opinions dans le parlement sur cette question.

— Ah! major Lincoln, vous êtes un heureux mortel, dit le capitaine; un siége dans le parlement à vingt-cinq ans! Voilà pourtant ce qui me conviendrait à moi. Le nom seul est séduisant: un siége! Vous avez deux membres à nommer pour votre bourg; quel est le second à présent?

— Chut! n'en parlons pas, je vous en prie, dit tout bas Lionel en lui prenant le bras pour l'aider à se lever; ce n'est pas celui qui devrait l'être, comme vous savez. Mais allons sur la place; je voudrais revoir nos anciens amis avant que la cloche nous appelle à l'église.

— Oh! vous les y trouverez: c'est le chemin pour aller à l'église, ou plutôt au conventicule; car la plupart de ces bonnes gens ne veulent plus se servir du mot *église*, de même que nous ne voulons pas reconnaître la suprématie du pape, reprit Polwarth en suivant son compagnon. Je n'ai jamais tenté d'entrer dans leurs clubs schismatiques; car j'aimerais mieux être toute une journée en sentinelle auprès d'un fourgon, que de rester debout pour entendre une seule de leurs prières. Passe encore pour la chapelle du roi, comme on l'appelle; une fois que je suis bien d'aplomb sur mes genoux, je m'en retire aussi bien que l'archevêque de Cantorbéry. Par exemple, ce qui m'a toujours surpris, c'est que la respiration ne leur manque pas pour aller jusqu'au bout de leur service du matin.

Ils furent bientôt au bas de la colline, et pendant que Lionel répondait, ils ne tardèrent pas à se trouver confondus sur la place au milieu d'une vingtaine d'officiers de leur régiment.

CHAPITRE V.

> Pour nous et notre tragédie, nous réclamons humblement votre indulgence, et vous prions de nous écouter patiemment.
> SHAKSPEARE. *Hamlet.*

Nous devons maintenant faire rétrograder le lecteur d'une centaine d'années, afin d'éclaircir ce qui pourrait paraître obscur dans notre histoire. Reginald Lincoln était le cadet d'une famille ancienne et très-riche, qui avait conservé tous ses biens, à travers tous les changements qui signalèrent les périodes trop fécondes en événements de la république et de l'usurpation de Cromwell. Néanmoins il n'avait guère hérité de ses ancêtres que d'une sensibilité poussée jusqu'à l'excès, qui, même dans ce temps, paraissait être un mal héréditaire dans sa famille. Jeune encore, il avait épousé une femme qu'il adorait et qui mourut en donnant le jour à son premier enfant. La douleur de Reginald porta toutes ses idées vers la religion; mais malheureusement, au lieu d'y chercher ces douces consolations qui auraient cicatrisé les plaies de son cœur, son esprit agité le jeta dans des rêveries théologiques souvent dangereuses, et le résultat de sa conversion fut d'en faire un puritain ascétique et un partisan obstiné de la prédestination. Il n'est pas étonnant qu'un homme de ce caractère, que presque aucun lien n'attachait à son pays natal, ait été révolté des pratiques de la cour de Charles, et quoiqu'il ne fût pas impliqué dans le projet des régicides, il partit pour la province de la baie de Massachusetts, dans les premières années du règne de ce prince.

Il ne fut pas difficile à un homme du rang et de la réputation de Reginald Lincoln d'obtenir des emplois honorables et lucratifs dans les plantations; et lorsque l'ardeur qu'il avait mise jusqu'alors à s'occuper des matières spirituelles se fut un peu calmée, il ne manqua pas de donner une partie convenable de son temps aux soins des choses temporelles. Néanmoins, jusqu'au jour de sa mort, il continua à être un austère et zélé fanatique, semblant en apparence mépriser trop les vanités du monde pour permettre à sa chaste imagination de s'entacher de ces souillures, même pendant qu'il se soumettait à remplir les devoirs que lui imposait la société. Malgré cette élévation d'esprit, le jeune Lionel, à la mort de son père, se trouva en possession d'une jolie fortune, qui était sans doute le fruit des économies qu'avait faites Reginald tout en disant des choses sublimes sur le renoncement aux biens de ce monde.

Lionel suivit les traces de son digne père, et continua à amasser des honneurs et des richesses ; mais, trompé dans ses premières affections, par suite de cette sensibilité exaltée dont nous avons déjà parlé, et que son père lui avait transmise, il resta longtemps avant de prendre une compagne. Son choix fut contraire à celui qu'on devait attendre d'un homme d'un certain âge, qui savait calculer; il s'unit à une jeune personne aimable et gaie, du parti des épiscopaux, qui ne lui apporta guère en dot que sa beauté et le noble sang qui coulait dans ses veines. Il en avait eu quatre enfants, trois fils et une fille, lorsqu'il alla rejoindre son père dans le tombeau. L'aîné de ses fils était encore bien jeune lorsqu'il fut appelé dans la mère-patrie pour hériter des biens et des honneurs de sa famille. Le second, nommé Reginald, qui avait pris le parti des armes, se maria, eut un fils, et mourut à l'armée à peine âgé de vingt-cinq ans. Le troisième était le grand-père d'Agnès Danforth, et la fille était Mrs Lechmere.

Par une suite des sages dispositions de la Providence, qui proportionne toujours nos forces à nos besoins, la plus heureuse fécondité avait béni les mariages des membres de la famille Lincoln qui habitaient les colonies, et elle avait été refusée à celui qui avait été recueillir des honneurs et des richesses dans l'île populeuse de la Grande-Bretagne. Sir Lionel se maria, vécut jusqu'à un âge assez avancé, et mourut sans enfants. Son corps fut déposé sur un lit de parade surmonté d'un dais magnifique, dans des caveaux si spacieux, qu'ils auraient pu servir de sépulture à toute la famille de Priam.

Par suite de cette fatalité, on fut obligé de traverser encore une fois les mers pour trouver un héritier aux vastes domaines de Ravenscliffe et à l'une des plus anciennes baronnies du royaume.

Nous avons pris une peine bien inutile en donnant cette courte généalogie, si le lecteur n'a pas deviné que le fils orphelin de l'officier mort au champ d'honneur était celui que la mort de son oncle appelait à devenir le chef de la famille. Il était marié, et père d'un petit garçon charmant, lorsqu'il reçut cette nouvelle à laquelle il s'attendait depuis longtemps. Laissant sa femme et son enfant aux colonies, sir Lionel partit immédiatement pour l'Angleterre, afin de faire valoir ses droits et de recueillir les grands biens de sa famille. Comme il était le neveu et l'héritier reconnu de son oncle, il n'éprouva aucune opposition à ses réclamations les plus importantes. Un sombre nuage s'était étendu de bonne heure sur le caractère et sur la destinée de sir Lionel; il était toujours concentré en lui-même, et personne n'eût pu lire sur sa physionomie ce qui se passait dans son âme. Depuis qu'il était parti pour recueillir la succession de son oncle, à peine ses amis les plus intimes avaient-ils entendu parler de lui. On disait, il est vrai, qu'il était retenu depuis deux ans en Angleterre par un procès relatif à un petit fief dépendant de ses vastes domaines, et que cette affaire avait été décidée en sa faveur avant qu'il eût été rappelé à Boston par la mort subite de son épouse. Ce malheur le frappa dans le moment où la guerre de 1756 était dans toute sa violence; pendant cette période où toutes les forces des colonies n'étaient employées qu'à soutenir la mère-patrie, qui, d'après ce que disaient les journaux du temps, s'opposait de tout son pouvoir aux vues ambitieuses des Français sur le Nouveau-Monde, ou, en d'autres termes, cherchait à réaliser les siennes.

Ce fut un spectacle bien intéressant de voir les doux et paisibles colons abandonner tout à coup leurs habitudes pacifiques, et prendre parti dans la lutte avec une ardeur qui égalait celle des plus audacieux de leurs alliés plus expérimentés. Au grand étonnement de tous ceux qui connaissaient la fortune brillante de sir Lionel Lincoln, on le vit se mettre à la tête des entreprises les plus périlleuses de cette guerre meurtrière, avec une témérité qui paraissait chercher plutôt la mort que l'honneur. Comme son père, il avait embrassé la carrière des armes; mais tandis que le régiment dont il était lieutenant-colonel servait dans la partie la plus orientale des colonies, Lionel, avide de dangers, courait toujours où il pouvait exposer sa vie, et souvent il prodigua son sang dans l'ouest, où la guerre éclatait dans toute sa fureur.

Une cause soudaine et mystérieuse vint l'arrêter tout à coup au milieu de cette dangereuse carrière. Cédant à quelques considérations puissantes qu'on ne put jamais connaître, le baronnet s'embarqua avec son fils pour la patrie de leurs ancêtres, et jamais on n'avait entendu dire que le premier en fût revenu. Pendant bien des années, lorsqu'une curiosité louable engageait les amis de Mrs Lechmere à lui faire des questions multipliées sur le sort de son neveu (et nous laissons à nos lecteurs le soin d'en déterminer le nombre), elle y répondait avec la réserve la plus polie, et quelquefois avec cette émotion qu'elle n'avait pu maîtriser au commencement de l'entrevue qu'elle avait eue avec le jeune Lionel. Mais l'eau qui tombe goutte à goutte finit à la fin par miner le plus dur rocher. D'abord on fit courir le bruit que le baronnet s'était rendu coupable de haute trahison, et qu'il avait été forcé de quitter Ravenscliffe pour une demeure moins agréable dans la Tour de Londres. On dit ensuite qu'il avait encouru la colère du roi en épousant secrètement une princesse de la maison de Brunswick, mais une recherche exacte dans les almanachs du jour força d'abandonner cette supposition qui avait trouvé tant de partisans : il n'y avait pas une seule princesse en âge de se marier ; il fallut bien renoncer encore à cette histoire d'amour, qui eût fait tant d'honneur aux colonies. Enfin on assura, et cette conjecture parut la plus vraisemblable, que le malheureux sir Lionel avait perdu la raison, et qu'il était renfermé dans un établissement particulier près de Londres.

Du moment où ce bruit se répandit, un voile sembla tomber de tous les yeux ; personne n'avait été assez aveugle pour n'avoir pas remarqué depuis longtemps dans le baronnet des indices d'aliénation mentale, et plusieurs même allaient chercher au travers des siècles de nouvelles preuves de la folie de Lionel, dans le caractère de sensibilité et de mélancolie héréditaire dans sa famille. Mais comment s'était-elle manifestée tout à coup ? C'était ce qui restait à expliquer, et ce qui exerça longtemps encore l'imagination de tous les habitants.

La partie la plus sentimentale de la ville, tels que les jeunes amants des deux sexes, et ces partisans intrépides de l'hymen qui avaient déjà éprouvé deux ou trois fois le pouvoir consolateur du dieu, ne manquèrent pas d'attribuer ce malheur à la mort de son épouse, à laquelle on savait qu'il était passionnément attaché. Quelques uns, et c'étaient les sectaires fanatiques, prétendirent que c'était une juste punition des écarts d'une famille qui autrefois se distinguait par son zèle pour la vraie foi; tandis qu'une troisième classe, et ce n'était pas la moins nombreuse, composée des braves gens qui pour un gain sordide bravaient les éléments dans King-Street, n'hésitait pas à dire que la possession soudaine d'une grande fortune avait fait tourner plus d'une tête meilleure que la sienne.

Mais le temps approchait où le penchant presque irrésistible qui entraînait tous ces bons habitants à former mille conjectures sur le sort d'un de leurs concitoyens devait céder à des considérations plus importantes. L'heure arriva bientôt où le marchand oublia sa curiosité pour calculer dans l'avenir les résultats que pouvaient amener les événements qui se préparaient; où les fanatiques apprirent cette leçon salutaire, que la Providence favorise toujours ceux qui, par leurs efforts et leur énergie, se montrent les plus dignes de ses bienfaits; et où les jeunes gens, dégagés de tout sentiment faible ou pusillanime, sentirent leurs cœurs s'embraser de la plus noble, de la plus entraînante de toutes les passions, l'amour du pays.

Ce fut vers cette époque que commença entre le parlement de la Grande-Bretagne et les colonies de l'Amérique septentrionale cette lutte de principes qui, avec le temps, devait amener les importants résultats qui ont établi une nouvelle ère dans la liberté politique, aussi bien qu'un puissant empire. Un coup d'œil rapide sur la cause de cette contestation pourra contribuer à rendre plus intelligible pour quelques uns de nos lecteurs plusieurs passages de cette légende.

La prospérité toujours croissante des provinces américaines avait attiré l'attention du ministère anglais dès l'année 1763. Ce fut alors que, pour la première fois, il tenta, par le fameux acte du timbre, de prélever un impôt qui pût subvenir aux besoins de l'état. Cette loi assujettissait les colonies à se servir dans toutes les transactions d'un papier timbré vendu au profit du fisc, et qui était nécessaire pour donner de la validité aux contrats. Cette manière de lever une taxe n'était pas nouvelle en elle-même, et l'impôt était bien léger. Mais l'Américain, avec non moins de sagacité que de prudence, aperçut d'un coup d'œil le danger de reconnaître à un corps dans lequel il n'avait point de représentants le droit de lui imposer des taxes. La question pouvait offrir matière à contester, mais le bon droit était clairement du côté des colons. Se confiant en la justice de leur cause, et ayant peut-être la conscience de leur force, ils s'opposèrent à l'oppression avec une ardeur qui était le résultat de ces sentiments, et en même temps avec un sang-froid qui prouvait la fermeté de leur résolution. Après une lutte de près de deux ans, pendant laquelle la loi fut rendue inutile par l'accord unanime de tout le peuple, qui refusa de faire usage du papier timbré, et qui le détruisait partout où il pouvait le trouver, le ministère, instruit que cette loi sans résultat devenait encore dangereuse pour les serviteurs de la couronne chargés de la mettre à exécution, finit par l'abandonner. Mais, en révoquant l'acte du timbre, le ministère en préparait un autre pour assurer à la Grande-Bretagne la dépendance des colonies américaines [1].

Qu'un empire dont les différentes parties étaient séparées par les mers, et dont les intérêts étaient souvent opposés, ait fini par s'ébranler et par succomber sous son propre poids, c'était un événement que tout homme sage devait prévoir. Mais si l'on n'avait d'autre preuve que les Américains ne songeaient pas dès lors à cette scission, on en trouverait une dans le calme, dans la tranquillité qui se répandit dans toutes les colonies, du moment où l'on apprit que l'acte du timbre était révoqué. Si ce désir prématuré d'indépendance eût existé, le parlement aurait bien imprudemment fourni les matériaux propres à alimenter l'incen-

[1]. La véritable nature des rapports politiques qui existaient entre l'Angleterre et l'Amérique n'a jamais été parfaitement comprise. Comme chaque province avait sa constitution particulière ou charte, toutes étant essentiellement républicaines, et plusieurs entièrement démocratiques, le seul lien légitime était la prérogative de la couronne. L'influence supérieure d'une contrée métropolitaine, même dans les cas où l'on reconnaissait l'égalité sous d'autres rapports ; quelques droits réservés pour contrôler le commerce, et la nature divisée des gouvernements américains eux-mêmes, assuraient néanmoins un grand ascendant à l'Angleterre. Cependant les Américains se considéraient comme indépendants de la nation anglaise, car la Virginie fut la dernière à détrôner Charles Ier, et la première à restaurer son fils. Après l'exécution du premier il n'y eut probablement d'autre alternative que la soumission au parlement, comme le substitut ou la conquête de la révolution; mais en admettant même que l'Angleterre était un agent libre dans la révolution de 1688, l'Amérique ne consentit jamais à remplacer la prérogative royale par le pouvoir de l'aristocratie anglaise. Il est probable que ni l'un ni l'autre hémisphère ne prévirent les résultats ; mais il est certain qu'une aristocratie, s'appelant elle-même parlement, s'éleva sur les ruines de la prérogative royale, tandis que dans le fait cette prérogative était le seul lien légal entre l'Angleterre et l'Amérique. La révolution de 1688 changea complètement la position du roi et de l'aristocratie. Avant cette époque le roi régnait, mais il était tenu en bride par l'aristocratie, et depuis c'est l'aristocratie qui gouverne, tenue en bride, autant que les circonstances le permettent, par le roi et par le peuple. La noblesse d'An-

die, par le nouveau plan dont nous avons parlé. Mais, satisfaits des avantages solides qu'ils avaient obtenus, pacifiques par habitude, et pleins de franchise et de loyauté par principe, les colons riaient tout bas du simulacre de pouvoir de ceux qui se croyaient leurs maîtres, et se félicitaient les uns les autres de la victoire plus réelle qu'ils avaient remportée.

Si les ministres, instruits par l'expérience, eussent renoncé à un projet dangereux, l'orage se serait dissipé, et un autre siècle aurait été témoin des événements que nous allons rapporter. Mais à peine les esprits étaient-ils calmés, que le ministère essaya de faire revivre ses prétentions sous une forme nouvelle.

Lorsqu'on avait voulu lever un impôt en créant le papier timbré, le peuple avait facilement rendu cette mesure illusoire en refusant de se servir du papier prescrit; mais dans celle dont il s'agit, on crut avoir trouvé un expédient beaucoup plus efficace, je veux parler du droit sur le thé. C'était la compagnie des Indes qui le payait d'abord, mais on comptait bien le faire rembourser par les Américains, en frappant une denrée de luxe, à la vérité, mais que l'habitude leur avait rendue presque nécessaire. Ces nouveaux empiétements sur leurs droits furent repoussés par les colons avec autant de vivacité mais avec plus de mécontentement que les premiers. Toutes les provinces méridionales des grands lacs agirent de concert en cette occasion; elles prirent dès lors des mesures énergiques, non seulement pour que leurs pétitions

---

gleterre affectant d'agir par les ordres du souverain, il était difficile à l'Amérique de nier ses droits, bien qu'il soit évident qu'en ce qui concernait le lien entre les deux pays, ces droits avaient été violés lorsque le roi avait changé de position. Il serait facile d'imaginer des circonstances dans lesquelles l'aristocratie anglaise, pour protéger ses intérêts locaux, envahirait les droits des Américains, et dans lesquelles aussi un roi, qui aurait une souveraineté égale sur les deux contrées, opposerait son *veto*. Mais la révolution de 1688 donna le coup de grâce au pouvoir législatif de la couronne.

On devrait toujours se rappeler que jamais l'Angleterre, *de jure* ni *de facto*, ne gouverna l'Amérique. Toute la Nouvelle-Angleterre était presque aussi démocratique, sinon tout à fait, avant la révolution qu'elle l'a été depuis, et les autres colonies l'étaient plus ou moins. Ainsi, Rhode-Island n'a pas d'autre constitution aujourd'hui que son ancienne charte, et le Connecticut ne changea sa charte pour une constitution qu'en 1818. Ces deux États ont toujours choisi leurs représentants. Ces immunités extraordinaires furent accordées comme encouragement à des aventuriers, et lorsque la couronne voulut les détruire, le peuple menaça de résister et les conserva. La tentative sans succès de sir Edward Andros, en 1686, pour priver le Connecticut de sa charte est bien connue. Ces innovations, qui furent tentées dans d'autres colonies, réconcilièrent probablement les Américains avec les changements de 1688.

Ceux qui ont étudié avec soin la théorie de l'allégeance de l'Amérique verront qu'elle était soumise à des contradictions qui tôt ou tard devaient produire une crise.

et leurs remontrances simultanées fissent plus d'impression sur le parlement, mais pour réunir aussi toutes leurs forces au cas qu'un appel aux armes devînt nécessaire. Le thé resta dans les magasins ou fut renvoyé en Angleterre ; mais dans la ville de Boston un concours de circonstances porta le peuple à la mesure violente de jeter à la mer une grande quantité de cette marchandise que le patriotisme avait frappée de réprobation. Pour punir cet acte d'insubordination, qui arriva dans le commencement de 1774, le port de Boston fut interdit, et les mesures les plus rigoureuses furent prises contre une ville qu'on regardait comme le foyer de l'insurrection, afin de ramener le peuple au sentiment de sa dépendance du pouvoir britannique.

Quoique les colons eussent cessé de se plaindre aussitôt après la révocation de l'édit du timbre, le ferment de désunion qu'avait excité cet édit commençait à peine à s'épuiser, lorsque le droit sur le thé vint le faire éclater de nouveau. Depuis 1763 jusqu'à l'époque de cette histoire, tous les jeunes gens des provinces étaient devenus des hommes ; mais ils n'étaient plus pénétrés de ce profond respect pour la mère-patrie qu'ils avaient reçu de leurs ancêtres, ni de ce dévouement à la couronne qui caractérise ordinairement les peuples qui ne voient la pompe de la royauté qu'à travers le prisme de l'éloignement. Néanmoins, ceux qui guidaient les sentiments des Américains et les engageaient à résister à l'oppression, étaient loin de désirer le démembrement de l'empire, mesure qu'ils regardaient comme impolitique et contre nature.

Tout en éprouvant une égale répugnance pour l'effusion du sang, les deux partis se préparaient pour la lutte finale qui paraissait inévitable. La situation des colonies en ce moment offrait un aspect si extraordinaire, qu'il est douteux que l'histoire en présente jamais un pareil exemple. Ils protestaient de leur fidélité au roi, tandis que toutes les lois qui émanaient de ses conseillers étaient méprisées et regardées comme non avenues. Chaque province avait son gouvernement distinct, sur lequel jusqu'alors la couronne avait eu une influence presque sans bornes ; mais le temps était venu où cette autorité était remplacée par une force morale qui défiait les machinations et les intrigues du ministère. Les corps politiques des provinces, où les enfants de la liberté[1] (c'est ainsi qu'on appelait ceux qui résis-

---

1. *Sons of liberty.*

taient aux tentatives inconstitutionnelles du ministère) se trouvant en majorité, élurent des délégués qui devaient se réunir en congrès pour discuter les moyens les plus propres à assurer les intérêts communs. Dans une ou deux provinces où ils étaient en plus petit nombre, et où l'opinion publique ne se trouvait plus suffisamment représentée, le peuple résolut de substituer son autorité à celle des délégués du roi de la Grande-Bretagne. Il se forma dans son sein des assemblées qui, bien différentes des réunions de conspirateurs, se distinguaient par la plus grande pureté d'intention, et qui, soutenues par l'enthousiasme dont les esprits sont animés au commencement d'une révolution, acquirent une influence que par la suite leurs successeurs plus légalement constitués n'eurent pas à un aussi haut degré. Leurs actes avaient toute la validité des lois, sans en avoir l'odieux; et tandis que, comme organes de leurs concitoyens, ces comités continuaient à adresser au gouvernement des pétitions et des remontrances, ils ne manquaient pas de s'opposer, par tous les moyens qui leur semblaient les plus efficaces, aux mesures vexatoires du ministère.

Bientôt il se forma parmi le peuple une association pour la stricte exécution d'un arrêté qu'ils avaient pris, et qui défendait—toute importation, toute exportation, toute consommation, — qui pût être favorable à l'Angleterre. Ces expédients négatifs étaient les seuls auxquels il leur fût constitutionnellement permis d'avoir recours[1]; car ils avaient toujours grand soin de ne point dépasser les limites que les lois avaient posées aux droits des sujets. Sans commettre aucun acte de résistance ouverte, ils ne négligeaient aucun moyen pour se préparer à tout événement en cas de besoin. C'est ainsi qu'un sentiment d'opposition et de mécontentement se répandait de plus en plus dans les provinces, tandis que dans celle de Massachusetts, où se passe plus immédiatement notre histoire, une accumulation de circonstances semblait accélérer encore davantage l'instant de la catastrophe.

Aux motifs généraux qui formaient la base de la grande contestation il se joignait, dans plusieurs endroits, différentes causes de plaintes locales, et nulle part ces sujets de plaintes n'avaient été plus multipliés que dans la ville de Boston. Les Bostoniens s'étaient signalés les premiers par une résistance ouverte aux

[1]. Aucun traité de commerce ne fut accordé aux Américains jusqu'à la paix de 1783

ordres du ministère. On jugea que la force armée était nécessaire pour les intimider, et l'on retira des troupes de différentes parties des provinces pour les concentrer à Boston[1]. Au commencement de 1774, le pouvoir exécutif fut remis entre les mains d'un gouverneur militaire, et l'autorité voulut prendre une attitude plus menaçante. Un des premiers actes de ce gouverneur, qui occupait le rang élevé de lieutenant-général, et qui commandait toutes les forces du roi en Amérique, fut de dissoudre l'assemblée coloniale. Vers la même époque une nouvelle charte fut envoyée en Angleterre, et un changement matériel commença à s'opérer dans la politique du gouvernement des colonies.

Depuis ce moment l'autorité du roi, sans être contestée, fut suspendue dans la province. On élut de nouveaux délégués, et un congrès s'assembla à sept lieues de la capitale. Il décréta successivement les mesures que l'urgence des circonstances semblait rendre indispensables. Des milices furent formées; on les disciplina, on les arma aussi bien que l'état de la colonie put le permettre. Ces milices, composées de l'élite des habitants, avaient quelque habitude du maniement des armes, et du reste leur enthousiasme suppléait à leur peu d'expérience.

D'après la nature des services qu'on attendait de ces troupes, on leur donna assez justement la dénomination d'*hommes à la minute*. On s'occupa en même temps de rassembler des munitions de guerre, et chacun s'y prêtait avec un zèle qui annonçait le caractère de la lutte qui se préparait.

De son côté le général Gage ne restait pas dans l'inaction. Il employait tous les moyens qui étaient en son pouvoir pour empêcher les colons de former des magasins, et il cherchait à se fortifier dans sa position. La situation naturelle de la place qu'il occupait lui rendait ce dernier point facile.

Entourée d'eau de toutes parts, excepté du côté de l'isthme qui la joint au continent, ayant son triple rang de collines qui ne sont commandées par aucune éminence adjacente, la péninsule de Boston, défendue par une garnison suffisante que soutenait une flotte nombreuse, pouvait aisément devenir imprenable. Mais le général anglais se contenta d'ériger quelques ouvrages de peu d'importance, car il savait que tout le parc d'artillerie des colons

---

[1]. Les Américains contestaient au roi le droit d'entretenir des troupes parmi eux en temps de paix, sans le consentement de leur propre législature.

ne se composait que de six pièces de campagne, et d'une petite batterie formée de vieux canons de vaisseaux, en mauvais état. Aussi, lors de son arrivée à Boston, Lionel n'aperçut que quelques batteries éparses sur les hauteurs, et destinées plutôt à tenir la ville en respect qu'à repousser un ennemi du dehors. On avait pourtant élevé quelques fortifications le long de l'isthme. La garnison se composait d'un peu moins de cinq mille hommes, sans compter un nombre plus ou moins grand de matelots, suivant la quantité de vaisseaux de guerre qui se trouvaient dans le port.

Pendant tout ce temps il n'y eut d'autre interruption dans les relations qui existaient entre Boston et la province, que celle qui résultait inévitablement de la stagnation du commerce, et de la défiance engendrée par l'aspect des affaires. Quoique nombre de familles eussent déserté leurs maisons, il restait encore beaucoup de patriotes prononcés dont les oreilles étaient blessées par le bruit des tambours anglais, et dont le cœur déjà ulcéré saignait encore davantage en entendant les sarcasmes des officiers sur les burlesques préparatifs de guerre que faisaient leurs compatriotes. C'était une idée assez générale, et elle ne s'était point seulement répandue parmi les jeunes têtes évaporées de l'armée, que les colons n'avaient aucun talent militaire; et ceux mêmes qui en Europe étaient leurs plus zélés partisans, craignaient qu'un appel aux armes ne mît fin pour toujours aux justes réclamations des Américains, en prouvant qu'ils n'étaient point capables de les soutenir jusqu'à la dernière extrémité.

Les deux partis se trouvaient ainsi en présence : le peuple, observant un ordre parfait, sans reconnaître de lois, silencieux, attentif, ayant des chefs qui veillaient pour lui; le soldat, gai, fier, ne paraissant rien craindre, sans pourtant se permettre aucun acte d'oppression ni de violence jusque après quelques excursions malheureuses faites dans la province pour y chercher des armes.

Mais une infinité de causes, les unes publiques, les autres particulières, et dont l'examen appartient plutôt à l'histoire qu'à une simple légende, ne tardèrent pas à animer les esprits; le mécontentement augmentait chaque jour. Toutes les occupations étaient suspendues, et l'on attendait le cours des événements avec une pénible anxiété. On savait que le parlement, au lieu de révoquer les actes qui blessaient les Américains, se préparait à leur imposer de nouvelles restrictions; et le bruit se répandait aussi, comme on l'a déjà vu, que l'Angleterre envoyait une nouvelle force et de nouveaux régiments pour faire respecter ses lois.

Il restait à savoir si un Etat pouvait rester longtemps dans une position aussi précaire, quoiqu'il eût encore été difficile de prévoir quand et de quelle manière il en sortirait. Les colons semblaient sommeiller; mais, en soldats prudents, on pouvait dire qu'ils dormaient sur leurs armes, tandis que les troupes prenaient tous les jours un air plus martial et une attitude plus imposante. Cependant les deux partis continuaient encore à manifester une répugnance honorable à en venir à l'effusion du sang.

CHAPITRE VI.

> Que n'a-t-il plus d'embonpoint! mais je ne crains guère : il sourit rarement, et son sourire est tel qu'on dirait qu'il se moque de lui-même et méprise son esprit qui est capable de sourire de quelque chose.
> SHAKSPEARE. *Jules César.*

PENDANT la semaine suivante Lionel apprit plusieurs circonstances moins importantes que les faits dont nous venons de parler, mais qui en étaient la suite naturelle, et dont les détails excéderaient les bornes de cette histoire. Il avait été reçu par ses frères d'armes avec cette cordialité qu'un compagnon riche, aimable et plein d'aisance, sinon jovial, était sûr de trouver chez des hommes qui ne respiraient que le plaisir. Le premier jour de la semaine, un mouvement extraordinaire s'était opéré parmi les troupes; des changements, des promotions avaient eu lieu, et Lionel lui-même y fut compris. Au lieu de rentrer dans les rangs de son régiment, il avait reçu ordre de se tenir prêt à prendre le commandement du corps d'infanterie légère qu'on exerçait au genre de service auquel est propre ce genre de troupe. Comme tout le monde savait que le major Lincoln était né à Boston, le commandant en chef, par suite de l'indulgence et de la bonté qui lui étaient naturelles, lui avait permis de différer d'entrer en fonctions, afin qu'il pût se livrer librement aux sentiments de la nature. On disait généralement que le major Lincoln, quoiqu'il fût décidé à partager le sort de l'armée en Amérique, si la triste alternative d'un appel aux armes devenait nécessaire, avait reçu la permission de s'amuser deux mois, comme il le jugerait à propos, à dater du jour de son arrivée. Ceux qui se piquaient d'être plus clairvoyants que le vulgaire voyaient ou croyaient voir dans cet arrangement un plan profond et bien combiné de la part de Gage, pour se servir de la présence du jeune Bostonien au milieu de ses parents et de ses amis naturels, pour les ramener à ces sentiments de loyauté et de fidélité envers le roi que beaucoup d'entre eux étaient soupçonnés d'avoir oubliés.

Rien cependant ne justifiait ces conjectures, ni dans la conduite, ni dans la manière de vivre de Lionel. Il continuait à demeurer chez Mrs Lechmere; mais ne voulant pas abuser de l'hospitalité de sa tante, il avait loué à peu de distance un logement où demeuraient ses domestiques, et où on savait qu'il recevait toutes ses visites. Le capitaine Polwarth ne manqua pas de se plaindre hautement d'un arrangement qui détruisait d'un seul coup toutes les espérances qu'il avait fondées sur le séjour de son ami dans une maison qu'habitait sa maitresse, et où il s'était flatté de s'introduire. Mais comme Lionel recevait ses amis chez lui, avec la libéralité convenable à un jeune homme possesseur d'une grande fortune, le gros officier d'infanterie légère y puisait mille sources de consolation qui lui auraient été refusées si la grave Mrs Lechmere avait présidé aux arrangements domestiques de Lionel.

Lionel et Polwarth étant enfants avaient été à la même école, puis membres du même collége à Oxford, et ensuite depuis bien des années ils étaient officiers au même corps de l'armée. Quoiqu'il eût été difficile de trouver deux hommes qui différassent plus complètement l'un de l'autre, soit au physique, soit au moral, cependant, par un de ces inconcevables caprices qui nous portent à aimer ceux qui forment le plus parfait contraste avec nous, il est certain que l'armée ne renfermait pas deux officiers plus étroitement unis. Il serait inutile de rechercher les causes de cette singulière amitié; le hasard et l'habitude lient tous les jours des hommes plus dissemblables encore, et cette liaison devient plus forte encore lorsque l'une des parties jouit d'une égalité de caractère à toute épreuve. Quant à cette dernière qualité, le capitaine

Polwarth la possédait au suprême degré ; sa bonne humeur habituelle contribuait autant que la bonne chère à augmenter l'embonpoint qui le faisait remarquer, et s'il ne déployait pas toujours un esprit transcendant, son inaltérable gaieté ne le quittait jamais.

Comme Lionel passait la plus grande partie de son temps chez Mrs Lechmere, et qu'il ne pouvait pas surveiller ce que le capitaine Polwarth appelait son ménage, celui-ci en prit la direction avez un zèle qu'il ne cherchait pas à faire passer pour désintéressé. Par la règle établie dans le régiment, il était forcé de faire partie de la table des officiers, où l'économie et les lois somptuaires apportaient à ses talents et à ses désirs des obstacles difficiles à surmonter ; mais chez Lionel, il trouvait l'occasion après laquelle il soupirait en secret depuis longtemps, de pouvoir, sans regarder à la dépense, exercer ses talents culinaires, et satisfaire ses goûts gastronomiques. Quoique les pauvres de la ville, ne trouvant plus d'ouvrage, n'eussent pu subsister sans les aumônes abondantes, les vêtements et les vivres qu'ils recevaient des parties des colonies les plus éloignées, cependant les marchés ne manquaient encore d'aucune des choses nécessaires à la vie, et même à la bonne chère, pour celui qui avait les moyens de les payer. Le capitaine se trouvait dans son centre, et dans la quinzaine qui suivit l'arrivée de Lionel, on sut à la table des officiers que Polwarth dînait tous les jours avec son ancien ami, le major Lincoln, quoique, à dire vrai, ce dernier fût invité plus de la moitié du temps chez les principaux officiers de l'état-major.

Cependant Lionel continuait à coucher chez sa tante, dans Tremont-Street, où il retournait toujours avec un plaisir et une assiduité que la froideur de leur première entrevue ne semblait pas promettre. Il est vrai que son intimité avec Mrs Lechmere ne faisait pas beaucoup de progrès ; cette dame, toujours cérémonieuse, quoique polie, s'entourait de dehors froids et artificieux qui auraient ôté à Lionel toute occasion de rompre la glace de son caractère, lors même qu'il en eût eu le désir. En revanche, au bout de quelques jours, il eut tout lieu d'être satisfait de l'accueil qu'il reçut de ses jeunes cousines. Agnès Danforth, qui n'avait rien à cacher, céda insensiblement à sa franchise et à son amabilité, et avant la fin de la première semaine, elle défendait les droits des colons, riait des folies des jeunes officiers, et avouait ses propres préjugés avec une grâce et une gaieté qui la rendit bientôt la favorite de son cousin anglais, car c'était ainsi qu'elle appelait Lionel. La conduite de Cécile Dynevor était beaucoup plus singulière, parfois même tout à fait inexplicable. Pendant des jours entiers elle était réservée, silencieuse et hautaine; et tout à coup, sans raison, et comme par une impulsion subite, son humeur devenait douce et facile; toute son âme passait dans ses yeux brillants, et son innocente gaieté la dépouillant d'une froide contrainte, faisait son bonheur, celui des autres, et enchantait tous ceux qui la voyaient. Lionel réfléchit pendant des heures entières aux variations inconcevables de l'humeur de sa jeune parente. Il y avait quelque chose de si piquant jusque dans les caprices de Cécile dont la taille élégante et la physionomie expressive donnaient du charme à tout ce qu'elle faisait, que Lionel résolut d'étudier tous ses gestes, d'épier tous ses sentiments, afin d'en pouvoir définir la cause. Cette assiduité plut à Cécile, et ses manières devinrent insensiblement moins bizarres et plus séduisantes, tandis que Lionel, sous l'influence de ce nouveau charme, ne vit plus rien, ne remarqua plus rien que la grâce et les charmes de sa cousine.

Dans une société nombreuse où les plaisirs, le monde et une multitude d'objets conspirent à nous distraire, de tels changements n'auraient pu être que le résultat d'une longue connaissance, si toutefois ils étaient arrivés; mais dans une ville comme Boston, que presque tous ceux que connaissait Cécile avaient déjà abandonnée, et où ceux qui restaient encore vivaient seuls et inquiets au fond de leurs maisons, rien ne venait s'opposer à l'influence que, sans le savoir, ces jeunes gens exerçaient l'un sur l'autre, et il s'établit entre eux une sorte d'intelligence, sinon même de sympathie, dans le cours de cette quinzaine mémorable, pendant laquelle se préparaient des événements bien autrement importants dans leurs résultats que ceux qui peuvent intéresser une seule famille.

L'hiver de 1774 avait été aussi remarquable par sa douceur que le printemps fut froid et pluvieux. Cependant, comme cela arrive toujours dans notre climat variable, un rayon de soleil venait quelquefois rappeler l'été au milieu des frimas; mais bientôt des torrents de pluie froide, que chassaient devant eux les vents de l'est, semblaient s'opposer au retour des beaux jours. Ces temps orageux se multiplièrent dans le milieu d'avril, et Lionel se vit forcé de garder la maison.

Un soir que la pluie tombait presque verticalement contre les croisées du parloir de Mrs Lechmere, Lionel monta dans sa chambre pour aller finir quelques lettres qu'il avait commencées avant le dîner pour l'agent de sa famille en Angleterre. En entrant dans son appartement, qu'il avait laissé vide, il fut surpris de le voir occupé d'une manière qu'il ne prévoyait pas. Un feu de bois brûlait dans le foyer, et jetait une clarté vacillante sur tous les meubles qui se projetaient sur le parquet en ombres fantastiques. En ouvrant la porte, son regard tomba sur une de ces ombres, qui, se dessinant sur le mur et paraissant toucher au plafond, lui offrit les formes gigantesques mais réelles d'un être humain. Se rappelant qu'il avait laissé ses lettres ouvertes, et se fiant peu à la discrétion de Meriton, Lionel avança légèrement jusqu'à ce qu'il fût à portée de distinguer les objets, et, à son grand étonnement, il aperçut non son valet, mais son vieux compagnon de voyage. Le vieillard tenait la lettre écrite par Lionel, et il était si absorbé dans sa lecture, qu'il ne l'entendit point approcher. Un large manteau d'étoffe grossière et ruisselant d'eau cachait sa taille ; mais quoique ses cheveux blancs couvrissent une partie de sa figure, on ne pouvait méconnaître ses traits où le malheur était gravé en caractères ineffaçables.

— J'ignorais que je dusse recevoir votre visite, dit Lionel en s'avançant vivement au milieu de la chambre; sans cela je n'aurais pas autant tardé à revenir chez moi, où je crains que vous ne vous soyez ennuyé, Monsieur, n'ayant pour distraction que ce chiffon de papier.

Le vieillard tressaillit, leva la tête, et Lionel vit avec surprise que de grosses larmes sillonnaient ses joues creuses et amaigries. Le regard courroucé avec lequel il avait abordé le vieillard fit place à une tendre pitié, et il allait lui parler d'un ton plus doux, lorsqu'il fut prévenu par l'étranger que son air de hauteur et de mécontentement n'avait point paru intimider.

— Je vous comprends, major Lincoln, dit-il avec calme; mais il peut exister des raisons capables de justifier une indiscrétion plus forte encore que celle dont vous m'accusez. Le hasard et non l'intention m'a fait connaître vos plus secrètes pensées sur un sujet qui m'intéresse vivement. Souvent, pendant notre voyage, vous m'avez pressé de vous faire connaître un secret important qui vous concernait, et vous vous rappelez que je gardai toujours le silence.

— Vous m'avez dit, Monsieur, que vous étiez maître d'un secret que, j'en suis certain, il m'importait de connaître, et je vous avais prié de me le révéler ; mais je ne m'aperçois pas...

— Comment le désir de posséder mon secret me donne le droit de pénétrer les vôtres, voulez-vous dire? interrompit le vieillard. En effet ; mais l'intérêt que je prends à vous, et que vous ne pouvez pas encore comprendre, intérêt consacré par ces larmes brûlantes, les premières qui tombent, depuis bien des années, d'une source que je croyais tarie, doit aujourd'hui me servir d'excuse.

— N'en doutez pas, dit Lionel profondément affecté du son de voix mélancolique du vieillard, et je ne veux plus entendre d'explications sur ce sujet désagréable. Vous n'avez rien vu dans cette lettre, j'en suis sûr, dont un fils puisse rougir.

— J'y ai vu bien des choses, Lionel Lincoln, dont un père aurait droit d'être fier, répondit le vieillard. L'amour filial qui respire dans cette lettre est ce qui a tiré ces larmes de mes yeux ; car celui qui a vécu comme moi jusqu'à un âge où peu d'hommes parviennent sans connaître l'amour qu'un père éprouve pour son enfant, ni celui qu'un enfant porte à l'auteur de ses jours, sent vivement son malheur, s'il n'a pas survécu à tous les sentiments de la nature, lorsque le hasard lui offre l'image d'une affection si tendre, qu'il aurait achetée volontiers au prix de tout son sang.

— Vous n'avez donc jamais été père? demanda Lionel avec un vif intérêt qu'il ne pouvait définir, et en s'asseyant auprès du vieillard.

— Ne vous ai-je pas dit que je suis seul? répondit-il d'un ton solennel... Après un moment de silence imposant, il reprit d'une voix basse et mal assurée : — J'ai été époux et père dans ma jeunesse ; mais il y a bien longtemps qu'aucun lien ne m'attache plus à la terre. La vieillesse est la voisine de la mort, et le froid glacial du tombeau pénètre jusqu'à son cœur.

— Ne parlez pas ainsi, interrompit Lionel ; vous calomniez un cœur dont j'ai admiré cent fois les nobles élans. Avec quelle chaleur ne vous ai-je pas entendu prendre la défense des colonies que vous dites opprimées !

— Ce n'est que la clarté d'une lampe expirante qui ne brille jamais avec plus de force que lorsqu'elle est prête à s'éteindre pour toujours. Mais quoique je ne puisse pas vous inspirer une ardeur que je ne possède plus, je veux vous signaler les dangers qui vous environnent, et vous servir de fanal lorsque je ne puis plus vous être utile comme pilote. C'est dans ce dessein, major Lincoln, que j'ai bravé la tempête cette nuit.

— Est-il arrivé quelque chose qui rendît le danger si pressant que vous ne pussiez attendre qu'elle fût du moins dissipée?

— Regardez-moi, dit le vieillard vivement. J'ai vu cette florissante contrée lorsqu'elle n'était encore qu'un vaste désert; mes souvenirs me reportent au temps où les sauvages et les animaux des forêts disputaient à nos pères la plus grande partie de ce sol, qui suffit maintenant pour donner l'abondance à plusieurs milliers d'habitants. Je ne compte point mon âge par années, mais par générations. Croyez-vous que je puisse compter encore sur beaucoup de mois, de semaines, ou même de jours?

Lionel embarrassé baissa les yeux, et répondit :

— Vous ne pouvez plus, il est vrai, compter sur un grand nombre d'années; mais, avec votre activité et votre tempérance, c'est vous défier de la bonté de Dieu que de ne plus espérer que des mois ou des semaines.

— Eh quoi! dit le vieillard en étendant une main décolorée sur laquelle de grosses veines saillantes n'annonçaient que trop le dépérissement de la nature, ces membres décharnés, ces cheveux blancs et ces joues creuses et sépulcrales me promettent-ils encore des années, moi qui n'oserais pas même demander au ciel de m'accorder une minute, si elle était digne d'une prière, tant mon épreuve sur la terre a déjà été longue?

— Le sage doit certainement prévoir un passage qu'on ne craint souvent que parce qu'on n'y est pas préparé.

— Eh bien! Lionel Lincoln, tout vieux, tout faible que je suis, quoique déjà sur le seuil de l'éternité, je ne suis pas plus près de la tombe que le pays auquel vous avez voué votre sang ne l'est d'une convulsion terrible qui ébranlera toutes ses institutions jusque dans leurs fondements.

— Je ne puis convenir que les présages soient aussi alarmants que vos craintes vous les représentent, dit Lionel en souriant; quelque émotion qui arrive, l'Angleterre n'en ressentira le choc que comme la terre supporte l'éruption d'un de ses volcans. Mais nous employons des figures inutiles, Monsieur; connaissez-vous quelque circonstance qui justifie la crainte d'un danger immédiat?

Les yeux de l'étranger brillèrent un moment d'un éclat extraordinaire, et un sourire ironique anima un instant ses traits flétris, tandis qu'il répondait lentement :

— Ceux-là seuls qui perdront tout au changement doivent trembler. Un jeune homme qui secoue le joug de ses tuteurs n'est point porté à douter qu'il ne soit capable de se gouverner lui-même. L'Angleterre a tenu si longtemps ces colonies à la lisière, qu'elle oublie que son enfant est en état de marcher seul.

— Mais, Monsieur, vous outrepassez même les projets frénétiques de ces hommes audacieux qui se font appeler les — enfants de la liberté, — comme si la liberté pouvait exister quelque part plus forte et plus heureuse que sous la constitution de l'Angleterre! Ils ne demandent que ce qu'ils appellent le redressement de torts, qui, pour la plupart, n'existent que dans leur imagination.

— Jamais une pierre lancée est-elle revenue sur elle-même? Qu'une seule goutte de sang américain soit versée dans la querelle, et la tache en sera ineffaçable.

— Malheureusement cette expérience a déjà été faite; cependant bien des années se sont passées, et l'Angleterre a toujours su maintenir ici sa puissance,

— Sa puissance! répéta le vieillard; ne reconnaissez-vous pas, major Lincoln, dans la patience et la soumission de ce peuple, lorsqu'il croyait avoir tort, l'existence de ces mêmes principes qui le rendront invincible et inébranlable maintenant qu'il a le bon droit en sa faveur? Mais nous perdons un temps précieux; je veux vous conduire dans un lieu où, de vos propres yeux et de vos propres oreilles, vous pourrez juger de l'esprit qui anime ce pays. Suivez-moi.

— Vous ne pensez sûrement pas à sortir par un pareil orage?

— Cet orage n'est rien en comparaison de celui qui est prêt à éclater sur nos têtes, si vous ne revenez sur vos pas. Mais suivez-moi; si un homme de mon âge méprise la tempête, un officier anglais doit-il hésiter?

Lionel se décida aussitôt; il se rappela l'engagement qu'il avait pris sur le vaisseau avec son vieil ami, de l'accompagner à une scène semblable, et il fit à sa toilette les changements nécessaires pour cacher sa profession. Après avoir jeté un large manteau sur ses épaules pour se garantir de la pluie, il se disposait à sortir le premier pour montrer le chemin à son compagnon, lorsque la voix de celui-ci l'arrêta :

— Vous vous trompez de chemin, dit-il; cette visite, dont j'espère que vous saurez profiter, doit rester secrète. Personne ne doit pouvoir même soupçonner votre présence, et si vous êtes le digne fils de votre honorable père, j'ai à peine besoin d'ajouter que j'ai répondu de votre discrétion.

— Vous pouvez y compter, Monsieur, dit Lionel avec fierté; mais pour voir ce que vous désirez, il ne faut sans doute pas rester ici.

— Silence, et suivez-moi, dit le vieillard en ouvrant la porte qui conduisait à un petit appartement qui ne recevait de jour que par une des fenêtres de côté dont nous avons parlé en décrivant l'extérieur du bâtiment. Le passage était étroit et sombre; mais, en suivant exactement les indications de son compagnon, Lionel réussit à descendre sans danger un petit escalier dérobé et très raide, qui servait de communication entre les offices et les appartements supérieurs de la maison. Ils s'arrêtèrent un instant au bas des marches, et Lionel exprima son étonnement qu'un étranger connût mieux que lui la maison qu'il habitait depuis son arrivée.

— Ne vous ai-je pas dit souvent, interrompit le vieillard d'une voix basse et sévère, que je connais Boston depuis près de cent ans ? et il ne contient pas assez d'édifices comme celui-ci pour que je ne m'en rappelle pas tous les détours. Mais, suivez-moi en silence, et soyez prudent.

Il ouvrit alors une porte qui les conduisit dans la cour, et bientôt ils se trouvèrent dans la rue. Dès qu'ils furent en plein air, Lionel aperçut un homme tapi contre un mur, comme s'il cherchait un abri contre la pluie; mais dès qu'il vit Lionel et son compagnon, il se leva et les suivit.

— Ne sommes-nous pas épiés? dit Lionel en s'arrêtant pour faire face à l'inconnu. Qui se permet de marcher ainsi sur nos pas ?

— C'est, dit le vieillard, l'enfant que nous appellerons Ralph, puisque c'est le nom dont Job se servait en s'adressant à l'hôte de sa mère. C'est l'enfant, et nous n'avons rien à craindre de lui.

Quoique ses souffrances corporelles aient affaibli son esprit, Dieu lui a accordé de distinguer le bien d'avec le mal, et son cœur est tout à sa patrie, dans un moment où elle a besoin que tous les cœurs de ses enfants s'unissent pour soutenir ses droits.

 Le jeune officier baissait la tête pour éviter les torrents de pluie qui l'aveuglaient, et il s'enveloppa plus étroitement encore de son manteau, lorsqu'ils arrivèrent dans les grandes rues où le vent se faisait sentir avec encore plus de violence. Ils traversèrent ensuite rapidement encore plusieurs rues étroites et tortueuses sans qu'un seul mot fût prononcé entre eux. Lionel réfléchissait à l'intérêt singulier et indéfinissable que lui inspirait son compagnon, intérêt assez puissant pour le décider à quitter à une pareille heure le toit hospitalier de Mrs Lechmere, pour courir il ne savait où, et se placer peut-être dans une position équivoque. Cependant il continuait à le suivre sans hésiter, car à ses pensées fugitives se mêlait le souvenir des longues et attachantes conversations qu'il avait eues si souvent avec le vieillard pendant leur traversée, et il sentait au fond de son cœur le plus vif désir de connaître tout ce qui pouvait intéresser la sûreté et le bonheur de ses compatriotes.

 Il ne perdait pas un instant de vue son vieux guide, qui marchait devant lui d'un pas ferme sans s'inquiéter des torrents de pluie qui tombaient sur ses membres décharnés, et il entendait la démarche pesante de Job qui formait l'arrière-garde, et qui se tenait si près de lui, qu'il partageait en quelque sorte l'abri de son vaste manteau. Mais aucun autre être vivant ne semblait avoir osé s'exposer à l'orage, et même le petit nombre de sentinelles qu'ils rencontrèrent, au lieu de marcher devant la porte des maisons qu'il était de leur devoir de garder, s'étaient blotties derrière l'angle de quelque mur, ou avaient cherché l'abri protecteur de quelque toit avancé. Par moments, un tourbillon furieux traversait en sifflant les rues étroites, et balayait tout devant lui avec un bruit semblable aux sourds mugissements de la mer, et avec une violence presque irrésistible. Plusieurs fois Lionel fut forcé de s'arrêter, de reculer même sous l'effort de la tempête, tandis que son guide, soutenu par son enthousiasme, et marchant la tête haute, au milieu du fracas des éléments conjurés qu'il semblait braver, paraissait à l'imagination frappée du jeune officier un être surnaturel porté par les vents au milieu de la nuit. Enfin le vieillard, qui marchait un peu en avant de ses compagnons, s'arrêta, et permit à Lionel de le rejoindre. Celui-ci remarqua avec surprise que Ralph l'attendait près d'un tronc d'arbre couché sur un des côtés de la rue, et dont les racines annonçaient qu'il était récemment tombé.

—Voyez-vous les restes de l'orme? dit le vieillard; leurs cognées ont pu détruire la souche, mais ses rejetons ont pris racine dans toute l'Amérique.

—Je ne vous comprends pas, répondit Lionel; je ne vois rien ici qu'un tronc d'arbre, et certainement les ministres du roi ne sont pas responsables de sa chute.

—Les ministres du roi sont responsables devant leur maître de ce que cet arbre est devenu ce qu'il est maintenant pour tout le peuple. Mais questionnez l'enfant qui est près de vous, et il vous en dira les vertus.

Lionel se tourna vers Job, et vit avec surprise, à la pâle clarté de la lune qui venait de se faire jour entre deux nuages, que l'enfant, la tête nue, et exposée à toute la fureur de la tempête, regardait le vieil orme avec l'air du plus profond respect.

—Tout ceci est un mystère pour moi, dit Lionel. Que savez-vous de cet arbre pour le regarder avec tant de vénération, mon enfant?

—C'est la racine de l'arbre de la liberté! dit Job, et il est impie de passer devant sans ôter son chapeau.

— Et qu'a fait cet arbre en faveur de la liberté pour mériter tant de respect?

— Ce qu'il a fait? Aviez-vous jamais vu, avant celui-là, un arbre qui sût écrire et donner avis des assemblées secrètes qui devaient avoir lieu, ou qui pût dire au peuple où le roi voulait en venir avec son timbre et son poison de thé?

— Et cet arbre merveilleux peut opérer de tels miracles?

— Certainement qu'il le peut, et il l'a bien prouvé. Tommy le Ladre [1] n'a qu'à inventer ce soir quelque nouvelle ruse avec laquelle il espère écraser le peuple, et vous pourrez venir demain matin lire sur l'écorce de cet arbre un avertissement qui dira toute l'affaire et les moyens à prendre pour déjouer ses diableries, et tout cela d'une écriture aussi belle que celle de maître Howell lorsque sa main ne tremblait pas.

1. On a déjà vu que c'est le nom que Job donne au gouverneur.

— Et qui vient y mettre le papier?

— Qui? s'écria Job d'un ton d'assurance; parbleu, la Liberté qui vient la nuit et qui l'affiche elle-même. Lorsque Nab n'avait pas le moyen d'avoir une maison, Job avait l'habitude de venir dormir sous cet arbre, et combien de fois la nuit n'a-t-il pas vu de ses propres yeux la Liberté venir attacher le papier?

— Et était-ce une femme?

— Croyez-vous que la Liberté soit assez folle pour venir toutes les fois en habits de femme, pour être poursuivie dans les rues par ces garnements de soldats? dit Job d'un air de mépris. Cependant quelquefois elle venait en femme, quelquefois autrement, cela dépendait des jours. Job était encore ici le jour où Satan renonça à son commerce du timbre, ce qu'il ne fit qu'après que les enfants de la Liberté l'eurent forcé à fermer boutique, et l'eurent pendu, ainsi que lord Botte, aux branches du vieil orme.

— Pendu! s'écria Lionel en reculant involontairement; cet arbre a donc servi de gibet?

— Oui, pour des effigies, dit Job en riant; j'aurais voulu que vous eussiez vu le vieux Botte pirouetter en l'air, ayant Satan sur les épaules, lorsqu'on les a hissés tous les deux au haut de l'arbre; on eut soin de lui mettre un grand soulier pour cacher son pied fourchu.

Lionel, habitué à la manière dont ses compatriotes prononçaient la lettre *u*, se douta alors que le vieux *Boot* (*Botte*) n'était autre que le comte de Bute; et commençant à comprendre plus clairement l'usage qu'on avait fait de cet arbre mémorable, ainsi que toutes les circonstances qui s'y rattachaient, il exprima le désir de continuer sa route [1].

Le vieillard n'avait pas interrompu Job dans ses explications, sans doute pour voir l'effet qu'elles produiraient sur Lionel; mais du moment que celui-ci demanda à repartir, il obéit aussitôt, et lui montra le nouveau chemin. Après avoir marché quelque temps dans la direction des quais, le vieillard se glissa le long d'une petite cour, et entra dans une maison d'assez chétive apparence, sans même prendre la peine d'annoncer sa visite en frappant à la porte. Un passage long, étroit et faiblement éclairé, les conduisit dans une vaste salle qui semblait avoir été disposée pour contenir

---

[1]. Il est peut-être utile d'ajouter, pour comprendre ces allusions, que *l'arbre de la Liberté* était destiné à remplir les fonctions de la statue de Pasquin à Rome.

de nombreuses réunions. Une centaine d'hommes y étaient assemblés, et ils devaient être occupés de quelque affaire d'un intérêt majeur, à en juger du moins à la gravité de leur maintien et à l'expression sévère de toutes les figures.

Comme c'était un dimanche, la première idée de Lionel, en entrant dans la salle, fut que son vieil ami, qui semblait prendre fort à cœur les matières religieuses, l'avait amené pour lui faire entendre quelque prédicateur célèbre de sa secte particulière, et pour lui reprocher en même temps, d'une manière tacite, le peu de soin qu'il mettait à observer ce saint jour, reproche que la conscience du jeune homme lui faisait en effet, en se trouvant tout à coup confondu au milieu d'une pareille foule. Lorsqu'il fut parvenu à se frayer un passage à travers un groupe d'hommes qui se tenaient debout à l'entrée de la salle, et qu'il put observer en silence ce qui se passait, il eut bientôt reconnu son erreur.

Le mauvais temps avait engagé tous ceux qu'il voyait réunis à se couvrir des vêtements les plus propres à les garantir de la pluie, et leur extérieur avait quelque chose de sombre, et même jusqu'à un certain point de repoussant; cependant il régnait dans toute la réunion un air de calme et de décence qui prouvait que c'étaient des hommes qui savaient du moins se respecter.

Quelques minutes suffirent pour apprendre à Lionel qu'il se trouvait au milieu d'une assemblée réunie pour discuter des questions qui se rattachaient à la position politique de la ville, quoiqu'il fût assez embarrassé pour découvrir les résultats positifs qu'elle devait avoir. Lorsqu'une question était posée, il se levait un ou deux hommes qui disaient leur avis dans un langage familier, et avec un vice de prononciation si grand, et l'accent si marqué de la province, qu'il était impossible de croire que ces orateurs fussent autre chose que des artisans et des marchands de la ville. Tous, ou du moins le plus grand nombre, avaient un air froid et réfléchi, qui aurait pu faire suspecter un peu la sincérité de leur zèle pour la cause qu'ils semblaient avoir épousée, sans les invectives amères et violentes qu'ils vomissaient de temps en temps contre les ministres de la couronne, et sans l'unanimité parfaite qu'ils manifestaient lorsque chacun donnait son avis selon l'usage des assemblées délibérantes.

On lut plusieurs propositions dans lesquelles les remontrances les plus respectueuses se trouvaient mêlées singulièrement aux professions les plus hardies des principes constitutionnels, et elles furent adoptées sans la moindre opposition, mais avec un calme qui ne semblait pas annoncer qu'ils y prissent un bien vif intérêt. Lionel fut particulièrement frappé de la manière dont ces propositions étaient rédigées ; l'élégance du style, la pureté des expressions prouvaient assez clairement que l'honnête artisan qui en avait été le rédacteur, et qui s'était égaré dans plusieurs de ses périodes, n'était pas encore bien au fait de l'instrument qu'il avait essayé de manier, et que s'il en connaissait l'usage, cette connaissance était tout à fait récente, et n'était rien moins qu'intime.

Les yeux du jeune officier erraient de l'un à l'autre dans l'espoir de découvrir les moteurs secrets de la réunion dont il était le témoin, et il ne fut pas longtemps sans distinguer un individu qui lui parut devoir attirer particulièrement ses soupçons. C'était un homme qui semblait à peine au milieu de sa carrière, et dont l'extérieur, ainsi que les parties de son habillement qu'on entrevoyait sous le manteau dont il était couvert, annonçait qu'il était d'une classe plus élevée que le reste de l'assemblée. Ceux qui l'entouraient lui témoignaient un respect profond, sans être servile, et une ou deux fois il s'établit des conversations secrètes et animées entre lui et les autres chefs apparents ; c'était même ce qui d'abord l'avait fait remarquer de Lionel.

Malgré la répugnance naturelle que Lionel éprouvait pour un homme qui abusait ainsi de son ascendant pour entraîner ses concitoyens à des actes d'insubordination, il ne put s'empêcher d'être frappé du caractère de franchise et d'intrépidité empreint dans tous ses traits. Il était placé de manière à l'avoir constamment en vue, quoique ceux qui l'entouraient fussent en général plus grands que lui ; le soin avec lequel il suivait tous ses mouvements ne tarda pas à attirer l'attention de l'inconnu. Ils continuèrent à s'observer l'un l'autre pendant le reste de la soirée, jusqu'à ce que celui qui semblait exercer les fonctions de président déclarât que l'objet de la convocation étant rempli, la séance était levée, et que l'assemblée pouvait se séparer.

Lionel, qui était resté appuyé contre un mur, se leva aussitôt, et se laissa entraîner par le torrent jusqu'au passage étroit par lequel il était entré dans la salle. Il s'arrêta alors un moment pour chercher à retrouver son compagnon qu'il avait perdu, et aussi dans le dessein d'examiner de plus près les actions de l'homme dont l'air et les manières avaient captivé si longtemps son attention. La foule s'était écoulée insensiblement avant qu'il se fût aperçu qu'il restait presque seul; et, livré à ses rêveries, il ne remarquait point qu'il allait sans doute attirer lui-même l'attention du petit nombre de membres encore présents, lorsqu'une voix, qui se fit entendre à côté de lui, le rappela à lui-même.

— Est-ce pour entendre leurs griefs et pour prendre leur défense, ou bien est-ce en qualité d'heureux officier de la couronne que le major Lincoln est venu assister ce soir à une réunion de ses compatriotes? demanda le même homme que, depuis quelque temps, il cherchait en vain dans la foule.

— Cette défense des opprimés est-elle incompatible avec le dévouement que je dois à mon prince? demanda fièrement Lionel.

— Elle ne l'est point, reprit l'inconnu avec bonté; la preuve, c'est qu'il se trouve parmi nous un grand nombre de braves Anglais qui ont embrassé notre cause; mais le major Lincoln est notre compatriote, et c'est à ce titre que nous comptons sur lui.

— Peut-être, Monsieur, y aurait-il de l'imprudence à désavouer ce nom dans ce moment, quelle que soit d'ailleurs ma façon de penser, dit Lionel avec un peu de hauteur; ce lieu n'est peut-être pas aussi sûr pour y faire des professions de foi que la place de Boston ou le palais de Saint-James.

— Si le roi eût été au milieu de nous ce soir, major Lincoln, aurait-il entendu prononcer un seul mot opposé à cette constitution qui a déclaré sa personne inviolable?

— Quelle que puisse être la loyauté de vos sentiments, Monsieur, ils n'ont certainement pas été exprimés dans un langage auquel les oreilles d'un roi soient accoutumées.

— Ce n'était pas le langage de l'adulation ni de la flatterie, mais celui de la vérité, qui n'est pas moins sacrée que les droits des rois.

— Ce n'est ni le lieu ni le moment de discuter les droits de notre maître commun, Monsieur, dit vivement le jeune officier; mais si nous nous rencontrons jamais dans une sphère plus élevée, ce que tout en vous me fait présumer, vous me trouverez prêt à les soutenir.

— Nos pères s'y sont rencontrés souvent, dit l'inconnu avec un sourire expressif; puisse le ciel préserver leurs fils de relations moins amicales! En finissant ces mots, il salua Lionel, et disparut à ses yeux en s'enfonçant sous le passage obscur.

Dès que Lionel se vit seul, il chercha en tâtonnant le chemin de la rue, où il trouva Ralph et l'idiot qui l'attendaient. Sans lui demander la cause de son retard, le vieillard marcha entre ses deux compagnons, et reprit le chemin de la demeure de Mrs Lechmere avec la même indifférence pour la tempête.

— Vous avez pu juger par vous-même de l'esprit qui anime le peuple, dit Ralph après quelques moments de silence; croyez-vous encore que l'explosion de ce volcan ne soit pas à craindre?

— Mais tout ce que j'ai vu ce soir me confirme dans mon opinion, répondit Lionel. Des hommes à la veille d'une révolte ne raisonnent point avec tant de justesse et surtout de modération : comment donc! des gens de la lie du peuple, parmi lesquels se trouvent toujours le foyer de l'incendie, discutent leurs principes constitutionnels, et se tiennent renfermés dans le cercle de la loi, comme pourrait le faire un club de savants jurisconsultes!

— Croyez-vous donc que l'incendie éclatera avec moins de violence, parce que le temps, et non un moment d'effervescence, a préparé ce que vous appelez le foyer de l'incendie? reprit Ralph. Mais voilà le fruit de l'éducation que nos enfants reçoivent en pays étranger. Le jeune homme élevé à cette école ravale bientôt ses compatriotes francs et modérés au niveau des paysans d'Europe.

Ce fut tout ce que Lionel put comprendre, quoique le vieillard continuât à se parler quelque temps avec véhémence, mais c'était d'un ton trop bas pour être entendu. Lorsqu'ils arrivèrent dans la partie de la ville que connaissait Lionel, son vieux guide lui montra son chemin, et le quitta en disant:

— Je vois que le dernier et l'affreux argument de la force pourra seul vous convaincre de la résolution prise par les Américains de repousser leurs oppresseurs. Que Dieu éloigne de nous cette heure fatale! mais lorsqu'elle sonnera, ce qui est inévitable, vous reconnaîtrez votre erreur, jeune homme, et j'espère que vous n'oublierez point alors les liens qui vous unissent à votre famille et à votre patrie.

Lionel voulut répondre, mais Ralph ne lui en donna pas le temps; et avant qu'il eût prononcé un mot, le vieillard, comme un être surnaturel, avait disparu au milieu des torrents de pluie qui continuaient à tomber, tandis qu'on apercevait encore l'idiot qui marchait à sa suite, et qui avait bien de la peine à aller assez vite pour ne pas le perdre de vue.

CHAPITRE VII.

> Sergents, vous marcherez ; c'est ainsi que pendant que les autres dorment dans leurs lits paisibles, de pauvres serviteurs sont obligés de veiller et de courir malgré la nuit, la pluie et le froid.
> **SHAKSPEARE.** *Le roi Henry VI.*

A l'orage succédèrent deux ou trois belles journées de printemps pendant lesquelles Lionel ne revit plus son compagnon de voyage. Cependant Job avait pris pour l'officier anglais un attachement qui touchait le cœur de son jeune protecteur. Il se mettait autant que possible sous sa sauvegarde, et il était évident que le malheureux avait eu bien à souffrir de la brutalité des soldats. D'après l'ordre exprès de Lionel, Meriton remplit les fonctions de maître de la garderobe à l'égard du pauvre diable, avec assez de répugnance, il est vrai, mais du moins avec beaucoup de succès, car l'extérieur de Job y gagna beaucoup, quoique ce fût un avantage auquel il parut très-peu sensible.

Dans l'intervalle de ces trois jours, la légère impression qu'avait produite sur l'esprit de Lionel la scène rapportée au chapitre précédent, avait cédé à la douce influence du changement de la température, et au charme qu'il trouvait de plus en plus dans la société de ses jeunes parentes. Polwarth ne lui laissait aucun des embarras du ménage, et l'expression de tristesse qui quelquefois venait rembrunir sa physionomie s'effaça entièrement et fit place à un air de gaieté et d'enjouement.

Polwarth et Lionel avaient renoué connaissance avec un officier qui avait autrefois servi dans le même régiment qu'eux dans les îles britanniques, et qui commandait alors une compagnie de grenadiers faisant partie de la garnison de Boston. C'était un Irlandais qui se nommait Mac-Fuse, et il était fort en état de faire honneur aux talents culinaires du gros officier d'infanterie légère ; car s'il n'avait pas ces connaissances profondes, cette théorie parfaite qui distinguaient Polwarth, il ne lui était nullement inférieur par la pratique, et il avait un palais fort capable d'apprécier la saveur des mets qui y étaient introduits. C'était en vertu de ce goût naturel, et en même temps pour faire plaisir à son ami, que Lionel l'invitait souvent à venir goûter la cuisine de Polwarth. Aussi allons-nous le voir, dans la soirée du troisième jour de la semaine, assis avec les deux officiers autour d'une table largement garnie, grâce aux soins officieux du capitaine, qui avait déployé un talent plus qu'ordinaire dans les apprêts du festin, si du moins nous pouvons en croire les déclarations réitérées du disciple d'Héliogabale.

— Selon moi, major Lincoln, dit Polwarth après avoir déplié sa serviette, et ne perdant jamais de vue son sujet favori, un homme peut vivre partout, pourvu qu'il ait des aliments..... en Angleterre ou ailleurs, peu importe. Les vêtements peuvent être nécessaires pour l'apparence; mais les aliments sont le seul besoin indispensable que la nature ait imposé au monde animal, et, à mon avis, il n'est personne qui ne doive être content lorsqu'il a de quoi apaiser le cri de la faim. Capitaine Mac-Fuse, passez-moi, je vous prie, une tranche de cet aloyau...; ayez soin de le couper dans le fil, surtout.

— Qu'importe, Polwarth, dit le capitaine de grenadiers avec un léger accent irlandais, tandis que l'esprit vif et subtil de ses compatriotes se peignait dans ses regards; qu'importe dans quel sens on coupe un morceau de viande, pourvu qu'il y en ait assez pour apaiser le cri de la faim? Ne le disiez-vous pas vous-même tout à l'heure?

— Il est vrai; mais c'est une sorte d'assistance amicale qu'il est bon de prêter à la nature, reprit Polwarth, qui à table avait une gravité et un sérieux qu'il n'était pas facile de troubler. La manière que je vous indique facilite la mastication, et aide en même temps à la digestion, deux avantages d'une haute importance, Monsieur, pour des militaires qui ont souvent si peu de temps pour l'une, et qui ne peuvent goûter un doux repos après leur repas pour achever l'autre.

— Il raisonne comme un fournisseur d'armée qui voudrait qu'une ration fît l'office de deux, lorsque le prix des transports est élevé, dit Mac-Fuse en regardant Lionel du coin de l'œil. Ainsi donc, suivant vos principes, Polwarth, une pomme de terre doit être le *nec plus ultrà* de vos jouissances en campagne ; car, de quelque côté que vous la coupiez, vous êtes sûr de trouver le fil, pourvu seulement qu'elle soit un peu farineuse.

— Pardonnez-moi, capitaine Mac-Fuse, dit Polwarth d'un air d'importance, une pomme de terre doit se rompre, et non pas se couper ; il n'y a point de légume plus en usage et en même temps moins compris que la pomme de terre.

— Est-ce vous, maître Polwarth, de l'infanterie légère de Nesbitt, interrompit le grenadier en déposant son couteau et sa fourchette d'un air plaisamment sérieux, est-ce vous qui apprendrez à Denis Mac-Fuse comment on doit découper une pomme de terre ? Parlez tant que vous voudrez de vos pièces de bœuf, de vos aloyaux ; vous êtes Anglais, je ne vous contredirai pas ; mais sachez, Monsieur, que dans mon pays, aux deux bouts de chaque ferme, il y a d'un côté un marais, et de l'autre un champ de pommes de terre. C'est donc du patrimoine de l'Irlandais que vous parlez si librement, Monsieur, et...

— On peut posséder une chose sans savoir en faire usage, et il y a une grande différence...

— Ne me contestez donc pas le droit de propriété, interrompit de nouveau le grenadier impétueux, surtout lorsqu'il s'agit d'une production de notre île, et fiez-vous à un vieux soldat du régiment Royal-Irlandais pour savoir découper le mets qu'il aime. Maintenant je gagerais un mois de ma paie (et c'est autant que si le major disait : Va pour mille livres sterling) que vous n'êtes pas capable de dire de combien de façons on peut arranger et on arrange tous les jours en Irlande une chose aussi simple qu'une pomme de terre.

— Vous les faites bouillir et rôtir ; vous en faites aussi parfois une espèce de farce, et...

— Cuisine de vieille femme! interrompit Mac-Fuse en affectant un ton de mépris. D'abord, Monsieur, nous les accommodons avec et sans beurre, ce qui fait déjà deux manières, ensuite nous ôtons la pelure, et...

— Voilà une discussion tout à fait savante, s'écria Lionel en éclatant de rire, et je crois que nous ferons bien de soumettre la décision de cette grande affaire à Job que voilà, et qui, dans son coin, s'amuse justement avec l'objet de la dispute, qu'il porte au bout de sa fourchette.

— Ou plutôt, dit Mac-Fuse, comme c'est un jugement pour lequel toute la sagesse de Salomon ne serait pas de trop, prenons pour juge maître Seth Sage, notre hôte, que voici justement. Son nom est déjà d'un heureux augure, et je vois à son air réfléchi qu'il a une bonne partie de la pénétration du roi juif.

— Ne comparez pas Seth au roi, dit Job en suspendant les attaques qu'il faisait à la pomme de terre; le roi fait bien de l'étalage, et voilà tout, tandis que le voisin Sage laisse Job entrer et manger librement, comme un bon chrétien qu'il est.

— Ce drôle n'est pas tout à fait dépourvu de raison, major Lincoln, dit Polwarth, et son instinct le sert assez bien, car je remarque qu'il a toujours soin de nous honorer de sa compagnie à l'heure des repas.

— Le pauvre garçon ne trouve pas, je crois, grand attrait qui le retienne chez lui, dit Lionel, et comme c'est une des premières connaissances que j'aie faites à mon retour dans mon pays natal, j'ai prié M. Sage de le laisser entrer lorsqu'il se présenterait, et surtout, Polwarth, aux moments où il peut avoir occasion de rendre hommage à vos talents distingués.

— Je suis loin de dédaigner son suffrage, dit Polwarth. J'aime à avoir affaire à un palais encore neuf; j'en fais autant de cas que de la naïveté dans une femme. Ayez la bonté de me couper un morceau d'estomac de cette oie sauvage, Mac-Fuse; plus au milieu, s'il vous plaît. Vos oiseaux voyageurs sont souvent durs en diable sous les ailes. Mais, pour en revenir à ce que je disais, une nourriture simple et suffisante, voilà après tout le grand secret de la vie.

— Ma foi! votre recommandation n'était pas inutile, reprit le grenadier en riant; ce pauvre volatile volait sans doute sur les flancs de la troupe, et il a dû faire plus de chemin qu'un autre, ou bien il faut que je ne l'aie pas encore coupé dans le filet. — Mais, Polwarth, vous ne dites pas si vous commencez à être au fait des exercices de l'infanterie légère.

Polwarth était alors assez avancé dans son repas pour avoir recouvré une grande partie de sa bonne humeur, et il répondit avec moins de gravité :

— Si Gage ne change pas de système, il nous aura bientôt mis sur les dents. Vous savez sans doute, Lionel, que toutes nos compagnies sont dispensées de monter la garde, pour apprendre un nouveau genre d'exercice. Jolie dispense, en vérité, qui nous donne mille fois plus de mal encore! car nous n'avons qu'un moment de répit, c'est lorsque nous nous couchons à terre pour faire feu. C'est un moment délicieux! je l'avoue; le diable, c'est qu'il faut se relever ensuite.

— Voilà dix jours que vos gémissements me l'ont appris, répondit Lionel. Mais que pensez-vous de cette nouvelle manière d'exercer les troupes, capitaine Mac-Fuse? Croyez-vous que Gage ait quelque projet en tête?

— Vous me faites, Monsieur, une question à laquelle je me trouve hors d'état de répondre, dit le grenadier. Je suis militaire, et j'obéis aux ordres qui me sont donnés, sans chercher à en connaître le motif. Tout ce que je sais, c'est que les grenadiers et l'infanterie légère ne montent plus la garde, et que nous ne faisons toute la journée que des marches et des contre-marches, au grand mécontentement et à la réduction visible des dimensions de Polwarth, qui perd autant d'embonpoint qu'il gagne de terrain.

— Croyez-vous, Mac? s'écria le capitaine d'infanterie légère enchanté; ce n'est pas du moins en pure perte que je me mets en sueur tous les jours! Ils nous ont donné pour officier instructeur le petit Harry Skip, qui, je crois, a les meilleures de toutes les jambes au service de Sa Majesté. N'êtes-vous pas de mon avis, maître Sage? Vous semblez méditer sur ce que nous disons, comme si ce sujet avait quelque charme secret pour vous.

L'individu à qui Polwarth adressait cette question, et qu'on avait déjà nommé, était debout, une assiette à la main, dans une attitude qui annonçait qu'il prenait un vif intérêt à la conversation, quoique ses yeux fussent fixés à terre et qu'il tînt la tête détournée, comme si, tout en écoutant avec attention, il désirait ardemment ne pas être remarqué. Il était propriétaire de la maison dans laquelle Lionel avait pris un logement. Depuis quelque temps, sa femme et ses enfants avaient quitté Boston, et il donnait pour prétexte qu'il lui était trop difficile de pourvoir à leur subsistance dans une ville qui n'offrait pas de ressources, et où il ne se faisait plus d'affaires; mais il était resté lui-même pour veiller à son bien et pour servir ses hôtes.

Cet homme réunissait, au moral comme au physique, une grande partie des attributs qui caractérisent une classe nombreuse de ses compatriotes. Au physique, il était d'une taille un peu au-dessus de la moyenne; il était maigre et décharné, et les saillies de ses os ressortaient sur tous ses membres d'une manière extraordinaire. Il avait des yeux noirs, petits et brillants, qui annonçaient de l'intelligence, mais en même temps beaucoup de finesse et de pénétration; du reste, il avait l'air froid et réservé. Se voyant toujours interpellé subitement par Polwarth sur son opinion, Seth dit avec la prudence cauteleuse dont il ne s'écartait jamais dans ses réponses :

— L'adjudant est un homme qui ne saurait rester en place; mais il me semble que cela n'en vaut que mieux pour un officier d'infanterie légère. Il n'y a que le capitaine Polwarth qui en souffre beaucoup, et qui a bien de la peine à suivre sa compagnie, maintenant que le général a donné cette nouvelle besogne aux soldats.

— Et quel est votre avis sur ce que vous appelez notre nouvelle besogne, monsieur Sage? demanda Mac-Fuse; vous qui êtes un homme réfléchi et éminemment observateur, vous devez connaître à fond vos compatriotes : croyez-vous qu'ils se battent?

— Une poule qu'on veut plumer cherche à se défendre, dit Seth sans lever les yeux de terre.

— Mais les Américains se regardent-ils comme plumés?

— Je serais tenté de croire que c'est assez généralement l'avis du peuple, capitaine; il y a eu de grandes rumeurs au sujet du papier timbré et du thé; mais j'ai toujours dit que ceux qui ne faisaient point d'actes publics, et qui n'aimaient que les productions de leur pays, ne devaient pas se trouver entravés par la loi, après tout.

— Ainsi, maître Sage, s'écria le grenadier, vous ne trouvez pas que ce soit une grande oppression que de vous demander à contribuer, pour votre part, à l'entretien de braves et dignes soldats tels que moi, afin que nous nous battions pour vous.

— Quant à cela, capitaine, il me semble que nous saurions assez bien nous battre pour nous-mêmes, si l'occasion le demandait; mais je ne crois pas que le peuple soit très-porté à le faire sans nécessité.

— Mais que veulent donc, selon vous, — le comité de sûreté — et vos — enfants de la liberté, — puisque c'est le nom qu'ils se donnent eux-mêmes? Pourquoi toutes ces parades de leurs —

hommes à la minute, — ces approvisionnements, ces transports de canons, et tant d'autres apprêts non moins formidables? Penseraient-ils par hasard, honnête Seth, effrayer les soldats anglais avec leurs roulements de tambour, ou s'amusent-ils comme des enfants, les jours de fête, à jouer à la guerre?

— Je serais tenté d'en conclure, dit Seth avec une gravité imperturbable, que le peuple ne badine pas, et qu'il songe sérieusement...

— A faire quoi? demanda l'Irlandais; à se forger des chaînes, afin que nous puissions ensuite les garrotter tout de bon?

— Mais, en considérant qu'ils ont brûlé les papiers du fisc et qu'ils ont jeté les cargaisons de thé dans la mer, reprit Seth, et que, depuis lors, ils se sont mis à se diriger eux-mêmes, j'en conclurais plutôt qu'ils sont assez résolus à faire ce qui leur paraîtra dans leur intérêt.

Lionel et Polwarth se mirent à éclater de rire. — Voilà des conclusions foudroyantes! dit le premier; je doute néanmoins que vous en tiriez de plus claires de notre hôte, capitaine MacFuse. Sait-on bien, monsieur Sage, que des renforts considérables arrivent aux colonies, et en particulier à Boston?

— Mais oui, reprit Seth; on semble s'y attendre assez généralement.

— Et quel est le résultat de cette attente?

Seth s'arrêta un moment avant de répondre, comme s'il voulait s'assurer qu'il eût bien compris la question qui lui était faite.

— Mais, comme le pays a pris l'affaire assez à cœur, il y en a qui pensent que, si les ministres n'ouvrent pas le port, le peuple pourra bien l'ouvrir lui-même sans plus amples discussions.

— Savez-vous bien, dit Lionel d'un ton grave, qu'une pareille tentative conduirait directement à une guerre civile?

— Je suppose qu'il est de la prudence de calculer qu'une pareille mesure amènerait des troubles, reprit l'hôte avec son phlegme accoutumé.

— Et vous en parlez, Monsieur, comme si la nation ne devrait pas employer tous les moyens possibles pour prévenir ou détourner de telles conséquences!

— Si le port est ouvert et que le droit d'imposer des taxes soit abandonné, dit Seth avec calme, je puis trouver un homme dans

Boston qui s'engagera à laisser tirer de ses propres veines tout le sang qui sera répandu.

— Et quel est cet individu si dévoué, maître Sage? s'écria Mac-Fuse; serait-ce par hasard votre pléthorique personne? — Ah! vous voilà, Doyle; qui me procure l'honneur de votre visite?

Cette question subite était adressée par le capitaine des grenadiers au sergent de sa compagnie, qui dans ce moment remplissait la porte de la chambre de son énorme corpulence, et, qui dans l'attitude du respect militaire, semblait se préparer à adresser la parole à son officier.

— L'ordre est venu, capitaine, de passer la compagnie en revue une demi-heure après la retraite, et de se tenir prêt à marcher.

Les trois officiers se levèrent en même temps à cette nouvelle, et Mac-Fuse s'écria : — Une marche de nuit! Bah! nous allons relever quelque garnison, sans doute. Mes compagnies de la ligne commencent à peine à s'endormir, et ont besoin de repos. Gage aurait pu prendre un moment plus convenable. Vous faire mettre en marche aussitôt après un repas tel que celui que vous nous avez servi, Polwarth!

— Il doit y avoir quelque motif plus urgent pour un ordre aussi extraordinaire, interrompit Lionel; mais chut! j'entends battre la retraite! N'y a-t-il point d'autres troupes que votre compagnie qui aient reçu l'ordre de se tenir prêtes?

— Le bataillon tout entier a reçu le même ordre, Votre Honneur, ainsi que le bataillon d'infanterie légère; j'étais chargé d'en instruire le capitaine Polwarth, si je le rencontrais.

— Tout ceci cache quelque mystère, Messieurs, dit Lionel, et c'est un avis qu'il ne faut pas négliger. Si l'un des deux corps sort de la ville ce soir, je l'accompagnerai en qualité de volontaire; car mon devoir, dans ce moment, est d'examiner l'état du pays.

— Il est certain que nous nous mettrons en marche ce soir, Votre Honneur, ajouta le sergent avec la confiance d'un vieux soldat; mais jusqu'où irons-nous, et sur quelle route? c'est ce qui n'est connu que des officiers de l'état-major, quoique les camarades pensent que nous sortirons par la porte des Colléges.

— Et qui a pu leur fourrer cette idée dans la tête? lui demanda son capitaine.

— Un des camarades, sorti de la ville par permission, vient de rentrer, et il a rapporté que quelques officiers de l'armée avaient dîné près de là, Votre Honneur, et qu'à la nuit tombante ils étaient montés à cheval, et avaient commencé à faire des patrouilles sur les routes dans cette direction. Il fut rencontré et questionné par quatre d'entre eux, au moment où il traversait la plaine.

— Tout ceci confirme mes conjectures, s'écria Lionel. Il est quelqu'un qui dans ce moment pourrait rendre de grands services. — Job ! — Où est donc l'idiot, Meriton ?

— On est venu le demander, Monsieur, il n'y a qu'une minute, et il a quitté la maison.

— Eh bien ! envoyez-moi M. Sage, continua le jeune homme qui paraissait réfléchir tout en donnant cet ordre.

Un instant après on vint lui dire que Seth avait également disparu.

— Sans doute, dit Lionel, la curiosité l'a conduit aux casernes, où vos devoirs vous appellent, Messieurs. J'ai quelques ordres à donner, et je vous y rejoindrai dans une heure ; il est impossible que vous vous mettiez en marche plus tôt.

Chacun fit alors ses préparatifs de départ : Lionel jeta son manteau entre les mains de Meriton, auquel il donna ses ordres, et priant ses hôtes de l'excuser, il sortit avec la précipitation de quelqu'un qui voyait qu'il n'y avait pas un instant à perdre en vaines réflexions. Mac-Fuse commença à s'équiper avec le phlegme d'un soldat qui a trop de service pour se laisser aisément déconcerter. Néanmoins, malgré tout son sang-froid, la patience manqua de lui échapper lorsqu'il entendit Polwarth répéter, pour la quatrième fois, l'injonction expresse de mettre de côté certaines viandes auxquelles il paraissait encore tenir, quoique la fortune l'obligeât à s'en séparer.

— Allons, allons, homme, s'écria l'Irlandais, pourquoi, à la veille d'une marche, vous embarrasser de tous ces détails d'épicurien ? C'est le soldat qui doit donner à vos ermites et à vos anachorètes l'exemple de la mortification. D'ailleurs ce soin tardif de vous faire mettre de côté des provisions est d'autant moins excusable de votre part, que vous saviez très-bien que nous devions partir ce soir même pour une expédition secrète.

— Moi ! s'écria Polwarth ; par l'espoir que j'ai de faire encore un repas semblable, je vous jure que j'ignorais autant que le dernier caporal de l'armée qu'il en fût question le moins du monde. Et pourquoi, s'il vous plaît, soupçonniez-vous le contraire ?

— Il ne faut qu'un rien pour apprendre à un vieux routier comme moi quand il se prépare quelque affaire, reprit froidement Mac-Fuse en rapprochant son manteau militaire sur ses épaules ; ne vous ai-je pas vu de mes propres yeux, il n'y a qu'une heure, charger d'une double ration au moins un certain capitaine d'infanterie légère ? Comment diable, mon cher, croyez-vous que, depuis vingt-cinq ans que je suis au service, je ne sache pas encore que lorsqu'une garnison commence à remplir ses greniers, c'est qu'elle s'attend à un siége ?

— Je n'ai pas fait plus d'honneur que je ne le devais en conscience au repas du major Lincoln, répondit Polwarth, et loin d'avoir un appétit très-extraordinaire, je ne me suis pas senti en disposition de rendre toute la justice qu'ils méritaient à quelques uns de ces mets délicats. — Monsieur Meriton, je vous serai obligé de faire porter à la caserne le reste de cette oie sauvage ; mon laquais s'en chargera. Ecoutez, comme la marche sera peut-être longue, et qu'on n'a pas toujours des vivres comme on veut, joignez-y la langue et une volaille, et un peu de ragoût ; nous pourrons le faire réchauffer dans quelque ferme. — Nous prendrons la pièce de bœuf, Mac-Fuse. — A propos, j'oubliais... Lionel aime beaucoup le jambon ; vous mettrez aussi le jambon, n'est-ce pas ? D'ailleurs, si nous sommes longtemps en route, il se gardera mieux que toute autre chose. — Et puis... je crois que cela suffira, Meriton.

— C'est bien heureux, s'écria Mac-Fuse, et j'en suis aussi ravi que je le serais d'entendre lire une proclamation de guerre à Charing-Cross[1]. La nature vous avait formé pour la cantine, Polwarth, ou tout au moins vous devriez être fournisseur d'armée.

— Riez tant qu'il vous plaira, Mac, reprit l'enjoué capitaine ; vous me remercierez demain, quand nous ferons halte pour déjeuner ; mais à présent je suis à vos ordres.

Dès qu'ils furent sortis de la maison, il continua : — J'espère que Gage n'a pas d'autre intention que de nous pousser un peu en avant, dans la vue de protéger les fourrageurs et d'assurer les

---

[1] C'est le nom d'une place de Londres.

vivres de l'armée, ce qui ne serait pas si mal en effet ; et en développant un peu ce système, on pourrait donner à la table des officiers le premier choix de tout ce qui paraît au marché.

— Je parierais que tous ces grands apprêts n'ont d'autre cause que quelque vieille pièce de canon en fer, à laquelle un homme ne saurait mettre le feu sans perdre la vie, répondit Mac-Fuse d'un ton dédaigneux. Quant à moi, capitaine Polwarth, si nous devons nous battre un jour contre ces colons, je voudrais que ce fût en braves, et je permettrais à ces pauvres diables de rassembler un arsenal convenable ; car maintenant, dans l'état des choses, je rougirais, comme soldat et comme Irlandais, de dire à mes hommes de faire une charge sur un ramassis de paysans dont les armes à feu ont plutôt l'air de longs tuyaux rouillés que de mousquets, et qui ont une demi-douzaine de canons dont la lumière est assez grande pour qu'un homme puisse y passer la tête, tandis que la bouche en est si étroite qu'une bille aurait peine à en sortir.

— Ecoutez donc, Mac, dit Polwarth, tandis qu'ils se dirigeaient en toute hâte vers leurs quartiers respectifs, une bille ainsi lancée peut suffire pour vous ôter l'appétit ; et les gens du pays ont un grand avantage sur nous : ils ne sont pas embarrassés pour avoir des vivres, et s'ils sont un peu plus mal armés, cette différence ne fait que rétablir l'équilibre.

— Je ne veux contredire personne en matière d'honneur et de délicatesse, capitaine Polwarth, dit le grenadier d'un air fier et martial ; mais je crois qu'il existe une différence matérielle entre un boucher et un soldat, quoique leur métier à tous deux soit de tuer. J'espère, Monsieur, je le répète, que cette expédition secrète a un plus noble but que de priver les pauvres diables, contre lesquels nous allons combattre, des moyens de se défendre comme il faut, et j'ajoute, Monsieur, que telles sont les vraies doctrines militaires, quels que soient ceux qui peuvent juger à propos de dire le contraire.

— Vos sentiments sont nobles et généreux, Mac ; mais il y a une obligation tout à la fois physique et morale qui force tous les hommes à manger ; et si, en permettant à nos ennemis de porter des armes, nous nous exposons à mourir de faim, c'est alors pour nous un devoir impérieux de les leur ôter, mesure dans laquelle je seconderai Gage de tout mon pouvoir, parce qu'elle est éminemment conservatrice.

— Et Gage sera sans doute très-flatté, Monsieur, d'être secondé par vous, reprit le grenadier. Je crois pourtant, capitaine Polwarth, que, si le lieutenant-général Gage a besoin d'hommes de cœur dans quelque occasion extraordinaire, il se rappellera qu'il y a dans le pays un régiment qui s'appelle Royal-Irlandais, et qu'on peut compter sur les braves qui le composent. Vous avez bien fait, capitaine Polwarth, de choisir l'infanterie légère ; c'est un corps de fourrageurs, et on peut ne s'y laisser manquer de rien ; mais, grâce à Dieu, ce sont des ennemis, et non pas du bétail que les grenadiers aiment à rencontrer dans la plaine.

Il serait difficile de dire si Polwarth, malgré son caractère jovial et endurant, aurait souffert longtemps encore les quolibets de plus en plus piquants de l'Irlandais, qui s'échauffait lui-même en parlant, lorsque heureusement leur arrivée à la caserne mit fin à la conversation, et prévint les suites qui auraient pu en résulter.

CHAPITRE VIII.

> Garde tes soupirs, fille infortunée, pour purifier l'air ; garde tes larmes pour en orner, au lieu de perles, les bracelets faits de tes cheveux.
>
> DAVENANT.

LIONEL aurait rougi d'avouer l'influence secrète et inexplicable que Ralph, son mystérieux ami, exerçait sur ses sentiments ; mais l'entraînement était irrésistible, et il se hâta de quitter son appartement pour se rendre dans la partie basse de la ville, où se trouvait la demeure d'Abigaïl Pray. Il n'avait point visité le sombre réduit de cette femme depuis le soir de son arrivée ; mais sa proximité de Fanueil-Hall, aussi bien que l'architecture singulière du bâtiment en lui-même, le lui avait fait souvent remarquer pendant les longues promenades qu'il faisait dans une ville qui lui rappelait tous les souvenirs de son enfance. Connaissant donc parfaitement le chemin qui conduisait au vieux magasin, il se dirigea vers la place du marché. Lorqu'en sortant de chez lui Lionel se trouva dans la rue, il vit qu'une obscurité profonde enveloppait déjà la péninsule de Boston, comme si la nature elle-même eût voulu servir les desseins secrets du commandant anglais. Le son vif et aigu du fifre, accompagné du roulement du tambour, faisait retentir les collines nues qui entourent la ville ; par moments, le bruit éclatant du cor se faisait entendre dans la plaine, et, porté par la brise du soir, il venait mourir dans les rues étroites de l'autre côté de la ville. L'effet que produisaient ces trois instruments belliqueux fit tressaillir le jeune militaire, et le pénétra d'un triste plaisir, tandis qu'il marchait fièrement au son de la musique guerrière. Mais l'oreille la plus exercée n'aurait pu y distinguer autre chose que la retraite qu'on battait tous les soirs pour appeler les soldats au repos ; et, lorsque les échos des montagnes eurent répété pour la dernière fois les sons du cor, tout rentra dans le silence, et la ville parut dans un calme aussi parfait que si l'heure paisible de minuit eût déjà plongé tous ses habitants dans le sommeil.

Lionel s'arrêta un moment devant les portes de l'hôtel-de-ville de la province, et, après avoir jeté un coup d'œil rapide sur toutes les fenêtres, il adressa la parole au grenadier de garde, qui s'était arrêté à son tour pour l'observer.

— Il paraît qu'il y a compagnie là-dedans, sentinelle, dit-il, à en juger par la clarté dont toutes ces fenêtres sont éclairées ?

Les armes et l'uniforme de Lionel apprirent au grenadier qu'il parlait à son supérieur, et il répondit avec respect : — Il ne convient pas à un simple soldat comme moi de vouloir connaître ce que font ses chefs, Votre Honneur ; mais j'étais en faction devant le quartier du général Wolf la nuit même où nous partîmes pour les plaines d'Abraham ; et je crois qu'un vieux soldat peut juger qu'il se prépare quelque mouvement important, sans adresser à ses supérieurs d'impertinentes questions.

— Je suppose, d'après votre remarque, que le général tient conseil ce soir.

— Il n'est entré, depuis que je suis à mon poste, Monsieur, que le lieutenant-colonel du 10ᵉ, le grand lord de Northumberland [1], et le vieux major de marine : c'est un vrai lougre de guerre, Votre Honneur, que ce vétéran, et ordinairement ce n'est pas pour rien qu'il vient ici.

— Bonsoir, mon vieux camarade, dit Lionel en continuant son

---

[1]. Le comte Percy, fils du duc de Northumberland.

chemin; il s'agit sûrement de quelque consultation sur les nouveaux exercices qu'on vous fait faire.

Le grenadier secoua la tête d'un air de doute, et reprit sa marche lente et régulière. Quelques minutes après, Lionel se trouva près de la porte basse d'Abigaïl Pray, où il s'arrêta un instant, frappé du contraste qui existait entre le seuil triste et solitaire qu'il allait franchir et le brillant portique qu'il venait de quitter. Pressé cependant par son impatience, il frappa doucement à la porte; après avoir recommencé plusieurs fois avec une force toujours croissante, ne recevant aucune réponse, il leva le loquet et entra dans le vieux magasin sans plus de cérémonie. Le grand appartement dans lequel Lionel se trouva était triste et silencieux, comme les rues obscures qu'il venait de parcourir. Après avoir quelque temps cherché son chemin à tâtons vers la petite chambre de la tour où il se rappelait que la mère de Job était lors de leur première entrevue, il la trouva, mais sombre et vide comme celle qu'il quittait. Il se disposait à sortir, assez mécontent, lorsqu'un faible rayon de lumière, qui s'échappait à travers une des fentes du plafond, vint éclairer le bas d'une espèce d'échelle qui conduisait à l'étage supérieur. Après avoir hésité un moment, Lionel céda au désir de trouver le vieillard, et monta le plus doucement possible ce qu'on ne pouvait appeler un escalier.

Le premier étage était divisé comme le rez-de-chaussée; une grande chambre formait le milieu, et une plus petite était pratiquée dans chaque tourelle. En suivant la pâle clarté de la chandelle qui l'avait attiré jusque là, il se trouva sur le seuil d'une de ces petites pièces, et il y vit l'homme qu'il cherchait. Le vieillard était assis sur une chaise mutilée, la seule qui se trouvât dans la chambre, et devant lui, sur la botte de paille qui paraissait lui servir de lit, d'après les vêtements qui la couvraient, était déployée une grande carte de géographie qu'il semblait étudier avec la plus grande attention. Lionel hésita de nouveau, ne sachant s'il devait interrompre ses méditations, et contempla un moment les longs cheveux blancs qui couvraient le front et les tempes de Ralph tandis qu'il se baissait pour mieux voir la carte, et qui rendaient plus grave et plus imposante encore sa physionomie déjà si remarquable.

— Je viens vous chercher, dit à la fin Lionel, puisque vous ne me trouvez plus digne de vos soins.

— Vous venez trop tard, répondit Ralph sans paraître ému ni surpris de cette apparition subite, et même sans lever les yeux de dessus la carte qu'il regardait si attentivement ; trop tard au moins pour prévenir de grands malheurs, sinon pour y puiser d'utiles leçons.

— Vous connaissez donc les mouvements secrets qui se préparent pour cette nuit?

— La vieillesse s'endort rarement, dit Ralph en regardant pour la première fois Lionel, car la nuit éternelle qui l'attend lui promet un assez long repos. Et moi aussi, j'ai fait dans ma jeunesse l'apprentissage de votre profession sanguinaire.

— Vos observations et votre expérience vous auront sans doute fait découvrir les préparatifs de la garnison ; mais vous ont-elles appris aussi le motif et les conséquences probables de l'entreprise?

— L'un et l'autre me sont connus : Gage s'imagine en coupant de faibles branches étouffer le germe de la liberté qui a pris racine dans tous les cœurs américains. Il croit pouvoir anéantir les sentiments énergiques et le patriotisme qui animent tous les esprits, en détruisant quelques magasins de munitions.

— Il ne s'agit donc aujourd'hui que d'une mesure de précaution?

Le vieillard secoua la tête d'un air triste, et répondit :

— Ce sera une mesure de sang.

— Je compte accompagner le détachement dans cette expédition, dit Lionel ; il se postera probablement à quelque distance dans l'intérieur, et je trouverai peut-être l'occasion de prendre ces informations, qui, vous le savez, me tiennent si fort à cœur, et pour lesquelles vous m'avez promis de m'aider. C'est pour vous consulter sur la marche que je dois suivre, que je suis venu vous chercher.

Tandis que Lionel parlait, le vieillard pâlit, et parut perdre jusqu'à la faculté de penser : ses yeux vagues et hagards erraient sur les murs dégradés qui l'entouraient, puis sur la carte de géographie ; enfin ils tombèrent sur les traits de Lionel étonné, et y restèrent quelque temps fixés, mornes et immobiles comme le regard de la mort. Lionel se disposait à lui prodiguer des secours, lorsque tout à coup la vie parut reprendre son empire sur le vieillard, comme le soleil dissipe en un instant l'obscurité en sortant de derrière un nuage.

— Vous êtes malade ! s'écria Lionel.

— Laissez-moi, dit le vieillard, laissez-moi.

— Je ne puis vous laisser seul et dans un tel moment.

— Je vous dis de me laisser ; nous nous rencontrerons, comme vous le désirez, dans l'intérieur du pays.

— Vous me conseillez donc d'accompagner les troupes et d'attendre votre arrivée ?

— Certainement.

— Pardonnez-moi, dit Lionel en baissant les yeux avec embarras et en parlant avec hésitation ; mais la demeure que vous avez choisie, l'état où je vous vois, les vêtements qui vous couvrent, tout me prouve que l'hiver est arrivé pour vous, sans que l'été vous ait donné les moyens d'adoucir ses rigueurs.

— Voudriez-vous m'offrir de l'argent ?

— Si vous daigniez l'accepter, c'est moi qui vous devrais de la reconnaissance.

— Lorsque mes besoins excéderont mes moyens, jeune homme, je me rappellerai votre offre. Allez, maintenant, il n'y a pas de temps à perdre.

— Mais je ne voudrais pas vous laisser seul. Où est Abigaïl ? cette vieille folle serait toujours mieux que rien.

— Elle est absente.

— Et Job ? Le pauvre idiot a des sentiments d'humanité, et il pourrait vous secourir au besoin.

— Il est occupé à quelque chose de mieux qu'à soutenir les pas d'un vieillard inutile. Partez à l'instant et laissez-moi, je vous en prie, Monsieur, et, s'il le faut, je vous l'ordonne.

La manière ferme et presque impérieuse dont le vieillard parlait apprit à Lionel qu'il n'y avait rien à gagner sur lui ; il obéit donc avec répugnance, et il retourna plus d'une fois la tête en se retirant. Dès qu'il fut au bas de l'échelle, il se hâta de reprendre le chemin de son logement. En traversant le petit pont jeté sur le bassin étroit dont nous avons déjà parlé, ses réflexions furent interrompues par le son de plusieurs voix qui s'entretenaient tout bas et avec mystère à peu de distance. C'était un moment où tout ce qui n'était pas ordinaire devait éveiller l'attention, et Lionel s'arrêta pour examiner deux hommes qui près de là tenaient leur secret conciliabule. A peine avait-il eu le temps de les remarquer que les deux individus se séparèrent ;

l'un, traversant la place, entra sous une des arcades de la place du marché, et l'autre monta sur le pont où se trouvait Lionel.

— Quoi ! Job, c'est vous que je surprends ici à chuchoter et à comploter ! s'écria Lionel ; quels secrets pouvez-vous avoir qui demandent la faveur de la nuit ?

— Job demeure ici dans le vieux magasin, répondit-il vivement ; Nab n'y manque pas de place, puisque le roi ne veut plus qu'on y apporte de marchandises.

— Mais vous vous apprêtiez à descendre dans l'eau, et le chemin qui conduit à votre lit ne peut être à travers le bassin.

— Nab a besoin de poisson pour se nourrir, aussi bien que d'un toit pour la garantir de la pluie, dit Job en sautant légèrement du pont dans une petite barque qui était attachée à un des poteaux ; et, puisque le roi a fermé le port de Boston, il faut bien que le poisson y vienne quand il fait noir ; mais il y viendra, et tous les actes du parlement ne sauraient l'en empêcher.

— Pauvre garçon ! s'écria Lionel, retournez chez vous et mettez-vous au lit ; voilà de l'argent pour acheter ce qui peut manquer à votre mère, si elle est souffrante : vous vous ferez envoyer quelque balle par une des sentinelles en courant ainsi le soir dans le port.

— Job peut voir un vaisseau de plus loin qu'un vaisseau ne peut apercevoir Job, reprit celui-ci, et, s'ils tirent sur Job, qu'ils ne croient pas tuer un enfant de Boston sans que cela fasse du remue-ménage.

Leur conversation finit là ; la petite barque glissa légèrement le long du bassin pour entrer dans le port, sans que le moindre bruit trahît l'exercice des rames, auquel il était évident que l'idiot s'était exercé depuis longtemps. Lionel reprit sa route, et il allait quitter la place du marché, lorsqu'il se trouva face à face et sous un réverbère, avec l'homme qu'il avait vu quelques minutes auparavant s'enfoncer sous les arcades. Le désir mutuel de s'assurer si leurs yeux ne les avaient pas trompés les engagea à se rapprocher encore.

— Nous nous rencontrons de nouveau, major Lincoln, dit le personnage mystérieux que Lionel se rappela avoir vu à l'assemblée nocturne ; nos entrevues paraissent devoir toujours avoir lieu dans des endroits mystérieux.

— Et Job Pray paraît être l'esprit qui y préside, reprit Lionel, car vous venez de le quitter à l'instant.

— J'espère, Monsieur, dit l'inconnu avec gravité, que nous ne sommes pas dans un pays et que le temps n'est pas encore venu où un honnête homme ne pourra parler à qui il lui plaira.

— Certainement, Monsieur, et ce n'est pas moi qui mettrai obstacle à vos conférences, répondit Lionel. Vous m'avez parlé de nos pères; le mien paraît être bien connu de vous, quoique vous ne soyez encore qu'un étranger pour moi.

— Le temps n'est pas éloigné où les hommes feront connaître leur véritable caractère : jusque-là, major Lincoln, je vous fais mes adieux.

Sans attendre de réponse, l'inconnu prit un chemin différent de celui que suivait Lionel, et marcha avec précipitation, comme un homme qu'appellent des affaires urgentes. Lionel remonta dans la partie haute de la ville, avec l'intention de se rendre dans Tremont-Street, apprendre à ses parentes son projet d'accompagner l'expédition. Le jeune militaire crut apercevoir que le bruit s'était répandu dans le peuple que quelque mouvement se préparait parmi les troupes. A chaque coin de rue, il voyait des groupes de colons parlant à voix basse et avec vivacité : enfin il comprit qu'on se racontait avec terreur que l'isthme, le seul passage qui conduisît à Boston par terre, était gardé par une ligne de sentinelles, et que toutes les chaloupes des vaisseaux de guerre entouraient la péninsule, de manière à lui intercepter toute communication avec le pays environnant. Cependant rien n'annonçait encore une alerte militaire, quoique par intervalle un bourdonnement confus, semblable à celui qui accompagnerait des apprêts de départ, fût apporté jusqu'à lui par les brises humides du soir, et parût augmenter à mesure qu'il approchait des maisons.

Lionel ne remarqua dans Tremont-Street aucune trace de cette agitation qui s'était rapidement communiquée dans les quartiers plus populeux. Il arriva jusque dans sa chambre sans avoir rencontré personne de la famille, et après y avoir terminé quelques arrangements, il descendait pour chercher ses parentes, lorsqu'il entendit la voix de Mrs Lechmere dans un petit cabinet qui lui était exclusivement consacré. Désirant prendre congé d'elle, il approcha de la porte entr'ouverte et allait demander la permission d'entrer, lorsqu'il aperçut Abigaïl Pray, qui était en conférence très-animée avec la maîtresse de la maison.

— Un homme âgé et pauvre, dites-vous? répétait alors Mrs Lechmere.

— Et un homme qui semble tout savoir, interrompit Abigaïl en jetant autour d'elle des regards où se peignait une terreur superstitieuse.

— Tout ! répéta Mrs Lechmere, les lèvres tremblantes d'émotion plutôt que de vieillesse; et vous dites qu'il est arrivé avec le major Lincoln?

— Dans le même vaisseau, et il semble que le ciel ait voulu qu'il choisît ma pauvre demeure pour me punir de mes péchés!

— Mais pourquoi souffrez-vous qu'il y reste, si cela vous gêne? dit Mrs Lechmere; vous êtes au moins la maîtresse chez vous.

— Dieu a voulu que ma demeure fût celle de tous ceux qui sont assez malheureux pour n'en pas avoir. Ce vieillard a autant de droit que moi de vivre dans le vieux magasin.

— Vous avez les droits d'une femme et de première possession, dit Mrs Lechmere avec cette sévérité inflexible que Lionel avait souvent remarquée en elle; je le jetterais dans la rue comme un chien.

— Dans la rue ! répéta Abigaïl regardant de nouveau autour d'elle, agitée par une terreur secrète; parlez plus bas, Madame, pour l'amour du ciel, parlez plus bas! Je n'ose pas même le regarder en face, son œil perçant me rappelle le passé, me parle de tout ce que j'ai jamais fait, et cependant je ne saurais dire pourquoi. Job l'adore comme un Dieu, et si je l'offensais, le vieillard pourrait aisément savoir par lui tout ce que vous et moi nous avons tant d'intérêt à...

—Comment ! s'écria Mrs Lechmere d'une voix tremblante d'horreur, avez-vous été assez folle pour faire de ce fou votre confident?

— Ce fou est l'enfant de mon sein, dit Abigaïl en levant les mains comme pour implorer le pardon de son indiscrétion. Ah! Madame, vous qui êtes riche, respectée et heureuse, et qui avez une petite-fille si douce et si sensible, vous ne concevez pas qu'on puisse aimer un être comme Job ; mais lorsqu'un cœur brisé est chargé d'un pesant fardeau, il s'en décharge sur celui qui veut bien le porter avec lui, et Job est mon enfant, quoiqu'il ne soit guère plus qu'un idiot.

Mrs Lechmere fut quelque temps sans répondre, et Lionel en profita pour faire un violent effort sur lui-même, et s'arracher à une conversation qui l'intéressait vivement, mais qui n'était point faite pour son oreille. Il arriva dans le parloir, et se jeta sur un siége sans s'apercevoir qu'il n'était pas seul.

— Quoi! le major Lincoln est déjà rentré! s'écria la douce voix de Cécile Dynevor qui était assise de l'autre côté de la chambre; et le voilà armé jusqu'aux dents comme un bandit.

Lionel tressaillit, et répondit en se frottant le front, comme un homme à demi éveillé :

— Oui, un bandit, ou tout autre nom qu'il vous plaira de me donner ; je les mérite tous.

— Certainement, dit Cécile en pâlissant, personne n'oserait parler ainsi du major Lincoln, et lui-même ne se rend pas justice.

— Quelle extravagance ai-je donc prononcée, miss Dynevor? s'écria Lionel en revenant à lui ; j'étais tellement absorbé dans mes pensées, que j'ai entendu votre voix sans comprendre votre question.

— Cependant vous êtes armé; je vois votre épée, et vous portez même des pistolets!

— Oui, répondit le jeune militaire en déposant ces armes dangereuses, j'accompagne cette nuit, comme volontaire, un détachement qui doit s'avancer dans l'intérieur des terres, et j'ai voulu me donner un air tout guerrier, quoique vous connaissiez bien mes intentions pacifiques.

—S'avancer dans le pays et dans l'ombre de la nuit! dit Cécile en pâlissant encore davantage et en respirant à peine. Et comment le major Lincoln s'associe-t-il volontairement à une pareille entreprise?

— Je ne compte faire autre chose que d'être témoin de ce qui peut arriver, et j'ignore autant que vous le but de l'expédition dont il s'agit.

— Alors restez où vous êtes, dit Cécile d'un ton ferme, et ne prenez point part à une entreprise qui peut être impie dans son but et dangereuse dans ses résultats.

— Quant au but, je n'ai rien à me reprocher, puisque je l'ignore; ma présence ou mon absence n'y saurait rien changer; et il ne peut y avoir de danger à accompagner les grenadiers de l'infanterie légère de cette armée, miss Dynevor, lors même qu'il s'agirait de marcher contre un nombre triple de troupes choisies.

— D'après ce que vous venez de dire, s'écria Agnès Danforth en entrant dans le parloir, il paraît que notre ami Mercure, cet homme de plume, le capitaine Polwarth, doit faire partie de ces déprédateurs nocturnes? En ce cas, gare aux poulaillers !

— Vous savez donc ce qu'on projette, Agnès?

Agnès répondit, en s'efforçant de cacher son mécontentement sous un air d'ironie : — J'ai entendu dire que des hommes sont armés, et que des chaloupes entourent la ville dans toutes les directions, pour empêcher que personne puisse entrer dans Boston ou en sortir, comme nous avions coutume de le faire, Cécile, à telle heure et de telle manière que cela nous plaisait, à nous simples Américaines. Dieu seul sait à quoi aboutiront toutes ces mesures oppressives.

— Si vous ne comptez être que simple spectateur des déprédations des troupes, dit Cécile, n'avez-vous pas tort de les sanctionner par votre présence?

— J'ai encore à apprendre qu'il doive se commettre aucune déprédation.

— Vous oubliez, Cécile, interrompit Agnès d'un air de mépris, que le major Lincoln n'est arrivé que depuis la fameuse marche de Roxbury à Dorchester! Alors les troupes moissonnèrent leurs lauriers à la face du soleil; mais il est aisé de concevoir combien leur gloire sera plus brillante encore, lorsque l'ombre de la nuit couvrira leur honte.

Le feu monta à la figure de Lionel, mais il se leva pour partir et dit en riant :

— Vous me forcez à battre en retraite, ma sémillante cousine; mais si, comme vous le pensez, la valeur de mon ami ne s'exerce que sur les poulaillers, je ne doute pas qu'il ne vienne déposer à vos pieds les trophées de sa victoire. Je me hâte de vous quitter, pour vous épargner la vue d'un uniforme qui vous déplaît.

Lionel tendit la main à Cécile, qui lui donna la sienne avec franchise, et souffrit que tout en parlant il la conduisît jusqu'à la porte de la rue.

— Combien je voudrais que vous restassiez ici, Lincoln! dit-elle lorsqu'ils s'arrêtèrent sur le seuil; comme militaire vous n'êtes pas forcé de partir, et comme homme, ne devriez-vous pas être plus sensible aux malheurs de vos compatriotes ?

— C'est comme homme que je pars, Cécile, répondit Lionel : j'ai pour cela des motifs que vous ne pouvez soupçonner.

— Et votre absence doit-elle être longue ?

— Si elle ne dure quelques jours mon but ne sera pas rempli ; mais, ajouta-t-il en lui pressant doucement la main, vous ne pouvez douter de mon empressement à revenir dès que cela me sera possible.

— Allez donc, dit Cécile vivement et en dégageant sa main qu'il tenait encore ; allez, puisque vous avez des raisons pour agir ainsi ; mais rappelez-vous que tous les yeux sont ouverts sur les moindres mouvements d'un officier de votre rang.

— Vous défiez-vous de moi, Cécile ?

— Non ! non ! je ne me défie de personne, major Lincoln ; allez, allez..., et... et venez nous voir, Lionel, dès que vous serez de retour.

Il n'eut pas le temps de lui répondre, car elle rentra si vite dans la maison que Lionel eut à peine le temps de remarquer qu'au lieu de rejoindre sa cousine, Cécile monta le grand escalier avec la grâce et la légèreté d'une sylphide.

CHAPITRE IX.

> Arborez la bannière sur les murs extérieurs. Le cri de guerre est toujours : *Les voici !*
> SHAKSPEARE. *Macbeth.*

LIONEL, en sortant de la maison de Mrs Lechmere, se dirigea vers Beacon-Hill, et il avait gravi une partie de la colline avant de s'être souvenu pourquoi il errait ainsi seul à une pareille heure. Il s'arrêta alors un instant, mais, n'entendant aucun bruit dans la direction des casernes, il céda sans le savoir aux sentiments divers qui lui faisaient rechercher la solitude, et il continua sa marche jusqu'à ce qu'il fût parvenu sur le sommet. De cette position élevée, ses yeux se promenèrent sur la scène de nuit qui se déployait à ses pieds, tandis que ses pensées, rejetant les flatteuses espérances dont il s'était plu à se bercer, se portaient toutes sur le moment actuel et sur les circonstances immédiates qui s'y rattachaient.

Du côté de la ville s'élevait un murmure sourd et confus, comme s'il régnait une agitation générale que chacun cherchait à cacher. Aux flambeaux qui se succédaient dans les rues, aux lumières qui allaient et venaient dans toutes les maisons, il était facile de reconnaître que l'expédition projetée n'était plus un mystère pour les habitants. Lionel tourna de nouveau la tête vers les casernes, et écouta longtemps avec une vive impatience; mais rien n'annonçait qu'il se préparât aucun mouvement parmi les troupes. L'obscurité était alors profonde, et la nuit jetait ses teintes sombres et épaisses sur l'amphithéâtre de rochers qui entourait la ville, tandis qu'elle couvrait d'un voile impénétrable les vallées et les plaines qui les séparaient, ainsi que l'étendue des eaux.

Il y avait des moments où il croyait entendre parmi les habitants de l'autre rive une vague rumeur qui lui faisait présumer qu'ils étaient instruits de la descente qu'on méditait; mais en écoutant plus attentivement, il ne distingua rien que les beuglements des bestiaux dans les prairies et le bruit des rames produit par une ligne de barques qui, s'étendant le long des côtes, annonçaient la nature et l'étendue des précautions qui avaient été jugées nécessaires dans la circonstance.

Lionel restait debout sur le bord d'un petit terre-plein formé par l'aplanissement de la pointe du rocher terminé en cône. Il réfléchissait aux résultats probables de la mesure que ses chefs avaient résolu de prendre, lorsqu'une lueur d'abord faible, mais bientôt plus vive, se répandit sur la plaine; et cette clarté vacillante augmenta de plus en plus, se projeta sur la colline, et sembla se jouer autour du fanal en reflets brillants et multipliés.

— Misérable! s'écria un homme sortant de l'endroit où il s'était caché au pied du fanal, et le regardant face à face, oses-tu bien allumer le fanal?

— Je vous répondrais en vous demandant de quel front vous osez vous-même m'appliquer une épithète aussi grossière, si je ne devinais la cause de votre erreur, répondit Lionel. Cette clarté qui vous cause tant d'alarmes n'est autre que celle de la lune qui se lève à l'instant même du sein de la mer.

— Ma foi, j'avais donc tort, reprit son brutal assaillant; de par le ciel, j'aurais juré dans le premier moment que c'était le fanal!

— Il faut alors que vous ajoutiez foi aux traditions de sortiléges répandues dans le pays; car, à moins d'être un grand nécromancien, il serait assez difficile de l'allumer de la distance où j'en suis.

— Je n'en sais ma foi rien : c'est un peuple si étrange que celui parmi lequel nous vivons! Il n'y a pas longtemps encore qu'ils ont trouvé moyen de nous dérober des canons jusque dans notre parc d'artillerie, chose que j'aurais jurée impossible. C'était avant votre arrivée, Monsieur, car je crois maintenant que c'est au major Lincoln, du 47e, que j'ai l'honneur de parler.

— Vous êtes cette fois plus près de la vérité que vous ne l'étiez dans vos premières conjectures sur mes intentions, dit Lionel en souriant; servez-vous aussi dans le 47e?

Le militaire lui répondit qu'il était sous-officier dans un autre régiment, mais qu'il connaissait très-bien de vue M. le major. Il ajouta qu'il avait été mis en faction sur la colline pour empêcher aucun des habitants d'allumer le fanal, ou de faire tout autre signal qui pourrait donner connaissance aux paysans des environs de l'invasion projetée.

— Cette affaire prend un aspect plus sérieux que je ne l'avais cru, reprit Lionel lorsque le jeune militaire eut fini ses excuses et son explication; le commandant en chef doit avoir des projets que nous ne connaissons point, pour employer ainsi des officiers à des factions qui ne sont jamais faites que par de simples soldats.

— Nous autres pauvres subalternes, nous ne savons que peu de choses, et nous ne nous inquiétons guère de ses projets, dit l'enseigne. J'avouerai cependant que je ne vois pas pourquoi des troupes anglaises feraient tant de façons pour marcher contre une poignée de paysans balourds, qui s'enfuiraient à la seule vue de nos uniformes, si, au lieu de les attaquer au milieu des ténèbres, nous allions droit à eux en plein jour. Si j'étais le maître, je voudrais que ce fanal qui est au-dessus de nous répandît une telle clarté, que tous les héros du Connecticut accourussent ici au secours de leurs compatriotes; les pauvres diables baisseraient bien vite l'oreille devant deux de nos compagnies de grenadiers.

Mais écoutez, Monsieur..., ce sont eux, ce sont nos grenadiers qui s'avancent ; je les reconnais à leur marche pesante et mesurée.

Lionel prêta une oreille attentive, et entendit distinctement le pas uniforme d'un corps de troupes régulières qui traversait la plaine, comme s'il se dirigeait vers le bord de l'eau. Il fit précipitamment ses adieux à son compagnon, descendit rapidement le penchant de la colline, et, suivant la direction du bruit, il arriva sur la rive en même temps que les troupes.

Deux masses compactes de soldats étaient arrêtées à quelque distance l'une de l'autre, et, en passant devant les colonnes, Lionel jugea facilement que les troupes qu'il voyait rassemblées devaient monter à près de mille hommes. Un groupe d'officiers était réuni sur la côte : il s'en approcha, pensant avec raison qu'ils entouraient le chef de l'expédition. C'était le lieutenant-colonel du 10°, qui était en grande conversation avec le vieux vétéran de marine dont avait parlé la sentinelle placée devant l'hôtel-de-ville de la province. Lionel aborda le premier, et lui demanda la permission d'accompagner le détachement en qualité de volontaire. Après quelques mots d'explication, sa requête lui fut accordée, sans que ni l'un ni l'autre eussent fait la moindre allusion aux motifs secrets de l'expédition.

Lionel fut rejoint alors par son valet de chambre, qui avait suivi les troupes avec les chevaux de son maître. Après lui avoir donné ses ordres, il se mit à chercher son ami Polwarth, qu'il découvrit bientôt, placé, dans toute la raideur de l'exactitude militaire, à la tête du premier peloton d'infanterie légère. Comme il était évident, tant par la position qu'ils occupaient que par le nombre des barques qui avaient été rassemblées, que le détachement ne devait pas quitter la péninsule par le point de communication ordinaire avec le reste du pays, il n'y avait plus d'autre alternative que d'attendre patiemment le signal de l'embarquement.

Ce signal fut bientôt donné, et, comme l'ordre le plus parfait régnait parmi les troupes, en un instant ces troupes furent placées, et les barques commencèrent à s'éloigner lentement du rivage, précisément au moment où la lune, qui se jouait depuis quelque temps au milieu des collines, dorait les clochers de la ville, commençait à se refléter sur les eaux, et produisait en quelque sorte, sur ce tableau mouvant, l'effet du lever subit du rideau au commencement de quelque drame.

Polwarth s'était assis à côté de Lionel ; il avait trouvé moyen de caser ses jambes à merveille, et, à mesure que la barque avançait doucement, tous les pressentiments fâcheux qui avaient accompagné ses réflexions sur les embarras de tout genre d'une guerre de partisans, se dissipèrent devant la douce influence de la scène calme et paisible qu'il avait sous les yeux.

— Il y a des moments où j'aimerais assez la vie de marin, dit-il en s'étendant avec indolence et en jouant dans l'eau avec sa main ; il y a du plaisir à se sentir ainsi porté par l'eau sans avoir besoin de se donner du mouvement ; ce doit être excellent pour les digestions difficiles, car on a de l'air sans être obligé de faire un exercice violent. Vos soldats de marine doivent mener une vie délicieuse !

— Mais on prétend qu'ils n'en sont pas aussi enchantés que vous êtes porté à le croire, dit Lionel, et je les ai souvent entendus se plaindre de n'avoir pas de place pour se dégourdir un peu les jambes.

— Bah ! s'écria Polwarth, la jambe est la partie la moins nécessaire du corps humain, et pour moi, je n'en vois pas l'utilité. Je crois souvent qu'il s'est glissé une erreur matérielle dans la formation de l'animal ; car, par exemple, vous voyez qu'on n'a pas besoin de jambes pour être un excellent homme de mer ; en faut-il davantage pour être un violon de première force, un tailleur distingué, un docteur habile, un respectable ministre, un cuisinier fort passable, en un mot pour exercer toutes les professions, à l'exception pourtant de celle de maître à danser ? Je ne vois pas à quoi sert une jambe, si ce n'est à avoir la goutte. Après tout une jambe de douze pouces est tout aussi bonne qu'une jambe d'un mille de long, et le surplus pourrait être reporté avec avantage sur les parties plus nobles de l'animal, telles que la cervelle et l'estomac.

— Vous oubliez l'officier d'infanterie légère, dit Lionel en riant.

— Eh bien ! pour lui, ajoutez encore deux pouces, si vous voulez, quoiqu'en vérité, puisque dans ce monde pervers rien n'est excellent que par comparaison, cela dût revenir absolument au même, et, d'après mon système, un homme n'aurait nul besoin de jambes pour entrer dans l'infanterie légère. Pour le coup ce

8

serait un service délicieux! Il serait dispensé de la plupart de ces vilaines manœuvres, et surtout de ce nouveau genre d'exercice qui met à la torture. Ce serait le beau idéal de la vie militaire. Ni le corps ni l'imagination ne peuvent désirer de position plus agréable que celle où nous nous trouvons maintenant, et pourtant, je vous le demande, à quoi nous servent nos jambes? S'il y a quelque chose à dire, elles ne font que nous gêner dans cette barque. Ici, nous avons la douce clarté de la lune, des siéges plus doux encore, une eau pure et limpide, un air vif et frais qui réveille l'appétit; d'un côté une contrée charmante que nous apercevons à peine, mais que nous savons être riche et fertile, et de l'autre une ville pittoresque, où toutes les températures se trouvent réunies. Il n'y a point jusqu'à ces figures hétéroclites de soldats qni ne gagnent à être vues au clair de lune, avec leurs habits écarlates et leurs armes resplendissantes. — Dites-moi, avez-vous vu miss Danforth dans la visite que vous avez rendue à Tremont-Street, major Lincoln?

— Ce plaisir ne m'a pas été refusé.

— Savait-elle quelque chose de cette expédition martiale?

— Elle avait l'humeur extrêmement belligérante.

— Vous a-t-elle parlé de l'infanterie légère, ou de quelqu'un qui servît dans ce corps?

— Votre nom a été prononcé en effet, reprit Lionel d'un air un peu railleur; elle a fait entendre que les poulaillers allaient courir de grands dangers.

— Ah! c'est une fille incomparable! Ses plaisanteries les plus piquantes sont d'une douceur infinie. Il est certain que celui qui a formé son caractère n'y a pas épargné les épices; il en a mis au moins une double dose. Oh! que je voudrais qu'elle fût ici avec nous! Cinq minutes de clair de lune pour un homme amoureux valent tout un été de soleil brûlant. Ce serait un coup de maître de l'attirer dans une de nos expéditions romanesques. C'est que je suis toujours le même, voyez-vous, toujours disposé à prendre tout par surprise, femmes et fortifications. Que font maintenant les compagnies restées dans la ville, votre artillerie et vos dragons, vos ingénieurs et votre état-major? Ils ont tous le bonnet sur l'oreille et ronflent à qui mieux mieux, tandis que, nous, nous jouissons ici de la quintessence de la vie. Que ne donnerais-je pas pour entendre chanter un rossignol!

— N'entendez-vous pas ce *whip-poor-will*[1] solitaire dont les cris plaintifs semblent déplorer notre approche?

— Fi! c'est trop lugubre et par trop monotone; j'aimerais autant manger du porc frais pendant un mois. Mais pourquoi nos fifres ne nous jouent-ils pas un petit air?

— Jolie manière de tenir notre expédition secrète, après toutes les précautions qui ont été prises pendant la journée! reprit Lionel; votre enjouement l'emporte cette fois sur votre prudence. Je n'aurais pas cru que vous vous fussiez trouvé dans un tel accès de gaieté à la veille d'une marche longue et fatigante.

— Nargue de la fatigue! s'écria Polwarth; nous allons seulement prendre position aux Colléges pour protéger nos fourrageurs. Nous allons à l'école, Lionel; figurez-vous que ces havresacs contiennent nos provisions d'écoliers, nos cahiers et nos livres, et, avec un peu d'illusion, vous pouvez vous croire encore enfant.

Il s'était opéré un changement total dans l'humeur de Polwarth, lorsque, au lieu des pénibles idées qui étaient venues l'assaillir à la première nouvelle d'une expédition nocturne, il s'était trouvé assis sur une bonne barque dans une position qui lui semblait tenir presque de la volupté, et il continua à parler sur le même ton jusqu'à ce que les barques fussent arrivées à un endroit où le rivage s'avançait en pointe dans cette partie de la baie qui baignait la partie occidentale de la péninsule de Boston. Les troupes débarquèrent alors, et furent formées de nouveau en peloton avec toute la diligence possible. La compagnie de Polwarth fut placée, comme auparavant, à la tête de la colonne d'infanterie légère, et eut ordre de suivre un officier d'état-major qui, monté à cheval, allait en avant à quelque distance. Lionel dit à Meriton de suivre avec les chevaux la même route que les troupes; et se plaçant à côté du capitaine, il partit avec lui au signal donné.

— Ah! nous serons bientôt à couvert dans l'antique Harvard, dit Polwarth en se frottant les mains et en montrant du doigt les humbles bâtiments de l'université; tandis que vous vous repaîtrez cette nuit de belles réflexions, moi je ferai un repas plus subs... Eh bien! ce quartier-maître est-il aveugle? Quel chemin prend-il donc? Ne voit-il pas que les prairies sont à moitié couvertes d'eau?

---

[1]. Espèce d'*émerillon*. Voyez, sur cet oiseau d'Amérique, une note dans *le Dernier des Mohicans*.

— Avancez, avancez, infanterie légère! s'écria la voix rauque du vieil officier de marine qui les suivait à cheval à peu de distance; la vue de l'eau vous fait-elle peur?

— Nous ne sommes pas des rats d'eau, dit Polwarth.

Lionel le saisit par le bras, et, avant que le capitaine interdit eût le temps de revenir de sa stupeur, il fut entraîné au milieu d'un marais d'eau stagnante, où il enfonçait jusqu'à mi-jambe.

— Prenez garde que vos réflexions ne vous coûtent votre brevet, lui dit son ami, tandis que Polwarth barbotait au milieu du marécage; voici un incident qui du moins pourra figurer avec avantage sur le journal de votre campagne.

— Ah! Lionel, dit Polwarth avec une sorte de regret comique; je crains bien qu'il ne faille renoncer à aller faire notre cour aux muses par ce beau clair de lune!

— Vous pouvez en être certain; ne voyez-vous pas que nous laissons les toits académiques à notre gauche? Nos guides prennent la grande route.

Ils étaient alors sortis des prairies marécageuses, et se dirigeaient du côté d'un chemin qui conduisait dans l'intérieur du pays.

—Vous feriez bien d'appeler votre valet et de monter à cheval, major Lincoln, dit Polwarth d'un ton douloureux; il faut faire provision de forces, à ce que je vois.

— Ce serait une folie à présent; je suis trempé, et, par prudence, il faut que je continue à marcher.

La bonne humeur de Polwarth était passée; la conversation commença à languir un peu. Ils ne s'adressaient plus que quelques mots par moments sur les incidents que pouvait offrir le voyage. Il n'y eut bientôt plus lieu de douter, par la direction donnée aux colonnes, ainsi que par les pas précipités de leur guide, que la marche ne dût être forcée et de quelque longueur. Mais, comme l'air commençait à se rafraîchir, Polwarth lui-même ne fut pas très-fâché de réchauffer ses membres engourdis par un exercice plus qu'ordinaire. Les colonnes s'élargirent pour donner plus d'aisance aux soldats, quoiqu'ils continuassent à garder leurs rangs et à marcher au pas avec leurs camarades. De cette manière le détachement s'avançait rapidement et en silence, comme si chacun eût senti l'importance de l'entreprise qui lui était confiée.

D'abord tout le pays semblait plongé dans un profond sommeil ; mais, à mesure que les troupes allèrent en avant, les aboiements des chiens et le bruit des pas des soldats attirèrent à leurs fenêtres les habitants des fermes, qui, dans un muet étonnement, regardèrent défiler les troupes sur lesquelles la lune jetait une vive clarté. Lionel tournait la tête pour observer la surprise peinte sur les traits des membres d'une de ces familles qui avaient été troublées dans leur sommeil, lorsque le bruit sourd et lointain d'une cloche d'église vint frapper son oreille ; elle sonnait coup sur coup, évidemment pour donner le signal d'alarme. Ce bruit retentissait avec une sorte de majesté le long de la vallée dans laquelle ils venaient d'entrer.

Tous les soldats penchèrent aussitôt la tête pour écouter avec attention, et bientôt des décharges d'armes à feu se firent entendre au milieu des collines ; les cloches commencèrent à se répondre dans toutes les directions, et les sons, répétés par les échos d'alentour, allèrent se perdre dans l'éloignement. On n'entendit alors de tous côtés que les instruments et les carillons de toute espèce que le peuple avait à sa disposition, ou qu'il sut inventer pour appeler la population aux armes. Des feux furent allumés sur toutes les hauteurs. Le bruit des cornemuses et des trompettes marines se mêlait à celui des décharges de mousqueterie et aux sons variés des cloches, tandis qu'on entendait retentir des pas de chevaux, comme si ceux qui les montaient passaient au grand galop le long des flancs du bataillon.

— En avant ! Messieurs, en avant ! s'écria le vétéran de marine au milieu de ce tintamare ; les Yankies sont réveillés, et ils se remuent ; nous avons encore une longue route à faire. En avant ! l'infanterie légère ; les grenadiers sont sur vos talons !

L'avant-garde doubla le pas, et tout le détachement s'avança avec autant de vitesse que la nécessité d'observer les rangs pouvait le permettre. Ils continuèrent à marcher pendant plusieurs heures sans s'arrêter, et Lionel calcula qu'ils avaient dû faire plusieurs lieues dans l'intérieur du pays. Ces sons d'alarme avaient alors cessé ; ils s'étaient perdus dans les terres, et se répétaient sans doute à une trop grande distance pour qu'ils pussent parvenir jusqu'à eux ; mais le bruit des chevaux qui se précipitaient le long des bas-côtés de la route annonçait que des hommes continuaient à les dépasser pour courir les premiers au lieu où ils s'attendaient qu'il y aurait un engagement. Au moment où la clarté vacillante de la lune s'affaiblissait de plus en plus devant les premiers feux du jour, le cri de *halte!* parti de l'arrière-garde, retentit jusqu'à la tête de la colonne de l'infanterie légère.

— Halte! répéta Polwarth avec la ponctualité la plus scrupuleuse et d'une voix qui se fit aisément entendre sur toute la ligne.
—Halte! et donnons à l'arrière-garde le temps de nous rejoindre; si mon jugement pour apprécier les distances vaut seulement un anchois, ils doivent être encore à plus d'un mille derrière nous. Diable! il faudrait avoir les ailes d'une perdrix pour continuer à aller un pareil train! Le premier commandement que nous recevrons à présent sera sans doute de rompre le jeûne.—Tom, avez-vous apporté les bagatelles que je vous ai envoyées de chez le major Lincoln?

— Oui, Monsieur, répondit son laquais; elles sont sur les chevaux du major à l'arrière-garde; j'ai cru...

— Les chevaux du major à l'arrière-garde, bélître que vous êtes, lorsqu'en tête on a un besoin si urgent de vivres! Dites-moi, Lionel, ne croyez-vous pas qu'on pourrait trouver quelque chose dans cette ferme que j'aperçois là-bas?

—Vite, relevez-vous et faites aligner vos hommes, dit le major à Polwarth qui s'était déjà installé sur une pierre; voici Pitcairn qui nous rejoint à la tête du bataillon.

Lionel avait à peine fini de parler que l'ordre fut donné aux troupes d'infanterie légère d'examiner leurs armes, et aux grenadiers d'amorcer et de charger. La présence du vétéran, qui s'avança en tête de la colonne, et la précipitation du moment, étouffèrent les plaintes de Polwarth, qui au fond était un excellent officier pour tout ce qui avait rapport à ce qu'il appelait lui-même les détails paisibles du service. Trois ou quatre compagnies d'infanterie furent détachées du corps principal, et le vieil officier de marine, se plaçant à leur tête, leur fit prendre le nouvel ordre de marche qu'on leur avait appris, et donna le signal du départ.

La route passait alors à travers une vallée, et, à la faible lueur du crépuscule, on apercevait à quelque distance un petit groupe de maisons qui s'élevaient autour d'un de ces temples simples, mais vénérés, qui sont si communs dans le Massachusetts. La halte et les apprêts qui l'avaient suivie avaient excité un intérêt puissant dans le cœur de tous les soldats ; ils s'avancèrent intrépidement, suivant de près leur vieux guide qui avait mis son cheval au petit trot.

L'air était imprégné de la douce odeur du matin ; l'œil commençait à découvrir distinctement les objets; les troupes reprenaient un nouveau courage et oubliaient tout ce qu'elles avaient souffert pendant la nuit en marchant au milieu d'une obscurité profonde le long d'une route inconnue et qui semblait interminable. Le but de leur expédition semblait alors se rapprocher d'eux; ils redoublaient d'ardeur pour l'atteindre plus vite, et leur enthousiasme ardent, mais silencieux, paraissait défier tous les obstacles. L'architecture simple de l'église et des humbles demeures qui l'environnaient attirait l'attention des troupes, lorsque trois ou quatre cavaliers armés, s'élançant d'un sentier de traverse, s'efforcèrent de passer en tête de la colonne.

— Rendez-vous ! s'écria un officier qui était en avant, rendez-vous, ou fuyez à l'instant.

Les hommes tournèrent bride aussitôt, et s'éloignèrent en toute hâte. L'un d'eux essaya de tirer un coup en l'air pour donner l'alarme, mais son fusil fit long feu. L'ordre circula à voix basse dans les rangs de marcher en avant, et au bout de quelques minutes ils entrèrent dans le hameau, et se trouvèrent en face de l'église, auprès de laquelle s'étendait une petite prairie. Quelques hommes la traversèrent rapidement au bruit du son d'un tambour qui se faisait entendre à peu de distance, et bientôt on aperçut un petit corps de milices provinciales rangées fièrement en ordre, comme si elles allaient passer une revue.

— En avant l'infanterie légère ! s'écria le chef en piquant des deux, suivi de ses officiers, et avec tant de rapidité qu'il disparut bientôt derrière un angle de l'église.

Lionel s'empressa de s'élancer sur ses traces. Son cœur battait violemment, et mille images affreuses se présentaient en foule à son imagination, lorsque la voix rauque du major retentit avec force sur toute la ligne:

— Dispersez-vous, rebelles ! s'écriait-il ; dispersez-vous ! Mettez bas les armes et dispersez-vous !

Ces paroles mémorables furent suivies à l'instant de plusieurs coups de pistolet et de l'ordre fatal de faire feu ! Aussitôt le cri du carnage fut poussé par tous les soldats, qui s'élancèrent sur la prairie et firent une décharge terrible sur tout ce qui se trouvait devant eux.

—Grand Dieu! s'écria Lionel, que faites-vous? Vous tirez sur des hommes qui ne se défendent point, comme s'il n'y avait de loi que la force! Arrêtez-les, Polwarth, faites cesser le feu.

— Halte! s'écria Polwarth en brandissant son épée au milieu de sa troupe d'un air menaçant; rentrez dans l'ordre, ou je vous passe mon épée au travers du corps.

Mais l'ardeur entraînante qui animait les soldats, et que leur marche forcée avait accrue, l'animosité qui couvait sourdement depuis si longtemps entre les troupes et le peuple, ne pouvaient pas se calmer en un instant. Ce ne fut que lorsque Pitcairn lui-même s'élança au milieu d'eux, et que, aidé de ses officiers, il leur fit baisser les armes, que le tumulte s'apaisa graduellement et que l'ordre se rétablit en partie. Avant qu'il y fût parvenu, quelques coups furent tirés au hasard par les provinciaux en fuite; mais ils ne firent presque aucun mal aux Anglais.

Lorsque le feu eut cessé, les officiers et les soldats se regardèrent quelque temps en silence, comme s'ils eussent prévu déjà une partie des événements terribles qui devaient être la suite de ce premier engagement. La fumée s'élevait lentement de la prairie, et ce voile vaporeux, se mêlant au brouillard du matin, s'étendit sur tout l'horizon, comme pour répandre au loin la funeste nouvelle que l'appel aux armes avait été fait. Tous les yeux étaient fixés avidement sur la prairie fatale, et Lionel éprouva un sentiment d'angoisse inexprimable à la vue de quelques hommes qui, mutilés et couverts de blessures, faisaient d'horribles contorsions, tandis que cinq ou six cadavres étaient étendus sur l'herbe, dans l'effrayante immobilité de la mort.

Ne pouvant supporter ce pénible spectacle, Lionel détourna la tête et revint sur ses pas, tandis que le reste des troupes, alarmées par le bruit des décharges de mousqueterie, accouraient de l'arrière-garde au pas redoublé pour rejoindre leurs camarades. Il s'approcha de l'église sans savoir où il allait, et il ne sortit de la profonde rêverie où il était plongé qu'à la vue aussi subite qu'extraordinaire de Job Pray, qui sortait de l'édifice sacré, et dont les traits égarés annonçaient tout à la fois le ressentiment et la crainte.

L'idiot montra du doigt le cadavre d'un homme qui, ayant été blessé, avait fait un dernier effort pour se traîner jusqu'à la porte du temple, dans lequel il avait si souvent adoré celui à qui il était envoyé si inopinément rendre ses derniers comptes, et il dit d'un ton solennel :

— Vous avez tué une créature de Dieu, et Dieu s'en souviendra.

— Plût à Dieu qu'il n'y en eût qu'une! dit Lionel; mais, hélas! j'en ai vu plusieurs, et personne ne peut dire où s'arrêtera le carnage.

— Pensez-vous, dit Job en regardant furtivement autour de lui pour s'assurer que personne autre ne pouvait l'entendre, pensez-vous que le roi puisse tuer des hommes dans la colonie de Boston comme il le fait à Londres? Ceci va faire du bruit dans Fanueil-Hall, et plus d'une cloche sonnera encore d'un bout de la province à l'autre. Ah! vous ne les connaissez pas!

— Que peuvent-ils faire, après tout, mon pauvre garçon? dit Lionel, oubliant un instant que l'être auquel il parlait n'avait pas la faculté du raisonnement; la puissance de l'Angleterre est trop grande pour que ces colonies éparses et sans moyens de défense puissent entrer en lutte avec elle; la prudence devrait leur conseiller de renoncer à tout projet de résistance pendant qu'il en est temps encore.

— Le roi pense-t-il qu'il y ait plus de prudence à Londres que dans Boston? reprit l'idiot; qu'il n'aille pas croire que, parce que le peuple est resté tranquille pendant le *massacre*, cela se passera ainsi. Vous avez tué une créature de Dieu, et il s'en souviendra.

— Comment vous trouvez-vous ici, petit drôle? demanda Lionel revenant tout à coup à lui; ne m'aviez-vous pas dit que vous alliez pêcher du poisson pour votre mère?

— Et pourquoi non? reprit l'autre d'un air de mauvaise humeur; n'y a-t-il point du poisson dans les étangs aussi bien que dans la baie? Nab ne peut-elle pas avoir changé de goût? Job ne connaît point d'acte du parlement qui défende de prendre une truite.

— Malheureux! vous cherchez à me tromper! quelqu'un abuse de votre ignorance, et sachant que vous n'êtes qu'un idiot, il vous emploie à des commissions qui pourraient un jour vous coûter la vie.

— Le roi ne saurait envoyer Job faire ses commissions, dit

l'enfant d'un ton fier ; car il n'y a point de loi pour cela, et Job n'irait pas.

— Vos grandes connaissances vous perdront, Job. Qui donc vous apprend ces subtilités de la loi?

— Quoi! pensez-vous bonnement que le peuple de Boston soit assez simple pour ne pas connaître la loi? demanda Job avec un étonnement marqué ; et Ralph aussi connaît la loi aussi bien que le roi. Il m'a dit qu'il n'y avait point de loi qui permît de tirer sur les hommes à la minute, à moins qu'ils ne fissent feu les premiers, parce que la colonie a le droit de faire l'exercice quand cela lui plaît.

— Ralph! s'écria vivement Lionel; Ralph est-il donc ici avec vous? c'est impossible; je l'ai laissé malade à Boston. D'ailleurs, à son âge, il ne viendrait pas se mêler à une affaire telle que celle-ci.

— Je crois que Ralph a vu d'autres armées que votre infanterie légère, vos grenadiers, et tous vos soldats restés à Boston, mis ensemble, dit Job d'un ton évasif.

Lionel avait des sentiments trop généreux pour abuser de la simplicité de Job, dans la vue de lui arracher aucun secret qui pût mettre en danger sa liberté; mais l'intérêt profond qu'il prenait au sort de ce pauvre diable, qui s'était mis sous sa protection, comme nous l'avons déjà dit, lui fit poursuivre cet entretien, dans le double but de détourner Job par ses conseils de toute association dangereuse, et en même temps d'éclaircir ses propres craintes au sujet du malheureux vieillard. Il lui fit donc de nouvelles questions; mais l'idiot y répondit toujours avec une réserve qui montrait que, s'il n'était pas doué d'une intelligence supérieure, il n'était dénué ni de malice, ni de finesse.

— Je vous répète, dit Lionel perdant patience, qu'il est important pour moi de parler à l'homme que vous appelez Ralph, et je voudrais savoir s'il est près d'ici.

— Ralph dédaigne le mensonge, répondit Job; allez où il vous a promis de se trouver, et vous verrez s'il n'y vient point.

— Mais il ne m'a point assigné de lieu. Ce malheureux événement peut lui causer de l'embarras, de la frayeur...

— De la frayeur! répéta Job en branlant la tête d'un air d'incrédulité ; Ralph n'est point de ces hommes qu'on effraie !

— Son audace peut l'entraîner à sa perte. Enfant, je vous demande pour la dernière fois si le vieillard...

S'apercevant que Job baissait les yeux, et se retirait timidement en arrière, Lionel s'arrêta, et jetant un regard derrière lui, il aperçut le capitaine de grenadiers, qui, debout, les bras croisés, regardait en silence le cadavre de l'Américain.

—Auriez-vous la bonté de m'expliquer, major Lincoln, dit Mac-Fuse, lorsqu'il reconnut Lionel, pourquoi cet homme est étendu mort ici?

— Ne voyez-vous pas la blessure qu'il a reçue à la poitrine?

— Je ne vois que trop que c'est un coup de fusil qui l'a couché là. Mais pourquoi? dans quel dessein?

—C'est une question à laquelle nos chefs peuvent seuls répondre, Mac-Fuse, reprit Lionel. Le bruit court cependant que le but de l'expédition est de saisir certains magasins de vivres et d'armes que les colons ont rassemblés, à ce qu'on craint, dans des intentions hostiles.

—Je ne m'étais donc pas trompé en pensant que c'était quelque expédition aussi glorieuse qu'on nous destinait, dit Mac-Fuse, tandis que l'expression d'un froid mépris se peignait sur ses traits durs et prononcés. Dites-moi, major Lincoln, car, quoique vous soyez encore bien jeune, vous êtes plus initié que nous dans les secrets de nos généraux ; Gage pense-t-il qu'il soit possible d'avoir une guerre lorsque les armes et les munitions sont toutes du même côté? Dieu merci, voilà assez longtemps que la paix dure, et lorsqu'il semble se présenter une occasion d'amener tout doucement une petite affaire, voici justement qu'en brusquant les choses on nous fait manquer le but que nous allions atteindre.

— Je ne sais, Monsieur, si je vous comprends bien, dit Lionel. Assurément des troupes telles que les nôtres ne peuvent acquérir que peu de gloire dans une lutte contre des habitants sans armes et sans expérience de l'art militaire.

—C'est exactement ce que je veux dire, Monsieur. Il est évident que nous nous entendons parfaitement l'un et l'autre sans avoir besoin de circonlocutions. Ces miliciens sont sur la bonne route; et si on leur laissait encore quelques mois pour se former, alors il pourrait y avoir du plaisir à se battre avec eux. Vous savez comme moi, major Lincoln, qu'il faut du temps pour former un soldat; et si on les prend au dépourvu et sans qu'ils soient préparés, autant vaudrait alors disperser un rassemblement de la populace sur Ludgate-Hill, pour l'honneur qu'il nous en reviendra. Un officier qui saurait son métier mitonnerait un peu cette petite affaire, au lieu de montrer tant de précipitation. Selon moi, Monsieur, tuer un homme de cette manière, ajouta-t-il en montrant le cadavre de l'Américain, ce n'est plus un combat honorable, c'est une boucherie.

— Il y a tout lieu de craindre que d'autres n'emploient la même expression en parlant de cet engagement, reprit Lionel ; Dieu sait combien nous aurons peut-être à déplorer la mort de ce malheureux !

— Quant à cela, c'était un compte qu'il fallait que cet homme réglât tôt ou tard, et du moins il n'aura plus à s'en occuper, dit le capitaine avec beaucoup de sang-froid ; quelque résultat que sa mort puisse avoir pour nous, ce n'est pas du moins un grand malheur pour lui. Mais dites-moi, si ces hommes à la minute, et ma foi ! ils méritent bien leur nom, car on ne peut jamais les voir plus d'une minute en face ; si donc ces hommes à la minute vous barraient le chemin, c'était à coups de houssine qu'il fallait les chasser de la prairie.

— Voici quelqu'un qui pourra vous apprendre qu'il ne faut pas non plus les traiter en enfants, dit Lionel en se tournant vers la place où Job lui avait parlé l'instant d'auparavant, mais qu'à sa grande surprise il trouva vide.

Tandis qu'il regardait autour de lui, ne pouvant concevoir par où l'idiot s'était échappé si subitement, les tambours battirent le rappel, et le mouvement général qui se fit parmi les soldats annonça qu'on allait se remettre en marche. Les deux officiers rejoignirent à l'instant leurs compagnons, pensant tous deux à l'affaire qui venait d'avoir lieu, quoique les réflexions qu'elle leur inspirait fussent d'une nature bien différente.

Pendant le peu de temps qu'avait duré la halte, les troupes avaient pris à la hâte un léger repas. L'espèce d'étourdissement que produit toujours une première affaire avait fait place parmi les officiers à un orgueil militaire capable de les soutenir dans des circonstances plus difficiles. Une ardeur nouvelle et plus martiale que jamais brillait sur toutes les figures, tandis que l'épée à la main, les bannières déployées, et mesurant leur marche sur le son bruyant de la musique, ils s'éloignaient de la prairie fatale, et, d'un pas fier et uniforme, marchaient de nouveau, à la tête de leurs compagnies respectives, le long de la grande route.

Si tel était le résultat d'une première rencontre sur l'esprit des officiers, les effets qu'elle produisit sur les simples soldats étaient encore plus révoltants. Leurs plaisanteries grossières, les regards insultants qu'ils jetaient en passant sur les déplorables victimes de leur expérience militaire, la brutalité des expressions que la plupart d'entre eux employaient pour peindre l'ivresse de leur triomphe, ne témoignaient que trop clairement qu'après s'être plongés une fois dans le sang, ils étaient prêts, comme des tigres altérés, à s'en repaître de nouveau, jusqu'à ce que leur soif fût assouvie.

CHAPITRE X.

> Tous les Grahams du clan de Neterby montèrent à cheval, les Forsters, les Fenwick, les Musgraves accoururent : il y eut un bruit de chasse et de chevaux sur la plaine de Cannoby.
>
> Sir Walter Scott.

La pompe militaire avec laquelle les troupes marchaient en sortant de Lexington, nom du petit village où s'étaient passés les événements que nous avons rapportés dans le chapitre qui précède, fit bientôt place à l'air tranquille et affairé de gens sérieusement occupés du soin d'accomplir l'objet qu'ils ont en vue. Ce n'était plus un secret que le détachement se rendait à deux milles plus loin dans l'intérieur pour détruire les munitions dont il a été déjà parlé, et qui, comme on l'avait appris, étaient réunies à Concorde, ville où le congrès des députés provinciaux, que les colons avaient substitué aux anciennes magistratures de la province, tenait ses séances. Comme la marche ne pouvait plus se cacher il devint nécessaire de doubler de vitesse pour assurer le succès de l'expédition.

L'officier vétéran de marine, dont nous avons si souvent parlé, reprit son poste à l'avant-garde; et, à la tête des mêmes compagnies d'infanterie légère qui l'avaient accompagné auparavant, il marcha en avant des colonnes plus pesantes des grenadiers. Par suite de cet arrangement, Polwarth se vit encore du nombre de ceux sur l'agilité desquels on comptait réellement. Quand Lionel eut rejoint son ami, il le trouva à la tête de sa compagnie, marchant d'un air si grave, que le major lui fit l'honneur de croire qu'il éprouvait des regrets plus louables que ceux qui avaient rapport à sa détresse physique. Les rangs s'élargirent encore une fois pour mettre les soldats plus à l'aise et leur procurer l'air qui leur devenait nécessaire, le soleil commençant à dissiper les brouillards du matin et à exercer sur les hommes cette influence énervante qui est si particulière aux premières chaleurs du printemps en Amérique.

— Cette affaire au total a été un peu précipitée, major Lincoln, dit Polwarth, tandis que Lionel se mettait à côté de lui comme auparavant, et prenait machinalement le pas régulier de la troupe; je ne sais pas s'il est tout à fait aussi légitime d'assommer un homme qu'un bœuf.

— Vous convenez donc avec moi que notre attaque a été précipitée, sinon cruelle.

— Précipitée, sans le moindre doute. On peut dire que la précipitation est le caractère distinctif de notre expédition; et tout ce qui nuit à l'appétit d'un honnête homme peut passer pour un acte de cruauté. Croiriez-vous bien, Lionel, que je n'ai pas été en état d'avaler une bouchée de mon déjeuner ce matin? Il faut avoir la faim enragée d'une hyène et l'estomac d'une autruche pour pouvoir manger et digérer quand on a une pareille besogne sous les yeux.

— Et cependant nos soldats ont l'air de triompher de ce qu'ils viennent de faire.

— Les chiens y sont dressés. Mais avez-vous vu quelle mine faisaient les recrues de la province? Il faut tâcher de les adoucir et de les apaiser aussi bien que nous le pourrons.

— Ne mépriseront-ils pas tous nos efforts à cet égard? Ne se chargeront-ils pas eux-mêmes de chercher des moyens de réparation et de vengeance?

Polwarth sourit dédaigneusement avec un air d'orgueil qui, malgré son embonpoint, lui donnait une apparence d'élasticité.

— Cet événement est fâcheux, major Lincoln, dit-il; c'est même un abus de la force, si vous le voulez; mais croyez-en un homme qui connaît parfaitement le pays : on ne fera aucune tentative pour en tirer vengeance; et quant à obtenir réparation à la manière militaire, la chose est impossible.

— Vous parlez avec une confiance, Monsieur, qui ne peut être justifiée que par une connaissance intime de la faiblesse de ce peuple.

— J'ai demeuré deux ans dans le cœur même du pays, major Lincoln, répondit Polwarth sans détourner ses yeux de la longue route qu'il voyait devant lui; j'ai été à trois cents milles au-delà des districts habités, et je dois connaître le caractère de la nation, comme j'en connais les ressources. A l'égard de ces dernières, il n'existe dans toute l'étendue de ce pays aucune production alimentaire, depuis le moineau jusqu'au buffle, depuis l'artichaut jusqu'au melon d'eau, qui ne m'ait, de manière ou d'autre, passé par les mains en quelque occasion. Je puis donc parler avec confiance, et je n'hésite pas à dire que les colons ne se battront jamais, et que, quand même ils en auraient la disposition, ils n'ont pas les moyens de faire la guerre.

— Peut-être, Monsieur, dit Lionel avec un peu de vivacité, avez-vous étudié de trop près les règnes animal et végétal de ce pays, pour bien connaître l'esprit de ses habitants.

— Il existe entre eux une relation intime; dites-moi de quoi un homme se nourrit, et je vous dirai quel est son caractère. Il est moralement impossible que des gens qui mangent leurs poudings avant le dîner, comme c'est l'usage de ces colons, puissent jamais faire de bons soldats; parce que l'appétit se trouve apaisé avant qu'une nourriture plus succulente soit introduite...

— Assez! assez! épargnez-moi le reste! On n'en a déjà que trop dit pour prouver la supériorité de l'animal européen sur celui de l'Amérique, et votre raisonnement est concluant.

— Il faudra que le parlement fasse quelque chose pour les familles des pauvres diables qui ont péri!

— Le parlement! répéta Lionel avec emphase et amertume; oui, nous serons invités à adopter des résolutions pour louer la décision du général et le courage des troupes, et après que nous aurons ajouté toutes les insultes possibles à l'injustice, dans la conviction de notre suprématie imaginaire, nous pourrons accorder aux veuves et aux orphelins quelques misérables secours, qu'on citera comme une preuve de la générosité sans bornes de la nation.

— La nourriture de six ou sept couvées de jeunes Yankies n'est pas une bagatelle, major ; et je suppose que cette malheureuse affaire se terminera là. Nous marchons maintenant vers Concorde, place dont le nom est de meilleur augure ; nous trouverons du repos dans ses murs, et un dîner tout préparé pour ce parlement provincial qui y est assemblé, et dont nous ferons notre profit. Ces considérations me soutiennent seules contre la fatigue de ce maudit pas redoublé auquel il plaît au vieux Pitcairn de nous faire trotter. Croit-il donc être à la chasse avec une meute de chiens courant sur ses talons ?

L'opinion qu'exprimait Polwarth sur les dispositions peu militaires des Américains était trop commune parmi les troupes anglaises pour exciter de la surprise chez Lionel ; mais ce sentiment peu libéral lui causant du dégoût, et se trouvant secrètement offensé de la manière dédaigneuse avec laquelle son ami manifestait des sentiments si injurieux à ses concitoyens, il continua sa route en silence, tandis que la fatigue qui accablait tous les membres et tous les muscles de Polwarth lui fit bientôt perdre son penchant à la loquacité.

Cette marche au pas redoublé, dont le capitaine se plaignait si souvent, ne fut pourtant pas sans utilité pour l'avant-garde. Il était évident que l'alarme avait été donnée à tout le pays, et de petits corps d'hommes armés se montraient de temps en temps sur les hauteurs qui flanquaient la route : cependant on ne fit aucune tentative pour venger la mort de ceux qui avaient été tués à Lexington. La marche des troupes fut même accélérée par la persuasion que les colons profiteraient du moindre délai pour cacher ou éloigner les munitions de guerre dont on voulait s'emparer, plutôt que par la crainte qu'ils fussent assez hardis pour attaquer les troupes d'élite de l'armée anglaise. La légère résistance des Américains, dans la rencontre qui avait eu lieu le matin, était déjà un objet de plaisanterie pour les soldats, qui remarquaient avec dérision que le terme d'*hommes à la minute* s'appliquait parfaitement à des guerriers qui avaient montré tant d'agilité pour lâcher le pied. En un mot, toutes les épithètes injurieuses que le mépris et l'ignorance pouvaient inventer étaient libéralement prodiguées à la patience et à la retenue des colons.

Les esprits étaient dans cette disposition quand les troupes arrivèrent à un point d'où le clocher modeste et les toits des maisons de Concorde se firent apercevoir. Un petit corps de colons sortit de la ville, ou pour mieux dire du village, par une extrémité, tandis que les Anglais y entraient par l'autre, ce qu'ils firent sans éprouver la moindre résistance, et avec l'air de conquérants. Lionel ne fut pas longtemps sans découvrir que, quoique l'approche du corps d'armée eût été connue depuis quelque temps, les habitants n'avaient pas encore appris les événements de la matinée. Des détachements d'infanterie furent envoyés de divers côtés, les uns pour chercher des munitions et des provisions, les autres pour garder les avenues conduisant à la place. L'un d'eux suivit le corps américain qui se retirait, et s'établit à peu de distance, sur un pont qui coupait toute communication du côté du nord.

Pendant ce temps, l'œuvre de destruction commençait dans l'intérieur, sous la direction principale du vieil officier de marine. Le nombre d'habitants qui étaient restés dans leurs maisons montraient nécessairement des dispositions pacifiques, quoique Lionel pût lire sur leurs joues enflammées et dans leurs yeux étincelants l'indignation secrète d'hommes qui, habitués à la protection des lois, se voyaient forcés de supporter les injures et tous les excès d'une soldatesque effrénée. Toutes les portes furent enfoncées, et aucun lieu ne fut regardé comme assez sacré pour être exempté des recherches insolentes des soldats. Ces recherches avaient commencé avec une sorte de modération, mais les insultes, les jurements et les exécrations les accompagnèrent bientôt, et des cris de triomphe se firent entendre, même parmi les officiers, quand on mit au jour graduellement le peu de munitions qu'avaient les colons.

Ce n'était pas dans un pareil moment que les droits de propriété pouvaient être respectés, et la licence des soldats était sur le point de devenir un peu plus sérieuse, quand on entendit tout à coup le bruit d'une décharge d'armes à feu, venant du côté du pont occupé par un détachement. Quelques coups de fusil isolés furent suivis de plusieurs décharges qui se répondaient avec la rapidité de l'éclair; enfin tout annonça qu'un engagement très-vif avait lieu. Tous les bras restèrent suspendus, toutes les langues devinrent muettes de surprise; et dès que ce son inattendu de guerre retentit aux oreilles des soldats, ils oublièrent tous ce qui les occupait auparavant. Les chefs tinrent conseil, et quelques cavaliers arrivèrent au grand galop pour annoncer ce qui se passait. Le rang du major Lincoln fit qu'il fut instruit de ce qu'on jugea impolitique de communiquer aux soldats. Quoiqu'il fût évident que ceux qui avaient apporté cette nouvelle cherchaient à lui donner les couleurs les plus favorables, il découvrit bientôt que le corps d'Américains qui avait quitté la ville lorsque le corps d'armée s'en était approché, s'étant présenté devant le pont pour rentrer dans ses foyers, le détachement qui le gardait avait fait feu, et que, dans le combat qui s'en était suivi, les troupes régulières avaient été obligées de se retirer avec perte.

L'effet de cette conduite prompte et vigoureuse des colons fut de produire un changement soudain, non seulement dans les mouvements des soldats, mais dans les mesures de leurs chefs. Les détachements furent rappelés, les tambours battirent le rappel, et, pour la première fois, les officiers et les soldats parurent se rappeler qu'ils avaient six lieues à faire dans un pays où ils trouveraient à peine un ami. Cependant on ne voyait pas s'avancer d'ennemis, à l'exception des habitants de Concorde qui restaient en possession du pont, et qui avaient déjà fait couler le sang de ceux qui avaient envahi leurs pénates. On laissa les morts et les blessés où ils étaient tombés, et les esprits observateurs remarquèrent, comme un mauvais augure, qu'il se trouvait parmi les derniers un jeune officier, ayant un rang distingué et une grande fortune, qui resta à la merci des Américains courroucés. La contagion se communiqua des officiers aux soldats, et Lionel vit qu'au lieu de la confiance hautaine et insultante avec laquelle on était entré dans Concorde, chacun, lorsque l'ordre fut donné de se remettre en marche, regardait les hauteurs voisines avec inquiétude, d'un air qui annonçait qu'il sentait les dangers auxquels il pouvait être exposé pendant la longue route qu'il avait à faire.

Ces appréhensions n'étaient pas sans fondement. A peine les troupes étaient-elles en marche qu'elles furent saluées d'une décharge qui partit de derrière une grange, et de pareilles décharges partirent également de derrière tout ce qui pouvait servir d'abri aux Américains. D'abord on fit peu d'attention à ces attaques légères et momentanées; une charge un peu vive et quelques coups de fusil ne manquaient jamais de disperser les ennemis, et alors les troupes continuaient à avancer quelque temps sans obstacle. Mais le bruit de l'engagement qui avait eu lieu à Lexington s'était déjà répandu dans l'intérieur du pays; les habitants s'étaient réunis, et ceux qui étaient les plus voisins du théâtre de l'action accouraient déjà au secours de leurs amis. Il y avait peu d'ordre et point de concert parmi les Américains; mais à mesure qu'un de leurs partis arrivait, il harcelait les flancs du corps d'armée anglaise, et faisait des efforts soutenus, quoique inefficaces, pour en arrêter la marche. D'une autre part, la population des villes se pressait derrière eux et menaçait l'arrière-garde, tandis que celle des campagnes se réunissait en face, et grossissait comme une boule de neige.

Avant qu'on fût à mi-chemin de Concorde à Lexington, Lionel s'aperçut que les troupes anglaises, malgré leur jactance, allaient se trouver dans un grand danger. Pendant la première heure de marche, et tandis que les attaques étaient encore faibles, momentanées et mal concertées, il était resté à côté de Mac-Fuse, qui secouait la tête avec dédain toutes les fois qu'une balle sifflait à ses oreilles, et faisait quelques commentaires sur la folie de commencer prématurément une guerre susceptible, disait-il, si on la nourrissait convenablement, d'amener quelque chose de joli et d'intéressant.

— Vous devez voir, major Lincoln, ajouta-t-il, que ces colons connaissent déjà les premiers éléments de la guerre; car les drôles sont excellents tireurs, en prenant en considération la distance à laquelle ils se tiennent : six mois ou un an d'exercice, et ils seraient en état de faire une charge assez régulière; ils ajustent bien, leur balle prend la bonne direction, et, s'ils savaient faire feu par pelotons, ils pourraient, dès à présent, faire quelque impression sur l'infanterie légère; mais dans un an ou deux, major, ils ne seraient pas indignes des faveurs des grenadiers.

Lionel écouta ces discours et beaucoup d'autres semblables avec distraction; mais quand les attaques devinrent plus fréquentes et plus sérieuses, son sang commença à circuler plus rapidement dans ses veines, et enfin, excité par le danger qui devenait plus pressant, il monta à cheval et courut offrir ses services comme volontaire au commandant du corps, n'écoutant plus en ce moment que l'ardeur martiale et l'orgueil militaire.

Il reçut sur-le-champ l'ordre de se rendre à l'avant-garde, et faisant sentir l'éperon à son cheval, il courut à toute bride à travers les soldats combattants et harassés, et arriva au poste qui lui avait été assigné. Il y trouva plusieurs compagnies chargées de frayer un chemin au corps d'armée, et il ne se passait pas cinq minutes sans que de nouveaux ennemis se montrassent. A l'instant où Lionel arrivait, une décharge partit du clos d'une grange, dirigée contre les premiers rangs, et envoyant des messagers de mort jusqu'au centre de l'avant-garde.

— Capitaine Polwarth, s'écria le vieux major de marine, qui combattait vaillamment au premier rang, prenez une compagnie d'infanterie légère, et débusquez ces lâches vagabonds de leur embuscade.

— Par les douceurs du repos, et l'espoir d'une halte! répondit l'infortuné capitaine, c'est une autre tribu de ces sauvages blancs. En avant, mes braves! Escaladez le mur sur votre gauche. Point de quartier à ces coquins! feu d'abord, et l'arme blanche ensuite.

Tandis que la force des circonstances arrachait des ordres si terribles au pacifique capitaine, Lionel vit son ami disparaître au milieu d'un nuage de fumée, entre les bâtiments de la ferme, suivi par ses soldats. Quelques minutes après, pendant que la troupe gravissait péniblement une hauteur sur laquelle cette scène se passait, Polwarth reparut, le visage noir de poudre; et une colonne de flamme qui s'élevait par derrière annonça l'incendie qui dévorait les bâtiments du malheureux fermier.

— Ah! major Lincoln! s'écria-t-il en s'approchant de son ami, appelez-vous cela des mouvements de l'infanterie légère? Moi, je dis que ce sont les tourments des damnés. Allez, vous qui avez de l'influence, et un cheval, ce qui vaut encore mieux, allez dire à Smith que, s'il veut ordonner une halte, je m'engage à m'asseoir à la tête de ma compagnie, dans telle position qu'il voudra choisir, et de tenir en respect ces maraudeurs pendant une heure, pour que le détachement puisse se reposer et satisfaire son appétit, me flattant qu'il accordera ensuite à ses défenseurs le temps nécessaire pour en faire autant. Une marche de nuit, point de déjeuner, un soleil brûlant, je ne sais combien de milles, point de halte, et toujours *feu! feu!* Croire qu'un homme puisse endurer tant de fatigues, c'est ce qui est contraire à tous les principes de physique et même d'anatomie.

Lionel tâcha d'encourager son ami à faire de nouveaux efforts;

mais de nouvelles attaques étant survenues en ce moment, il se tourna vers les soldats, leur parla d'un ton martial et encourageant, et ils coururent contre leurs ennemis en poussant de grands cris. Les Américains n'étaient pas encore assez disciplinés pour résister à une charge à la baïonnette, et ils cédèrent toujours, quoique non sans se défendre.

L'avant-garde s'étant remise en marche, Lionel se détourna pour contempler la scène qu'il laissait derrière lui. Depuis deux heures on marchait en combattant presque sans interruption, et il n'était que trop évident que les forces des Américains augmentaient à chaque instant, et que leur audace croissait comme leur nombre; des deux côtés de la route, sur les lisières de chaque bois, derrière toutes les haies, toutes les maisons, toutes les granges, des décharges d'armes à feu partaient continuellement, tandis que le découragement se mettait parmi les Anglais, et que leurs efforts devenaient plus faibles de moment en moment. Des nuages de fumée s'élevant sur la vallée dont on venait de sortir, et se mêlant à la poussière occasionnée par la marche, plaçaient un voile impénétrable devant les yeux; mais lorsque le vent l'entr'ouvrait, on apercevait tantôt des soldats anglais divisés par pelotons et épuisés de fatigues, tantôt repoussant une attaque avec courage, tantôt cherchant à éviter le combat, avec un désir mal dissimulé de changer leur retraite en fuite.

Le major Lincoln, quelque jeune qu'il fût, connaissait assez sa profession pour voir qu'il ne manquait aux Américains qu'un concert d'opérations et l'unité du commandement, pour effectuer la destruction totale du corps anglais. Les attaques se faisaient avec ardeur; on combattait quelquefois corps à corps, et le sang coulait des deux côtés; mais la discipline des troupes anglaises les mettait en état de se défendre encore contre cette guerre d'escarmouches. Enfin ce fut avec un plaisir qu'il ne put cacher que Lionel entendit partir des premiers rangs de l'avant-garde des cris de joie annonçant qu'un nuage de poussière, qu'on voyait en face, était produit par la marche d'une brigade d'élite de l'armée anglaise, qui arrivait fort à temps à leur secours, sous les ordres de l'héritier de la maison de Northumberland. Les Américains se retirèrent quand les deux corps furent sur le point de faire leur jonction, et l'artillerie qu'amenaient les troupes fraîches, tonnant contre les colons dispersés, procura quelques minutes de repos à leurs compagnons. Polwarth s'étendit par terre, tandis que Lionel descendait de cheval près de lui, et son exemple fut suivi par tous ses camarades, qui haletaient de fatigue et de chaleur, comme le daim poursuivi par les chasseurs, et qui a réussi à mettre les chiens en défaut[1].

— Major Lincoln, dit le capitaine, aussi vrai que je suis un homme de mœurs simples et innocent de toute cette effusion de sang, je déclare que faire faire une pareille marche à des troupes, c'est abuser des ressources de la nature humaine. J'ai fait au moins cinq lieues depuis ce lieu de discorde, si mal à propos nommé Concorde jusqu'ici, en moins de deux heures, et cela, au milieu de la fumée, de la poussière et de mille cris infernaux qui feraient cabrer le cheval le mieux dressé de toute l'Angleterre, et en respirant un air si brûlant qu'il cuirait un œuf en deux minutes et quinze secondes.

— Vous exagérez la distance, Polwarth. D'après les pierres milliaires, nous n'avons encore fait que deux lieues.

— Les pierres! les pierres mentent. J'ai ici deux jambes qui savent compter les lieues, les milles, les pieds, et même les pouces, mieux que toutes les pierres du monde.

— Il est inutile de contester ce point, car je vois que les troupes s'occupent à manger un morceau à la hâte, et nous n'avons pas un moment à perdre pour rentrer à Boston avant la nuit.

— Manger! Boston! la nuit! répéta lentement Polwarth en s'appuyant sur un coude. Comment! j'espère qu'il n'y a parmi nous personne qui soit assez enragé pour vouloir rentrer à Boston avant huit jours. Il nous faudrait la moitié de ce temps pour recevoir les rafraîchissements intérieurs nécessaires au maintien de notre système physique, et le surplus suffirait à peine pour nous reposer.

— Tels sont pourtant les ordres du comte Percy; il vient de m'apprendre que tout le pays est soulevé en face de nous.

— Oui, mais ces drôles ont dormi tranquillement dans leur lit la nuit dernière, et j'ose dire qu'il n'y a pas un chien parmi eux qui n'ait mangé à son déjeuner sa demi-livre de lard, avec tous les

---

[1]. C'est un fait historique qu'une brigade de troupes légères de l'armée anglaise vint se joindre au centre du renfort, et que les soldats s'étendirent par terre, comme cela est décrit ici. Ce récit est exact, à l'exception des événements qui ont rapport aux personnages du roman.

accessoires convenables, avant de sortir de chez lui; mais il n'en est pas de même de nous. Deux mille hommes de troupes anglaises ne doivent pas courir comme s'ils étaient en fuite, quand ce ne serait que pour l'honneur des armes de Sa Majesté. Non, non, le brave Percy connaît trop bien ce qu'il doit à son illustre naissance et au nom qu'il porte, pour vouloir que les troupes qu'il commande aient l'air de fuir un rassemblement de goujats séditieux.

La nouvelle de Lionel était pourtant vraie, car, après une courte halte, qui permit à peine aux soldats de satisfaire leur besoin le plus pressant, les tambours donnèrent le signal du départ, et Polwarth, comme plusieurs centaines d'autres, fut forcé de se lever et de se remettre en marche, sous peine de rester abandonné à la fureur des Américains courroucés.

Tant que les troupes s'étaient reposées, les pièces d'artillerie de campagne avaient tenu les colons à une distance respectueuse; mais dès qu'on se remit en marche, ils se rapprochèrent, et les attaques recommencèrent avec plus d'impétuosité que jamais. Les excès commis par les soldats, qui, chemin faisant, avaient pillé et incendié plusieurs maisons, avaient aigri encore davantage les esprits de leurs ennemis; et il ne se passa pas vingt minutes avant que plusieurs attaques simultanées fussent dirigées sur leurs flancs de droite et de gauche, avec plus d'acharnement que jamais.

—Plût au ciel que Percy voulût nous former en ordre de bataille et nous donner le champ libre avec ces Yankies! dit Polwarth en se traînant péniblement avec l'avant-garde; ce serait l'affaire d'une demi-heure, et l'on aurait alors la satisfaction de se voir victorieux, ou du moins d'être tranquillement étendu parmi les morts.

— Bien peu de nous verraient le soleil se lever demain, dit Lionel, si nous laissions une nuit aux Américains pour se rassembler en plus grand nombre, et une halte d'une heure pourrait nous faire perdre tous les avantages d'une marche forcée. Mais courage, mon ancien camarade, vous allez vous faire une réputation éternelle d'activité; voici un parti qui descend de cette hauteur pour vous donner de l'occupation.

Polwarth jeta sur Lionel un regard de découragement, et lui dit en soupirant :

— De l'occupation! Dieu sait qu'il n'y a pas dans tout m
corps un muscle, un nerf, une jointure, qui ait été dans un é
de repos salutaire depuis vingt-quatre heures! Se tournant al
vers ses soldats, il leur cria d'un ton si vif et si animé, en march;
à leur tête à la rencontre de l'ennemi, qu'il semblait que ce
le dernier effort de la nature épuisée :

— Dispersez ces chiens, mes braves! chassez-les comme
cousins, comme des mosquites, comme des sangsues qu'ils so
Donnez-leur une indigestion de plomb et d'acier!

— En avant l'avant-garde! cria le vieux major de marine,
vit le premier rang s'arrêter.

La voix de Polwarth se faisait entendre au milieu du tumu
et il ne lui fallut qu'une charge pour repousser des enne
indisciplinés.

— En avant! en avant l'avant-garde! crièrent plus loin
cinquantaine de voix au milieu d'un tourbillon de fumée qui
tait du penchant d'une colline où la rencontre avait eu lieu.

Cette guerre de partisans continua ainsi pendant plusie
milles, l'ennemi harcelant sans cesse les flancs du corps d'arn
et suivant les pas lourds et fatigués des soldats anglais, qui l
saient partout sur leur route des traces sanglantes de leur
sage. En portant les yeux du côté du nord, on distinguait
larges taches rouges, tant sur la route que dans les champs
quelque engagement partiel avait eu lieu.

Pendant quelques intervalles de repos, Lionel trouva le te
de remarquer la différence qui existait entre les combatta
Toutes les fois que le terrain ou les circonstances permetta
une attaque régulière, la confiance des soldats anglais sem
renaître, et ils marchaient à la charge avec cette hardiesse qu
spire la discipline, en faisant retentir l'air de leurs cris, tandis
les Américains se retiraient en silence, mais non sans se servi
leurs armes à feu avec une dextérité qui les rendait doublen
dangereuses. La direction des colonnes faisait quelquefois pa
le corps d'armée sur un terrain qui avait été disputé à l'av;
garde, et l'on y trouvait les victimes de ces courtes escarm
ches. Il fallait pourtant fermer l'oreille aux plaintes et aux pri
des blessés qui voyaient avec horreur et désespoir leurs ca
rades s'éloigner. Au contraire, l'Américain baigné dans son s
semblait oublier ses souffrances pour jeter sur les soldats

passaient un regard d'indignation et de fierté. Lionel arrêta son cheval qui allait fouler aux pieds un homme étendu, et le regarda un instant. C'était le corps inanimé d'un vieillard dont les cheveux blancs, les joues creuses et le corps décharné prouvaient que la balle qui lui avait ôté la vie n'avait fait que prévenir de quelques jours les décrets irrésistibles du temps. Il était tombé sur le dos; son œil fier, même après sa mort, exprimait le ressentiment qui l'avait animé en combattant, et sa main était encore serrée autour d'un mousquet rouillé, aussi vieux que lui-même, dont il s'était armé pour prendre la défense de ses concitoyens.

— Comment finira une lutte à laquelle de pareils champions croient devoir prendre part? s'écria Lionel en voyant l'ombre d'un autre spectateur tomber sur les traits pâles du défunt. Qui peut dire où s'arrêtera ce torrent de sang, et combien il entraînera de victimes?

Ne recevant pas de réponse, il leva les yeux, et vit qu'il avait, sans le savoir, adressé cette question embarrassante à l'homme dont la précipitation bouillante avait causé ce commencement d'hostilité: c'était le major de marine, qui regarda un instant ce spectacle d'un œil presque égaré, et qui, sortant tout à coup de cette stupeur momentanée, se redressa sur son cheval, lui enfonça ses éperons dans les flancs, et disparut dans un brouillard de fumée, brandissant son sabre et s'écriant: — En avant l'avant-garde! en avant!

Le major Lincoln le suivit plus lentement, réfléchissant sur la scène qu'il venait de voir; mais, à sa grande surprise, il vit Polwarth, assis sur un fragment de rocher bordant la route, et qui, d'un air indolent et tranquille, regardait le corps d'armée continuer sa retraite. Il retint son cheval, et lui demanda s'il était blessé.

— Non, major Lincoln, répondit le capitaine, je ne suis que fondu. J'ai fait aujourd'hui plus qu'il n'est au pouvoir d'un homme, et je ne puis en faire davantage. Si vous voyez jamais quelques uns de mes amis en Angleterre, dites-leur que j'ai subi mon destin comme le doit un soldat stationnaire. Je fonds littéralement en ruisseaux comme la neige en avril.

— Juste ciel, Polwarth! vous ne resterez pas ici pour vous faire tuer par les Américains! Vous voyez qu'ils nous enveloppent de toutes parts.

— Je prépare un discours pour le premier Yankie qui s'approchera de moi; s'il a dans le cœur quelque chose d'humain, il versera des larmes au récit de tout ce que j'ai souffert aujourd'hui; si c'est un sauvage, il épargnera à mes héritiers les frais de mes funérailles.

Lionel aurait continué ses remontrances, mais une rencontre entre deux partis avait lieu à quelque distance ; il vit les Anglais fuir devant les Américains ; il y courut à la hâte, rallia les soldats, et changea la fortune du combat. Cependant la résistance fut vive, et, pendant les vicissitudes de l'action, il se trouva seul tout à coup dans le voisinage dangereux d'un petit bois. L'ordre qu'il entendit : — Feu sur cet officier ! l'avertit du danger imminent qu'il courait. Il se baissait sur le cou de son cheval pour tâcher d'éviter la volée de balles dont il était menacé, quand une voix, partant du milieu des Américains, s'écria d'un ton qui le fit tressaillir.

— Epargnez-le ! pour l'amour du dieu que vous adorez, épargnez-le !

Accablé d'une sensation indéfinissable, il ne songea pas à fuir, et levant les yeux, il vit le vieux Ralph, courant avec agilité le long de la lisière du bois, abaissant les fusils d'une vingtaine d'Américains, et répétant ses cris d'une voix qui ne semblait pas appartenir à un être humain. Au même instant, et dans la confusion de ses idées, il se crut prisonnier, car un jeune homme, qui s'était glissé hors du bois, saisit la bride de son cheval, et lui dit :

— C'est un jour de sang, major Lincoln, et Dieu ne l'oubliera pas. Mais si vous voulez descendre la colline en droite ligne, vous ne risquez rien, parce qu'on ne tirera pas sur vous de peur de blesser Job ; et quand Job tirera, ce sera sur ce grenadier qui monte par-dessus la muraille, et personne n'en entendra jamais parler dans Funnel-Hall.

Lionel partit plus vite que la pensée, et fit prendre le grand galop à son cheval : tout en descendant la hauteur, il entendit les cris que les Américains poussaient derrière lui, le bruit du coup de mousquet que tira Job, et le sifflement de la balle qui prenait la direction qu'il avait annoncée. Lorsqu'il fut arrivé dans un endroit où il était moins en danger, il vit Pitcairn qui descendait de cheval, car les attaques personnelles des colons faisaient qu'il était imprudent à un officier de se montrer ainsi, de manière à pouvoir servir de point de mire. Lionel attachait beaucoup de prix à son coursier, mais il avait eu de si bonnes preuves du danger que sa situation élevée lui faisait courir, qu'il se vit obligé de suivre cet exemple, quoique à son grand regret, et d'abandonner ce noble animal à son sort. Il se joignit ensuite à une autre troupe de combattants, et continua à les animer à de nouveaux efforts pendant tout le reste du chemin.

Du moment que les clochers de Boston se montrèrent aux yeux des soldats, la lutte devint plus animée. Cette vue sembla rendre de nouvelles forces à leurs corps exténués de fatigue, et, reprenant un air martial, ils soutinrent toutes les attaques avec une nouvelle intrépidité. De leur côté, les Américains semblaient sentir que les instants accordés à la vengeance s'écoulaient rapidement, et les jeunes gens, les vieillards, même les blessés, se pressaient autour de leurs agresseurs comme pour leur porter un dernier coup. On vit même les paisibles ministres de Dieu se mettre en campagne en cette occasion mémorable, se joindre à leurs paroissiens, et partager leurs dangers dans une cause qu'ils regardaient comme d'accord avec les devoirs de leur saint ministère.

Le soleil allait quitter l'horizon, et la situation du corps d'armée devenait presque désespérée, quand Percy renonça au projet qu'il avait conçu de regagner le Neck, qu'il avait traversé si fièrement le matin en sortant de Boston, et il fit les derniers efforts pour ramener les restes de ses troupes dans la péninsule de Charlestown. Le sommet et la rampe de chaque hauteur étaient couverts d'Américains armés, et, l'ombre de la nuit arrivant, l'espoir d'anéantir entièrement ce corps d'armée fit battre leur cœur, quand ils virent que l'excès de la fatigue forçait les soldats anglais à ralentir leur feu. Cependant la discipline l'emporta, sauva les débris des deux détachements réunis, et leur permit d'atteindre l'étroit passage qui pouvait seul les mettre en sûreté, à l'instant où les ténèbres allaient déterminer leur perte.

Lionel s'appuya contre une haie, et regarda défiler lentement et pesamment devant lui ces hommes qui, quelques heures auparavant, se seraient crus en état d'imprimer la terreur à toutes les colonies [1], et qui maintenant traînaient péniblement leurs mem-

1. Il est bon de ne pas oublier qu'un officier anglais de haut rang avança dans le parle-

bres fatigués en grayissant Bunker-Hill. Les yeux hautains de la plupart des officiers étaient baissés avec un air de honte, et les soldats, quoique alors en lieu de sûreté, jetaient encore des regards inquiets en arrière, comme s'ils eussent craint que ces colons, qu'ils avaient si longtemps méprisés, ne continuassent à les poursuivre.

Un peloton succédait à un autre, chacun de ceux qui les composaient paraissant également fatigué. Enfin Lionel vit, à quelque distance, un cavalier qui s'avançait au milieu des rangs de l'infanterie, et quand il le vit de plus près, ce fut avec autant de plaisir que de surprise qu'il reconnut Polwarth, monté sur le coursier qu'il avait lui-même abandonné. Le capitaine s'avança vers lui avec un air de calme et de satisfaction. Ses habits étaient déchirés, la housse de la selle du cheval était coupée en rubans, et quelques taches de sang caillé sur les flancs du noble animal, annonçaient que celui qui le montait avait attiré l'attention particulière des Américains.

Le capitaine raconta alors ses aventures. Il avait senti renaître en lui le désir de suivre ses compagnons d'armes, quand il avait vu le cheval du major courir à l'abandon dans la campagne. Il avoua même qu'il lui en avait coûté sa montre pour se le faire amener. Mais, une fois qu'il s'était trouvé en selle, ni dangers, ni remontrances, n'avaient pu le décider à quitter une position où il se trouvait si à son aise, et qui le consolait de toutes les fatigues qu'il avait éprouvées dans cette malheureuse journée où il avait été obligé de partager les calamités de ceux qui avaient combattu pour la couronne d'Angleterre dans le mémorable combat de Lexington [1].

---

ment, dont il était membre, que 2,000 soldats anglais pourraient se frayer un chemin à travers toutes les provinces américaines.

[1]. Ce nom de *Lexington* est devenu presque un cri de liberté, non seulement en Amérique, mais aussi en Europe: on se rappelle l'admirable passage de M. de Chateaubriand dans l'*Essai sur les révolutions*: « J'ai vu les champs de Lexington; je m'y suis arrêté en silence, comme le voyageur aux Thermopyles, à contempler la tombe de ces guerriers des Deux-Mondes qui moururent les premiers pour obéir aux lois de la patrie. En foulant cette terre philosophique qui me disait dans sa muette éloquence comment les empires se perdent et s'élèvent, j'ai confessé mon néant devant les voies de la Providence, et baissé mon front dans la poussière. »

CHAPITRE XI.

> FLUELLEN : N'est-il pas permis, Votre Majesté, de dire combien il a été tué de monde ?
> SHAKSPEARE. *Le roi Henri V.*

Un fort détachement des troupes royales fut placé sur une hauteur qui commandait les approches de leur position; le reste pénétra plus avant dans la péninsule, ou fut transporté à Boston[1] par les chaloupes de la flotte. Lionel et Polwarth passèrent le détroit avec la première division des blessés : le premier n'ayant pas de devoirs à remplir qui pussent le retenir avec le détachement; le second soutenant hautement que ses souffrances corporelles lui donnaient le droit incontestable d'être compris parmi ceux que le fer ou le plomb des Américains avaient atteints.

Aucun officier de l'armée du roi n'éprouvait peut-être un chagrin aussi vif que le major Lincoln du résultat de cette expédition; car, malgré son attachement pour son roi et sa patrie d'adoption, il n'en prenait pas moins d'intérêt à la réputation de ses véritables concitoyens, sentiment honorable à la nature humaine, et qui n'abandonne jamais que celui qui en oublie les impulsions les plus nobles et les plus pures. Tout en regrettant ce qu'il en avait coûté à ses compagnons d'armes pour apprendre à apprécier le caractère de ces colons dont la longue patience avait été prise mal à propos pour de la pusillanimité, il était charmé de voir que les yeux des vieillards s'ouvraient enfin à la vérité, et que la bouche des jeunes inconsidérés se fermait de honte. On cacha, probablement par des motifs politiques, la perte véritable qu'avaient essuyée les deux détachements employés à cette expédition; mais il fut bientôt reconnu qu'elle était environ du sixième de ceux qui en avaient fait partie.

Lionel et Polwarth se séparèrent sur le quai, le capitaine d'in-

---

1. La péninsule de Charlestown est presque entièrement entourée d'une eau profonde, et n'est jointe à la terre voisine que par une langue de terre de peu de largeur. Bunker-Hill s'élève comme un rempart immédiatement avant le passage.

fanterie légère ayant dit à son ami qu'il ne tarderait pas à aller le rejoindre chez lui où il se promettait de se dédommager de l'abstinence forcée et des privations auxquelles il avait été condamné pendant sa longue marche. Le major prit alors le chemin de Tremont-Street, pour aller calmer les inquiétudes qu'une espérance secrète et flatteuse le portait à croire que ses belles parentes avaient conçues pour sa sûreté. A chaque coin de rue, il rencontrait des groupes d'habitants qui discutaient avec vivacité sur les événements qui venaient d'avoir lieu, quelques uns se retirant consternés de la résolution et du courage dont avaient donné des preuves ces colons qu'ils avaient cherché à avilir aux yeux de leurs oppresseurs ; mais le plus grand nombre regardant avec un air de satisfaction farouche le militaire qui passait près d'eux, et dont les vêtements un peu en désordre prouvaient qu'il était du nombre de ceux qui avaient été forcés de se retirer devant les Américains.

Lorsque Lionel frappa à la porte de la maison de Mrs Lechmere, il avait déjà oublié sa fatigue ; et, quand elle s'ouvrit, et qu'il vit Cécile dans le vestibule, exprimant dans tous les traits de son charmant visage la force de son émotion, il ne se souvint plus des dangers auxquels il avait été exposé.

— Lionel! s'écria Cécile en joignant les mains dans un mouvement de joie ; c'est lui-même et sans être blessé ! Le sang monta de son cœur à ses joues et à son front, et, couvrant son visage des deux mains pour cacher sa rougeur, elle s'éloigna précipitamment.

Agnès Danforth ne chercha pas à cacher le plaisir avec lequel elle le revoyait, et elle ne voulut lui faire aucune question pour satisfaire la curiosité qui la dévorait, avant de s'être parfaitement assurée qu'il n'avait reçu aucune blessure. Alors elle lui dit, avec un air de triomphe, accompagné d'un sourire malin :

— Votre marche a attiré un grand concours de monde, Lionel Lincoln ; d'une fenêtre du dernier étage de cette maison, j'ai vu une partie des honneurs que les bons habitants de Massachusetts ont rendus à ceux qui venaient les visiter.

— En vérité, miss Agnès, sans les conséquences terribles qui doivent s'ensuivre, je me réjouirais, comme vous, des événements de cette journée ; car un peuple n'est jamais certain de ses droits, jusqu'à ce qu'ils soient respectés.

— Eh bien ! cousin Lincoln, apprenez-moi donc tout ce qui s'est passé, afin que je voie si je dois être glorieuse du lieu de ma naissance.

Lionel lui fit un récit abrégé, mais exact et impartial, de tous les événements dont il avait été témoin, et sa jolie cousine l'écouta avec un intérêt qu'elle ne cherchait pas à déguiser.

— Eh bien ! s'écria-t-elle quand il eut fini sa relation, j'espère que cette journée mettra fin à toutes les sottes railleries dont on nous a si longtemps fatigué les oreilles ; mais vous savez, ajouta-t-elle avec une légère rougeur et en souriant d'une manière aussi maligne que comique, vous savez que j'avais un double intérêt dans la fortune du jour, mon pays et mon admirateur.

— Oh ! soyez sans inquiétude, votre adorateur est revenu sain de corps, et vos rigueurs seules le rendent malade d'esprit ; il a fait toute la route avec une dextérité merveilleuse, et il s'est montré excellent soldat dans le danger.

— Quoi ! major Lincoln, dit Agnès en rougissant encore, mais sans cesser de sourire, voudriez-vous me faire croire que Pierre Polwarth a fait quarante milles à pied, entre le lever et le coucher du soleil ?

— Il a réellement fait cet exploit entre deux soleils, si vous en exceptez une courte promenade sur mon cheval, que nos compatriotes m'avaient obligé à abandonner par prudence, et dont il a pris et conservé possession, malgré les périls auxquels cette témérité l'exposait.

— En vérité ! s'écria Agnès en joignant les mains avec un air de surprise affectée, quoique Lionel ne crût voir en elle aucune marque de satisfaction intérieure occasionnée par les dernières nouvelles qu'il venait de lui apprendre. Les prodiges du capitaine excèdent toute croyance ; il faut avoir la foi du patriarche Abraham pour croire à de semblables merveilles. Mais, après avoir appris qu'un corps de deux mille Anglais a reculé devant un rassemblement de paysans américains, il n'est rien que je ne sois disposée à croire.

— Le moment est donc favorable pour mon ami, dit Lionel à demi-voix en souriant. Il se leva pour suivre Cécile Dynevor qui venait de rentrer, et qui passa dans un appartement voisin en voyant arriver le capitaine Polwarth. On dit, ajouta-t-il, que la crédulité est le grand défaut de votre sexe, et il faut que je vous y laisse exposée un moment, dans la compagnie de celui qui était le sujet de notre entretien.

— Capitaine Polwarth, dit Agnès en rougissant un peu, je suis sûre que vous abandonneriez la moitié des espérances d'avancement que peut vous donner la guerre, pour savoir de quelle manière nous avons parlé de vous en votre absence. Mais je ne satisferai pas votre curiosité; qu'elle vous serve de stimulant pour des faits plus glorieux que ceux qui vous ont occupé aujourd'hui.

— J'espère que Lincoln m'a rendu justice, dit le capitaine toujours de bonne humeur, et qu'il n'a pas oublié de vous dire que j'ai empêché son excellent coursier de tomber entre les mains des rebelles.

— Entre les mains de qui, Monsieur? s'écria Agnès en fronçant les sourcils; comment appelez-vous les braves habitants de la baie de Massachusetts?

— Je crois que j'aurais dû dire les habitants exaspérés du pays. Ah! miss Agnès, j'ai souffert aujourd'hui ce que jamais homme n'a souffert auparavant, et tout cela à cause de vous.

— A cause de moi? Cela demande une explication, capitaine Polwarth.

— Impossible, miss Agnès; il y a des sentiments et des actions qui partent du cœur et qui n'admettent aucune explication. Tout ce que je sais, c'est que j'ai souffert pour vous aujourd'hui plus que je ne puis l'exprimer, et ce qui est inexprimable est en grande partie inexplicable.

— Je me rappellerai cela comme ce qui se passe régulièrement dans certains tête-à-tête, à ce que je comprends. L'expression d'une chose inexprimable! Certainement le major Lincoln avait quelque raison pour croire qu'il me laissait à la merci de ma crédulité.

— C'est vous calomnier vous-même, belle Agnès, dit Polwarth en cherchant à prendre un air de tendresse; vous n'avez ni merci ni crédulité, sans quoi vous m'auriez cru, et vous auriez eu pitié de moi depuis longtemps.

— La compassion, dit Agnès en baissant les yeux et en affectant un air d'embarras, n'est-elle pas une sorte... une espèce... en un mot, la compassion n'est-elle pas un symptôme évident d'une certaine maladie?

— Qui pourrait dire le contraire? s'écria le capitaine : c'est un moyen infaillible pour une jeune personne de découvrir le secret de ses inclinations. Des milliers ont vécu dans l'ignorance de leurs propres sentiments, jusqu'à ce que la compassion ait été éveillée en elles. Mais que signifie cette question, belle Agnès? la faites-vous pour me tourmenter, ou avez-vous enfin pitié de tout ce que je souffre?

—Je crains que cela ne soit que trop vrai, Polwarth, dit Agnès en secouant la tête et en cherchant à s'armer de gravité.

Polwarth, commençant à s'animer, s'approcha de la jeune étourdie que cette scène amusait beaucoup, et lui dit en voulant lui prendre la main:

— Vous me rendez la vie en me parlant ainsi. Depuis six mois vos rigueurs m'ont fait mener une vie bien triste; mais un seul mot de compassion sortant de votre bouche est un baume bienfaisant qui guérit toutes mes blessures.

— En ce cas ma compassion s'évanouit, dit Agnès en reculant d'un pas. Pendant cette longue journée d'inquiétude, je me suis crue plus vieille que ma bonne et grave grand'tante. Toutes les fois que certaines pensées se présentaient à mon esprit, il me semblait que j'étais assaillie de tous les maux qui affligent la vieillesse; goutte, rhumatisme, asthme, et je ne sais combien d'autres maladies qui ne conviennent nullement à une fille de dix-neuf ans; mais vous m'avez éclairée, et vous avez soulagé mes craintes en m'apprenant que c'était l'effet de la compassion. Voyez quelle femme vous auriez, Polwarth, si dans un moment de faiblesse je consentais à vous épouser, moi qui ai déjà tant souffert en songeant aux maux que vous éprouviez!

— Un homme n'est pas un balancier de pendule pour être toujours en mouvement sans éprouver de fatigue, miss Danforth, répondit le capitaine plus piqué qu'il n'osait le montrer, et cependant je me flatte qu'il n'existe pas un seul officier de l'infanterie légère qui ait fait en vingt-quatre heures plus de chemin que l'homme qui, après ses exploits, ne pense qu'à se jeter à vos pieds, et qui oublie le repos dont il a un besoin si extraordinaire.

—Capitaine Polwarth, dit Agnès en se levant, je vous remercie de cette politesse, si c'en est une; mais, ajouta-t-elle en abandonnant toute affectation et en se livrant aux sentiments naturels qui brillaient dans ses yeux et dans tous ses traits, l'homme qui voudra occuper ici cette place, et elle appuya sa main sur son cœur, ne devra pas venir se jeter à mes pieds, comme vous le dités, en sortant d'un combat où il a versé le sang de mes concitoyens, en cherchant à donner des fers à mon pays. Excusez-moi, Monsieur, voici le major Lincoln; il est ici comme chez lui, je lui laisse le soin de vous faire les honneurs de la maison.

Lionel entrait comme elle prononçait ces mots, et elle passa près de lui en se retirant.

— J'aimerais mieux être cheval de messagerie ou valet de pied que d'être amoureux! s'écria Polwarth. C'est une vie diabolique, Lionel, et cette jeune fille me traite comme un cheval de fiacre! Mais quels yeux elle a! Je pourrais y allumer mon cigarre. Sur mon âme! mon cœur n'est qu'un tas de cendres. Mais qu'avez-vous donc, Lionel? pendant toute cette maudite journée je ne vous ai pas encore vu l'air aussi troublé.

— Retirons-nous et rentrons chez moi, répondit le major dont l'aspect indiquait effectivement un grand trouble d'esprit: il est temps de songer à réparer les désastres de notre marche.

— Croyez-vous que je n'y aie pas déjà songé? dit Polwarth en se levant et en s'efforçant de suivre les pas rapides de son compagnon, non sans quelques grimaces arrachées par la fatigue. Mon premier soin, en vous quittant, a été d'emprunter le cabriolet d'un de mes amis, et de me rendre chez vous pour y donner les ordres nécessaires. Mon second a été d'écrire au petit Jemmy Craig, pour lui offrir l'échange de ma compagnie contre la sienne; car, à compter de ce jour, je ne veux plus de vos mouvements d'infanterie légère, et je saisirai la première occasion de rentrer dans les dragons. Quand j'y aurai réussi, major Lincoln, je vous ferai des propositions pour votre cheval. Après avoir accompli ce devoir, car la conservation de soi-même est un devoir pour l'homme, j'ai préparé un menu que j'ai remis à Meriton, afin qu'il n'oublie rien; après quoi, Lionel, je suis venu comme vous me jeter aux pieds de ma maîtresse. Mais vous êtes un heureux mortel, major Lincoln; vous avez été accueilli par les sourires de la beauté, tandis que...

— Ne me parlez ni de sourire ni de beauté, s'écria Lionel avec impatience, toutes les femmes se ressemblent: elles sont toutes capricieuses et inconcevables.

—Oh! oh! dit Polwarth en jetant les yeux autour de lui d'un

air étonné, il n'y a donc ici de faveur à espérer pour aucun de ceux qui portent les armes pour le roi? Il faut qu'il y ait une étrange liaison entre Cupidon et Mars, entre l'amour et la guerre! Après m'être battu toute la journée comme un Sarrasin, un Turc, un Gengiskan, en un mot comme un païen, j'arrive ici bien déterminé à faire à cette petite sorcière de traîtresse l'offre de ma main, de mon cœur, de ma commission et de Polwarth-Hall, et elle m'accueille en fronçant les sourcils, et avec des sarcasmes aussi mordants que les dents d'un homme affamé! Mais quels yeux elle a, et quelles belles couleurs quand elle est un peu animée! Ainsi donc, Lionel, vous avez aussi été traité comme un dogue?

— Comme un fou que je suis; répondit Lionel en doublant le pas; et son compagnon essoufflé, s'épuisant en efforts pour le suivre, fut hors d'état de prononcer un seul mot de plus avant qu'ils fussent arrivés à leur destination. Là, à la grande surprise des deux officiers, ils trouvèrent une compagnie que ni l'un ni l'autre ne s'attendait à voir. Mac-Fuse, placé devant une petite table, dirigeait une attaque très-vive contre quelques viandes froides, restes du repas de la veille, et arrosait ses morceaux en buvant à grands traits le meilleur vin de son hôte. Dans un coin de la chambre Seth Sage était debout, les mains liées avec une longue corde qui aurait pu au besoin servir de licou. En face du prisonnier, car telle était la situation de Sage, était Job, imitant la conduite du capitaine de grenadiers, qui lui jetait de temps en temps quelques fragments de son dîner, dont l'idiot faisait son profit. Meriton et les domestiques de la maison attendaient les ordres qu'on pourrait leur donner.

— Que se passe-t-il donc ici? demanda Lionel en regardant cette scène d'un air étonné. De quelle faute M. Sage s'est-il rendu coupable pour qu'il soit ainsi garrotté?

— De la petite faute de haute trahison et de meurtre, répondit Mac-Fuse; si tirer un coup de fusil à un homme, avec la bonne intention de le tuer, doit s'appeler meurtre.

— Non, non, dit Seth en levant les yeux qu'il avait tenus jusqu'alors fixés sur le plancher dans un profond silence; pour qu'il y ait meurtre, il faut avoir tué avec intention de tuer, et...

— Ecoutez-moi ce drôle, expliquant les lois comme s'il présidait la cour du banc du roi! s'écria Mac-Fuse en l'interrompant.

Et quelle était votre intention en tirant sur moi, vagabond maraudeur, si ce n'était de me tuer? Mais vous serez jugé et pendu pour ce fait.

— Il est contre toute raison, dit Seth, de croire qu'un jury me déclarera coupable du meurtre d'un homme qui se porte bien. Vous ne trouverez pas dans toute la colonie de la baie de Massachusetts un jury qui rende une pareille déclaration.

— De la colonie! brigand, assassin, rebelle! s'écria le capitaine; je vous enverrai en Angleterre, et c'est là que vous serez pendu. De par le ciel! je vous emmènerai avec moi en Irlande; je vous ferai pendre dans l'île Verte, et vous serez enterré, au cœur de l'hiver, dans un marécage!

— Mais qu'a-t-il donc fait qui puisse donner lieu à de si terribles menaces? demanda Lionel.

— Ce qu'il a fait! le coquin n'est pas resté chez lui.

— N'est pas resté chez lui?

— Sans doute! Diable! ne savez-vous pas que tout le pays était rempli de guêpes qui semblaient chercher un guêpier? Avez-vous la mémoire assez courte, major Lincoln, pour avoir déjà oublié les promenades que ces coquins vous ont fait faire sur les montagnes et dans les vallées?

— M. Sage a-t-il donc été trouvé aujourd'hui parmi nos ennemis?

— Ne l'ai-je pas vu tirer trois fois sur moi et en trois minutes? Une de ses balles n'a-t-elle pas brisé la poignée de mon sabre, et n'ai-je pas encore dans l'épaule un morceau de plomb qu'il appelle une chevrotine et dont ce brigand m'a fait présent?

— Il est contre la loi d'appeler un homme un brigand sans pouvoir le prouver, dit Job; mais il n'est pas contre la loi d'entrer à Boston et d'en sortir aussi souvent qu'on le veut.

— Entendez-vous ces misérables! ils veulent connaître les lois aussi bien et mieux que moi qui suis fils d'un avocat de Cork. Je garantirais que vous étiez avec eux, et que vous méritez la potence tout aussi bien que votre digne compagnon.

— Que veut dire ceci, monsieur Sage? s'écria Lionel afin d'empêcher l'idiot de faire une réponse qui aurait pu compromettre sa sûreté; est-il possible non seulement que vous ayez pris part à cette rébellion, mais que vous ayez même attenté à la vie d'un homme qui peut presque passer pour un habitant de votre maison?

— Je pense que le mieux est de ne pas trop parler, répondit

Seth, attendu que personne ne peut prédire ce qui doit arriver.

— Entendez-vous le malin réprouvé? s'écria Mac-Fuse; il n'a pas même la bonne foi de convenir de ses péchés comme un homme honnête. Mais je lui épargnerai cet embarras. Il est bon que vous sachiez, major Lincoln, qu'étant las d'avoir reçu, depuis le matin jusqu'au soir, les coups de fusil de cette canaille qui couvrait toutes les hauteurs, sans leur rendre leurs politesses, je saisis une occasion qui se présenta pour tourner un parti de ces démons incivilisés. Ce gaillard que vous voyez me lâcha trois coups de fusil avant que nous eussions pu les joindre, et alors l'arme blanche fit justice de ses camarades; mais celui-ci m'ayant paru avoir une figure patibulaire, je l'ai amené ici dans l'intention de le faire pendre au premier moment favorable.

— Si ces faits sont exacts, dit le major, je crois que nous devons le livrer entre les mains des autorités compétentes; car il reste encore à savoir quel parti on prendra à l'égard des prisonniers qu'on a faits dans cette affaire singulière.

— Je n'y penserais seulement pas, répondit Mac-Fuse, si ce réprouvé ne m'avait pas traité comme une bête sauvage en tirant sur moi à chevrotines, et s'il ne m'avait pas ajusté chaque fois comme si j'eusse été un chien enragé. Misérable! osez-vous vous donner le nom d'homme, vous qui ajustez un de vos semblables comme si c'était une brute?

— Ma foi! dit Seth d'un air sombre, quand on est décidé à se battre, je crois que le mieux est d'ajuster, afin d'épargner les munitions.

— Vous reconnaissez donc que vous êtes accusé avec raison? lui demanda Lionel.

— Comme le major est un homme modéré, et qui entendra la raison, répondit Seth, je lui parlerai raisonnablement. Je vous dirai d'abord que j'avais une petite affaire ce matin à Concorde...

— A Concorde? s'écria Lionel.

— Oui, à Concorde, répondit Seth avec l'air de la plus grande innocence, une place à vingt ou vingt-un milles d'ici.

— Au diable vos milles et votre Concorde! s'écria Polwarth; y a-t-il un homme dans l'armée qui puisse oublier cette place si mal nommée? Continuez votre défense, et ne nous parlez pas de la distance; je l'ai mesurée pouce par pouce[1].

---

1. *Concord* est situé à une vingtaine de milles de Boston.

— Le capitaine est prompt et impétueux, dit le prisonnier avec beaucoup de sang-froid. Enfin, me trouvant dans cette ville, j'en sortis avec quelques compagnons. Au bout d'un certain temps nous voulûmes y rentrer, et, quand nous arrivâmes à un pont qui en est à environ un mille, nous fûmes fort maltraités par les troupes du roi qui s'en étaient emparées.

— Et que firent-elles?

— Elles firent feu sur nous, et tuèrent deux de nos compagnons; il y avait parmi nous des gens qui prirent l'affaire fort à cœur, il en résulta quelques minutes de contestation assez chaude, mais enfin force resta à la loi.

— A la loi?

— Sans doute. Je crois que le major conviendra qu'il est contre la loi de faire feu sur des gens paisibles qui se trouvent sur la grande route.

— Continuez.

— C'est à peu près tout; le peuple fut mécontent de cela et de quelques autres choses qui s'étaient passées à Lexington; mais je suppose que le major sait le reste.

— Et qu'est-ce que tout cela a de commun avec votre tentative pour m'assassiner, hypocrite? s'écria Mac-Fuse. Avouez la vérité, afin que je puisse vous faire pendre sans que ma conscience me reproche rien.

— En voilà bien assez, dit Lionel; les aveux qu'il a déjà faits suffisent pour nous autoriser à le confier à la garde de ceux qui doivent en être chargés. Qu'on le conduise au quartier-général, comme ayant été pris les armes à la main.

Seth se mit sur-le-champ en marche pour partir; mais quand il fut près de la porte, il s'arrêta et dit en se retournant:

— J'espère que le major veillera sur ce qui m'appartient. Je lui déclare que je l'en regarde comme responsable.

— Vos propriétés seront respectées, dit Lionel, et je désire que votre vie ne coure pas plus de dangers. A ces mots, il fit un signe de la main pour qu'on l'emmenât. Seth se détourna, et quitta sa propre demeure avec le même air de tranquillité qui l'avait distingué toute la journée, quoique ses yeux noirs et ardents lançassent de temps en temps des regards qui semblaient comme les étincelles d'un feu couvant sous la cendre. Malgré la phrase menaçante qu'il venait d'entendre, il sortit avec un air convaincu que, si l'on jugeait son affaire d'après les principes de justice que chaque habitant de la colonie connaissait si bien, on trouverait que ses compagnons et lui n'avaient rien fait qui ne fût parfaitement conforme aux lois.

Pendant cette conversation singulière et caractéristique, à laquelle il n'avait pris part qu'une seule fois, Polwarth s'était occupé très-activement à accélérer les préparatifs du repas.

Lorsque Seth et ceux qui le conduisaient eurent disparu, Lionel jeta un regard à la dérobée sur Job, qui était en apparence spectateur tranquille et indifférent de cette scène, et s'occupa ensuite des hôtes, pour empêcher leur attention de se fixer sur l'idiot dont il craignait que la folie ne trahît la part qu'il avait prise aux événements de la journée. Mais la simplicité de Job déjoua les bonnes intentions du major, car il dit sur-le-champ, sans le moindre symptôme de frayeur :

— Le roi ne peut faire pendre Seth Sage pour avoir tiré, puisque ces infernaux soldats avaient tiré les premiers.

— Maître Salomon, s'écria Mac-Fuse, vous étiez peut-être aussi à vous amuser à Concorde avec quelques amis?

— Job n'a pas été plus loin que Lexington, et il n'a d'autre ami que la vieille Nab.

— Il faut que tous ces gens-là soient possédés du diable! Docteurs et hommes de loi, prêtres et pêcheurs, jeunes et vieux, grands et petits, tous nous ont harcelés pendant toute la route, et voilà un hébété qu'il faut ajouter à ce nombre. Je parie que vous avez cherché aussi à commettre quelque meurtre?

— Meurtre! A Dieu ne plaise! Job n'a tué qu'un grenadier, et blessé un officier au bras.

— Entendez-vous cela, major Lincoln? s'écria Mac-Fuse en se levant avec précipitation; car, malgré la vivacité de son accent, il était constamment resté assis jusqu'alors. Entendez-vous cette écaille d'huître, cette effigie humaine, oser se vanter d'avoir tué un grenadier?

— Un peu de modération, Mac-Fuse, dit Lionel en saisissant le capitaine par le bras; souvenez-vous que nous sommes soldats, et que l'organisation de son cerveau fait qu'il ne peut être responsable de ses actions. Pas un tribunal ne condamnerait au gibet un être si infortuné, et en général il est aussi doux que l'enfant qui vient de naître.

— Au diable soient de tels enfants!... Voilà un joli drôle pour tuer un grenadier de six pieds... Et avec une canardière probablement!... N'importe, je ne le ferai pas pendre, major Lincoln, puisque vous vous intéressez à lui; je me bornerai à l'enterrer tout vivant.

Job ne parut nullement ému de toutes ces menaces, et il resta sur sa chaise d'un air calme et tranquille. Enfin le capitaine, honteux de conserver du ressentiment contre un idiot, oublia ses projets de vengeance; mais il continua à proférer des menaces contre les Américains, et des malédictions contre un genre de guerre si indigne d'un soldat, jusqu'à la fin du repas dont les trois amis avaient si grand besoin.

Polwarth ayant rétabli l'équilibre dans son système physique, regagna son lit en boitant. Mac-Fuse prit possession sans cérémonie d'un autre appartement de la maison de M. Sage. Les domestiques se retirèrent pour aller souper à leur tour, et Lionel, qui depuis une demi-heure avait gardé un silence mélancolique, se trouva tout à coup seul avec l'idiot. Job avait attendu ce moment avec une patience sans égale; mais quand il eut vu sortir Meriton, qui se retira le dernier, il fit un mouvement qui annonçait qu'il avait à faire quelque communication d'une importance plus qu'ordinaire, et il réussit à attirer l'attention du major.

— Jeune insensé! dit Lionel, ne vous avais-je pas dit que ces gens téméraires vous feraient courir risque de la vie? Comment se fait-il que je vous aie vu aujourd'hui les armes à la main contre les troupes du roi?

— Et comment se fait-il que les troupes du roi aient pris les armes contre Job? S'imaginent-elles qu'elles pourront parcourir toute la province, battant le tambour, sonnant de la trompette et faisant feu sur les habitants, sans qu'il y ait du tapage?

— Savez-vous que, depuis vingt-quatre heures, vous avez mérité deux fois la mort, d'abord pour avoir porté les armes contre le roi, et ensuite pour avoir tué un homme? Vous venez de l'avouer vous-même.

— Oui, Job a tué un grenadier, mais il a empêché qu'on ne tuât le major Lincoln.

— C'est vrai, c'est vrai; je vous dois la vie, et je m'acquitterai de cette dette à tout risque. Mais pourquoi vous êtes-vous mis si inconsidérément entre les mains de vos ennemis? pourquoi vous êtes-vous trouvé ce soir dans les rangs des Américains?

— Ralph m'avait dit d'y aller, et si Ralph disait à Job d'aller dans la chambre du roi, Job lui obéirait.

— Ralph! s'écria Lincoln; et où est-il maintenant?

— Dans le vieux magasin; il m'a chargé de venir vous dire d'aller lui parler, et ce que Ralph dit, il faut le faire.

— Il est aussi à Boston? A-t-il donc perdu l'esprit? il doit craindre...

— Craindre! répéta Job avec un ton de dédain singulier: Ralph ne craint rien; il n'a pas craint les grenadiers; l'infanterie légère ne lui a pas fait peur, quoiqu'il n'ait mangé que de la fumée de leur fusil pendant tout le jour. Ralph est un vrai guerrier.

— Et il m'attend, dites-vous, dans le taudis de votre mère?

— Taudis! Job ne sait pas ce que c'est qu'un taudis. Il vous attend dans le vieux magasin.

— Eh bien! dit Lionel en prenant son chapeau, allons le voir. Il faut que je le sauve des suites de sa témérité, quand il devrait m'en coûter ma commission.

Il sortit de sa chambre en prononçant ces paroles, et l'idiot le suivit, fort satisfait d'avoir exécuté son message sans y avoir rencontré de plus grandes difficultés.

CHAPITRE XII.

> Cette pièce est le tableau d'un meurtre commis à Vienne. Gonzago est le nom du duc, Baptista est celui de la duchesse : mais vous allez voir; c'est une œuvre diabolique.
> SHAKSPEARE. *Hamlet.*

L'AGITATION et l'indignation profondes qu'avaient produites les événements de la journée n'étaient pas encore calmées dans la ville, lorsque Lionel en parcourut de nouveau les rues étroites. Des hommes passaient rapidement près de lui, comme s'ils eussent été appelés par quelque affaire pressante et extraordinaire, et plus d'une fois il remarqua le sourire triomphant des femmes que la curiosité amenait près de leurs fenêtres à demi ouvertes pour voir ce qui se passait dans la rue, et dont les yeux découvraient son costume militaire. De forts détachements de troupes marchaient dans diverses directions, d'une manière qui annonçait qu'on renforçait les postes; et le petit nombre d'officiers isolés qu'il voyait le regardaient approcher avec un air de précaution inquiète, comme s'ils eussent craint de trouver un ennemi dans chaque personne qu'ils rencontraient.

Les portes de la maison commune de la province étaient ouvertes, et, suivant l'usage, gardées par des sentinelles. Lionel, en passant, reconnut le grenadier à qui il avait parlé la soirée précédente, et qui était en faction à la porte du gouverneur.

— Votre expérience ne vous a pas trompé, mon camarade, lui dit-il en s'arrêtant un moment, nous avons eu une chaude journée!

— C'est ce qu'on nous a dit aux casernes, répondit le grenadier. Notre compagnie n'a pas marché, et nous avons à faire double faction cette nuit. J'espère que la première fois qu'il y aura de la besogne, on n'oubliera pas ma compagnie. Il eût été à désirer pour l'honneur de l'armée qu'on l'eût mise en campagne aujourd'hui.

— Et pourquoi pensez-vous ainsi, mon vétéran? On n'a rien à reprocher aux troupes; elles se sont bien conduites; mais il était impossible qu'elles fissent tête à une multitude armée semblable à celle qui les attaquait.

— Il ne m'appartient pas de dire qu'une troupe se soit bien ou mal conduite; mais quand j'entends dire que deux mille hommes de troupes anglaises ont tourné le dos, ou ont marché au pas redoublé devant la canaille de ce pays, je voudrais que mon régiment y eût été, ne fût-ce que pour voir de mes propres yeux ce spectacle déshonorant!

— Il ne peut y avoir de déshonneur quand il n'y a pas d'inconduite.

— Il faut qu'il y ait eu de l'inconduite quelque part, Votre Honneur, sans quoi une pareille chose n'aurait jamais pu arriver. Réfléchissez-y bien, Votre Honneur, la fleur de l'armée! Il faut que quelque chose ait mal été, et, quoique j'aie vu la dernière partie de l'affaire d'une haute montagne, à peine puis-je croire que cela soit vrai.

En terminant ces mots, il secoua la tête, et se remit à marcher sur le terrain dans lequel il était circonscrit, comme s'il ne se fût pas soucié de parler plus longtemps de ce sujet humiliant. Lionel continua son chemin en réfléchissant sur ce préjugé fortement enraciné, qui avait appris à cet humble satellite de la couronne d'Angleterre à regarder avec mépris toute une nation, parce qu'on la croyait courbée sous le joug.

La grande place où il avait passé le soir de son arrivée était encore plus silencieuse que de coutume, et le tumulte qui régnait ordinairement à cette heure dans les cabarets voisins ne se faisait pas entendre. La lune n'était pas encore levée, et Lionel marcha d'un pas rapide sous les arcades sombres du marché, en se rappelant qu'un homme auquel il prenait tant d'intérêt attendait alors son arrivée.

Job, qui le suivait en silence, traversa le pont avec lui, et courut ensuite en avant pour lui ouvrir la porte du vieux magasin. Lionel trouva la grande pièce qui en formait l'entrée aussi sombre et aussi vide qu'à l'ordinaire; mais il vit briller une lumière à travers les fentes d'une cloison en bois qui en séparait la chambre occupée par Abigaïl Pray dans une des tourelles, et il entendit qu'on y parlait à voix basse. Supposant qu'il y trouverait le vieux Ralph et Abigaïl causant ensemble, il se retourna pour dire à son guide d'y entrer, et de les prévenir de son arrivée. Mais l'idiot avait aussi entendu les voix qui parlaient dans cette chambre, et son oreille, plus adroite qu'on ne l'aurait supposé, avait sans doute reconnu les interlocuteurs; car, à l'instant où Lionel voulut lui parler, il partit avec une vitesse qui surprit le jeune major, et qui ne se ralentit que lorsqu'il se trouva sur le marché.

Abandonné ainsi par son guide, Lionel s'avança avec précaution, et chercha à tâtons la porte de l'appartement; mais la lumière le trompa, car, au lieu de lui indiquer la porte, elle le conduisit à une fente de la cloison, par laquelle il vit encore une fois, sans le vouloir, une de ces entrevues qui annonçaient une liaison singulière et mystérieuse entre la riche et respectée Mrs Lechmere, et la misérable habitante du vieux magasin. Jusqu'à ce moment, la rapidité des événements et la foule de réflexions qui s'étaient présentées à son esprit depuis vingt-quatre heures l'avaient empêché de se rappeler les discours extraordinaires qu'il avait involontairement entendus. Mais en ce moment où il voyait sa tante visiter l'asile obscur de la pauvreté, il se sentit comme retenu par une curiosité irrésistible, et qui lui paraissait d'autant plus excusable, qu'il était fortement convaincu que, de manière ou d'autre, ces communications si particulières avaient rapport à lui.

Il est évident que Mrs Lechmere s'était vêtue de manière à ne pouvoir être reconnue par ceux qui pourraient par hasard la voir rendre cette visite mystérieuse. Mais en ce moment le capuchon de sa grande mante était baissé de manière à laisser apercevoir ces traits flétris et cet œil dur, qui, au milieu de tout ce qui annonçait en elle la décadence de la nature, lançait encore des regards égoïstes et mondains. Elle était assise, tant à cause de ses infirmités que pour montrer l'air de supériorité qu'elle ne manquait jamais de prendre à l'égard de ses inférieurs, tandis qu'Abigaïl était debout devant elle, dans une attitude qui annonçait pourtant plus de contrainte que de respect.

— Sotte femme! dit Mrs Lechmere, de ce ton dur et repoussant qu'elle savait si bien prendre quand elle voulait intimider, votre faiblesse sera votre ruine. Par égard pour vous-même, pour votre réputation, et même pour votre sûreté, il faut montrer plus de fermeté et vous élever au-dessus de cette superstition puérile et ridicule!

— Ma ruine! ma réputation! répondit Abigaïl en regardant autour d'elle, les yeux égarés et les lèvres tremblantes; qu'est-ce que la ruine, Mrs Lechmere, si la pauvreté dont vous voyez les preuves ne mérite pas ce nom? Et quelle perte de réputation peut m'attirer un mépris plus humiliant que celui auquel mes péchés m'ont condamnée?

— Au milieu des embarras que m'a causés l'arrivée de mon petit-neveu, dit Mrs Lechmere, cherchant à prendre un ton plus doux, quoique ses manières n'annonçassent que trop clairement son mécontentement, j'ai peut-être oublié ma libéralité ordinaire.

Abigaïl Pray reçut la pièce d'argent que Mrs Lechmere lui présentait, la laissa quelques instants dans sa main ouverte, et la regarda avec un air de distraction que la vieille dame prit pour du mécontentement.

— Les troubles qui règnent, dit-elle, et la valeur décroissante des propriétés ont sensiblement diminué mes revenus ; mais, si ce que je vous donne n'est pas suffisant pour vos besoins les plus pressants, j'y ajouterai une autre couronne.

— Cela suffira, répondit Abigaïl en fermant sa main avec un mouvement presque convulsif. Oui ! oui, cela suffira. O Madame ! quelque humiliante et quelque criminelle que soit la cupidité, plût au ciel que cette détestable passion eût été la seule cause de ma ruine !

Lionel crut voir sa tante regarder Abigaïl avec un air d'inquiétude et d'embarras qui lui parut indiquer qu'il existait même entre elles quelques secrets dont l'une ne faisait pas confidence à l'autre, malgré leur étrange intimité ; mais la surprise qu'exprimèrent ses traits fit bientôt place à son air habituel de formalité sévère et de circonspection hautaine. Elle répondit avec un air de froideur, comme si elle eût voulu repousser jusqu'à l'idée qu'elle pût faire l'aveu d'une faute qui leur était commune :

— Cette femme parle comme si elle avait perdu l'esprit. De quelles fautes est-elle coupable, si ce n'est de celles auxquelles la nature humaine est sujette ?

— C'est vrai ! c'est vrai ! dit Abigaïl avec un rire convulsif ; comme vous le dites, c'est notre nature qui est coupable ; mais à mesure que je deviens vieille et infirme, mes nerfs sont irritables, et je m'oublie souvent, Madame. Quand on voit le tombeau si près de soi, cette vue est capable de donner des pensées de repentir, même à des cœurs plus endurcis que le mien.

— Folle que vous êtes ! dit Mrs Lechmere en pâlissant, et pour le cacher elle rabaissa sur sa tête son capuchon, d'une main que la terreur plus que l'âge rendait tremblante ; pourquoi parler ainsi de la mort ? Vous n'êtes encore qu'un enfant.

Elle prononça encore quelques mots, mais sa voix semblait étouffée, et Lionel ne put les entendre. Enfin, après une assez longue pause, elle releva la tête, et, jetant autour d'elle un regard sévère et altier, elle dit à haute voix :

— C'est assez de cette folie, Abigaïl ; je suis venue ici pour apprendre quelque chose de plus de l'homme étrange qui loge chez vous.

— Non ! ce n'en est pas assez, Mrs Lechmere, répondit Abigaïl Pray qui sentait les aiguillons de sa conscience ; il nous reste si peu de temps pour le repentir et la prière, que je crains que nous n'en ayons pas assez pour nous préparer à répondre sur toutes nos iniquités. Parlons du tombeau, Mrs Lechmere, pendant que nous le pouvons encore avant d'y descendre.

— Oui! parlez du tombeau avant que sa glace ait rendu votre langue muette; c'est la patrie du vieil âge, dit une troisième voix dont le son creux semblait sortir d'un sépulcre! je suis ici pour m'entretenir avec vous de ce sujet salutaire.

— Qui! qui! au nom de Dieu, qui êtes-vous? s'écria Mrs Lechmere en se levant précipitamment, une nouvelle émotion lui faisant oublier son âge, ses infirmités et l'agitation que d'autres motifs lui avaient précédemment occasionnée. Dites-moi, je vous en conjure, qui êtes-vous?

— Un homme de votre âge, Priscilla Lechmere, un homme qui est comme vous à la porte de cette dernière demeure dont vous parliez; continuez donc, car si vous avez commis des fautes qui ont besoin de pardon, c'est dans le tombeau que vous trouverez le don de merci céleste qui peut encore vous être accordé, quelque indigne que vous en soyez.

En changeant un peu de position, Lionel put voir tout l'appartement. Sur le seuil de la porte était le vieux Ralph, immobile comme une statue, une main levée vers le ciel, et l'autre dirigée vers la terre d'une manière expressive, comme s'il eût voulu révéler les secrets de cette tombe, que les rides de son visage et ses membres décharnés annonçaient qu'il habiterait bientôt, tandis que ses yeux étincelants, roulant dans leurs orbites, passaient rapidement de l'une à l'autre des deux femmes qui étaient devant lui, en leur lançant des regards aussi expressifs que pénétrants. A quelques pas du vieillard, Mrs Lechmere était debout avec la raideur et l'immobilité du marbre; son capuchon était retombé sur ses épaules; ses traits, pâles comme la mort, exprimaient le saisissement et l'horreur; elle avait la bouche ouverte, et ses yeux, fixés sur ce nouveau-venu, ne semblaient pas plus pouvoir s'en éloigner que si le ciseau d'un statuaire leur eût donné cette direction. Abigaïl, la tête appuyée sur une main, se cachait le visage de l'autre avec son tablier, et le frémissement qui agitait tous ses membres annonçait la violence des émotions qu'elle s'efforçait en vain de cacher.

Etonné de ce qu'il avait vu et entendu, et inquiet de l'état dans lequel il trouvait sa tante, pour qui son âge avancé rendait de pareilles scènes dangereuses, Lionel était sur le point de se précipiter dans l'appartement, quand Mrs Lechmere recouvra enfin la parole, et toutes les autres sensations du jeune major cédèrent à une curiosité brûlante que les circonstances justifiaient assez.

— Quel est celui qui me donne le nom de Priscilla? demanda Mrs Lechmere; il n'existe personne à présent qui puisse me parler avec ce ton de familiarité.

— Priscilla! Priscilla! répéta le vieillard en regardant autour de lui comme s'il eût cherché quelque autre personne; le son de ce nom est doux et agréable à mon oreille, et il appartient à une autre que vous, comme vous le savez.

— Elle est morte; des années se sont écoulées depuis que je l'ai vue dans son cercueil, et je voudrais l'oublier, ainsi que tous ceux qui, comme elle, se sont montrées indignes de mon sang.

— Elle n'est pas morte! s'écria le vieillard d'une voix qui fit retentir tout le vieil édifice, comme celle de quelque esprit habitant invisible de l'air; elle vit! elle vit! oui, elle vit encore!

— Elle vit! répéta Mrs Lechmere en reculant d'autant de pas que Ralph en faisait en avant; mais pourquoi suis-je assez faible pour écouter de pareil propos? la chose est impossible.

— Elle vit! s'écria en même temps Abigaïl Pray en se tordant les bras dans l'agonie du désespoir; ah! plût au ciel qu'elle vécût! Mais n'ai-je pas vu son cadavre défiguré? N'ai-je pas moi-même couvert d'un linceul ce corps, image parfaite de la beauté? Oh! non! non, elle est morte!... morte!... et je suis une...

— Une folle d'écouter les contes ridicules d'un insensé, s'écria Mrs Lechmere avec une précipitation qui avait pour objet d'empêcher Abigaïl de terminer sa phrase; cette malheureuse fille est morte depuis longtemps, comme nous le savons, et nous n'avons pas besoin de raisonner à ce sujet avec un homme privé de raison.

— Privé de raison! s'écria Ralph avec le ton de l'ironie la plus amère; non, non. Il y a quelqu'un qui en est privé, comme vous et moi nous le savons, mais ce n'est pas moi qui suis fou. C'est plutôt vous qui êtes folle, femme. Vous avez déjà fait perdre la raison à quelqu'un, voudriez-vous en priver encore un autre?

— Moi! dit Mrs Lechmere, en fixant ses regards sans se déconcerter sur les yeux ardents du vieillard; le Dieu qui donne la raison la retire à son gré; ce n'est pas moi qui exerce un tel pouvoir.

— Qu'oses-tu dire, Priscilla Lechmere? s'écria Ralph en faisant trois pas rapides qui lui permirent de lui saisir le bras avec sa main desséchée; oui, je t'appellerai encore Priscilla, quelque indigne que tu sois de ce nom. Tu prétends n'avoir pas le pouvoir de faire perdre la raison? Dis-moi donc ce qu'est devenu le chef de ta race si vantée, le riche et respectable baronnet du Devonshire, autrefois l'heureux compagnon des princes, ton neveu Lionel Lincoln? Est-il dans le château de ses pères? protége-t-il ses vassaux? conduit-il les armées de son roi, ou habite-t-il une cellule sombre et solitaire? Tu sais où il est, tu le sais, femme! et ce sont tes infâmes manœuvres qui l'y ont conduit!

— Quel est celui qui ose me parler ainsi? s'écria Mrs Lechmere faisant les derniers efforts pour repousser cette accusation avec mépris; si vous connaissez véritablement mon infortuné neveu, vous pouvez juger vous-même de la fausseté de cette indigne inculpation.

— Si je le connais! Demande-moi plutôt ce que je ne connais pas. J'ai eu les yeux ouverts sur toi, femme; j'ai suivi toute ta conduite, et tout ce que tu as fait m'est connu. Et quant à cette autre pécheresse, je sais aussi tout ce qu'elle a fait. Parle, Abigaïl Pray; ne t'ai-je pas rendu compte de tous tes crimes les plus secrets?

— Oui! oui! s'écria Abigaïl avec une terreur superstitieuse; il n'est que trop vrai qu'il sait ce que je croyais n'avoir été vu que par l'œil de Dieu.

— Je te connais de même, misérable veuve de John Lechmere, je connais aussi Priscilla. Ne connais-je donc pas tout?

— Oui, tout! s'écria encore Abigaïl.

— Tout! répéta Mrs Lechmere d'une voix presque éteinte; et au même instant elle tomba sans connaissance sur sa chaise.

Le vif intérêt qu'il prenait à cette scène ne put empêcher Lionel de courir au secours de sa tante; mais Abigaïl Pray, qui paraissait habituée jusqu'à un certain point aux discours énergiques de Ralph, l'avait déjà prévenu, et, lorsqu'il entra dans la chambre, il vit qu'elle donnait déjà à Mrs Lechmere les secours ordinaires en pareil cas. Comme elle respirait péniblement, il devint nécessaire de la délacer, et Abigaïl, assurant à Lionel qu'elle n'avait besoin de l'aide de personne, le pria de se retirer, parce qu'elle était certaine que sa présence inattendue pourrait être fatale à sa tante quand elle reprendrait connaissance.

Lionel sortit de la chambre, et vit Ralph au haut de l'escalier en échelle. Il le suivit sur-le-champ, dans l'intention de lui demander l'explication de ce qu'il venait de voir et d'entendre. Il trouva le vieillard assis dans une petite chambre, une main appuyée sur son front de manière à préserver ses yeux de la faible lumière d'une misérable chandelle, et paraissant enfoncé dans de profondes réflexions. Lionel s'approcha de lui sans paraître attirer son attention, et fut obligé de parler pour lui annoncer sa présence.

— Job m'a dit que vous désiriez me voir, lui dit-il, et me voici.

— C'est bien, répondit Ralph.

— Peut-être devrais-je ajouter que j'ai été le témoin fort surpris de votre entrevue avec Mrs Lechmere, et que j'ai entendu les discours hardis et inconcevables que vous avez cru devoir adresser à cette dame.

Le vieillard leva la tête, et Lionel vit redoubler l'éclat de ses yeux.

— En ce cas, dit-il, vous avez entendu la vérité, et vous avez vu l'effet qu'elle produit sur une mauvaise conscience.

— Mais j'ai aussi entendu que ce que vous avez appelé la vérité avait un rapport direct aux noms qui me sont le plus chers.

— En êtes-vous bien sûr, jeune homme? lui demanda Ralph en le regardant en face; n'existe-t-il personne qui vous soit devenu depuis peu plus cher que les auteurs de vos jours? Parlez, et songez que vous répondez à quelqu'un qui connaît bien la nature humaine.

— Que voulez-vous dire, Monsieur? Est-il dans la nature qu'on aime quelqu'un autant que ses parents?

— Ce n'est pas à moi que cette simplicité puérile en imposera. Cette misérable femme qui est là-bas... N'aimez-vous pas sa petite-fille; puis-je encore me fier à vous?

— Pourquoi l'honneur serait-il incompatible avec l'affection pour un être aussi pur que Cécile Dynevor?

— Oui, oui, murmura le vieillard à demi-voix; sa mère était pure, et pourquoi la fille ne serait-elle pas digne de celle qui lui a donné le jour!

Il se tut; et un silence, qui parut pénible et embarrassant à Lionel, dura quelques instants; ce fut Ralph qui le rompit tout à coup, en disant :

— Vous étiez en campagne aujourd'hui, major Lincoln?

— Vous ne pouvez en douter, puisque je dois la vie à votre généreuse protection. Mais vous-même, pourquoi vous êtes-vous exposé au danger d'être arrêté en revenant à Boston, dans une ville pleine de troupes? Beaucoup d'autres que moi dans l'armée doivent avoir vu le rôle actif que vous avez joué parmi les Américains.

— Penseraient-ils à chercher leurs ennemis dans les rues de Boston, quand toutes les hauteurs des environs sont couvertes d'hommes armés? D'ailleurs ma demeure dans ce bâtiment n'est connue que de cette misérable femme, Abigaïl Pray, qui n'oserait me trahir, de son digne fils et de vous. Mes mouvements sont aussi secrets que rapides; ils ont lieu au moment où l'on s'y attend le moins. Aucun danger ne peut atteindre un homme comme moi.

— Mais, dit Lionel en hésitant et avec embarras, devrais-je garder le secret sur la présence d'un homme que je sais être ennemi de mon roi?

— Lionel Lincoln, dit Ralph en souriant d'un air dédaigneux, vous présumez trop de vos forces. Non, vous n'aurez jamais le courage de faire couler le sang de celui qui a épargné le vôtre. Nous nous entendons l'un l'autre, et à mon âge on doit être étranger à la crainte.

— Non, non, dit une voix basse et solennelle partant d'un coin obscur de l'appartement où Job s'était glissé sans être aperçu, vous ne pouvez faire peur à Ralph.

— C'est un brave garçon, dit Ralph avec ce ton vif et décidé qui le caractérisait; il sait distinguer le bien du mal, que faut-il de plus dans ce monde corrompu?

— D'où venez-vous, drôle? demanda Lionel, et pourquoi m'avez-vous quitté si brusquement?

— Job a été sur la place du marché, pour voir s'il trouverait quelque chose à acheter pour la vieille Nab.

— Croyez-vous me tromper par de telles sottises? Trouve-t-on quelque chose à acheter sur le marché à une pareille heure? et d'ailleurs où auriez-vous pris de quoi payer?

— Voilà qui prouve que les officiers du roi ne savent pas tout.

Tenez, voyez! voici un billet d'une livre aussi bon qu'on en a jamais vu dans la colonie de la baie de Massachusetts, et un homme qui a dans sa poche un billet d'une livre peut aller au marché et y acheter tout ce qu'il veut; il n'y a pas d'acte du parlement qui le défende.

— Vous avez pillé les morts, misérable! s'écria Lionel en voyant dans la main de Job quelques pièces d'argent, indépendamment du billet dont il parlait.

— Ne dites pas que Job est un voleur! s'écria l'idiot d'un air menaçant; il y a encore des lois dans la colonie, quoiqu'on ne s'en serve guère; mais le temps viendra où l'on rendra justice à tout le monde. Job a tué un grenadier, mais Job n'est pas un voleur.

— Vous avez donc été payé pour votre message secret, la nuit dernière, jeune insensé; et vous vous êtes laissé tenter par l'argent au point de vous exposer au danger? Que ce soit la dernière fois! A l'avenir, quand vous serez dans le besoin, venez me trouver, et rien ne vous manquera.

— Job ne fera pas de commission pour le roi, quand il lui donnerait sa couronne d'or, ses diamants, et tout son clinquant, à moins que cela ne lui plaise; il n'y a pas de loi pour cela.

Lionel, pour apaiser l'idiot irrité, lui dit quelques mots d'un ton doux et conciliant; mais Job ne daigna pas lui répondre, se retira dans son coin d'un air sombre et mécontent, et s'y coucha par terre, comme pour réparer, par quelques moments de sommeil, les fatigues de la journée.

Pendant ce temps Ralph était retombé dans une profonde rêverie, et le major se rappela que l'heure s'avançait, et qu'il n'en avait pas encore obtenu l'explication qu'il désirait. Il lui en parla donc de nouveau de la manière qu'il crut la plus propre à réussir dans son projet. Du moment qu'il eut fait une remarque sur l'agitation que sa tante avait manifestée, le vieillard releva la tête avec un sourire dans lequel on pouvait reconnaître la fierté du triomphe, et il répondit en appuyant sa main sur son cœur:

— Elle partait de là, jeune homme, elle partait de là. Il fallait le pouvoir de la conscience, et la connaissance que j'ai de tous les secrets de cette femme coupable, pour la faire trembler et la rendre muette devant une créature humaine.

— Mais en quoi consiste cette connaissance? Je suis en quelque sorte le protecteur naturel de Mrs Lechmere, et, indépendamment de l'intérêt personnel que j'ai à ce secret, j'ai droit de vous demander, en son nom, l'explication d'accusations si sérieuses.

— En son nom! impétueux jeune homme! Attendez qu'elle vous charge de faire cette enquête, et une voix semblable à celle du tonnerre y répondra.

— Si ce n'est point par égard pour ma vieille tante, du moins rappelez-vous les promesses que vous m'avez faites plusieurs fois de me faire le triste récit de mes chagrins domestiques.

— Oui, j'en suis en possession, comme de beaucoup d'autres choses, répondit le vieillard en souriant, comme par suite du sentiment intime de ce qu'il savait et de ce qu'il pouvait dire. Si vous en doutez, descendez et allez le demander à la misérable habitante de ce magasin, ou à la veuve coupable de John Lechmere.

— Je ne doute que de ma patience. Les moments s'écoulent rapidement, et j'ai encore à apprendre tout ce que je désire savoir.

— Ce n'est ni le temps ni le lieu où vous l'apprendrez. Je vous ai déjà dit qu'il faut que nous nous trouvions pour cela au-delà des colléges?

— Mais, après les événements de la journée, qui peut dire quand il sera possible à un officier de la couronne d'aller en sûreté au-delà des colléges?

— Quoi! s'écria le vieillard en souriant avec un mépris mêlé d'amertume, le jeune homme a-t-il déjà découvert quelle est la force, quelle est la ferme volonté des colons si méprisés? Mais soyez tranquille, je vous donne ma parole que vous verrez l'endroit dont je vous parle, et que vous le verrez sans courir aucun risque. Oui, oui, Priscilla Lechmere, ton heure approche, et le sceau est apposé à ta destinée.

Lionel fit encore de nouvelles instances, et dit qu'il allait être dans la nécessité de retourner chez sa tante, car il entendait marcher dans la pièce d'en bas, ce qui annonçait qu'elle se préparait à partir; mais ses prières et ses remontrances ne furent pas écoutées. Le vieux Ralph se promenait dans son appartement en murmurant quelques phrases courtes et incohérentes, dans lesquelles on n'entendait que le nom de Priscilla, qu'il répétait souvent. Quelques moments après on entendit la voix aigre d'Abigaïl, qui appelait son fils, en indiquant clairement par le son de sa voix qu'elle se doutait que l'idiot était caché dans quelque coin du bâtiment. Job s'entendit appeler plusieurs fois sans faire un mouvement; enfin la voix de sa mère devint courroucée et presque menaçante ; alors il se leva et s'avança vers l'escalier à pas lents et avec un air d'humeur.

Lionel ne savait plus ce qu'il devait faire ; sa tante ignorait encore qu'il fût dans cette maison, et il pensait que si Abigaïl avait jugé à propos qu'il se montrât, elle l'aurait appelé de même que Job. Il avait aussi de secrètes raisons pour désirer que les visites qu'il rendait au vieux Ralph ne fussent pas connues ; en conséquence il résolut de profiter de l'obscurité pour s'assurer de ce qui se passait, et de se gouverner suivant les circonstances. Il partit sans dire adieu au vieillard, car pendant le voyage il s'était si bien accoutumé à ses manières bizarres, qu'il savait que toute tentative pour distraire son attention serait inutile dans un moment où il semblait si profondément occupé de ses pensées.

Du haut de l'escalier où Lionel s'arrêta, il vit Mrs Lechmere, précédée de Job portant une lanterne, s'avancer vers la porte d'un pas plus ferme qu'il ne l'aurait espéré, et il entendit Abigaïl ordonner à son fils d'éclairer cette dame jusqu'à une certaine distance, où il paraît qu'une voiture l'attendait. Lorsqu'elle fut sur le seuil de la porte, sa tante se retourna, et la lumière de la chandelle que tenait Abigaïl lui tombant sur le visage, Lionel vit que son œil dur et glacial avait repris son expression ordinaire, quoiqu'un peu adoucie par un air plus pensif que de coutume.

— Que la scène qui vient de se passer soit oubliée, ma bonne Abigaïl, lui dit-elle ; l'homme qui loge chez vous est un être ignoré qui a ramassé quelques sots contes, et qui veut en profiter pour s'enrichir aux dépens de notre crédulité. J'y réfléchirai davantage ; mais n'ayez plus aucune communication avec lui. Il faut que je vous fasse changer de demeure, ma bonne femme; cette habitation est indigne de vous et de votre fils ; il faut que je vous voie mieux logée, ma bonne Abigaïl ; oui, il le faut.

Lionel vit Abigaïl Pray tressaillir tandis que Mrs Lechmere lui parlait de Ralph comme d'un être suspect ; mais, sans répondre un seul mot, Abigaïl ouvrit la porte pour la laisser sortir. Dès qu'il eut vu sa tante partir, Lionel se hâta de descendre, et se présenta devant la vieille femme, qui parut fort surprise de le revoir.

— Quand je vous aurai dit que j'ai entendu tout ce qui s'est passé chez vous ce soir, lui dit-il, vous sentirez qu'il est inutile de chercher à rien me cacher. Je vous demande donc de me faire connaître entièrement vos secrets, du moins en ce qui me concerne, moi et les miens.

— Non! non! s'écria Abigaïl épouvantée; non! major Lincoln, pour l'amour de Dieu, ne me le demandez pas! J'ai juré de garder ce secret, j'ai fait un serment.... Elle ne prononça plus que quelques mots entrecoupés, que son émotion rendait inintelligibles.

Lionel regretta sa violence, et rougissant de chercher à arracher un aveu à une femme, il essaya de la tranquilliser en lui promettant de ne lui demander aucune information quant à présent.

— Partez! partez! lui dit-elle en lui faisant signe de la main de se retirer, et mon agitation se calmera. Retirez-vous! laissez-moi seule avec Dieu et ce terrible vieillard!

Il avait peine à la quitter dans l'état où il la voyait; mais Job rentrant en ce moment, il l'abandonna sans crainte à ses soins, et se retira.

En retournant dans Tremont-Street, le major Lincoln ne cessa de réfléchir sur tout ce qu'il avait vu et entendu; il se rappela les discours par lesquels Ralph, pendant leur traversée, lui avait inspiré un si puissant intérêt, et il crut y trouver une garantie que ce vieillard connaissait véritablement quelque grande faute dont Mrs Lechmere avait semblé se reconnaître coupable par son trouble et son agitation. De l'aïeule ses pensées passèrent à son aimable petite-fille, et il se sentit fort embarrassé pour expliquer la manière contradictoire dont elle agissait envers lui. Tantôt elle était franche, animée, affectueuse; tantôt, comme dans la courte entrevue qu'il venait d'avoir avec elle quelques heures auparavant, elle avait l'air froid, contraint et même repoussant. Il songea ensuite au motif qui l'avait déterminé à rejoindre son régiment dans son pays natal, et ce souvenir fut accompagné de cette mélancolie accablante que de pareilles réflexions ne manquaient jamais de répandre sur des traits brillants d'intelligence.

En arrivant chez Mrs Lechmere, il s'assura qu'elle était rentrée sans accident, et elle s'était retirée dans son appartement avec ses aimables nièces. Lionel suivit leur exemple sur-le-champ, et à la fatigue de cette journée laborieuse et mémorable succéda un sommeil si profond, qu'on aurait pu le comparer à l'oubli de la mort.

CHAPITRE XIII.

> Travaille, esprit du mal! te voilà maintenant sur pied ; prends la direction que tu voudras.
>
> SHAKSPEARE.

L'ALARME occasionnée par l'expédition dont nous venons de parler se répandit rapidement le long des rives de la mer Atlantique, et le bruit en retentit sur toutes les montagnes de l'ouest, comme s'il eût été porté par un vent impétueux. Toute la population mâle, depuis les flots de la baie de Massachusetts jusqu'aux eaux limpides du Connecticut, se leva en masse ; le cri du sang se fit entendre bien loin dans l'intérieur des terres, et les montagnes, les vallées, les grandes routes, les sentiers, tout fut couvert d'hommes armés qui se pressaient d'arriver sur le théâtre de la guerre. Quarante-huit heures après la fatale affaire de Lexington, on calcula que plus de cent mille hommes étaient sous les armes, et près de vingt-cinq mille étaient réunis devant les péninsules de Boston et de Charlestown. Ceux que la distance et le manque d'approvisionnements militaires empêchaient de prendre sur-le-champ une part active à cette grande lutte, attendaient avec impatience, un peu plus loin, le moment où leur zèle pourrait aussi être mis à une épreuve plus sérieuse. En un mot, l'état de mécontentement sourd dans lequel les colonies avaient paru engourdies depuis une année, céda tout à coup aux élans du patriotisme et de l'indignation dès qu'on apprit les événements de ce jour, et les transports furent si vifs, qu'ils imposèrent silence à ceux qui ne partageaient pas les mêmes sentiments, et dont le nombre ne laissait pas d'être assez considérable dans les provinces du sud, jusqu'à ce que les premiers mouvements révolutionnaires eussent pu se calmer, par suite de l'influence que le temps ne manque jamais d'exercer.

Gage, bien assuré dans sa position, soutenu par une force qui s'accroissait constamment et par la présence d'une flotte formidable, regardait grossir l'orage d'un œil ferme, et avec ce calme qui distinguait la douce bienveillance de son caractère privé. Quoiqu'on ne pût se méprendre sur l'attitude et les intentions des Américains, il écoutait avec répugnance les avis de vengeance que lui donnaient ses conseillers, et il cherchait à apaiser le tumulte, plutôt qu'à déployer une force qu'un mois auparavant on avait crue suffisante pour résister aux efforts réunis des colons pacifiques, et que sa prudence lui faisait regarder comme ne pouvant que se maintenir dans l'intérieur de la presqu'île qu'il occupait.

Cependant il fulmina des proclamations contre les rebelles, et adopta promptement toutes les mesures qui lui parurent indispensables pour assurer la dignité et l'autorité de la couronne. Mais ses menaces furent méprisées, et ses exhortations à revenir à une fidélité que le peuple prétendait encore n'avoir pas abjurée, ne purent se faire entendre au milieu du tumulte des armes et des cris populaires du temps. A ces appels du général anglais et à ceux des autres gouverneurs qui maintenaient encore l'autorité royale dans toutes les provinces, à l'exception de celle qui était le théâtre des événements que nous avons rapportés, le peuple répondit par des pétitions présentées au trône pour obtenir justice, et conçues en termes aussi énergiques que respectueux. La puissance et les prérogatives du monarque étaient encore respectées, l'on n'en parlait qu'avec la vénération due à son caractère sacré et au rang éminent qu'il occupait. Mais ce ton de sarcasme, mordant quoique grave, que les colons savaient si bien employer, se dirigeait librement contre ses ministres, qu'on accusait d'adopter des mesures faites pour troubler la paix de l'empire.

Ce fut ainsi que se passèrent quelques semaines après la journée d'escarmouches qu'on appela la bataille de Lexington, parce que la première avait eu lieu dans ce village, et les deux partis continuèrent à se préparer à donner de plus grandes preuves de leur force et de leur audace.

Lionel n'avait pas été spectateur indifférent de ces préparatifs. Dans la matinée qui suivit le retour du corps d'armée à Boston, il demanda au général un commandement, tel qu'il avait droit de l'attendre. Mais celui-ci, tout en le complimentant sur le courage et la loyauté dont il avait donné des preuves en cette occasion, lui donna à entendre qu'il pourrait se rendre plus utile à la cause de son roi en cherchant à exercer son influence sur les riches colons auxquels sa famille était alliée, ou qui lui étaient attachés par les liens d'une longue intimité, perpétuée des pères aux enfants. Il l'invita même à réfléchir s'il ne serait pas à propos, dans quelque moment favorable, qu'il sortît des lignes occupées par l'armée anglaise, pour travailler à exécuter ce louable dessein.

Il y avait dans ces propositions un peu équivoques quelque chose de si flatteur pour l'amour-propre du jeune militaire, qu'il consentit à attendre le cours des événements, après avoir obtenu la promesse d'un commandement tel qu'il pouvait le désirer, s'il survenait de nouvelles hostilités, et il ne fallait pas être aussi bon observateur que le major Lincoln pour juger que c'était ce qui ne pouvait manquer d'arriver très-incessamment.

Gage avait déjà abandonné sa position à Charlestown, pour concentrer prudemment ses forces. Du sommet des hauteurs de la péninsule de Boston, on voyait que les colons faisaient rapidement des préparatifs qui annonçaient des hommes résolus à assiéger l'armée du roi. On voyait déjà les collines les plus élevées couronnées de fortifications en terre élevées à la hâte, et un corps nombreux de ces guerriers novices, campé devant l'entrée de l'isthme, coupait toute communication avec le pays adjacent, et occupait le petit village de Roxbury, en face des batteries anglaises, avec une audace qui aurait fait honneur à des hommes plus exercés dans l'art militaire, et plus habitués aux dangers de la guerre.

La surprise que firent naître dans l'armée ces apparences de courage et d'intelligence qu'on remarquait parmi les Américains, si méprisés jusque alors, diminua jusqu'à un certain point, quand le bruit se répandit dans le camp anglais que plusieurs habitants des provinces, qui avaient autrefois servi avec honneur dans les troupes royales, se trouvaient dans leurs rangs, et y occupaient les postes les plus importants. Lionel entendit citer entre autres les noms de Ward et de Thomas, hommes qui avaient des connaissances, des sentiments libéraux, et quelque expérience dans les armes. Le congrès de la colonie de la baie de Massachusetts leur avait donné une commission régulière comme chefs des forces de cette province, et ils organisaient plusieurs régiments, composés d'hommes réunissant toutes les qualités nécessaires au soldat, à l'exception de deux choses qui lui sont indispensables, la discipline et les armes. Lionel entendit prononcer le nom de Warren plus souvent qu'aucun autre dans les cercles militaires de Boston, et c'était toujours avec cette sorte d'amertume qui annonce que l'animosité qu'on a conçue contre un ennemi n'empêche pas qu'on ne le respecte. Warren avait bravé jusqu'au dernier moment la présence des troupes royales, et il avait défendu intrépidement ses principes, même au milieu de leurs baïonnettes. Mais il avait disparu tout à coup, abandonnant sa maison, ses propriétés et une profession lucrative; et en prenant une part active aux derniers événements de la journée de Lexington, il avait hasardé sans crainte toute sa fortune dans cette crise.

Mais le nom qui possédait en secret le plus grand charme pour l'oreille du jeune major était celui de Putnam, propriétaire cultivateur dans la colonie voisine de Connecticut, et qui, dès que le bruit de l'affaire de Lexington était arrivé jusqu'à lui, avait littéralement abandonné sa charrue, et montant sur un cheval d'un de ses attelages, avait fait une marche forcée de cent milles pour venir se placer au premier rang de ses concitoyens. Quand Lionel entendait le nom de ce brave Américain prononcé à voix basse au milieu de la foule de militaires qui se rendaient aux levers de Gage, une foule de souvenirs doux et mélancoliques se présentaient à son imagination. Il se rappelait les conversations fréquentes et remplies d'intérêt qu'il avait eues dans son enfance avec son père avant que la raison de sir Lionel Lincoln se fût égarée; et, dans tous les récits qu'il avait entendus alors des combats sanguinaires livrés aux habitants des forêts, des dangers courus par ceux qui s'enfonçaient dans des solitudes et des déserts où le pied de l'homme civilisé n'avait jamais gravé son empreinte, et même des rencontres avec les animaux sauvages qui régnaient dans les bois, le nom de Putnam avait toujours frappé son oreille; ce nom était entouré d'une sorte de renommée chevaleresque qu'on obtient rarement dans un siècle éclairé, et qui ne s'accorde jamais sans avoir été méritée.

Les grandes richesses de la famille de Lincoln et les hautes espérances que donnait celui qui devait en être héritier, avaient valu à celui-ci un rang auquel presque personne n'arrivait à cette époque sans l'avoir acheté par de longs et importants services.

En conséquence, plusieurs de ceux qui se trouvaient élevés au même grade que lui avaient partagé avec son père ces travaux dans lesquels le Cœur-de-Lion d'Amérique s'était rendu si illustre par ses exploits. Le nom de Putnam était toujours prononcé par ces braves vétérans qui devaient le connaître le mieux, avec un ton d'affection sincère et presque romanesque ; et lorsque les vils conseillers qui entouraient le commandant en chef proposèrent de chercher à le détacher de la cause des colons en lui promettant des richesses et des emplois, les anciens compagnons du vieux partisan écoutèrent cette proposition avec un sourire d'incrédulité méprisante que l'événement justifia. De semblables offres furent faites à d'autres Américains dont on jugeait les talents dignes d'être achetés ; mais les principes du jour avaient jeté des racines si profondes, que pas un homme jouissant de quelque considération ne voulut les écouter.

Tandis qu'on avait recours à ces épreuves politiques, au lieu d'adopter des mesures plus énergiques, des troupes continuaient à arriver d'Angleterre, et, avant la fin de mai, plusieurs chefs renommés parurent dans le conseil de Gage, qui avait alors une force disponible de huit mille baïonnettes. L'arrivée de ces forces fit revivre l'esprit abattu de l'armée, et de jeunes orgueilleux, qui venaient de figurer à la parade dans leur île si vantée, se trouvaient humiliés en songeant qu'une telle armée se trouvait resserrée dans la péninsule par une bande de paysans mal armés, sans connaissance de la guerre et manquant de munitions. Leur humiliation fut encore augmentée par les sarcasmes des Américains qui commençaient à plaisanter à leur tour, et surtout aux dépens de Burgoyne[1], un des chefs de l'armée royale, qui, dès l'instant de son arrivée, avait eu la gloriole d'afficher son intention de reculer les limites dans lesquelles l'armée anglaise était enfermée. L'aspect de l'intérieur du camp britannique annonçait pourtant que les chefs de l'armée avaient l'intention d'agrandir leurs possessions, et tous les yeux se tournaient vers les hauteurs de Charlestown, point qui semblait devoir être le premier occupé.

Aucune position militaire ne pouvait être plus heureusement placée, quant à la situation, pour se soutenir réciproquement et

---

1. Fameux depuis par la défaite de Saratoga.

pour affaiblir les lignes des ennemis, que les deux péninsules dont nous avons si souvent parlé. La distance qui les séparait n'était que de trois cents toises, et les eaux profondes et navigables dont elles étaient presque entièrement entourées, rendaient facile au général de l'armée royale de se procurer, en quelque temps que ce fût, l'assistance des vaisseaux de la flotte qui tiraient le plus d'eau, pour défendre l'un ou l'autre point. Avec de pareils avantages, l'armée anglaise entendit donner avec plaisir des ordres qui semblaient indiquer un mouvement prochain vers la rive opposée.

Trois mois s'étaient presque écoulés depuis le commencement des hostilités, et l'on s'était encore borné, de part et d'autre, aux préparatifs de guerre dont nous venons de parler, si l'on en excepte une ou deux escarmouches assez vives qui avaient eu lieu sur des îles du havre, entre les fourrageurs de l'armée royale et des détachements américains, et les colons ne démentirent pas dans ces rencontres la réputation de courage qu'ils avaient déjà acquise.

La gaîté était revenue à Boston, à la suite des régiments arrivés d'Angleterre, quoique ceux des habitants qui étaient forcés à y rester, malgré leur inclination, maintinssent dans leur conduite une froide réserve qui repoussait les efforts que faisaient les officiers pour les attirer à leurs fêtes. Il y avait pourtant un petit nombre de colons qui, s'étant laissé gagner par des promesses, de l'argent et des places, avaient abandonné la cause de leur pays, et comme quelques uns en avaient déjà été récompensés par des emplois qui leur donnaient accès auprès du gouverneur, on jugeait qu'ils avaient sur lui une malheureuse influence, et que, par leurs conseils pernicieux, ils empoisonnaient son esprit, et l'excitaient à des actes d'injustice et de tyrannie qu'il aurait condamnés lui-même s'il eût été libre de ne consulter que ses opinions et ses inclinations ordinaires.

Quelques jours après l'affaire de Lexington, une assemblée générale des habitants de Boston fut convoquée, et il fut convenu solennellement entre eux et le gouverneur que ceux qui voudraient remettre leurs armes auraient la liberté de sortir de la ville, et que ceux qui préféreraient y rester seraient protégés dans leur demeure. La plupart remirent leurs armes; mais la partie de la convention relative à la faculté qu'ils devaient avoir de quitter la ville fut violée sous des prétextes légers et insuffisants. Ce motif et diverses autres causes provenant du gouvernement militaire exaspérèrent les habitants et leur fournirent de nouveaux sujets de plainte. D'une autre part, la haine prenait rapidement la place du mépris dans le cœur de ceux qui se voyaient forcés de changer de sentiments à l'égard d'un peuple qu'ils ne pouvaient aimer. De cette manière, le ressentiment, la méfiance, et toute la violence des haines personnelles régnaient dans la ville, et fournissaient aux troupes une nouvelle raison pour désirer de s'étendre sur un terrain moins resserré.

Malgré ces augures défavorables pour la guerre qui venait de commencer, la bonté naturelle de Gage, et peut-être le désir de délivrer quelques officiers qui étaient tombés entre les mains des colons, le portèrent à consentir à l'échange des prisonniers qui avaient été faits dans la journée de Lexington, établissant ainsi, dès l'origine, un caractère distinctif entre cette guerre et une rébellion contre l'autorité légitime du souverain. Un rendez-vous fut fixé pour cet échange dans le village de Charlestown, qu'aucune des deux armées n'occupait alors. A la tête des commissaires américains parurent Warren et cet ancien partisan dont nous avons déjà parlé, qui, par un mélange aussi heureux qu'il est rare, avait pour les œuvres de charité la même ardeur qu'il portait sur le champ de bataille. Plusieurs vétérans de l'armée royale étaient présents à cette entrevue. Ils avaient passé le détroit pour s'entretenir amicalement une dernière fois avec leur ancien camarade, qui les accueillit avec la franchise d'un soldat, et qui repoussa avec une fermeté sans prétention les efforts de ceux qui cherchaient à lui faire abandonner les bannières sous lesquelles il servait.

Tandis que ces événements se passaient dans les lieux qui étaient alors le théâtre de la contestation, le bruit des préparatifs de guerre retentissait dans toute l'étendue des colonies. De légers actes d'hostilité furent commis en différents endroits, les Américains n'attendant plus que les Anglais fussent les agresseurs. Partout on saisissait les approvisionnements militaires dont on pouvait s'emparer, soit par des voies amiables, soit à force ouverte, comme la circonstance l'exigeait. La concentration de la plupart des troupes à Boston n'avait pourtant laissé aux autres colonies que peu de choses à faire comparativement; mais, quoiqu'elles fussent encore de nom sous l'autorité de la couronne britannique, ces colonies ne négligeaient aucun des moyens en leur pouvoir pour faire valoir leurs droits jusqu'à la dernière extrémité.

A Philadelphie, le congrès des délégués des Colonies-Unies, ce corps qui donna de l'unité aux mouvements d'un peuple commençant pour la première fois à agir en nation distincte, publia ses manifestes, soutint avec un talent supérieur les principes des colons, et organisa une armée pour les défendre autant que les circonstances le permettaient. D'anciens militaires qui avaient servi le roi furent invités à se ranger sous les bannières de la confédération, et les autres officiers furent choisis parmi des jeunes gens pleins d'une ardeur martiale, disposés à risquer leur vie dans une cause dont le succès promettait si peu d'avantages personnels. A la tête de cette liste de guerriers encore sans expérience, le congrès plaça un de ses membres, un homme déjà distingué par ses services militaires, et qui a depuis légué à son pays la gloire d'un nom sans tache.

CHAPITRE XIV.

Tu me rencontreras à Philippes.
SHAKSPEARE. *Jules César.*

PENDANT cette période d'excitation politique, tandis que tout prenait l'apparence de la guerre et qu'on en éprouvait déjà les privations, quoiqu'on en connût à peine la marche et les dangers, Lionel Lincoln, malgré l'intérêt puissant que lui inspiraient les affaires publiques, n'avait pas tout à fait oublié ses sentiments personnels. Dans la matinée qui suivit la nuit où il avait vu la scène du vieux magasin, entre Mrs Lechmere, Abigaïl et Ralph, il y était retourné de très-bonne heure pour tâcher de calmer les inquiétudes dont il était dévoré, en cherchant de nouveau à obtenir une explication complète de tous ces mystères, principal lien qui l'avait attaché à un homme qu'il ne connaissait guère que par ses singularités.

Les effets du combat qui avait eu lieu la veille se faisaient déjà sentir sur la place du marché, car Lionel, en y passant, n'y vit qu'un bien petit nombre des villageois qui le remplissaient ordinairement à une pareille heure. Dans le fait, on n'ouvrait les boutiques qu'avec précaution; et l'on regardait en l'air comme si l'on eût douté que le soleil pût répandre la lumière et la chaleur comme dans des temps de tranquillité ordinaire. La crainte et la méfiance avaient pris la place de la sécurité dans toutes les rues de la ville.

Quoique le soleil se levât à peine, peu de personnes étaient dans leur lit, et l'on voyait sur le visage de ceux qui se montraient qu'ils avaient passé la nuit en veillant. De ce nombre était Abigaïl Pray, qui reçut la visite du major dans sa petite tour, où il la trouva entourée de tout ce qu'il y avait vu la veille, sans y remarquer aucun changement, si ce n'est dans ses yeux noirs, qui brillaient quelquefois comme des diamants au milieu de ses rides, mais qui alors étaient ternes et enfoncés, exprimant plus fortement qu'à l'ordinaire la détresse et les soins pénibles de cette femme.

— Vous me voyez de bien bonne heure, Mrs Pray, dit Lionel en entrant, mais une affaire de la plus grande importance exige que je voie sur-le-champ le vieillard qui loge chez vous. Il est sans doute dans sa chambre; je vous prie de lui annoncer ma visite.

Abigaïl secoua la tête avec une expression de solennité, et lui répondit d'une voix presque éteinte :

— Il est parti.

— Parti? s'écria Lionel; où est-il allé? quand est-il parti?

— Il semble que la colère de Dieu soit répandue sur ce pays, Monsieur. Les jeunes, les vieux, les malades, les bien portants, tous ne songent qu'à verser le sang, et il n'est pas au pouvoir de l'homme de dire où ce torrent s'arrêtera.

— Qu'a tout cela de commun avec Ralph? Où est-il, femme? Osez-vous me débiter des mensonges?

— A Dieu ne plaise que mes lèvres s'ouvrent jamais encore pour le mensonge, et surtout en vous parlant, major Lincoln! Cet homme étonnant, qui semble avoir vécu si longtemps qu'il peut lire même dans nos plus secrètes pensées, ce que je ne croyais au pouvoir de personne, a quitté cette maison, et j'ignore s'il y reviendra jamais.

— Jamais! J'espère que vous ne l'avez pas chassé de votre misérable demeure par la violence?

— Ma demeure est comme celle des oiseaux de l'air, c'est la demeure de quiconque est assez malheureux pour n'en avoir pas d'autre. Il n'y a pas un seul point sur la terre que je puisse dire être à moi, major Lincoln. Mais j'aurai un jour une autre habitation; oui, oui, une habitation étroite qui nous attend tous; et fasse le ciel que la mienne soit aussi tranquille qu'on dit que l'est le cercueil! Mais je ne vous mens pas, major Lincoln; pour cette fois je ne cherche pas à tromper. Ralph et Job sont partis ensemble comme la lune se levait ; mais où sont-ils allés? c'est ce que j'ignore, à moins que leur dessein ne soit de joindre les gens armés qui sont hors de la ville. Ralph m'a fait des adieux et m'a dit des choses qui retentiront à mes oreilles jusqu'à ce que la mort les ait closes pour toujours.

— Allé joindre les Américains! et avec Job! dit Lionel en se parlant à lui-même sans faire attention aux derniers mots prononcés par Abigaïl Pray. Cet acte de témérité mettra votre fils en grand danger, Mrs Pray; il faudrait y prendre garde.

— Job n'est pas du nombre de ceux que Dieu rend responsables de leurs actions, et l'on ne peut le traiter comme les autres jeunes gens de son âge. Ah! major Lincoln! on n'aurait pu voir un plus bel enfant dans toute la colonie de la baie de Massachusetts, jusqu'à ce qu'il eût atteint sa cinquième année ; mais ce fut alors que le jugement du ciel tomba sur la mère et sur le fils; une maladie le rendit ce que vous le voyez, un être qui a la forme de l'homme sans en avoir la raison, et je devins la misérable que je suis. Mais tout cela a été prédit, et j'en avais été bien avertie; car n'est-il pas écrit que Dieu punira les péchés des pères sur les enfants, jusqu'à la troisième et quatrième génération? Grâce à Dieu, mes chagrins et mes péchés finiront avec Job, car il n'y aura jamais de troisième génération qui en porte la peine.

— Si vous êtes coupable de quelque faute qui vous pèse sur le cœur, Mrs Pray, toutes les considérations de justice et de repentir devraient vous porter à faire l'aveu de vos erreurs à ceux qui peuvent avoir intérêt à en être instruits, si toutefois vous en connaissez quelqu'un.

Abigaïl leva des yeux inquiets sur Lionel, mais elle les baissa devant le regard perçant qu'elle rencontra, et les promena égarés tout autour de la pièce où elle se trouvait. Lionel attendit sa réponse quelques instants, mais voyant qu'elle gardait un silence obstiné, il reprit la parole :

— D'après ce qui s'est déjà passé, vous devez savoir que j'ai de bonnes raisons pour croire que je suis grandement intéressé dans vos secrets. Faites donc l'aveu de la faute dont vous vous êtes rendue coupable, et qui semble accabler d'un si grand poids votre conscience; et en retour de cette confidence, je vous promets le pardon et ma protection.

Lionel la pressant si vivement sur le point qu'il avait fort à cœur, elle s'éloigna de lui de quelques pas tandis qu'il lui parlait ainsi, et ses traits, perdant l'expression remarquable de repentir qu'ils avaient eue, prirent celle d'une surprise forcée, qui prouva qu'elle n'était pas novice en dissimulation, quels que pussent être les reproches que sa conscience lui faisait de temps en temps.

— Coupable! répéta-t-elle d'une voix lente et un peu tremblante; nous sommes tous coupables, et nous serions tous des créatures perdues sans le sang de notre divin Rédempteur.

— Sans contredit; mais vous avez parlé de crimes qui violent les lois des hommes aussi bien que celles de Dieu.

— Moi, monsieur Lincoln! moi violer les lois des hommes! s'écria Abigaïl tout en affectant de s'occuper à mettre plus d'ordre dans la chambre, ce n'est pas une femme comme moi qui peut avoir le loisir et le courage de violer les lois. Le major Lincoln veut faire parler une pauvre femme pour en faire des gorges chaudes avec ses compagnons en dînant. Il est certain que nous avons tous un fardeau de fautes à supporter. Sûrement le major Lincoln n'a pas entendu dimanche dernier le sermon du ministre Hunt sur les péchés de la ville.

Lionel rougit du reproche artificieux que lui faisait cette femme de vouloir abuser de la faiblesse de son sexe et de sa malheureuse situation pour lui arracher ses secrets, et très-mécontent intérieurement de la duplicité qu'il voyait en elle, il devint plus réservé dans ses discours, et employa les moyens de douceur et de persuasion pour en obtenir les aveux qu'il désirait tant; mais toutes ses tentatives furent inutiles, Abigaïl se tenant sur la défensive avec autant d'adresse qu'il en employait pour l'attaque. Tout ce qu'il put en arracher fut des expressions d'étonnement sur sa méprise : il avait eu tort de s'imaginer qu'elle eût à faire l'aveu de quelque grande faute, tandis qu'elle n'avait voulu parler que des erreurs qui sont le partage ordinaire de l'homme. La conduite de cette femme à cet égard n'avait rien de bien extraordinaire, car ceux qui déclament le plus fortement sur la nature perverse du cœur humain en général, sont pour la plupart ceux qui sentent qu'ils méritent eux-mêmes le plus de reproches pour leurs fautes personnelles. Plus les questions du major devinrent serrées et pressantes, plus Abigaïl devint circonspecte; et la soupçonnant en secret d'avoir commis envers Ralph quelque acte de trahison, il se retira fort courroucé, déterminé à avoir l'œil ouvert sur tous ses mouvements, et à saisir le moment convenable pour agir de manière, non seulement à la forcer à un aveu, mais à la couvrir de honte.

Sous l'influence de ce ressentiment momentané, et ne pouvant s'empêcher de concevoir les soupçons les plus désagréables à l'égard de sa tante, Lionel résolut de cesser, ce jour même, d'habiter sous le même toit.

Mrs Lechmere, qui, si elle savait que son neveu avait été témoin de son entretien avec Ralph, devait l'avoir appris d'Abigaïl, le reçut au déjeuner de manière à ne pas donner à croire qu'elle en fût informée. Elle écouta avec un intérêt évident les prétextes qu'il allégua pour quitter sa maison. Lionel lui parla du nouveau genre de vie qu'il allait probablement être obligé de mener, maintenant que les hostilités étaient commencées; de l'embarras que lui causait sa présence dans sa maison, à l'âge où elle était arrivée, et avec les habitudes tranquilles qu'elle avait contractées; du désir qu'il avait de lui éviter un pareil trouble, enfin de tout ce qu'il croyait pouvoir servir d'excuse pour justifier sa résolution. Pendant qu'il s'exprimait ainsi, il vit plus d'une fois les yeux de sa tante se tourner vers Cécile avec une expression d'inquiétude qui en toute autre circonstance aurait pu lui rendre suspects les motifs de son hospitalité. Cependant Cécile parut écouter sa détermination avec une satisfaction évidente, et quand son aïeule lui demanda ce qu'elle pensait de ce que son cousin venait de dire, et s'il avait une seule bonne raison pour quitter Tremont-Street, elle répondit avec plus de vivacité qu'elle n'en avait montré depuis quelque temps :

—Certainement, ma chère grand'maman, la meilleure de toutes, son inclination. Le major Lincoln est fatigué de notre manière de vivre uniforme et monotone, et il me semble que la véritable politesse exige de nous que nous le laissions nous quitter pour la caserne, sans chercher à contraindre ses goûts.

—Combien vous vous méprenez sur mes motifs, si vous pouvez croire que le désir de vous quitter...

— Oh! Monsieur, trêve d'explications. Vous nous avez allégué tant de raisons, que vous avez oublié de nous parler de la seule qui vous détermine. Ce n'est, ce ne peut être que l'ennui.

— Alors je resterai, dit Lionel; tout est préférable pour moi au chagrin d'être soupçonné d'ingratitude.

Cécile le regarda d'un air à la fois charmé et mécontent; elle jouait avec sa cuillère pour cacher son embarras, mordait ses jolies lèvres; enfin elle lui dit d'un ton plus amical :

— Je vois bien qu'il faut que je retire mon accusation pour vous rendre votre liberté. Allez habiter votre nouveau logis, si cela vous plaît, et nous ajouterons foi aux motifs inconcevables que vous nous donnez pour ce changement. Mais, comme notre parent, nous comptons bien que vous viendrez nous voir tous les jours.

Lionel n'avait plus aucune excuse pour ne pas persister dans la résolution qu'il avait annoncée, et malgré la répugnance que Mrs Lechmere témoigna à se séparer de son neveu, résistance qui faisait un contraste si singulier avec sa froideur ordinaire et ses manières composées, le déplacement projeté s'effectua dans le courant de la même matinée.

Tandis que ces choses se passaient dans l'intérieur de la famille de Lionel, plusieurs semaines s'écoulèrent sans apporter aucun changement dans la situation politique des affaires; les renforts attendus continuaient à arriver, et plusieurs généraux débarquèrent successivement pour aider dans la conduite de cette guerre le général Gage, qui eût pu mériter le nom de temporiseur. Ceux des colons qui n'avaient point encore secoué leur timidité naturelle étaient effrayés en entendant la longue liste de noms fameux et vantés qui venaient tous les jours grossir les rangs de l'armée. Parmi eux on remarquait Howe, homme issu d'une noble race, connue depuis longtemps par ses faits d'armes, et dont le chef avait déjà arrosé de son sang le sol de l'Amérique; Clinton, autre cadet d'une illustre maison, qui s'était plus distingué jusqu'alors par son intrépidité personnelle et son affabilité pour le soldat que par de grands talents militaires ; enfin l'élégant et accompli Burgoyne, qui dans les champs du Portugal et de l'Allemagne s'était déjà acquis une réputation qu'il était destiné à perdre bientôt dans les déserts de l'Amérique. On remarquait encore Pigot, Grant, Robertson et l'héritier de la maison de Northumberland ; chacun d'eux commandait une brigade. Outre ces guerriers célèbres, il y avait aussi une foule d'officiers qui avaient passé toute leur jeunesse au service, et qui se préparaient à opposer sur le champ de bataille toute leur expérience aux efforts des paysans indisciplinés de la Nouvelle-Angleterre.

Comme si cette liste n'était pas suffisante pour effrayer leurs adversaires inexpérimentés, le désir de la gloire avait rassemblé sur le point où tous les regards étaient fixés une grande partie de la noble et chevaleresque jeunesse de l'empire britannique ; au milieu d'elle se trouvait celui qui devait par la suite ajouter la plus belle couronne aux lauriers conquis par ses ancêtres, l'unique héritier des maisons d'Hastings et de Moira, le jeune preux de Rawdon. Les heures de Lionel s'écoulaient rapidement dans la société de ces jeunes gens, dont la plupart avaient été ses compagnons d'étude et de plaisir, et il lui restait bien peu de temps pour méditer sur les causes qui l'avaient amené sur le théâtre de la querelle [1].

Un soir d'été, vers le milieu de juin, Lionel fut témoin de la scène suivante, à travers les portes ouvertes qui communiquaient de sa chambre à coucher à celle que Polwarth avait consacrée à ce qu'il appelait la table des connaisseurs. Mac-Fuse était assis devant cette même table avec l'importance burlesque d'un bailli de comédie, tandis que Polwarth, assis près de lui, paraissait remplir le double emploi de juge et de greffier. Seth Sage fut cité à ce formidable tribunal pour répondre aux accusations portées contre lui sur la manière dont il s'était conduit sur le champ de bataille. Surpris que son hôte n'eût pas été compris dans le dernier échange, et curieux de savoir quels projets comiques ses amis cachaient sous la sévérité affectée dont ils cherchaient à armer leur front, Lionel posa sa plume et écouta le dialogue suivant :

---

[1]. Nous aurions pu multiplier ici les notes biographiques si elles étaient dans l'intention de l'auteur, qui vient de citer ici plusieurs noms historiques ; mais, semblables aux compagnons d'Énée, ils ne sont guère caractérisés que par une épithète : l'intérêt du roman roule sur les personnages d'invention ou plutôt sur les événements eux-mêmes.

— Maintenant, répondez à l'accusation portée contre vous, insigne fourbe, si sage de nom! s'écria Mac-Fuse avec un regard sévère et une voix foudroyante qui ne manqua pas de produire la terreur qu'il voulait inspirer; parlez avec la franchise d'un homme et la componction d'un chrétien, si vous l'êtes. Autant vaudrait, je crois, vous envoyer tout de suite en Irlande pour que vous y subissiez le sort que vous méritez sur trois pièces de bois, dont l'une serait placée en travers pour plus de solidité. Si vous avez quelque chose à dire pour votre défense, hâtez-vous; il me tarde que vous y figuriez perpendiculairement.

Les deux officiers n'eurent qu'à s'applaudir de ce que Lionel ne regardait que comme une mystification; Seth trahissait plus d'inquiétude qu'il n'en témoignait ordinairement, même dans les plus grands périls. Après avoir toussé pour s'éclaircir la voix, et avoir cherché dans les yeux de ses juges quelle miséricorde il pouvait en attendre, il répondit avec assez de courage :

— Je n'ai rien à dire, sinon que ce serait contre toutes les lois.

— Ne me parlez pas des interminables lenteurs de la loi, s'écria Mac-Fuse, et ne croyez pas nous endormir avec ces fadaises, comme si nous n'en savions pas plus que tous les procureurs du monde, malgré leurs grandes perruques. C'est à l'Evangile que vous devez croire, impie réprouvé, lorsqu'il vous avertit de vous préparer au dernier voyage que vous ferez un de ces jours avec une précipitation au moins indécente.

— Allons au but, Mac, interrompit Polwarth qui s'aperçut que l'imagination vagabonde de son ami l'entraînait loin du point désiré, ou je vais continuer l'instruction de l'affaire dans un style qui ferait honneur à un conseiller d'ordonnance.

— Les conseillers d'ordonnance sont tous contre la constitution et contre les lois, dit Seth dont le courage augmentait à mesure que l'entretien avait un rapport plus direct à ses principes politiques. Et je suis d'avis que si les ministres persistent à les soutenir ici, il y aura de grands troubles, si même on ne se bat pas comme il faut, car tout le pays est en feu.

— De grands troubles! modèle d'iniquité, assassin de sang-froid! s'écria Mac-Fuse d'une voix de tonnerre; appelez-vous des troubles une bataille qui dure un jour entier, et croyez-vous que ce soit se battre comme il faut que de vous cacher derrière des palissades, et d'appuyer le canon de votre fusil sur la tête de Job

Pray pour tirer sur un de vos semblables? Maintenant dites la vérité et prenez garde que je ne vous surprenne à mentir, si vous voulez manger autre chose que de la morue le samedi : quels étaient les deux hommes qui, de derrière une haie, m'ajustèrent presque à bout pourtant?

— Pardonnez-moi, capitaine Mac-Fuse, dit Polwarth, si je vous dis que votre zèle et votre indignation l'emportent sur votre prudence. Si nous alarmons ainsi le prisonnier, nous ne pourrons en tirer aucun aveu propre à éclairer notre impartialité. En outre, Monsieur, vous venez de faire une réflexion que je dois combattre. La bonne morue n'est point à dédaigner, surtout lorsqu'elle est servie dans une enveloppe, et qu'elle a été cuite entre deux autres poissons communs, pour éviter qu'elle ne se dessèche. J'ai réfléchi longtemps sur le projet de fonder un club qui se réunirait le samedi, pour savourer les présents que la mer nous offre dans cette baie, et perfectionner l'assaisonnement de la morue[1].

— Permettez-moi de vous dire, capitaine Polwarth, reprit le grenadier en le regardant comme un coq qui se prépare au combat, que vos penchants épicuriens vous mènent droit au cannibalisme, puisque vous avez le cœur de manger lorsqu'il s'agit de prononcer une sentence de vie ou de mort sur un de vos semblables.

— Je conclus, interrompit Seth, qui détestait toute espèce de querelle et qui croyait voir naître la mésintelligence entre ses juges, que le capitaine désire savoir quels étaient les deux hommes qui tirèrent sur lui quelque temps avant qu'il reçût un coup dans l'épaule.

— Quelque temps! modèle d'hypocrisie! il n'y eut pas plus d'intervalle qu'entre le feu et la balle qui sortent d'un mousquet.

— Peut-être vous êtes-vous trompé, Monsieur, car une grande partie des troupes s'était déguisée.

— Pensez-vous que j'étais ivre en marchant contre les ennemis de mon roi? s'écria le grenadier d'une voix de tonnerre. Ecoutez, maître Sage, je vous demande avec la plus grande douceur quels

---

1. Ce serait un juste sujet de recherches pour les antiquaires de savoir si le capitaine a jamais mis son projet à exécution, et si c'est lui qui a le mérite d'avoir fondé cette fameuse association qui, en ce moment encore, se rassemble tous les samedis pour manger l'excellente morue, si abondante sur les côtes de la Nouvelle-Angleterre, et pour boire plus de bon vin qu'on n'en trouve sur aucune table du monde connu.

étaient les deux hommes qui ont fait feu sur moi de la manière que j'ai détaillée; et souvenez-vous que je pourrais me lasser à la fin de faire des questions sans obtenir de réponses.

— Eh bien! répondit Seth qui, tout adroit prédicateur qu'il pût être, fuyait avec une horreur religieuse un mensonge direct, il me semble assez probable que ces... Le capitaine est-il bien sûr que la chose soit arrivée juste au-dessus de Menotomy?

— Aussi sûr que peut l'être un homme qui a deux bons yeux à son service, répondit Polwarth.

— Ainsi donc le capitaine Polwarth peut attester le fait?

— Le cheval du major Lincoln pourrait l'attester au besoin, maître Sage, car il a encore dans le flanc quelques grains de votre plomb.

Seth vit bien qu'il fallait céder à cette accumulation de témoignages, et sachant d'ailleurs que le grenadier l'avait fait prisonnier au moment même où il venait de recharger son fusil pour faire feu de nouveau, il résolut prudemment de faire de nécessité vertu, et d'avouer naïvement ce qu'il ne lui était plus possible de cacher. Cependant cet aveu fut enveloppé des précautions oratoires qui lui étaient naturelles.

— Voyant qu'il ne saurait guère y avoir de méprise, dit-il d'un air de candeur, je serais porté à croire que les deux hommes en question étaient principalement Job et moi.

— Principalement! quel composé monstrueux d'incertitudes! s'écria Mac-Fuse; principalement! s'il y eut quelqu'un qui joua le principal rôle dans cet acte de trahison, dans cette infamie de blesser un chrétien et d'estropier un cheval, lequel, quoiqu'à tout prendre ce ne soit qu'une pauvre rosse, a encore un sang plus généreux que celui qui coule dans vos méchantes veines, ce fut parbleu! bien vous, ce fut votre chienne de personne. Mais je me réjouis de vous tenir enfin au confessionnal. J'ai votre aveu, et maintenant je puis vous voir pendre sans scrupule. Si vous avez quelque objection à faire, parlez, et surtout parlez vite; il me tarde de vous embarquer pour l'Irlande sur le premier vaisseau, avec une lettre adressée au lord lieutenant pour le prier de ne pas vous faire attendre et de vous accorder une prompte exécution et des funérailles décentes.

Seth appartenait à une certaine classe de ses compatriotes qui, tout en ayant une surabondance de ruse et de finesse, n'entendaient rien à la plaisanterie. Trompé par le ton sévère et courroucé que le grenadier avait d'abord feint et qu'il avait bientôt pris tout de bon à mesure que le souvenir de son injure se réveillait dans son âme, le prisonnier sentit la confiance qu'il avait dans la protection des lois s'ébranler fortement, et il commença à faire de sérieuses réflexions sur l'instabilité des circonstances aussi bien que sur le despotisme du pouvoir militaire. Le peu de causticité qu'il avait dans l'esprit, et qu'il tenait de ses ancêtres puritains, n'avait aucun rapport avec les grosses plaisanteries de l'Irlandais qui frappaient droit au but; c'était un genre qui lui était étranger et qu'il ne comprenait pas; aussi les conspirateurs eurent-ils un plein succès, et il n'était que trop évident que le pauvre diable avait pris l'alarme. Polwarth eut pitié de son embarras, et il dit d'un air d'aisance :

— Je crois avoir trouvé un moyen pour M. Sage d'échapper à la corde qu'il a méritée, et de rendre en même temps un service signalé à un ancien ami.

— Entends-tu, vil assassin d'hommes et d'animaux ! s'écria Mac-Fuse. Vite à genoux, pendard, et remercie M. Peter Polwarth de la proposition charitable qu'il veut bien te faire.

Seth ne fut pas fâché d'entendre exprimer des intentions aussi amicales; mais, habitué à se tenir sur ses gardes toutes les fois qu'il s'agissait de marché, il s'interdit prudemment tout signe de satisfaction, et il répondit d'un air de gravité qui aurait fait honneur au marchand le plus rusé de King-Street, qu'il aimerait à savoir quelles étaient ces propositions, avant d'y donner son assentiment.

— En deux mots les voici, reprit Polwarth : vous serez libre dès ce soir et vous recevrez vos passeports, à condition que vous signerez ce papier par lequel vous vous engagerez à fournir notre table comme à l'ordinaire, pendant toute la durée du siége, de certains objets de consommation ici détaillés, et aux prix qui y sont marqués, et que le Juif le plus effronté de Duke-Place trouverait encore exorbitants. Allons, prenez la plume, lisez et faites une croix à chaque article approuvé. Si vous avez quelques observations à faire, on les examinera.

Seth prit le papier, et lut avec cette attention qu'il était dans l'usage de donner à tout ce qui affectait ses intérêts pécuniaires. Il trouva à redire au prix de tous les articles, qu'il parvint à faire changer comme il l'entendait, et il voulut en outre qu'on insérât une clause qui déclarât le marché nul, si les communications venaient à être interdites par les autorités des colonies; après quoi il ajouta :

— Si le capitaine veut consentir à veiller sur mon mobilier pendant mon absence, et qu'il m'en réponde personnellement, je me déciderai à conclure le marché.

— Voilà un drôle à qui il faut des hypothèques dans un marché qu'il fait pour sauver sa vie ! s'écria le grenadier ; mais n'importe, il faut nous prêter à son humeur rapace, Polwarth, et nous charger de ses meubles. Vous entendez, maître Sage, le capitaine Polwarth et moi, nous les prenons sous notre responsabilité. Voyons, que je jette un coup d'œil sur les articles, ajouta le grenadier en parcourant gravement les différentes conditions du traité. Savez-vous, mon ami, que vous avez fait là un marché d'or ? du bœuf, du mouton, du cochon, des navets, des pommes de terre, des melons et autres fruits... Pour le coup voilà une méprise pour laquelle une table d'officiers anglais se pâmerait de rire pendant plus d'un mois, si un Irlandais l'avait faite ! Mettre le melon au nombre des fruits, et n'y pas mettre la pomme de terre ! Et puis, dans tout cela, je ne vois qu'à manger, Polwarth, et il me semble que vous avez oublié un article important. Allons, Seth, mettez-vous là, mon ami, et rectifiez sur-le-champ cette grave omission.

— De peur d'accident, répondit celui-ci, ne serait-il pas convenable de mettre aussi par écrit la petite convention additionnelle que je vous ai proposée ?

— Voyez un peu l'effronté coquin ! s'écria Mac-Fuse ; il a la parole de deux capitaines d'infanterie, et il veut l'échanger contre leur signature ! Nous ne saurions nous refuser à une demande aussi raisonnable, Polwarth ; ce serait commettre un suicide pécuniaire. Va donc encore pour la petite convention additionnelle que maître Sage réclame.

Polwarth y donna aussi son approbation, et en moins de quelques minutes tout fut arrangé à l'entière satisfaction de toutes les parties, les deux officiers se félicitant du succès d'un stratagème qui préservait leur table des conséquences les plus fâcheuses d'un siége, et Seth ne demandant pas mieux que de souscrire à un arrangement qui semblait devoir être très-avantageux pour lui, quoiqu'il doutât fort que la validité en fût reconnue dans une cour de justice. Le prisonnier fut alors déclaré libre, et il reçut l'avis charitable de s'échapper de la ville, avec le moins de bruit possible, à la faveur du passeport qui lui avait été délivré.

Seth relut encore une fois d'un bout à l'autre et avec la plus grande attention les articles du marché, et il partit alors, bien décidé à les observer et charmé de se tirer à ce prix des mains du grenadier, dont l'air grave et la voix tonnante le glaçaient malgré lui d'une terreur que jamais figure humaine ne lui avait fait éprouver. Après le départ du prisonnier, les deux amis se mirent gaiement à table, riant à gorge déployée du succès de leur brillante invention.

Lionel laissa sortir Seth de la chambre, sans l'arrêter; mais dès qu'il le vit quitter la maison, le jeune officier, sans dire à personne qu'il avait été témoin de la scène qui venait de se passer, le suivit dans la rue, dans l'intention louable de le rassurer encore davantage en s'engageant lui-même à lui représenter à son retour son mobilier intact. Ce n'était pas chose facile que d'atteindre un homme qui gardait depuis longtemps un repos forcé, et qui semblait vouloir goûter dans toute son étendue la douce jouissance de faire un libre usage de ses jambes. Lionel le suivait de loin, espérant toujours qu'il finirait par ralentir le pas, et il s'était déjà vu entraîné de cette manière assez loin dans la ville lorsque Seth rencontra un homme avec lequel il entra sous une arcade qui conduisait dans une cour sombre et étroite. Lionel redoubla aussitôt de vitesse; et en arrivant dans le passage il vit celui qu'il poursuivait avec tant de constance s'échapper par l'autre entrée de la cour, et au même instant, revenir l'homme qui semblait avoir décidé Seth à changer de route. Lionel s'était arrêté un instant, incertain du parti qu'il devait prendre, lorsque la lueur d'un réverbère éclaira les traits du passant, et il reconnut le chef actif des Caucus (nom qu'on donnait à l'assemblée politique à laquelle il avait assisté), mais si bien déguisé et si complètement enveloppé dans son manteau, que si le hasard ne le lui eût pas fait entr'ouvrir, il aurait pu passer auprès de son plus intime ami sans en être reconnu.

— Nous nous retrouvons encore! s'écria Lionel dans le premier mouvement de surprise, quoiqu'il paraisse que le soleil ne doive jamais éclairer nos entrevues.

L'étranger tressaillit, et parut d'abord vouloir continuer sa marche, comme si Lionel se fût trompé de personne ; mais, comme s'il eût changé d'idée tout à coup, il s'approcha du jeune militaire et lui dit d'un air d'aisance et de dignité :

— C'est la troisième fois, et on dit, je crois, qu'un charme est attaché à ce nombre. Je suis bien aise de revoir le major Lincoln sain et sauf après les dangers auxquels il a été exposé si récemment.

— Ces dangers ont été sans doute exagérés par ceux qui voudraient voir succomber la cause de notre souverain, reprit froidement Lionel.

Un sourire calme mais dédaigneux dérida le front de l'étranger, et il répondit :

— Je dois croire sans doute les rapports d'une personne qui a joué un rôle si remarquable dans les exploits de cette journée ; cependant vous vous rappellerez que si la marche sur Lexington a eu lieu, comme nos rencontres accidentelles, dans l'obscurité, du moins un soleil brillant a éclairé la retraite, et qu'alors rien n'a été caché.

— Et rien n'a besoin de l'être, reprit Lionel piqué de ce ton de sarcasme que l'autre avait pris, à moins pourtant que l'homme à qui je parle ne craigne de marcher dans les rues de Boston en plein jour.

— L'homme à qui vous parlez, major Lincoln, dit l'inconnu qui dans sa vivacité se rapprocha de Lionel, n'a pas craint de marcher le jour comme la nuit dans les rues de Boston lorsque les suppôts arrogants de celui que nous appelez votre maître se pavanaient insolemment à l'abri de la paix, et qu'il lui fallait dévorer leurs dédains. Maintenant qu'une nation est debout pour rabaisser leur morgue, craindra-t-il de se montrer à toute heure dans son pays natal ?

— Ce langage est bien hardi de la part d'un ennemi qui se trouve dans un camp anglais. Je vous le demande à vous-même, quelles mesures mon devoir m'ordonne-t-il de prendre en pareille occasion ?

— C'est une question que je laisse à décider entre le major Lincoln et sa conscience, reprit l'étranger ; quoique cependant, ajouta-t-il après un moment de réflexion et d'un ton plus doux, comme s'il se rappelait le danger de sa position, les personnes de son nom et de sa famille ne fussent pas dans l'usage de remplir le rôle de délateur, lorsqu'elles habitaient le pays natal.

— Et c'est un rôle dont leur descendant ne rougirait pas moins. Mais que cette entrevue soit la dernière entre nous, nous ne devons plus nous voir à présent que sur le champ de bataille : ces sortes de thèses ne peuvent se discuter que l'épée à la main.

— Soit! dit l'étranger en saisissant la main du jeune homme et en la serrant avec la chaleur d'une généreuse émulation; peut-être ce moment n'est-il pas bien éloigné, et puisse le ciel favoriser la bonne cause!

Sans en dire davantage il s'entoura des plis de son manteau, et s'éloigna si précipitamment que, quand même Lionel l'eût voulu, il lui eût été impossible de retarder sa marche. Il ne lui restait alors aucun espoir de rejoindre Seth, et le jeune officier reprit d'un air pensif le chemin de son logement.

Les deux ou trois jours suivants parurent annoncer des apprêts plus qu'ordinaires parmi les troupes, et le bruit se répandit que des officiers supérieurs étaient allés reconnaître le terrain sur l'autre péninsule. Lionel attendit patiemment la marche des événements; mais comme il devenait probable qu'au premier moment il serait appelé à un service actif, il résolut de faire un nouvel effort pour connaître les secrets de l'habitant du grand magasin; et, dans cette intention, il prit le chemin de la place du marché, le soir du quatrième jour après la rencontre qu'il avait faite du chef de l'assemblée politique. Il y avait déjà longtemps qu'on avait battu la retraite, et que la ville était plongée dans ce profond repos qui succède au bruit tumultueux d'une garnison. En traversant les rues, il ne rencontra que les sentinelles qui se promenaient dans les étroites limites qui leur avaient été assignées, et de temps en temps un officier qui revenait d'une ronde ou d'une partie de plaisir.

Arrivé devant la porte du magasin, il n'aperçut aucune lumière par les fenêtres, et s'il s'y trouvait des habitants ils étaient déjà livrés au sommeil. Il lui fallut bien remettre sa visite à un autre jour; mais, dans l'espèce d'excitation qu'il éprouvait, il ne put se décider à rentrer encore chez lui, et il continua à suivre les rues sombres et étroites de North-End jusqu'à ce que, sans le savoir, il se trouva tout à coup au milieu de l'emplacement occupé par les morts de Copp's-Hill. Le général anglais avait fait élever une batterie de canons sur cette hauteur; Lionel évita les sentinelles qui avaient été placées pour les garder, afin de n'être pas obligé de répondre à leurs questions; et, arrivé sur l'éminence, il s'assit sur une pierre et commença à méditer profondément sur ses aventures et sur la situation de son pays.

La nuit était obscure; mais les vapeurs qui semblaient suspendues sur la ville s'entr'ouvraient quelquefois lorsqu'une étoile brillait au ciel, pour laisser apercevoir les vaisseaux de guerre qui étaient à l'ancre dans le port, et l'autre côté du rivage qui se dessinait en noir sur l'horizon. Le calme du soir dominait sur toute la scène; et, lorsque les cris des sentinelles ou des matelots, se répétant l'un à l'autre : — Tout va bien[1] ! — s'élevaient des vaisseaux et des batteries, à ce bruit soudain succédait un morne silence, comme si l'univers sommeillait tranquille sur cette assurance de sécurité.

Dans cet instant, où l'on entendait même le plus faible murmure de la brise de la nuit, Lionel crut distinguer quelque bruit sur les eaux, comme si une rame les fendait avec une extrême prudence; il écouta attentivement, et dirigeant ses regards du côté d'où paraissaient venir les sons, il vit une petite barque qui glissait sur la surface de l'onde et qui s'avança bientôt sur la plage sablonneuse au pied de la colline, avec un mouvement si mesuré et si uniforme, qu'à peine une vague vint-elle effleurer la terre.

Curieux de savoir qui pouvait se promener ainsi dans le port à une pareille heure et avec tant de mystère, Lionel se levait pour descendre, lorsqu'il vit un homme sortir de la barque et gravir la hauteur dans la direction même où il se trouvait. Retenant jusqu'à sa respiration, et se retirant sous l'ombre épaisse projetée par une pointe de la colline qui s'élevait un peu au-dessus de lui, Lionel l'observa en silence; il le vit s'arrêter lorsqu'il fut arrivé à dix pas de l'endroit où il était, se pencher à terre, et s'efforcer comme lui d'étouffer tout autre bruit, tout autre sentiment, pour écouter avec la plus grande attention. Le jeune officier dit alors en tirant son épée du fourreau :

— Nous avons choisi un lieu bien retiré et une heure bien secrète pour nos méditations, Monsieur?

---

1. *All is well;* ce cri, dans la bouche des factionnaires anglais, répond à celui de *sentinelles, prenez garde à vous!*

L'individu auquel s'adressait cette question, qui par la manière brusque et soudaine dont elle fut faite était de nature à faire tressaillir l'homme le plus intrépide, eût-il été doué de l'impassibilité d'un être surnaturel, il n'aurait pu l'entendre avec une apathie et une indifférence plus complète. Il se tourna lentement du côté de son interlocuteur, parut le regarder fixement, et répondit ensuite d'une voix basse et menaçante:

— Il y a un grenadier là sur la colline, avec un fusil et une baïonnette, qui se promène au milieu des canons ; et s'il entend des gens parler ici, il les fera prisonniers, quoique l'un d'eux soit le major Lincoln.

— Ah! Job! dit Lionel, est-ce vous que je trouve rôdant la nuit comme un voleur? Qui vous envoie ici à une pareille heure, et qu'y venez-vous faire?

— Si Job est un voleur pour venir voir les sépultures sur Copp's-Hill, reprit l'idiot d'un air sombre, un autre l'est comme lui.

— Bien répondu, mon garçon, dit Lionel en souriant; mais, je vous le répète, quelle mission diabolique vous amène en ces lieux au milieu de la nuit?

— Job aime à se promener au milieu des sépultures avant le chant du coq ; on dit que les morts marchent lorsque les vivants dorment.

— Et vous vouliez donc avoir commerce avec les morts?

— C'est un péché de leur adresser beaucoup de questions, et encore ne faut-il les faire qu'au nom du Seigneur, répondit l'idiot d'un air si solennel que, joint à l'obscurité et au lieu où ils se trouvaient, il fit tressaillir Lionel involontairement; mais Job aime à être près d'eux, afin de s'accoutumer à l'humidité pour le temps où il sera appelé lui-même à marcher enveloppé d'un linceul à minuit.

— Chut! dit Lionel, quel est ce bruit?

Job pencha la tête, écouta aussi attentivement que son compagnon, et répondit ensuite :

— Ce n'est autre chose que le murmure du vent dans la baie ou le bruissement des vagues qui battent les côtes des îles.

— Ce n'est ni l'un ni l'autre, dit Lionel; j'ai entendu les sons étouffés d'une centaine de voix, ou mes oreilles m'ont étrangement trompé.

— Peut-être sont-ce les esprits qui se parlent l'un à l'autre, reprit l'idiot ; on dit que leurs voix ressemblent au murmure des vents.

Lionel passa la main sur son front, cherchant à recouvrer le calme de son esprit qui avait été singulièrement troublé par le ton solennel de l'idiot, et il descendit lentement la colline, suivi de près par son compagnon silencieux. Il ne s'arrêta que lorsqu'il eut atteint l'angle intérieur du mur qui entourait l'enclos des morts ; alors il resta immobile, et avançant sa tête, il prêta de nouveau la plus grande attention.

— Enfant, je ne sais comment il se fait que vos sots propos m'ont bouleversé la tête, dit-il, mais j'entends bien certainement ici à l'entour des sons étranges et qui n'ont rien de terrestre ! De par le ciel ! un murmure confus de voix vient encore de frapper mon oreille, comme si l'air au-dessus de l'eau était rempli d'êtres vivants ; et maintenant voilà que j'entends un bruit comme si des poids pesants tombaient sur la terre !

— Oui, dit Job, ce sont les cercueils qui se referment ; les morts viennent de rentrer chez eux, et il est temps que nous les laissions seuls dans leur enclos.

Lionel n'hésita pas plus longtemps, et il s'éloigna à pas assez précipités, en éprouvant une horreur secrète que dans un autre moment il aurait rougi d'avouer ; il ne s'aperçut même point que Job avait continué à le suivre ; et il était déjà descendu jusqu'au milieu de Lynn-Street lorsque son compagnon lui adressa la parole, en jetant sur lui ce regard vague et sans expression qui lui était ordinaire.

— Voilà la maison que bâtit ce gouverneur qui traversa la mer pour faire fortune. C'était autrefois un pauvre diable, comme Job ; et maintenant on dit que son petit-fils est un grand seigneur, et que le roi a fait le grand-père chevalier. Qu'un homme s'enrichisse sur mer ou bien sur terre, cela revient au même ; le roi n'en fera pas moins un seigneur pour cela.

— Vous parlez bien légèrement des faveurs de la royauté, mauvais drôle, reprit Lionel en jetant en passant un regard distrait sur Phipp's-House ; vous oubliez que je dois être quelque jour un de ces chevaliers dont vous parlez avec tant de mépris.

— Je le sais, dit Job, et vous êtes aussi d'Amérique. Il me semble que tous les pauvres diables s'en vont d'Amérique vers le roi pour être de grands seigneurs, et que tous les fils des grands seigneurs viennent en Amérique pour devenir de pauvres diables. Nab dit que Job est aussi le fils d'un grand seigneur.

— C'est la preuve que Nab n'est pas moins folle que son fils, dit Lionel. Mais j'ai besoin de parler ce matin à votre mère, Job, et je voudrais savoir à quelle heure je pourrai la trouver.

Job ne répondit point, et Lionel en tournant la tête s'aperçut que l'idiot était déjà bien loin et qu'il avait repris le chemin des sépultures. Irrité contre celui dont les contes absurdes avaient produit sur son imagination une impression dont il ne pouvait se défendre, il rentra chez lui et se mit dans son lit au même instant ; mais il entendit plus d'une fois encore les cris réitérés de *tout va bien*, avant que les visions étranges qui le poursuivaient lui permissent de goûter le sommeil dont il avait besoin.

CHAPITRE XV.

> Nous sommes sans doute de beaux messieurs auprès des simples fermiers que nous allons combattre. Nous avons une cocarde plus élégante à nos chapeaux, nos épées sont suspendues avec plus de grâce à nos côtés, et nous figurons bien mieux dans un salon. Mais il ne faut pas oublier que le plus accompli de nos merveilleux passerait pour un paillasse de la foire à Pékin.
>
> *Lettre d'un officier vétéran.*

Lorsque le sommeil appesantit enfin les paupières du jeune officier, des visions fantastiques, qui lui peignaient à la fois le passé et l'avenir, se succédèrent confusément dans ses rêves. Il revit son père tel qu'il l'avait connu dans son enfance, plein de force et de vigueur, jetant sur lui des regards où se peignaient à la fois l'affection et la mélancolie, expression qui lui était devenue habituelle depuis que rien ne l'attachait plus au monde, excepté son fils. Tandis que le cœur de Lionel s'animait à cette vue, l'apparition s'évanouit, et il se vit entouré de fantômes qui semblaient danser autour des sépultures de Copp's-Hill. A la tête de ces orgies, qui avaient quelque chose de l'appareil lugubre de la mort, se montrait Job Pray se glissant le long des tombeaux comme un être d'un autre monde. Tout à coup de grands coups de tonnerre se firent entendre, et les ombres rentrèrent précipitamment dans leurs demeures sépulcrales; mais de temps en temps il apercevait encore des figures blêmes, des yeux livides qui se montraient soudainement comme s'ils savaient qu'ils avaient le pouvoir de glacer d'effroi les vivants. Peu à peu les visions devinrent plus distinctes et l'état du rêveur plus pénible; il lui semblait qu'un pied énorme pesait sur sa poitrine; il faisait des efforts surnaturels pour le soulever. Enfin ses sens rompirent les entraves qui les retenaient, et il s'éveilla couvert d'une sueur froide.

L'air du matin commençait à se faire sentir au travers de ses rideaux à demi ouverts, et les premiers rayons du jour doraient les clochers de la ville. Lionel sauta à bas de son lit, et il avait déjà fait plusieurs fois le tour de sa chambre dans le vain espoir de chasser les images importunes qui l'avaient harcelé pendant son sommeil, lorsqu'un bruit sourd et prolongé, que le silence de l'air rendait plus frappant encore, vint frapper trop distinctement son oreille pour qu'il pût s'y méprendre.

— Ah! dit-il en lui-même, je ne rêvais donc qu'à moitié; ce n'est donc point là le bruit d'une tempête imaginaire, mais celui du canon, qui parle clairement à l'oreille du soldat.

Il ouvrit sa fenêtre et promena ses regards autour de lui. Les décharges d'artillerie se succédaient alors rapidement, et Lionel chercha à en découvrir la cause. Il savait que Gage avait résolu d'attendre l'arrivée de ses renforts avant de frapper un coup qu'il croyait devoir être décisif, et les Américains n'étaient pas assez bien pourvus de munitions de guerre pour perdre une seule charge de poudre dans une de ces vaines attaques de nos siéges modernes. La connaissance de ces faits redoublait l'impatience qu'éprouvait le major Lincoln de pénétrer le mystère de cette alerte imprévue. Toutes les fenêtres des maisons voisines se garnirent bientôt l'une après l'autre d'habitants surpris et alarmés. De temps en temps un soldat à demi habillé ou un citoyen inquiet passait rapidement le long des rues désertes pour aller voir ce qui se passait. Des femmes effarées commencèrent à se précipiter hors des maisons; mais en entendant les coups retentir avec dix fois plus de force encore en plein air, elles rentraient aussitôt pâles et glacées d'effroi.

Lionel essaya de parler à trois ou quatre des hommes qui passaient sous ses fenêtres; mais ils se contentaient de tourner les yeux de son côté d'un air hagard, et poursuivaient leur chemin sans lui répondre, comme si les circonstances étaient trop graves pour permettre aucun discours. Voyant que ses questions réitérées étaient inutiles et qu'il ne pouvait obtenir d'éclaircissements, il prit le parti de s'habiller à la hâte et de descendre dans la rue. Au moment où il était sur le seuil de la porte, un artilleur à demi habillé passa en courant devant lui, ajustant d'une main ses vêtements, tandis que de l'autre il portait quelques uns des attributs du corps particulier dans lequel il servait.

— Que signifient ces coups de canon, sergent? demanda Lionel; et où courez-vous ainsi la mèche à la main?

— Les rebelles! Votre Honneur, les rebelles! cria le soldat tournant la tête pour répondre, sans cesser de courir : je cours à ma pièce!

— Les rebelles! répéta Lionel lorsque l'autre était déjà bien loin; qu'avons-nous à craindre d'une poignée de provinciaux dans la position que nous occupons? Ce drôle se sera endormi loin de son poste, et la crainte d'être réprimandé se mêle à son zèle pour son roi.

Les habitants commencèrent alors à sortir de leurs maisons; Lionel imita leur exemple et se dirigea vers les hauteurs adjacentes de Beacon-Hill. Il gravit la colline escarpée, lui vingtième, sans échanger un seul mot avec des hommes qui semblaient aussi surpris que lui-même de cette interruption soudaine de leur sommeil, et en moins de quelques minutes il était sur la petite plateforme, entouré d'une centaine de spectateurs, dont les regards se dirigeaient tous sur le même point.

Le soleil venait de soulever le voile vaporeux étendu sur la surface de l'eau, et l'œil pouvait parcourir librement la mer. Plusieurs bâtiments étaient à l'ancre dans les détroits de Charles et du Mystick, pour couvrir l'abord de la place du côté du nord; et en voyant la colonne de fumée blanche qui s'élevait autour des mâts d'une frégate amarrée au milieu, Lionel ne fut plus embarrassé pour comprendre d'où le feu provenait. Tandis qu'il continuait à regarder, incertain sur les raisons qui demandaient ces démonstrations d'hostilités, d'immenses nuages de fumée s'échappèrent à la fois des flancs d'un vaisseau de ligne qui commençait à faire jouer ses grosses pièces. L'instant d'après, plusieurs batteries flottantes et d'autres bâtiments d'une moins grande dimension suivirent cet exemple, et bientôt le vaste amphithéâtre de collines qui entourent Boston retentit des échos de plus de cent pièces d'artillerie.

— Qu'est-ce que cela signifie, Monsieur? s'écria un jeune officier de son régiment en s'adressant au major Lincoln; les matelots y vont, ma foi! tout de bon; les canons sont chargés à boulets, à en juger par la force des détonations.

— Il paraît que ma vue n'est pas meilleure que la vôtre, reprit Lionel, car je ne découvre aucun ennemi. On dirait que les canons sont pointés contre la presqu'île en face; il est probable que quelque détachement d'Américains cherche à détruire l'herbe nouvellement fauchée qui reste encore sur les prairies.

Le jeune officier était en train de répondre qu'il partageait cette conjecture, lorsqu'une voix retentissante se fit entendre au-dessus de leurs têtes :

— Voilà un canon qui part de Copp's-Hill! Est-ce qu'ils croient effrayer le peuple avec tout leur tintamarre? Tirez, allez, tant que vous voudrez; vous auriez beau tirer jusqu'à ce que les morts sortent de leurs tombeaux, les enfants de la Baie ne s'en maintiendront pas moins sur la colline.

Tous les yeux se portèrent en haut, et les spectateurs surpris aperçurent Job Pray assis sur la grille qui entourait le fanal; sa figure, ordinairement insignifiante, était rayonnante de joie, et il agitait son chapeau en l'air tandis que des coups de canon se succédaient presque sans interruption.

— Eh bien! petit drôle! s'écria Lionel; que voyez-vous donc? et où sont les enfants de la Baie dont vous parlez?

— Où ils sont! répéta l'idiot en frappant dans ses mains avec une joie enfantine; tiens! où ils sont venus à minuit, pendant l'obscurité, et où ils sauront bien se maintenir à midi, en plein jour! Les enfants de la Baie ont vue sur les fenêtres de Fanueil-Hall à la fin; que les troupes viennent maintenant, qu'elles osent s'y frotter, et ils apprendront la loi à ces damnés assassins!

Lionel, un peu exaspéré par le langage hardi de Job, lui cria d'une voix menaçante :

— Descendez à l'instant de cette perche, malheureux, et expliquez-vous, ou bien ce grenadier va aller vous chercher, et il vous attachera au poteau pour vous administrer la correction salutaire dont vous semblez avoir besoin.

— Vous avez promis à Job que les grenadiers ne le battraient jamais plus, dit l'idiot en cachant sa tête derrière la grille, d'où il jetait sur Lionel un regard triste et inquiet, et Job s'est engagé à faire toutes vos commissions et à ne prendre aucune des couronnes du roi en paiement.

— Descendez donc à l'instant, et je me rappellerai ma promesse.

Rassuré par ces paroles prononcées d'un ton plus doux et plus amical, Job quitta sa position d'un air d'indifférence, et serrant le poteau de ses jambes et de ses mains, il se laissa glisser légèrement jusqu'à terre. Le major Lincoln lui saisit aussitôt le bras et lui dit vivement :

— Encore une fois, où sont ces enfants de la Baie ?

— Là ! répéta Job en étendant le doigt au-dessus des maisons basses de la ville, dans la direction de la péninsule qui se trouvait en face; ils se sont installés sur Breeds-Hill, et ils n'y restent pas les bras croisés, je vous en réponds ! Voyez tout ce qu'ils ont déjà fait, et ils n'en resteront pas là, je vous le promets! Ah! cela va faire du bruit parmi le peuple !

Du moment que le mot de Breeds-Hill fut prononcé, tous les yeux, qui jusque alors étaient restés fixés sur les bâtiments mêmes, au lieu de chercher l'objet de leurs hostilités, se dirigèrent sur l'éminence verdoyante qui s'élevait un peu sur la droite du village de Charlestown, et tous les doutes cessèrent à l'instant. Le sommet conique de Bunker-Hill était nu et désert comme la veille, mais à l'extrémité d'une colline plus basse, qui s'étendait jusqu'à peu de distance du bord de l'eau, une levée de terre avait été formée dans un but sur lequel l'œil exercé d'un militaire ne pouvait point se méprendre. Cette redoute, toute petite, toute simple qu'elle fût, commandait par sa position toute la partie intérieure du port de Boston, et menaçait même jusqu'à un certain point les maisons de la ville. C'était l'apparition presque magique de ce monticule, au moment où les brouillards du matin s'étaient dissipés, qui avait fait ouvrir de grands yeux aux matelots encore à moitié endormis, et elle était déjà devenue le point de mire de tous les canons des vaisseaux qui se trouvaient dans la rade.

Etonnés de l'audace de leurs compatriotes, les habitants rassemblés sur la plate-forme gardaient un profond silence, tandis que le major Lincoln et le petit nombre d'officiers qui étaient auprès de lui voyaient du premier coup d'œil que cette mesure de leurs adversaires allait infailliblement amener une crise, et qu'un engagement ne pouvait tarder à avoir lieu. En vain promenèrent-ils leurs regards étonnés sur les éminences voisines et sur les différents points de la péninsule, pour y chercher ces points d'appui par lesquels les soldats soutiennent ordinairement leurs ouvrages. Les paysans s'étaient saisis de l'emplacement qu'ils avaient trouvé le plus convenable pour harceler leurs ennemis, sans s'inquiéter des conséquences, et en quelques heures, à la faveur de la nuit, ils avaient élevé leur redoute avec une adresse qui ne pouvait être égalée que par leur audace.

La vérité se découvrit aussitôt tout entière au major Lincoln, et le feu lui monta au visage lorsqu'il se rappela ce bruit vague, ces murmures confus et étouffés qui la veille avaient frappé son oreille, et ces visions inexplicables qui l'avaient poursuivi même pendant son sommeil, jusqu'à ce qu'elles se fussent évanouies devant les premiers rayons du jour. Faisant signe à Job de le suivre, il descendit la colline d'un pas précipité, et dès qu'il se vit dans la plaine, il se retourna et dit d'un ton ferme à son compagnon :

— Malheureux, vous étiez dans le secret ; et ces travaux exécutés pendant la nuit...

— Job a bien assez à faire pendant le jour sans aller travailler la nuit lorsqu'il n'y a que les morts qui sortent de leur lieu de repos, répondit l'idiot avec un air d'imbécillité qui désarma aussitôt le ressentiment du jeune officier.

Lionel sourit en se rappelant de nouveau sa propre faiblesse, et il répéta en lui-même :

— Les morts ! Cette redoute est bien l'ouvrage des vivants, et il faut avoir bien de l'audace pour avoir osé l'élever. Mais dites-moi, Job, car il est inutile de chercher plus longtemps à me tromper, combien pouvait-il y avoir d'Américains sur la colline lorsque vous l'avez quittée pour traverser le détroit de Charles et venir visiter les sépultures sur Copp's Hill, hier au soir ?

— Les deux collines étaient couvertes l'une de peuple, l'autre de revenants, répondit Job d'un air de simplicité ; Job croit que les morts s'étaient levés pour voir leurs enfants travailler si près d'eux.

— C'est probable, dit Lionel, qui pensa que le parti le plus sage était de se prêter aux idées vagues de l'idiot, pour ne pas lui inspirer de soupçons ni exciter sa défiance; mais si les morts sont invisibles, on peut du moins compter les vivants.

— Job a compté jusqu'à cinq cents hommes, à mesure qu'ils passaient sur le sommet de Bunker-Hill, à la lueur des étoiles, armés de pelles et de pioches; et alors il a cessé de compter, tant il avait de plaisir à les voir.

— Et après que vous eûtes cessé de compter, en passa-t-il encore beaucoup d'autres?

— Croyez-vous la colonie de la Baie si dépourvue d'hommes qu'elle ne puisse aisément en rassembler un millier en moins de rien?

— Mais sans doute vous aviez un maître-ouvrier pour présider aux travaux? Etait-ce le grand chasseur du Connecticut?

— Il n'est pas nécessaire de sortir de la province pour trouver un ouvrier qui sache faire de bonne besogne; Dick Gridley est un enfant de Boston.

— Ah! c'est lui qui est le chef! nous n'avons donc rien à craindre, puisque le chasseur du Connecticut n'est pas à leur tête?

— Pensez-vous que le vieux Prescott de Pepperel quitte la colline tant qu'il aura un grain de poudre à brûler? Non, non, major Lincoln; Ralph lui-même ne serait pas plus ferme à son poste, et vous savez s'il est possible d'intimider Ralph.

— Mais s'ils font jouer souvent leur artillerie, leur petite provision de munitions sera bientôt épuisée, et alors il faudra bien qu'ils prennent la fuite?

Job sourit d'un air moqueur, et l'expression du mépris se peignit quelque temps sur tous ses traits avant qu'il répondît:

— Oui, si les hommes de la Baie s'y prenaient comme les troupes du roi, et qu'ils fissent la folie de se servir d'aussi grosses pièces; mais pour les canons de la colonie il ne faut qu'un peu de soufre, et d'ailleurs ils n'en ont pas beaucoup. Que ces troupes impudentes essaient de gravir Breeds-Hill! qu'elles essaient, et le peuple leur apprendra la loi!

Lionel avait alors obtenu tous les renseignements qu'il pouvait espérer tirer de l'idiot sur la force et la position des Américains; et comme les moments étaient trop précieux pour les perdre en vains discours, il le quitta après lui avoir recommandé de venir le trouver le soir.

En rentrant chez lui, le major Lincoln s'enferma dans son cabinet particulier et passa plusieurs heures à écrire et à examiner des papiers importants. Il y eut une lettre entre autres qu'il écrivit, qu'il lut, qu'il déchira et qu'il recommença plus de six fois ; enfin il y apposa son cachet et mit l'adresse avec une sorte d'insouciance qui prouvait que ces essais réitérés avaient épuisé sa patience. Il confia ces papiers à Meriton, avec ordre de les remettre à leurs différentes adresses, à moins qu'il ne lui fît dire le contraire avant le lendemain, et alors il prit à la hâte un peu de nourriture. Pendant le temps qu'il avait passé dans son cabinet, il avait plus d'une fois déposé la plume pour prêter l'oreille lorsque le bruit de la rue, pénétrant jusqu'à sa retraite, annonçait l'effervescence et l'agitation qui régnaient dans Boston. Ayant enfin rempli la tâche qu'il s'était assignée lui-même, il prit son chapeau et se dirigea à pas précipités vers le centre de la ville.

Des trains d'artillerie roulaient avec fracas sur le pavé, et les artilleurs, ayant leurs officiers à leur tête, suivaient chacun leur pièce. Des aides-de-camp couraient à cheval dans les rues, portant de tous côtés des messages importants, et de temps en temps on voyait un officier sortir de sa demeure pour aller rejoindre sa compagnie. A la noble fierté qui respirait dans ses traits se mêlaient des regrets involontaires, lorsqu'en se retournant il voyait encore attachés sur lui des regards où se peignaient la confiance et l'amour. Mais à peine avait-on le temps, au milieu du mouvement général, de remarquer ces légers épisodes de chagrins domestiques, qui se trouvaient absorbés dans l'intérêt du grand drame qui se préparait. De temps en temps les sons éclatants de la musique militaire retentissaient au travers des rues sinueuses, et des détachements défilaient en ordre pour se rendre au lieu désigné pour l'embarquement.

Tandis que Lionel s'était arrêté un moment au tournant d'une rue, pour admirer la contenance intrépide d'un corps de grenadiers, il reconnut les traits durs et les formes colossales de Mac-Fuse. Le capitaine marchait à la tête de sa compagnie avec une gravité imperturbable qui annonçait qu'il regardait la précision de la marche comme un des incidents les plus importants de la vie. A peu de distance de l'Irlandais, Job Pray réglait son pas sur celui des soldats, et les regardait avec une admiration stupide, tandis qu'il semblait éprouver un plaisir involontaire en entendant les sons belliqueux des instruments. A peine cette belle troupe était-elle passée, qu'un autre bataillon lui succéda, et Lionel reconnut aussitôt les figures des hommes de son régiment. Polwarth était à la tête de son peloton, et en voyant son ami, il lui cria d'un air enjoué :

— Dieu soit loué, Lionel, nous allons enfin nous battre en place, et il ne s'agit plus ici de courir comme des limiers.

Les sons du cor couvrirent sa voix, et Lionel ne put que lui rendre son salut cordial. La vue de ses camarades lui avait rappelé son devoir, et, sans plus attendre, il se dirigea vers la demeure du commandant en chef.

La porte de la maison commune de la province était encombrée de militaires, les uns attendant qu'ils pussent être admis, les autres entrant et sortant d'un air affairé, comme s'ils étaient chargés de l'exécution de mesures de la plus haute importance. A peine le nom du major Lincoln fut-il prononcé, qu'un aide-de-camp se présenta pour le conduire devant le gouverneur, avec une politesse et un empressement que plusieurs officiers, qui attendaient depuis plusieurs heures, trouvèrent jusqu'à un certain point injuste.

Cependant Lionel, sans faire attention à des murmures qu'il entendait à peine, suivit son conducteur, et fut introduit immédiatement dans un appartement où un conseil de guerre venait de terminer ses délibérations. Sur le seuil de la porte, il rencontra un officier supérieur qui partait en toute hâte, et dont la haute stature semblait un peu courbée par la préoccupation où il était plongé. Son front, que couvrait un voile sombre, s'éclaircit pourtant un instant pour rendre son salut au jeune major, qui s'était rangé pour le laisser passer. De jeunes militaires s'élancèrent sur les pas du général, et d'après le peu de mots qu'il entendit, Lionel reconnut qu'ils partaient pour le champ de bataille.

La salle était remplie d'officiers de haut rang, parmi lesquels se trouvaient quelques hommes qui, par leur costume, appartenaient aux emplois civils, et dont les figures allongées et l'air de mauvaise humeur annonçaient qu'ils faisaient partie de ces conseillers dont les pernicieux avis avaient hâté le mal que toute leur sagesse ne put jamais réparer. Gage était au milieu d'un petit cercle de ces dignes personnages, qui cachaient mal leur mortification. Dès qu'il aperçut Lionel, il s'avança à sa rencontre avec l'air affable et sans prétention qui lui était naturel, tandis que la simplicité de son costume formait un contraste marqué avec la richesse des uniformes qui brillaient autour de lui.

— En quoi puis-je obliger le major Lincoln? dit-il en lui prenant cordialement la main, comme s'il était bien aise d'être délivré des conseillers fâcheux qu'il avait quittés avec si peu de cérémonie.

— Je viens de voir passer le régiment de Wolfe qui se rendait au lieu de l'embarquement, et j'ai pris la liberté de me présenter auprès de Votre Excellence pour lui demander s'il ne serait point temps que le major de ce régiment reprît son service?

Le général parut réfléchir un instant, puis répondit avec un sourire bienveillant :

— Ce ne sera qu'une affaire d'avant-poste, qui doit être promptement terminée. Si j'accédais à la demande de tous les braves jeunes gens qui viennent m'offrir leur bras aujourd'hui, il pourrait en coûter la vie à quelques bons officiers, et l'enlèvement d'une misérable redoute serait acheté trop cher à ce prix.

— Me sera-t-il permis de vous faire observer que la famille Lincoln est de la province, et que c'est à elle de donner l'exemple dans cette occasion?

— La loyauté des colonies est trop bien représentée ici pour que ce sacrifice soit nécessaire, répondit Gage en jetant les yeux d'un air d'indifférence sur le petit groupe de conseillers qui étaient restés rassemblés derrière lui; mon conseil a décidé quels officiers seraient employés, et je regrette que le nom du major Lincoln n'y ait pas été compris, puisqu'il paraît le désirer ; mais une vie aussi précieuse que la sienne ne doit pas être exposée légèrement et sans nécessité.

Lionel s'inclina d'un air respectueux, et après avoir communiqué au général le peu de détails qu'il avait obtenus de Job Pray, il s'apprêtait à se retirer lorsqu'il se trouva près d'un autre officier supérieur qui sourit en voyant son air de désappointement, et qui le prenant par le bras, l'entraîna hors de la salle avec une familiarité et une aisance qui n'avaient rien d'affecté.

— Ainsi donc, Lincoln, vous voilà condamné, comme moi, à ne point vous battre aujourd'hui pour Sa Majesté, lui dit-il lorsqu'ils furent dans l'antichambre; Howe a l'honneur de l'expédition, si toutefois il y a de l'honneur à acquérir dans une affaire aussi vulgaire. Mais allons, accompagnez-moi sur Copp's-Hill comme spectateur : puisqu'on nous refuse de jouer un rôle dans l'action, peut-être y trouverons-nous l'épisode d'un poëme burlesque, sinon d'un poëme épique.

— Pardonnez-moi, général Burgoyne, dit Lionel, si je vois la chose d'un air plus sérieux que vous.

— Ah! j'oubliais que vous étiez avec Percy lors de la chasse de Lexington! interrompit le général. Eh bien! nous l'appellerons donc une tragédie, si cela vous convient mieux. Quant à moi, Lincoln, je suis las de ne voir que des rues tortueuses et des maisons lugubres, et, comme j'ai du goût pour la belle nature, j'aurais pris depuis longtemps ma volée pour aller visiter un peu les plaines désertes de ces paysans, si j'en avais eu le pouvoir aussi bien que le désir. Mais voici Clinton qui vient nous joindre; il va nous accompagner à Copp's-Hill, où nous pourrons tous prendre une leçon excellente, en étudiant la manière dont le cher Howe va faire manœuvrer ses bataillons.

Un militaire de moyen âge les joignit dans ce moment. S'il n'avait point la grâce et l'aisance du général qui continuait à donner le bras à Lionel, il avait un air martial et intrépide qui contrastait avec l'extérieur doux et pacifique de Gage. Ils quittèrent alors ensemble la maison du gouverneur, pour aller se placer sur l'éminence dont il a déjà été si souvent question.

Dès qu'ils entrèrent dans la rue, Burgoyne quitta le bras de son compagnon et marcha avec dignité à côté de l'autre général. Lionel profita avec plaisir de ce nouvel arrangement pour se tenir un peu en arrière de ses supérieurs, et il ne les suivit qu'à quelques pas de distance, afin d'observer les sentiments que manifestaient les Bostoniens, observations auxquelles les généraux ne croyaient pas devoir abaisser leur dignité. A toutes les fenêtres on voyait des femmes pâles et inquiètes avancer timidement la tête, tandis que les toits des maisons et les clochers des églises étaient couverts de spectateurs plus hardis et non moins curieux. Le bruit des tambours ne retentissait plus dans les rues, mais de temps en temps le son perçant d'un fifre se faisait entendre du côté de la mer, et annonçait les mouvements des troupes qui allaient passer sur l'autre péninsule. Mais ce ne fut que lorsque l'oreille fut accoutumée au fracas des décharges de l'artillerie, qui depuis le point du jour n'avaient point cessé d'ébranler la terre, qu'elle put distinguer ce qui, en comparaison, n'était qu'un faible murmure.

Lorsqu'ils descendirent dans la partie basse de la ville, ils la trouvèrent déserte et abandonnée. Les fenêtres étaient ouvertes, les portes n'étaient même pas fermées, tant avaient été rapides et irrésistibles les sensations qui avaient entraîné le peuple à chercher des positions plus favorables pour observer la lutte qui allait s'engager. Cette scène d'abandon et d'isolement, qui peignait si bien le vif intérêt qui était excité, produisit le même effet sur les deux généraux, et doublant le pas ils furent bientôt arrivés avec Lionel sur le sommet de la colline, d'où, planant au-dessus de tous les édifices, leurs regards s'étendaient librement sur tout l'horizon.

Le lieu de la scène se déroulait tout entier devant eux comme un tableau magique. Presque en face était le village de Charlestown, avec ses rues désertes et ses toits silencieux, semblable à l'enclos de la mort ; ou si quelques signes de vie animaient encore son enceinte, c'étaient les pas précipités de quelque habitant attardé qui traversait rapidement cette solitude pour quitter au plus vite un emplacement qui devenait dangereux. Au sud-est de la péninsule, et à la distance d'environ cinq cents toises, la terre était déjà couverte d'une quantité d'uniformes rouges, et les armes des soldats resplendissaient aux rayons du soleil. Entre deux, quoique dans le voisinage plus immédiat du village, se prolongeait la colline que nous avons déjà décrite, et qui, d'une plaine bordée par l'eau, s'élevait presque perpendiculairement jusqu'à la hauteur de cinquante ou soixante pieds. C'était sur le sommet de cette colline qu'avait été élevée la redoute qui causait tous ces grands mouvements.

Les prairies, sur la droite, étaient toujours riantes et paisibles comme dans les jours les plus tranquilles de la province, quoiqu'il semblât à l'imagination frappée de Lionel qu'un long voile de deuil s'était étendu tout à coup sur la campagne, afin que tout fût en harmonie avec la scène lugubre qui se préparait. Au loin sur la gauche, de l'autre côté du détroit de Charles, le camp des Américains avait vu partir tous ses soldats pour aller prendre position sur les collines, et toute la population du pays, jusqu'à plusieurs milles dans l'intérieur des terres, s'était rassemblée sur un seul point, pour être témoin d'une lutte de laquelle dépendaient les destinées de la province.

Au milieu du silence effrayant de la ville de Boston, Beacon-Hill s'élevait comme une pyramide imposante, sur laquelle on voyait des milliers de têtes tournées toutes vers l'endroit fatal, tandis qu'une foule d'autres spectateurs étaient suspendus aux cordages des vaisseaux, ou étaient montés sur des corniches, sur des coupoles ou des clochers, souvent même au péril de leur vie, tant l'intérêt qu'ils prenaient à ce spectacle absorbait tout autre sentiment! Les vaisseaux de guerre étaient entrés fort avant dans ces bras de mer étroits qui formaient la péninsule, et envoyaient sans relâche leurs bordées meurtrières à travers le passage qui seul offrait des moyens de communication entre les braves Américains qui occupaient la colline, et leurs compatriotes éloignés. Tandis que les bataillons anglais débarquaient l'un après l'autre dans la plaine, des boulets lancés par les batteries de Copp's-Hill et par les vaisseaux venaient frapper sur le glacis naturel qui entourait la redoute, ou, rasant le parapet, allaient s'ensevelir dans les flancs du rocher qui s'élevait à plus de cinquante toises par derrière, tandis que des bombes noires et fumantes semblaient rester quelque temps suspendues au-dessus de la colline comme si elles s'arrêtaient pour choisir l'endroit où elles devaient éclater.

Malgré ces préparatifs terribles et ces premières attaques qui avaient duré pendant tout le cours de cette longue matinée, les intrépides paysans ne s'étaient pas ralentis un seul instant dans leurs efforts pour se maintenir jusqu'à la dernière extrémité dans le poste qu'ils avaient osé prendre avec tant d'audace. En vain les Anglais épuisèrent tous les moyens pour les forcer à lâcher prise et à se retirer: les braves colons entendaient sans sourciller leurs boulets qui sifflaient sur leurs têtes, et n'en poussaient pas moins vivement les travaux. La pioche et la bêche ne restaient pas oisives, et malgré la canonnade, les paysans montraient le même sang-froid que s'ils se livraient à leurs occupations ordinaires. Ce n'était pas ce sang-froid du soldat, fruit de l'habitude et que l'âme la plus commune peut acquérir. Ignorant l'éclat des uniformes militaires, couverts des vêtements simples et grossiers de leur profession, n'ayant d'autres armes que celles qu'ils avaient détachées du manteau de leurs cheminées où elles étaient suspendues, sans même une bannière qu'ils pussent planter sur leur redoute, et dont la vue servît à les animer, ils étaient inébranlables à leur poste, soutenus seulement par la justice de leur cause, et par ces principes profondément enracinés dans leurs cœurs, qu'ils avaient reçus de leurs pères, et qu'ils voulaient soutenir dans cette journée pour les transmettre intacts à leurs enfants. On sut ensuite que leurs peines et leurs fatigues avaient été bien plus grandes encore qu'on n'avait d'abord pu se l'imaginer, et qu'ils étaient privés de ces aliments nécessaires à l'homme pour soutenir son courage même dans les moments de calme et de tranquillité, tandis que leurs ennemis, en attendant l'arrivée de tous leurs renforts, faisaient tranquillement un repas qui, pour un grand nombre d'entre eux, devait être le dernier.

Bientôt l'instant fatal parut approcher. Les barques en retard étaient arrivées amenant le reste des troupes. Des officiers couraient de régiment en régiment porter les derniers ordres de leur chef. Il s'opéra un mouvement général parmi les bataillons anglais, qui commencèrent à s'étendre le long de la côte, à couvert sous le penchant de la colline. Dans ce moment un corps d'Américains parut sur le sommet de Bunker-Hill, et descendant légèrement le long de la route, disparut dans les prairies à gauche de la redoute de leurs compatriotes. Ce détachement fut suivi de plusieurs autres qui traversèrent également le passage étroit, en bravant le feu de vaisseaux, et qui s'empressèrent aussi d'aller rejoindre leurs camarades au bas de la colline. Le général anglais se détermina aussitôt à prévenir l'arrivée de nouveaux renforts, et l'ordre impatiemment attendu de se préparer à l'attaque fut donné sur toute la ligne.

CHAPITRE XVI.

> La superbe Bretagne ne trouva sur le champ de bataille, trop bien disputé, aucun motif de joie et de triomphe; mais elle vit avec douleur la vanité de ses rêves de conquêtes, et sentit cruellement les blessures ou la mort de ses vieux soldats.
>
> Humphreys.

Dans le cours de cette matinée féconde en événements, les Américains avaient fait mine de répondre au feu de leurs ennemis en leur envoyant quelques volées de leurs petites pièces de campagne, comme pour se moquer de la canonnade terrible qu'ils essuyaient[1]. Mais lorsque le moment décisif approcha, ce même silence morne et imposant qui régnait dans les rues désertes de Charlestown se répandit autour de la redoute. A la gauche, sur les prairies, les corps d'Américains récemment arrivés réunirent à la hâte deux rangs de palissades en un seul, et recouvrant le tout de l'herbe nouvellement coupée qui se trouvait dans les champs, ils se postèrent derrière ce fragile rempart, dont le seul avantage était de cacher leur petit nombre à l'ennemi. C'était là que s'étaient rangés les hommes accourus des provinces voisines de New-Hampshire et du Connecticut, et, appuyés sur leurs armes, ils attendaient immobiles qu'on vînt les attaquer. Leur ligne s'étendait depuis le bord de l'eau jusqu'au pied de la colline, où elle se terminait, quelques centaines de pieds derrière les fortifications élevées par leurs compatriotes, laissant une large ouverture dans une direction oblique, entre les palissades et un parapet en terre qui, partant de l'angle nord-est de la redoute, descendait à peu près jusqu'au milieu de la côte.

A cinquante toises derrière ces ouvrages de défense s'élevait le sommet de Bunker-Hill, qui n'avait point été fortifié; et les détroits de Charles et du Mystick, qui en baignaient la base, passaient si près l'un de l'autre, que le bruit de leurs eaux se

[1]. Les Américains ne firent pas usage d'artillerie dans cette journée, par suite d'une erreur dans le placement des munitions.

confondait ensemble. C'était à travers cet isthme étroit que les frégates royales vomissaient sans interruption des torrents de feu, tandis que, sur les côtés, des bandes nombreuses d'Américains indisciplinés semblaient attendre un instant favorable pour traverser ce passage dangereux.

Gage était parvenu de cette manière à intercepter en grande partie les communications ; et les hommes intrépides qui étaient venus s'établir si hardiment sous la bouche même de ses batteries restaient, comme nous l'avons déjà dit, seuls et sans vivres, pour soutenir l'honneur de leur nation. En y comprenant les enfants et les vieillards, ils pouvaient être environ deux mille ; mais, vers le milieu du jour, de petits détachements de leurs compatriotes, ne prenant conseil que de leur enthousiasme, et entraînés par l'exemple du vieux partisan des bois, qui passait et repassait l'isthme à chaque instant pour les guider lui-même, bravèrent le feu nourri des vaisseaux, et suivant ce chef intrépide, malgré les boulets qui sifflaient sur leurs têtes, arrivèrent à temps pour prendre une part active à la lutte sanglante et décisive.

D'un autre côté, Howe conduisait un nombre plus qu'égal de troupes choisies, et comme les barques qui naviguaient entre les deux péninsules continuaient à lui amener des renforts, la disproportion resta toujours la même jusqu'à la fin du combat. Ce fut alors que, se croyant assez fort pour emporter d'assaut une redoute construite par des ennemis qu'il méprisait, il fit immédiatement les dispositions nécessaires, sous les yeux même des spectateurs groupés d'une manière pittoresque sur tous les points qui dominaient le lieu de l'action. Malgré la sécurité avec laquelle le général anglais rangeait sa petite armée, il sentait que l'engagement qui allait avoir lieu n'était pas un combat ordinaire. Ces milliers de regards attachés sur tous ses mouvements lui donnaient un caractère particulier, et c'était l'occasion de déployer tout ce que la tactique militaire a de plus pompeux et de plus étonnant.

Les troupes se formèrent avec un ordre admirable ; les colonnes se déployèrent le long du rivage avec la plus grande précision, et prirent chacune la place qui leur avait été assignée. Howe avait divisé ses forces : la moitié devait tenter d'escalader la colline, tandis que le reste des troupes en suivrait la base pour couper toute communication aux rebelles avec les paysans restés sur les prairies. Ces divers mouvements s'opérèrent au même instant, et la seconde division disparut bientôt derrière un verger assez épais. L'autre corps commença à monter la colline d'un pas lent et mesuré, pour donner le temps aux pièces de campagne de joindre leurs décharges au bruit effroyable de la canonnade qui avait recommencé avec une nouvelle fureur au moment où les bataillons s'étaient mis en marche. Lorsque tous les pelotons furent arrivés au point convenu, ils s'arrêtèrent, et une ligne formidable de guerriers se développa lentement aux rayons du soleil.

— C'est un superbe spectacle, dit Burgoyne qui était resté à côté de Lionel, et qui sentait son imagination s'enflammer en voyant ces belles dispositions. Comme ces mouvements sont bien exécutés! avec quel ordre cette ligne imposante, qui s'est formée majestueusement, s'avance maintenant vers l'ennemi!

Le major Lincoln était trop ému pour répondre, et le général oublia bientôt qu'il avait parlé, absorbé par le spectacle terrible qu'il avait devant les yeux. Les troupes anglaises gravissaient la colline d'un pas si mesuré et avec tant de précision, qu'elles semblaient plutôt défiler à une parade que monter à l'assaut. Leurs drapeaux flottaient fièrement au-dessus de leurs têtes, et par moment le son belliqueux des trompettes s'élevait au milieu de l'air et se mêlait au bruit de l'artillerie. Les jeunes présomptueux qui se trouvaient dans leurs rangs tournaient la tête du côté de la ville; ils souriaient d'un air de triomphe en voyant les clochers, les toits, les collines, couverts de milliers de spectateurs dont les regards étaient fixés sur eux.

Lorsque les lignes anglaises furent arrivées presque au pied de la redoute, et qu'elles commencèrent à se former de nouveau en pelotons autour des différentes faces qu'elle présentait, les batteries se turent l'une après l'autre, et le canonnier, étendu sur sa pièce, contemplait ce spectacle dans un muet étonnement; mais pendant quelques minutes encore le bruit de la canonnade se fit entendre parmi les échos des collines comme le roulement lointain du tonnerre.

— Ils ne se battront pas, Lincoln, dit le même général qui avait déjà parlé à Lionel; l'attitude militaire de nos troupes les a glacés d'effroi, et notre victoire ne sera pas sanglante.

— Nous verrons, Monsieur, nous verrons.

A peine avait-il prononcé ces mots, que chaque peloton anglais fit feu l'un après l'autre, et des décharges de mousqueterie s'élevèrent en même temps du fond du verger. La colline en fut un instant éclairée ; mais les Américains n'en restaient pas moins immobiles sans brûler une seule amorce, et les troupes royales continuèrent à avancer, et disparurent bientôt dans les nuages de fumée blanchâtre dont leur feu seul avait couvert la colline.

— De par le ciel, ils sont matés ! ces terribles provinciaux sont matés, s'écria de nouveau le gai compagnon de Lionel, et Howe est à deux cents pas d'eux, sans avoir perdu un seul homme !

Dans cet instant une clarté subite apparut à travers la fumée, comme l'éclair qui sillonne la nue, et une détonation terrible, produite par plus de mille mousquets tirés à la fois, annonça que les Américains étaient enfin sortis de leur longue inaction. A cette explosion soudaine, à cette décharge affreuse, faite presque à bout portant, Lionel crut voir, et ce n'était pas tout à fait un jeu de son imagination, le nuage de fumée qui s'était élevé l'instant d'auparavant s'ébranler et revenir en arrière, comme si les soldats exercés qui l'entouraient étaient refoulés malgré eux, quoiqu'on ne pût distinguer leurs mouvements ; mais le moment d'après, le cri de guerre inspirateur, poussé par des milliers de voix, et apporté jusqu'à ses oreilles à travers le détroit, malgré l'affreux tumulte du combat, annonça qu'ils n'avaient pas perdu courage et qu'ils étaient retournés à la charge. Dix minutes d'anxiété et d'attente, et les spectateurs réunis sur Copp's-Hill continuaient à dévorer des yeux le lieu de l'action, lorsqu'une voix cria tout à coup au milieu d'eux :

— Hurra ! hurra ! que ces chiens d'Habits-Rouges essaient encore d'escalader Breed's-Hill ; le peuple leur apprendra la loi !

— Jetons cet infâme rebelle dans le détroit ! s'écrièrent dix soldats à la fois.

— Mettons-le à la bouche d'un canon et envoyons-le rejoindre ses dignes amis, s'écrièrent plusieurs autres.

— Arrêtez ! dit Lionel ; c'est un pauvre imbécile, un fou, un idiot !

Mais déjà ce mouvement de fureur s'était apaisé, et tous les yeux s'étaient reportés sur la colline, où l'uniforme éclatant des troupes royales commençait à briller derrière le nuage de fumée, comme si elles reculaient devant le feu bien nourri de leurs ennemis.

— Ah ! dit Burgoyne, c'est quelque feinte pour tirer les rebelles de leur position.

— C'est une honteuse retraite ! murmura le guerrier plus austère qui était près de lui, et dont l'œil exercé aperçut tout de suite la déroute des assaillants ; c'est une autre infâme retraite devant les rebelles !

— Hurra ! cria de nouveau l'idiot incorrigible ; voilà les Habits-Rouges qui sortent à leur tour du verger ! Comme ils se cachent derrière les arbres à fruit ! Qu'ils aillent à Breed's-Hill, le peuple leur apprendra la loi !

Cette fois aucun cri de vengeance ne se fit entendre ; mais une vingtaine de soldats, comme par un élan soudain, se précipitèrent sur leur proie. Lionel n'avait pas eu le temps de prononcer un seul mot en sa faveur, lorsque Job parut en l'air, porté sur les bras étendus d'une douzaine de grenadiers, et l'instant d'après on le vit rouler le long du rocher avec une telle rapidité, que l'impulsion qui lui avait été donnée le porta jusqu'au bord de l'eau. Sautant alors sur ses pieds, l'idiot intrépide agita de nouveau son chapeau en triomphe, et répéta de toutes ses forces son cri provocateur. Ensuite il lança sur le détroit sa petite nacelle qui était restée sur le rivage, cachée au milieu de l'herbe touffue, s'y précipita, et s'éloigna avec rapidité au milieu d'une grêle de pierres que lui lançaient les soldats. Sa barque fut bientôt confondue au milieu du grand nombre de celles qui se croisaient dans tous les sens ; mais Lionel inquiet ne le perdit pas de vue, et il vit Job en sortir, et disparaître d'un pas précipité dans les rues désertes de Charlestown.

Tandis que cet épisode peu important se passait à Copp's-Hill, la marche de l'action principale ne se ralentissait pas. Les nuages épais de fumée qui couvraient la hauteur avaient été soulevés par la brise, et se dirigeaient lentement vers le sud-ouest, laissant de nouveau à découvert le lieu de cette scène sanglante. Lionel remarqua les regards graves et expressifs que les deux lieutenants du roi échangèrent entre eux après avoir examiné le champ de bataille avec leurs lunettes d'approche, et prenant celle que lui offrait Burgoyne, il en vit l'explication dans le nombre de cadavres qui étaient amoncelés devant la redoute.

Dans cet instant un officier haletant arriva sur Copp's-Hill, et eut un entretien animé avec les deux chefs auprès desquels il s'acquitta de son message, et il retourna aussitôt se jeter dans sa barque avec l'empressement d'un homme qui sait qu'il est employé dans des affaires où il y va de la vie.

— On s'y conformera, Monsieur, dit Clinton d'un air animé au moment où l'officier se retirait, les canonniers sont à leur poste, et l'ordre qui m'est transmis va recevoir son exécution.

— Voilà, major Lincoln, dit Burgoyne avec sensibilité, voilà l'une des épreuves les plus cruelles pour un soldat. Se battre, verser son sang, mourir même pour son prince, voilà son heureux privilége; mais aussi quelquefois il est condamné à devenir un instrument de vengeance.

Lionel n'attendit pas longtemps l'explication de ces mots : des boulets enflammés partirent en sifflant à côté de lui, et traversant rapidement l'air, allèrent porter la désolation sur les fragiles habitations du village qui s'élevait en face. En moins de quelques minutes une fumée noire et épaisse sortit du milieu des demeures abandonnées, et la flamme active se jouait en serpentant le long des poutres et des solives, comme si, par ses jets brillants et simultanés, elle voulait en un instant prendre possession du vaste domaine qui était devenu sa proie. Il contempla cette scène de destruction dans un morne silence, et tournant les yeux sur ses compagnons, il crut lire l'expression d'un profond regret dans les regards mêmes de celui qui avait donné sans hésiter l'ordre fatal d'incendier le village.

Dans des scènes telles que celles que nous essayons de décrire, les heures paraissent des minutes, et le temps vole avec la même rapidité que la vie court se perdre dans le torrent des âges. Les colonnes en désordre des troupes anglaises s'étaient arrêtées au pied de la colline, et se formaient sous les yeux de leurs chefs avec une discipline admirable. De nouveaux renforts arrivés de Boston étaient venus prendre rang au milieu de la ligne, et tout annonçait qu'on allait livrer un second assaut.

Après le premier moment de stupeur qui succéda à la retraite des troupes royales, la canonnade recommença avec dix fois plus de furie qu'auparavant, et des bombes noires et menaçantes paraissaient suspendues au-dessus des travaux comme des monstres prêts à fondre sur leur proie.

Cependant tout restait calme et immobile derrière la petite redoute, comme si personne n'eût été intéressé à l'issue de cette sanglante journée. Pendant quelques minutes seulement on vit un vieillard d'une haute statue se promener à pas lents sur le sommet du rempart, et observer d'un œil tranquille les dispositions du général anglais ; bientôt après il échangea quelques mots avec un autre Américain qui était venu le joindre dans ce lieu d'observation dangereux, et ils disparurent ensemble derrière le parapet de terre. Lionel entendit le nom de Prescott de Pepperel passer sourdement de bouche en bouche autour de lui, et sa lunette ne le trompa point lorsque dans son compagnon d'une taille moins élevée il crut reconnaître le chef inconnu des Caucus.

Tous les regards observaient alors la marche des bataillons, qui s'avançaient de nouveau vers l'endroit fatal. La tête des colonnes était déjà en vue de l'ennemi, lorsqu'un homme, sortant du milieu des décombres du village embrasé, monta légèrement la colline. Au milieu des périls qui l'entouraient, il s'arrêta sur le glacis naturel, et fit voler son chapeau en l'air avec enthousiasme. Lionel crut même entendre le cri provocateur un instant avant que Job Pray (car il avait reconnu l'idiot) disparût derrière la redoute.

L'aile droite de la petite armée des assiégeants s'enfonça de nouveau dans le verger, et les colonnes faisant face à la redoute s'avancèrent avec toute la précision imposante de la discipline. Leurs armes brillèrent bientôt sous le parapet de terre, et Lionel entendit le guerrier expérimenté qui était près de lui murmurer à voix basse, comme s'il se parlait à lui-même.

—Qu'il retienne son feu, et il emportera la redoute à la pointe de la baïonnette !

Mais l'épreuve était trop forte, même pour le courage exercé des troupes royales. Les décharges se succédèrent, et au bout de quelques moments elles furent de nouveau cachées sous le nuage épais formé par leur propre feu. Alors se fit entendre la terrible détonation des Américains, et les nuages de fumée partis de tous les points à la fois se réunirent autour des assaillants, de manière à dérober aux spectateurs les ravages qu'elle avait causés. Vingt fois dans le court espace d'autant de minutes Lionel crut que le feu des milices se ralentissait devant les décharges régulières des troupes anglaises; puis l'instant d'après c'étaient ces décharges au contraire que lui semblaient plus faibles et moins fréquentes.

Au surplus, toutes les incertitudes cessèrent bientôt. Les vapeurs épaisses suspendues sur le champ de bataille s'éclaircirent en plus de cinquante endroits, et les colonnes rompues des Anglais reculèrent pour la seconde fois devant leurs ennemis intrépides, dans la plus grande confusion. En vain les officiers, l'épée à la main, les menaces et les exhortations à la bouche, faisaient-ils tous leurs efforts pour arrêter le torrent ; la plupart des régiments ne cessèrent.de fuir que lorsqu'ils se virent en sûreté dans les chaloupes. Dans ce moment un bruit sourd se fit entendre dans Boston, et chacun se regardait avec un étonnement mêlé d'une joie qu'il ne cherchait pas à cacher. Un murmure de satisfaction à peine étouffé circulait de place en place, et dans presque tous les yeux respirait l'ivresse du triomphe. Jusque alors Lionel avait été partagé entre son orgueil national et son esprit militaire ; ces deux sentiments se combattaient dans son cœur ; mais enfin le dernier l'emporta, et il regarda fièrement autour de lui, comme pour voir si quelqu'un osait se féliciter de l'échec essuyé par ses camarades. Burgoyne était encore à ses côtés, se mordant les lèvres de dépit, mais Clinton avait disparu tout à coup. L'œil rapide de Lionel se promena partout jusqu'à ce qu'il l'eût aperçu près d'entrer dans une barque au pied de la colline. Plus prompt que la pensée, Lionel en un instant fut sur le rivage, et courant au bord de l'eau, il s'écria :

— Arrêtez ! pour l'amour de Dieu, arrêtez ! Rappelez-vous que le 47ᵉ est sur le champ de bataille et que j'en suis le major.

— Recevez-le, dit Clinton avec cette satisfaction profonde qu'inspire le dévouement d'un ami dans un moment critique, et maintenant faites force de rames si vous tenez à la vie, ou, ce qui est bien plus encore, à l'honneur du nom anglais.

Lionel éprouva dans le premier moment une sorte de vertige lorsque la barque commença à s'éloigner du bord ; mais il ne tarda pas à se remettre, et put considérer la scène déplorable qui s'offrait à sa vue. Le feu s'était communiqué de maison en maison, et le village de Charlestown n'offrait plus de toutes parts que l'image d'un vaste incendie. L'air semblait rempli de boulets qui sifflaient à ses oreilles, et les flancs noirs des vaisseaux de guerre vomissaient la mort et la destruction avec une effrayante activité.

Ce fut au milieu de ce tumulte que Clinton et Lionel s'élancèrent à terre. Le premier courut dans les rangs en désordre, et par sa présence, par ses paroles, il parvint à rappeler les soldats d'un régiment au sentiment de leur devoir. Mais il fallut faire de longs et fréquents appels à leur courage et à leur ancienne renommée pour rendre une partie de leur première confiance à des hommes qui s'étaient vus si rudement repoussés, et qui cherchaient en vain dans leurs rangs éclaircis plus de la moitié de leurs camarades.

Au milieu du découragement universel, le général en chef avait conservé son sang-froid et son intrépidité; mais de toute cette brillante jeunesse qui s'était précipitée à sa suite, au moment où il était parti le matin de la maison du gouverneur, il n'en était pas un seul qui ne fût resté étendu sur le champ de bataille. Calme et tranquille au sein de la confusion, il continuait à donner ses ordres avec la même énergie. Enfin cette terreur panique parut se dissiper en partie, et les officiers, jaloux de réparer leur honneur, parvinrent à reprendre quelque empire sur les soldats.

Les chefs se consultèrent entre eux, et un nouvel assaut fut résolu à l'instant. Il ne fut plus question d'affecter une pompe militaire; les soldats déposèrent même tout ce qui pouvait gêner leur marche, et plusieurs allèrent jusqu'à se dépouiller d'une partie de leurs vêtements, tant était vive et insupportable l'ardeur d'un soleil brûlant, et à laquelle venait se joindre encore la chaleur de l'incendie, qui commençait à s'étendre jusqu'à l'extrémité de la péninsule. Des troupes fraîches furent placées en tête des colonnes; la division envoyée dans les prairies en fut retirée presque tout entière; il n'y resta que quelques tirailleurs pour amuser l'ennemi retranché derrière les palissades. Lorsque toutes les dispositions furent achevées, l'ordre de partir fut donné en même temps sur toute la ligne.

Lionel avait repris son poste dans son régiment, mais comme il marchait en dehors du bataillon, il dominait sur la plus grande partie du champ de bataille. Le corps d'armée avait été divisé en trois colonnes, pour attaquer trois côtés de la redoute en même temps. En tête de celle du milieu s'avançait un bataillon réduit à une poignée d'hommes par les assauts précédents. Venait ensuite un détachement de soldats de marine conduit par leur vieux major, et enfin se montrait Nesbitt, l'abattement peint dans tous ses traits, à la tête de son régiment, dans lequel Lionel cherchait en vain son ami Polwarth.

Quelques minutes suffirent pour les amener en vue de cette redoute grossière et à peine terminée, dont la base avait été arrosée de tant de sang sans que ceux qui l'attaquaient en fussent plus avancés. Le même silence y régnait, comme si personne ne s'y trouvait pour la défendre, quoiqu'un rang terrible de tubes menaçants se montrât dans toute la longueur du rempart, suivant les mouvements de l'ennemi, comme les enchanteurs imaginaires de nos forêts épient, dit-on, leurs victimes. A mesure que le bruit de l'artillerie devenait plus faible, celui de l'incendie se faisait entendre avec une nouvelle violence. Le village sur leur gauche n'offrait plus que des ruines, et du milieu de ces débris embrasés sortaient d'immenses colonnes d'une fumée noire et épaisse, qui, se condensant en un nuage hideux, venait jeter son ombre lugubre sur le champ de carnage.

Un bataillon intrépide, paraissant sortir du village en cendres, commença à s'avancer dans cette direction, et les autres divisions suivirent son exemple avec un enthousiasme électrique; l'ordre circula dans tous les rangs de ne point faire feu, et le cri : *A la baïonnette! à la baïonnette!* fut répété sur toute la ligne.

— Hurra pour Royal-Irlandais! s'écria Mac-Fuse de sa voix de tonnerre, à la tête de la colonne qui montait du côté de Charlestown.

— Hurra! répéta une voix bien connue derrière la redoute; qu'ils viennent à Breed's-Hill! le peuple leur apprendra la loi!

Dans de pareils moments les pensées se succèdent avec la rapidité de l'éclair, et Lionel s'imaginait déjà que ses camarades étaient maîtres des travaux, lorsque la décharge terrible des Américains, succédant au profond silence qu'ils avaient gardé jusque alors, parut glacer le courage des plus intrépides.

— En avant donc! s'écria le vétéran de marine au petit peloton de soldats qui était en tête de la colonne du centre; en avant! ou le 18ᵉ aura tout l'honneur de cette journée.

— Impossible! murmurèrent les soldats; leur feu est trop bien nourri!

— Alors ouvrez vos rangs, et laissez passer les soldats de marine [1].

[1]. On croit que cette circonstance, comme toutes les autres, est exactement vraie.

Le bataillon affaibli se dissipa, et les enfants de l'océan, habitués aux combats corps à corps, s'élancèrent en avant en poussant de grands cris. Les Américains, dont les munitions étaient épuisées, se retirèrent quelques pas en arrière, quelques uns d'entre eux lançant des pierres à leurs ennemis dans l'indignation du désespoir.

— Hurra pour Royal-Irlandais ! s'écria de nouveau Mac-Fuse se précipitant sur le parapet, qui n'était guère plus élevé que lui.

— Hurra ! répéta Pitcairn en agitant son épée en l'air à un autre angle du rempart, la victoire est à nous !

Un nouveau déluge de feu sortit tout à coup du sein des fortifications, et tous les braves qui avaient suivi l'exemple de leurs officiers disparurent avec eux, comme si un tourbillon soudain les eût balayés. Le grenadier poussa encore une fois son cri de guerre avant de tomber la tête la première au milieu de ses ennemis, tandis que Pitcairn retomba en arrière entre les bras de son propre fils. Le cri de — *en avant le* 47e ! — retentit dans les rangs, et ce bataillon, composé en grande partie de vétérans, monta à son tour à l'assaut. En franchissant le fossé, Lionel aperçut le cadavre du major de marine, dont les yeux entr'ouverts semblaient respirer encore la vengeance et le désespoir, et l'instant d'après il se trouva en présence de l'ennemi. A mesure que les pelotons entraient dans la redoute alors sans défense, les Américains reculaient pas à pas, tenant les baïonnettes en respect avec leurs armes lourdes et grossières. Lorsque toute la ligne se fut reformée de l'autre côté du rempart, les milices essuyèrent un feu de file foudroyant de la part des bataillons qui s'avançaient sur eux de toutes parts. Dès lors il n'y eut plus aucun ordre dans le combat ; la confusion se répandit partout, plus d'une lutte s'engagea corps à corps, et pendant quelques minutes l'usage des armes à feu devint à peu près impossible.

Lionel continua d'avancer, harcelant l'ennemi qui se retirait, et souvent arrêté dans sa marche par des monceaux de cadavres. Malgré le trouble de ses esprits dans un pareil moment, il crut distinguer au milieu des morts le chef des Caucus, étendu sur l'herbe qui s'était abreuvée de son sang. Au milieu des cris féroces et des passions exaspérées du moment, le jeune officier s'arrêta, et tourna les yeux avec une expression qui semblait dire que l'œuvre du carnage allait enfin cesser. Dans ce moment l'éclat de son uniforme attira l'attention d'un paysan qui se mourait, et l'Américain rassembla un reste de force pour immoler encore une victime aux mânes de ses compatriotes ; le coup partit, et Lionel tomba sans connaissance sous les pieds des combattants.

La chute d'un simple officier dans un pareil moment était une circonstance à peu près indifférente, et plusieurs détachements passèrent sur lui sans qu'un seul homme se baissât pour voir s'il respirait encore. Lorsque les Américains furent parvenus à se dégager, ils descendirent légèrement dans la petite vallée qui s'étendait entre les deux collines, emportant la plupart de leurs blessés, et ne laissant que peu de prisonniers entre les mains de leurs ennemis. La disposition du terrain protégea leur retraite ; les boulets passaient au-dessus de leurs têtes, et lorsqu'ils furent arrivés sur Bunker-Hill, l'éloignement fut alors pour eux un nouveau motif de salut. Voyant qu'il n'y avait plus d'espoir de se défendre, les paysans retranchés derrière les palissades abandonnèrent aussi leur position, et se retirèrent derrière le sommet de la colline adjacente. Les soldats les suivirent de loin en poussant de grands cris ; mais lorsqu'ils eurent enfin gravi Bunker-Hill, les Anglais fatigués furent obligés de faire halte, et ils virent les Américains intrépides, bravant le feu continuel de la canonnade, traverser de nouveau l'étroit passage sans avoir perdu presque aucun des leurs, comme si un charme était attaché à leur vie.

Le jour tirait à sa fin, on ne voyait plus d'ennemis. Les vaisseaux et les batteries cessèrent leur feu, et bientôt cette plaine si longtemps ébranlée par tant de commotions terribles rentra dans le plus profond silence. Les troupes commencèrent à fortifier la hauteur sur laquelle elles s'étaient arrêtées, afin de s'assurer la possession de leur stérile conquête, et il ne resta plus rien à faire aux lieutenants du roi que d'aller gémir de leur victoire.

CHAPITRE XVII.

Elle parle et ne dit rien ; qu'est-ce donc ? Son regard parle plus clairement... je lui répondrai.
SHAKSPEARE. *Roméo et Juliette.*

Quoique la bataille de Bunker-Hill eût été livrée pendant que le foin était encore sur les prairies, les chaleurs de l'été avaient été suivies par les gelées piquantes de novembre, les feuilles étaient tombées à l'époque ordinaire, et l'on avait éprouvé les tempêtes et les gelées de février avant que le major Lincoln eût pu quitter la couche sur laquelle il avait été placé, lorsqu'on l'avait rapporté, privé de toute connaissance, des hauteurs fatales de la péninsule de Charlestown. Pendant ce long espace de temps, la balle cachée dans le corps de Lionel avait mis en défaut la science des plus habiles chirurgiens anglais, et toute leur expérience ne leur donnait pas le courage de s'exposer au risque de couper des artères et des tendons qui leur semblaient s'opposer à ce qu'ils arrivassent jusqu'au plomb fatal qu'ils regardaient tous comme l'unique obstacle à la guérison ; c'était une épreuve qu'ils ne se souciaient pas de faire sur l'unique héritier de la maison de Lincoln. Si c'eût été Meriton qui eût été blessé ainsi, au lieu de son maître, il est très-probable que son sort aurait été décidé beaucoup plus promptement.

Enfin, on vit arriver d'Europe un jeune chirurgien entreprenant, qui avait sa réputation à faire, et qui, possédant plus de science ou plus d'audace que ses confrères, ce qui produit quelquefois le même effet, n'hésita pas à prononcer qu'une opération était indispensable. L'état-major des médecins et chirurgiens de l'armée sourit avec dédain de l'assurance de cet audacieux novateur, et se contenta d'abord de lui prouver son mépris en ne répondant rien. Mais quand les amis du blessé, se livrant suivant l'usage aux conseils flatteurs de l'espérance, eurent consenti que le hardi praticien employât ses instruments, tous les docteurs de l'armée se récrièrent à haute voix, et les clameurs devinrent générales. Il se passa même deux jours pendant lesquels les officiers et sous-officiers de l'armée oubliaient les dangers et les fatigues du siége pour prêter l'oreille au jargon inintelligible des Esculapes du camp, et l'on vit pâlir, en les écoutant, des hommes qui n'avaient jamais montré le moindre symptôme de crainte devant leurs ennemis.

Mais, quand on apprit que l'extraction de la balle avait été faite, que le malade ne courait plus aucun danger, enfin qu'il entrait en convalescence, on vit succéder aux cris un calme de plus mauvais augure pour l'espèce humaine que la tempête qui l'avait précédé, et l'audacieux praticien fut universellement reconnu comme le fondateur d'une nouvelle théorie. La moitié des corps savants de la chrétienté accumulèrent leurs honneurs sur sa tête ; l'admiration qu'il inspirait fut portée jusqu'à l'enthousiasme ; il trouva des imitateurs sans nombre. Les anciens raisonnements furent obligés de céder aux faits modernes, et avant la fin de la guerre, on eut lieu de croire que quelques milliers de serviteurs de la couronne et quelques colons patriotes avaient péri scientifiquement par suite de cette importante découverte.

Nous aurions pu consacrer tout un chapitre à rapporter les détails de cette opération difficile ; mais la pratique plus moderne, qui semble en pareil cas renverser naturellement la théorie, a introduit de nouvelles méthodes, par suite de ces expériences hardies, qui nous apprennent de temps en temps quelque chose de nouveau dans l'anatomie de l'homme ; c'est ainsi que les pêcheurs de la Nouvelle-Angleterre ont découvert la Terre-Australe là où Cook n'avait vu que de l'eau ; et comme Parry trouve des veines et des artères dans cette partie du continent américain qu'on avait cru jusqu'à présent ne consister qu'en cartilages inutiles.

Au surplus, quels qu'aient été les effets de cette opération sur la science chirurgicale, il est certain qu'elle fut très-salutaire pour celui qui l'avait subie. Pendant sept mois Lionel était resté dans un état qu'on aurait pu appeler une existence toute précaire, presque incapable de donner la moindre attention à ce qui l'entourait, et heureusement pour lui, dans une telle apathie, qu'il ne sentait ni la douleur ni l'inquiétude. Dans certains moments le flambeau de la vie semblait vouloir se ranimer en lui, comme la lampe prête à s'éteindre brille d'un éclat passager ; alors les espérances de ceux qui le soignaient se réveillaient ; mais la crainte reprenait le dessus quand on le voyait retomber dans cette torpeur qui était son état habituel. On lui avait ordonné quelques soporifiques, et Meriton, dans l'idée de soulager les douleurs qu'il croyait que son maître souffrait, et par un mouvement d'humanité mal dirigé, n'avait pas ménagé les doses de laudanum, ce qui avait contribué en partie à produire la stupeur léthargique dans laquelle il était presque constamment plongé. Après l'opération, le chirurgien avait eu recours aux mêmes moyens pour procurer quelque repos au malade; et il en était résulté plusieurs jours d'apathie alarmante, avant que son système intérieur, se trouvant soulagé par l'extraction du corps étranger qui le gênait, eût pu reprendre ses fonctions ordinaires et rétablir l'accord entre tous ses organes. Par une bonne fortune singulière, son nouveau chirurgien était trop occupé de la gloire qu'il venait d'acquérir pour suivre son succès *secundum artem*, comme un grand général profite de sa victoire pour repousser plus loin l'ennemi, de sorte qu'il fut permis à la nature, le plus habile de tous les docteurs, de compléter la cure.

Lorsque l'effet des potions anodines eut cessé, Lionel se sentit délivré de toute espèce de souffrances, et il goûta un sommeil doux et rafraîchissant qui dura plusieurs heures sans interruption. Lorsqu'il s'éveilla il était un nouvel homme; ses facultés physiques et morales étaient renouvelées, et ses souvenirs, quoique encore un peu confus, étaient certainement en beaucoup meilleur ordre qu'ils ne l'avaient été depuis qu'il était tombé dans la *mêlée* de Breeds-Hill[1].

Il était environ dix heures du matin quand l'usage des plus nobles facultés de l'homme lui fut ainsi rendu, et Lionel, en ouvrant des yeux dont l'expression annonçait l'intelligence, laissa tomber ses regards sur les objets qui l'entouraient et auxquels les rayons brillants du soleil, réfléchis sur des masses de neige, semblaient prêter une sorte de gaieté. Les rideaux de son lit étaient ouverts, et tous les meubles de sa chambre étaient rangés avec un ordre qui était une preuve du soin étudié qu'on avait pris de lui pendant sa maladie. Meriton s'était établi dans un coin, étendu sur un grand fauteuil, dans une attitude qui prouvait

---

1. On doit se rappeler que la bataille de Bunker's-Hill eut réellement lieu sur le Breed's-Hill; cette erreur de nom provient de ce que les Américains avaient le projet de prendre possession de la première position; mais ils manquèrent leur but.

que, s'il avait songé au maître, il n'oubliait pas le valet; car il se dédommageait de la fatigue d'une nuit passée à veiller, en s'accordant pendant la matinée quelques heures d'un repos qui lui paraissait d'autant plus délicieux qu'il le prenait à la dérobée.

Mille souvenirs se présentèrent en même temps à l'esprit de Lionel, et il se passa quelques instants avant qu'il pût séparer la vérité de ce qui n'était qu'imaginaire, et se rappeler à peu près ce qui lui était advenu pendant le siècle qu'avait duré pour lui sa maladie. Se soulevant sans difficulté sur un coude, il se passa la main une ou deux fois sur le visage et appela Meriton. Le valet s'éveilla sur-le-champ, reconnut la voix de son maître, et, se frottant les yeux comme un homme qui se réveille en sursaut, se hâta de lui répondre.

— Comment donc, Meriton! dit le major Lincoln, vous dormez aussi profondément qu'un soldat de milice à son poste. Je suppose qu'on vous a mis au vôtre en vous donnant, plutôt deux fois qu'une, la consigne d'être vigilant.

Meriton resta la bouche ouverte, comme s'il eût voulu dévorer les paroles qui sortaient de celle de son maître au lieu de les écouter, et lorsque Lionel eut fini de parler, le valet se frotta les yeux plusieurs fois, mais par un autre motif que la première; car c'était pour essuyer les larmes qui en sortaient. Enfin il s'écria :

— Dieu merci! Monsieur, Dieu soit loué! vous voilà enfin rendu à vous-même, et tout va marcher comme autrefois. Oui, oui, Monsieur, vous irez bien à présent; vous irez bien pour cette fois. C'est un vrai prodige que cet homme! c'est le plus grand chirurgien de Londres. Nous retournerons dans Soho-Square à présent, et nous y vivrons en citoyens paisibles. Grâce à Dieu, Monsieur, grâce à Dieu, je vous vois sourire, et j'espère que, si quelque chose n'allait pas à votre gré, vous serez bientôt en état de me jeter un de ces regards de travers que je connais si bien, et qui me font venir le cœur à la bouche, quand je sais que j'ai oublié mon devoir.

Meriton, malgré sa fatuité, avait un attachement véritable pour son maître, qu'il servait depuis longtemps; cet attachement s'était encore accru par les soins qu'il lui avait donnés pendant sa maladie, et les larmes de joie qu'il ne pouvait retenir le forcèrent à interrompre les expressions sans suite que ce sentiment lui inspirait. Lionel fut trop touché de cette preuve d'affection pour continuer la conversation, et il passa quelques minutes à mettre ses vêtements du matin, à l'aide de son valet émerveillé de lui voir tant de force. Enfin, s'appuyant sur le bras de Meriton, et enveloppé dans sa robe de chambre, il alla s'asseoir sur le fauteuil que celui-ci venait de quitter.

— Bien, bien, Meriton, dit Lionel; cela suffit. Oui, j'espère que je vivrai encore pour vous distribuer tour à tour quelques réprimandes et quelques guinées. Mais il me paraît qu'après avoir reçu ce coup de feu...

— Ce coup de feu, Monsieur ! vous avez été positivement et illégalement assassiné ; car, indépendamment du coup de mousquet, vous avez reçu des coups de baïonnette, et ensuite une compagnie de cavalerie vous a passé sur le corps. Je le tiens d'un soldat de Royal-Irlandais qui était couché à côté de vous sur le champ de bataille, et qui vit encore pour le raconter. C'est un brave et honnête garçon que Térence, et s'il était possible que Votre Honneur fût assez pauvre pour avoir besoin de pension, il ferait serment de vos blessures partout où besoin serait, à la cour du banc du roi ou aux bureaux de la guerre, à l'hôpital de Bridewell ou au palais de Saint-James.

— Je n'en doute pas, je n'en doute pas, dit Lionel en souriant et en passant machinalement la main sur son corps, tandis que Meriton lui parlait des coups de baïonnette ; mais il faut que le pauvre diable ait mis sur mon compte quelques unes de ses blessures ; car je ne puis avouer ni les coups de baïonnette ni le passage d'une compagnie de cavalerie sur mon corps, quoique je reconnaisse la balle.

— Vous la reconnaissez, Monsieur ? vous ne l'avez pas encore vue. Mais je puis vous la montrer, car je la conserve soigneusement, et on la trouvera dans mon nécessaire de toilette pour l'enterrer avec moi.

A ces mots, il tira de sa poche la balle aplatie, et ajouta en la montrant à son maître avec un air de triomphe :

— Il y a aujourd'hui treize jours qu'elle est dans ma poche, après être restée plus de six mois dans le corps de Votre Honneur, cachée derrière... derrière... ma foi, je ne me souviens pas derrière quelle artère ; mais, quelque bien cachée qu'elle fût, nous l'avons trouvée. Oh ! c'est un homme qui fait des miracles, le plus grand chirurgien de l'Angleterre.

Lionel étendit le bras pour trouver sa bourse que Meriton plaçait régulièrement sur la table tous les matins et qu'il en retirait chaque soir, et, prenant quelques guinées, il les lui donna.

— Il faut un peu d'or pour faire le contre-poids de ce plomb, lui dit-il ; mettez cette malheureuse balle de côté, et que je ne la revoie plus.

Meriton regarda les deux métaux avec beaucoup de sang-froid, et jeta sur les guinées un coup d'œil qui sembla en calculer la valeur en un instant ; après quoi il mit négligemment l'or dans une poche, et enveloppa soigneusement le plomb dans du papier avant de le placer dans une autre ; alors il ne songea plus qu'à s'occuper de ses devoirs ordinaires.

— Je me souviens fort bien d'avoir assisté à un combat sur les hauteurs de Charlestown, continua son maître, et même d'y avoir été blessé. Je me rappelle aussi différentes choses arrivées depuis ce temps, pendant une période qui m'a semblé aussi longue que tout le reste de ma vie, et cependant, Meriton, je crois que je n'avais pas toujours des idées parfaitement claires.

— Mon Dieu ! Monsieur, vous m'avez donné des éloges et vous m'avez grondé cent et cent fois ; mais, en me grondant, vous n'aviez pas le ton aussi vif que de coutume, et jamais vous n'avez parlé comme ce matin, jamais vous n'avez eu si bon visage.

— Comme je voulais le dire tout à l'heure, continua Lionel, il me paraît qu'après avoir reçu ce coup de feu, j'ai été transporté dans la maison de Mrs Lechmere. Je reconnais trop bien cet appartement et ces portes pour pouvoir me tromper.

— Bien certainement, Monsieur, Mrs Lechmere vous a fait transporter du champ de bataille chez elle, et c'est, ma foi, une des meilleures maisons de Boston. Il paraît pourtant qu'elle perdrait le droit qu'elle y a s'il vous arrivait quelque chose de sérieux.

— Grâce à une baïonnette ou à une troupe de cavalerie ; mais d'où peut venir une pareille idée ?

— C'est que quand mistress venait ici dans l'après-midi, ce qu'elle faisait tous les jours avant qu'elle fût malade, je l'entendais souvent se dire à elle-même, que, si vous aviez le malheur de mourir, c'en était fait de toutes les espérances de sa maison.

— Ainsi donc, c'est Mrs Lechmere qui vient me voir chaque

jour, dit Lionel d'un air pensif. Je croyais effectivement me souvenir d'avoir vu plusieurs fois une femme près de mon lit, mais il me semblait qu'elle était plus jeune et plus active que ma tante.

— Et vous ne vous trompez pas, Monsieur; vous avez eu pendant ce temps une garde telle qu'on en rencontre rarement. Je garantis qu'on chercherait en vain dans l'hôpital de Guy à Londres une vieille femme aussi habile qu'elle pour faire un chaudeau ou un posset[1], et à mon avis le meilleur cabaretier de toute l'Angleterre n'est qu'un âne auprès d'elle pour préparer le *négus*[2].

— Ce sont de grands talents; et qui est celle qui les possède à un si haut degré?

— Miss Agnès, Monsieur. C'est une garde comme en trouverait difficilement, que miss Agnès Danforth! quoique je ne puisse dire qu'elle se distingue beaucoup par son affection pour les troupes royales.

— Miss Danforth! répéta Lionel en baissant les yeux avec un air de désappointement; j'espère qu'elle n'a pas été seule à se donner tant d'embarras pour moi. Il ne manque pas de femmes dans cette maison. Il semble que de tels soins auraient pu se confier à quelque domestique. Quoi! Meriton, n'avait-elle personne pour l'aider dans les services qu'elle me rendait?

— Pardonnez-moi, Monsieur; vous devez bien croire que je l'aidais autant que je le pouvais; mais le négus que je faisais n'était pas comparable à celui de miss Agnès.

— On croirait, à vous entendre, que je n'ai fait qu'avaler du vin depuis six mois, dit Lionel avec un peu d'impatience.

— Mon Dieu, Monsieur, vous ne vouliez quelquefois pas boire plein un dé d'un verre qu'on vous présentait, ce que je regardais comme un symptôme fâcheux; car, comme je le finissais toujours, j'étais sûr que ce n'était pas la faute de la liqueur si vous ne la buviez pas.

— En voilà bien assez, Meriton; ne me parlez plus de votre breuvage favori; ce sujet m'ennuie. Mais, dites-moi, nul autre de mes amis n'est-il venu demander de mes nouvelles?

— Oh! pardonnez-moi, Monsieur. Le commandant en chef a envoyé tous les jours un de ses aides de camp, et lord Percy est venu lui-même plus de...

---

1. Mélange de sucre et de vin, aromatisé avec de la muscade.
2. Espèce de limonade au vin.

— Ce sont des visites de politesse ; mais j'ai des parents à Boston. Miss Dynevor a-t-elle quitté la ville?

— Non, Monsieur, répondit Meriton en arrangeant avec beaucoup de sang-froid différentes fioles sur la table ; cette miss Cécile est d'un caractère fort rassis.

— J'espère qu'elle se porte bien?

— Quel plaisir de vous entendre parler ainsi, et avec cette vivacité! Oui, Monsieur, elle se porte bien ; du moins je ne la crois pas sérieusement malade ; mais elle n'a pas l'activité et les connaissances de sa cousine miss Agnès.

— Et pourquoi la jugez-vous ainsi, drôle?

— Parce qu'elle est une lendore, et qu'elle ne met jamais la main à aucun de ces petits ouvrages dont les femmes peuvent s'occuper. Je l'ai vue rester ici des heures entières, Monsieur, sur le fauteuil où vous êtes assis en ce moment, sans faire un seul mouvement, à moins que ce ne fût pour tressaillir quand elle vous entendait soupirer ou vous plaindre. J'ai dans l'idée aussi qu'elle fait des vers ; dans tous les cas, elle aime ce que j'appelle la tranquillité.

— En vérité! dit Lionel poursuivant la conversation avec un intérêt qui aurait paru remarquable à un meilleur observateur que Meriton ; et quelle raison avez-vous pour soupçonner miss Dynevor de faire des vers?

— C'est parce qu'elle a souvent un morceau de papier à la main, toujours le même, et que je l'ai vue le lire et le relire si souvent que je suis sûr qu'elle doit le savoir par cœur ; or, j'ai remarqué que c'est ce que font tous les poëtes.

— Peut-être était-ce une lettre? s'écria Lionel avec une vivacité qui fit tomber des mains de Meriton une fiole qu'il essuyait, et qui se brisa sur le plancher.

— Juste ciel, Monsieur! avec quel feu vous parlez! c'est précisément comme autrefois!

— C'est que je suis surpris de vous voir si bien au courant des mystères de la poésie, Meriton.

— Il faut de la pratique pour se perfectionner, comme vous le savez, Monsieur, répondit Meriton avec un ton de suffisance, et je ne puis dire que j'en aie beaucoup en ce genre. Cependant j'ai fait une épitaphe pour un petit cochon mort à Ravenscliffe, la dernière fois que nous y étions, et l'on a trouvé assez bons quelques vers que j'ai composés sur un vase qu'avait cassé la femme de chambre de lady Bab, qui donna pour excuse que j'avais voulu l'embrasser ; comme si tous ceux qui me connaissent ne savaient pas que je n'avais pas besoin de casser un vase pour embrasser cette sotte créature.

— Fort bien, dit Lionel, quelque jour, quand j'aurai plus de force, je vous demanderai peut-être la faveur de me lire ces deux chefs-d'œuvre ; mais en attendant descendez à l'office et examinez ce qui s'y trouve, car je sens des symptômes qui annoncent le retour de la santé.

Le valet très-satisfait partit à l'instant et abandonna son maître à ses réflexions. Quelques minutes se passèrent avant que le jeune militaire soulevât sa tête, qui était appuyée sur sa main, et il ne changea d'attitude que parce qu'il crut entendre près de lui le bruit d'un pas léger. Son oreille ne l'avait pas trompé. Cécile Dynevor n'était qu'à quelques pieds de son fauteuil, qui était placé de manière qu'elle ne pouvait l'apercevoir en entrant. On voyait, à la précaution avec laquelle elle marchait, qu'elle s'attendait à trouver le malade où elle l'avait laissé la dernière fois qu'elle l'avait vu, sur le lit de douleur où il était resté étendu pendant si longtemps.

Lionel suivit des yeux ses mouvements pleins de grâce, et vit avec peine la pâleur extraordinaire de ses traits. Mais quand elle eut tiré les rideaux du lit, et qu'elle n'y vit personne, la pensée n'a rien de plus rapide que n'en eut le mouvement qu'elle fit pour se tourner vers le fauteuil. Elle rencontra les yeux de Lionel fixés sur elle avec délices, et brillants d'un feu d'intelligence et de vivacité dont ils avaient été privés depuis tant de mois. Cédant à la surprise et au plaisir qu'elle éprouvait, Cécile courut à lui, et s'écria en saisissant une main qu'il étendait vers elle :

— Lionel, mon cher Lionel ! vous êtes donc mieux ? Que d'actions de grâces j'ai à rendre au ciel en vous voyant ainsi !

Tandis qu'une main de Lionel était ainsi pressée entre celles de Cécile, il y sentit un papier, et il s'en empara sans qu'elle y opposât aucune résistance.

— Ma chère Cécile, lui dit-il après y avoir jeté les yeux, c'est la lettre que je vous ai écrite au moment où je savais que ma vie allait courir des dangers, la lettre où je vous faisais connaître les plus secrètes pensées de mon cœur ! Dites-moi si je dois tirer un augure favorable du soin que vous avez pris de la conserver.

Cécile baissa la tête, cacha dans ses mains son visage couvert de la plus vive rougeur, et cédant à une émotion véritablement féminine, elle versa un torrent de larmes. Nous pensons qu'il est inutile de rapporter ici les discours pleins d'une douce affection par lesquels le jeune major réussit à sécher ses pleurs, à bannir la confusion qu'elle éprouvait, et enfin à faire lever sur lui des yeux qui exprimaient toute la confiance qu'il pouvait désirer.

La lettre de Lionel était trop claire pour que Cecile eût quelque chose de nouveau à apprendre, et elle l'avait relue trop souvent pour en avoir oublié un seul mot. D'ailleurs Cécile l'avait vu trop souvent et avec trop d'inquiétude, pendant sa longue maladie, pour avoir recours à aucune de ces petites coquetteries qui s'emploient si souvent dans de pareilles scènes. Elle lui dit tout ce que pouvait dire en semblable occasion une jeune fille pleine de modestie, d'affection et de générosité, et il est certain que, quoique Lionel se trouvât déjà bien quand il avait quitté son lit, le peu qu'elle lui dit fit qu'il se trouva encore bien mieux après cette courte conversation.

— Et vous reçûtes ma lettre le lendemain de la bataille? dit Lionel en la regardant tendrement, tandis qu'elle s'asseyait sur une chaise près de lui.

— Oui; vous aviez donné ordre qu'on ne me la remît que si vous n'existiez plus; mais pendant plus d'un mois nous vous avons tous compté au nombre des morts. Ah! quel mois cruel nous avons eu à passer!

— Qu'il n'en soit plus question, ma chère Cécile; grâce à Dieu, je puis maintenant espérer des années de bonheur et de santé.

— Oui, grâce à Dieu! répéta Cécile, les larmes lui venant encore aux yeux; je ne voudrais pas avoir à passer encore un pareil mois, pour tout ce que ce monde peut offrir.

— Ma chère Cécile, s'écria Lionel, je ne puis payer l'intérêt que vous avez pris à moi et les souffrances que je vous ai occasionnées, qu'en protégeant le reste de votre vie comme le ferait votre père s'il existait encore.

Cécile lui répondit avec l'air de la plus vive confiance :

— Vous le ferez, Lincoln, je sais que vous le ferez; vous me l'avez promis, et je serais indigne de vous si je doutais de votre promesse.

Lionel l'attira doucement à lui sans qu'elle opposât de résistance, et la serra dans ses bras. En cet instant on entendit un bruit qui annonçait que quelqu'un montait l'escalier. Cécile se leva sur-le-champ, et sans donner à Lionel le temps de remarquer la rougeur de ses joues, elle disparut avec la vitesse et la légèreté d'une antilope.

CHAPITRE XVIII.

>Il est mort, oui, bien mort, je parie un ducat.
>SHAKSPEARE. *Hamlet.*

Tandis que Lionel était encore agité par la confusion des sentiments qu'avait fait naître en lui la scène précédente, on entendait toujours marcher sur l'escalier d'un pas lourd et lent, comme si celui qui arrivait eût été appuyé sur des béquilles. Enfin il vit ouvrir une porte située en face de celle par laquelle Cécile avait si soudainement disparu, et au même instant il fut salué par la voix sonore et enjouée d'un ami.

— Que Dieu vous bénisse, Lionel, et qu'il nous bénisse tous, car nous en avons grand besoin ! s'écria Polwarth en s'avançant avec empressement pour prendre la main que le major lui tendait. Meriton vient de m'apprendre que vous avez enfin le plus sûr symptôme du retour de la santé, un bon appétit. Je me serais cassé le cou, dans l'empressement que j'avais de monter l'escalier, pour venir vous faire mon compliment de félicitation, mais je me suis arrêté un moment dans la cuisine, sans en demander la permission à Mrs Lechmere, pour montrer à sa cuisinière comment elle doit faire griller l'entre-côte de bœuf qu'on va vous servir. Excellente chose ! nourriture substantielle ! ce qu'on peut prendre de mieux après un long sommeil. Dieu vous bénisse, mon cher Lincoln ! la vivacité de vos yeux est un stimulant pour mon esprit, comme le poivre de Cayenne pour l'estomac.

Polwarth prononça ces derniers mots d'une voix un peu enrouée, lâcha la main de son ami, qu'il avait pressée jusque alors dans la sienne, et, se détournant sous prétexte de prendre une chaise, passa la main sur ses yeux, toussa deux ou trois fois, et s'assit en silence. Pendant qu'il faisait ces évolutions, Lionel eut le temps de remarquer le changement qui était survenu dans l'extérieur du capitaine. Il avait encore la taille arrondie et même corpulente, mais la dimension en était pourtant considérablement réduite, et au lieu d'un de ces membres inférieurs dont la nature a doué le genre humain, il avait été obligé de substituer une jambe de bois grossièrement travaillée, et dont le dessous du pied était doublé en fer. Ce membre artificiel attira principalement les regards du major Lincoln, qui continua à y fixer les yeux avec un air de compassion affectueuse, quelque temps après que le capitaine se fut établi commodément sur un fauteuil bien rembourré :

— Je vois que mon *fructus belli* excite votre attention, Lionel, dit Polwarth en levant sa jambe de bois avec un air d'indifférence affectée et en la frappant légèrement avec sa canne ; ce membre n'est peut-être pas aussi bien tourné que s'il fût sorti des mains de maître Phidias ; mais il est inappréciable dans une ville comme Boston, parce qu'il ne connaît ni la faim, ni le froid.

— Les Américains pressent donc toujours la ville? dit Lionel charmé de détourner la conversation ; et ils continuent le siége avec vigueur?

— Ils nous ont tenus dans un horrible état depuis que les eaux basses du côté de la terre se sont gelées et ont ouvert un chemin dans le cœur de la péninsule. Peu de temps après l'affaire de Charlestown, et ce fut une maudite affaire, Lionel, leur généralissime de Virginie[1], Washington, est arrivé avec toute la pompe d'une grande armée. Depuis ce temps ils ont pris une attitude plus militaire, quoiqu'ils se soient bornés à nous fatiguer d'escarmouches et à nous tenir enfermés comme des pigeons sous une cage.

— Et Gage ne s'échauffe pas en se voyant ainsi resserré?

— Gage! oh! il y a déjà plusieurs mois que nous l'avons renvoyé comme les soupes qu'on fait disparaître pour faire place à des mets plus substantiels. Du moment que les ministres ont appris que les rebelles agissaient sérieusement, ils ont fait choix de Wil-

---

[1]. Washington avait, depuis plus de vingt ans, le grade de colonel de milice : il était député de la province de Virginie. Sa fortune, son patriotisme éclairé, ses talents reconnus et son âge déjà mûr, le firent choisir pour généralissime par le second congrès, à l'exclusion de Gates et de Lee, qui étaient Anglais de naissance.

liam[1] pour conduire l'affaire, et maintenant nous sommes en présence des révoltés, qui ont déjà appris que notre chef n'est pas un enfant dans la conduite d'une guerre.

— Secondé par des hommes tels que Clinton et Burgoyne, et soutenu par l'élite de nos troupes, il peut aisément se maintenir dans sa position.

— Je ne connais pas de position, major Lincoln, s'écria vivement Polwarth, où il soit facile de se maintenir en face de la famine interne et externe.

— Quoi! en est-on déjà là?

— Vous en jugerez vous-même, mon cher ami. Quand le parlement eut fermé le port de Boston, tous les colons ne faisaient que murmurer, et maintenant que nous l'avons ouvert, et que nous serions charmés d'y voir entrer des provisions, du diable si une seule s'en approche. Ah! Meriton, voilà donc l'entre-côte. Mettez-le sur cette table, approchez-le du fauteuil de votre maître, et allez me chercher un couvert, car j'ai fait ce matin un assez pauvre déjeuner. Si bien donc que nous sommes réduits à nos propres ressources, et encore les rebelles ne nous en laissent-ils pas jouir paisiblement. Cet entre-côte est cuit fort à propos ; voyez comme le jus en sort sous le couteau. Ils ont été jusqu'à équiper des corsaires qui interceptent nos convois, et heureux celui qui peut se procurer un repas comme celui qui est devant nous.

— Je n'aurais pas cru que les Américains eussent pu nous réduire à une pareille extrémité.

— Ce que je viens de vous dire est d'une importance critique, mais ce n'est pas tout. Si quelqu'un est assez heureux pour pouvoir se procurer les matières premières pour faire un bon dîner (vous auriez dû frotter ces assiettes avec un ognon, monsieur Meriton), il lui faut du bois ou du charbon pour les mettre en œuvre, et je ne sais où il peut en trouver.

— En voyant l'abondance dont je suis entouré, mon cher Polwarth, je ne puis m'empêcher de croire que votre imagination exagère le mal.

— C'est la vôtre qui est en défaut, et quand vous sortirez d'ici vous reconnaîtrez que ce que je vous dis n'est que trop vrai. En

---

[1]. William Howe.

fait de nourriture, si nous ne sommes pas réduits, comme les habitants de Jérusalem, à nous manger les uns les autres, on pourrait dire en quelque sorte que notre situation est encore pire, puisque nous sommes entièrement dépourvus de saines substances nutritives. Qu'on aperçoive une malheureuse pièce de bois flotter au milieu des glaces, et vous voyez aussitôt nos doigts gelés lutter contre les Yankies pour s'en assurer la possession. Quand vous verrez cela, vous me croirez sans doute. Je pense qu'il faudra une canonnade pour obtenir ce qui peut rester des poutres d'une maison brûlée. Je ne parle pas ici comme un grondeur, Lionel, car, grâce à Dieu, j'ai maintenant à entretenir la chaleur dans cinq doigts de moins que les autres hommes; et quant aux vivres, j'en consommerai moins à présent que j'ai un membre de moins à nourrir.

Lionel garda un silence mélancolique, tandis que son ami essayait de plaisanter sur son infortune, et alors, par une transition assez naturelle à un jeune militaire qui était dans sa situation, il s'écria avec fierté :

— Mais nous avons remporté la victoire, Polwarth ; nous avons chassé les rebelles de leurs retranchements, comme un tourbillon enlève la poussière.

— Oui, dit le capitaine en plaçant nonchalamment sa jambe de bois sur sa compagne plus précieuse et en la regardant douloureusement ; cependant si nous avions fait un usage plus convenable des dons de la nature, et que nous eussions tourné leur position, au lieu de nous jeter au-devant des cornes du taureau, bien des gens auraient pu quitter le champ de bataille aussi facilement qu'ils y étaient arrivés, et les tourneurs auraient eu moins d'occupation. Mais William aime une action chaude, dit-on, et il a été servi à souhait en cette occasion.

— Clinton a droit à sa reconnaissance, car il est arrivé à propos.

— Le diable ne se plaît-il pas à voir le martyre? William aurait mieux aimé, même en ce moment, voir arriver mille rebelles de plus. Non, malgré le service que lui a rendu Clinton en se jetant entre lui et l'ennemi, il ne lui a pas souri une seule fois depuis ce temps, tant il enrage de s'être vu enlever une partie de la gloire de cette journée. Nous avions assez d'occupation avec nos morts et nos blessés, et pour nous maintenir sur le champ de bataille, sans quoi il aurait peut-être reconnu ce service autrement que par des regards de travers.

— Je crains de vous faire des questions sur le résultat de cette journée. Bien des noms distingués doivent grossir la liste de nos pertes.

— Douze ou quinze cents hommes ne peuvent périr dans une telle armée, sans qu'il se trouve parmi eux quelques uns de nos amis. Je sais que Gage porta notre perte à environ onze cents, mais, après avoir tant méprisé les Yankies, on ne peut rendre justice tout d'un coup à leur prouesse dans sa première fleur. Il est rare qu'un homme puisse marcher sur une jambe sans commencer par boiter un peu, comme je puis le dire par expérience. Calculez treize cents, Lionel, comme un moyen terme, et vous ne vous tromperez pas de beaucoup. Oui sans doute, il est resté quelques braves jeunes gens parmi les morts. Ces drôles de l'infanterie légère, dont j'ai quitté les rangs si à propos, ont été joliment poivrés, et à peine est-il resté du régiment des fusiliers assez d'hommes pour prendre soin de leur chèvre[1].

— Et les soldats de marine? ils doivent avoir beaucoup souffert. J'ai vu le vieux Pitcairn tomber quelques instants avant moi, dit Lionel en parlant avec hésitation. Je crains aussi que notre camarade, le capitaine des grenadiers, n'ait pas eu une meilleure fortune.

— Mac-Fuse! s'écria Polwarth en jetant un regard du côté de son compagnon, oui, Mac-Fuse n'a pas été aussi heureux dans cette affaire qu'il l'avait été dans les guerres d'Allemagne. Heim! Mac était obstiné, Lionel, diablement obstiné en tout ce qui concerne la science militaire; mais il avait le cœur aussi ouvert, aussi généreux, quand il s'agissait de payer sa part d'un écot, qu'aucun officier qui soit au service de Sa Majesté britannique. Je traversai le détroit dans la même barque que lui, et il nous amusa de ses idées originales sur l'art de la guerre. Suivant Mac, c'étaient les grenadiers qui devaient tout faire. Oh! Mac avait des idées qui n'appartenaient qu'à lui.

— Chacun de nous a ses idées particulières, et il serait à désirer

---

[1]. Ce régiment, par suite et en souvenir de quelque tradition, menait à sa suite une chèvre dont les cornes étaient dorées. Une fois par an il célébrait une fête dans laquelle le quadrupède à longue barbe jouait un principal rôle. Dans la bataille de Bunker-Hill, ce corps fut remarqué par sa bravoure et par les pertes qu'il fit.

que personne n'en eût de plus blâmables que celles du pauvre Mac-Fuse.

— Oui, oui, dit Polwarth en toussant violemment, comme s'il eût voulu se dégager le gosier à tout risque ; il était un peu obstiné dans les bagatelles, comme la connaissance de la guerre et tout ce qui concerne la discipline ; mais dans toutes les choses importantes il était aussi traitable qu'un enfant. Par exemple, il était impossible d'avoir moins de prétentions et d'avoir le goût moins difficile à table. Je voudrais bien qu'il vécût encore, pour qu'il pût jouir, dans le temps dur où nous vivons, et quand les mets deviennent excellents par comparaison, des provisions qu'il a eu l'adresse de nous assurer, grâce à la cupidité de notre ancien hôte maître Seth Sage.

— Ce projet remarquable n'a donc pas entièrement échoué, dit Lionel qui brûlait du désir de changer encore une fois un sujet de conversation qui l'affligeait ; j'avais pensé, d'après ce que vous m'avez dit, que les Américains nous serraient de trop près pour que les communications fussent possibles.

— Seth a été trop adroit pour souffrir qu'ils les fermassent à son égard. Les prix fixés à ses fournitures ont été un soporatif pour sa conscience. Je crois même qu'en se servant de votre nom il s'est fait parmi les rebelles un ami assez important pour le protéger dans son commerce. Ses renforts m'arrivent deux fois par semaine, aussi régulièrement que la viande suit la soupe dans un dîner bien ordonné.

— Vous pouvez donc communiquer avec les campagnes, et les campagnes communiquer avec la ville ? Quoique Washington puisse fermer les yeux à cet égard, je doute fort qu'Howe le trouvât bon.

— Pour écarter toute idée de pratiques suspectes et servir en même temps la cause de l'humanité, notre ancien hôte, sage d'esprit comme de nom, a jugé à propos de choisir un fou pour agent de son commerce, un jeune drôle qui était bien connu dans la ville, et que vous devez vous rappeler, un idiot, qui se nommait Job Pray.

Lionel garda le silence quelques instants, pendant lesquels ses souvenirs parurent renaître, et ses pensées se portèrent sur tout ce qui s'était passé pendant les premiers mois de son séjour à Boston. Il est possible que quelque sentiment pénible, quoique indéfinissable, se mêlât à ses réflexions, car il était évident qu'il cherchait à le repousser, et il reprit la parole avec une apparence forcée d'enjouement.

— Oui, oui, je me rappelle fort bien le pauvre Job. C'est un drôle qu'on n'oublie pas aisément quand on l'a une fois vu et connu. Il avait coutume autrefois de s'attacher à tous mes pas; mais je suppose que, comme le reste des hommes, il oublie bientôt ceux qu'il ne voit plus.

— Vous ne lui rendez pas justice, Lionel; non seulement il me demande toujours des nouvelles de votre santé, à sa manière, j'en conviens, mais il me semble même quelquefois en être mieux informé que moi-même, et il me paie les réponses que je fais à ses questions en me disant comment vous vous trouvez, au lieu de l'apprendre de moi, ce que j'ai surtout remarqué depuis l'extraction de la balle.

— Cela semble fort étrange! dit Lionel reprenant un air pensif.

— Pas si étrange, Lionel. Cet idiot ne manque pas d'une certaine sagacité d'instinct, comme il en donnait des preuves par le choix qu'il savait faire des mets, quand il assistait aux dîners que nous faisions en joyeux trio, vous, Mac-Fuse et moi, chez notre ancien hôte Seth Sage. Ah! Lionel, nous pourrons voir des palais plus judicieux et plus exercés, mais où trouverons-nous jamais un ami semblable? un homme qui pouvait manger et plaisanter en même temps, boire et se quereller tout d'une haleine! Pauvre Mac! le voilà parti pour toujours! Il avait un esprit qui produisait sur la monotonie de la vie le même effet que produisent les assaisonnements sur l'appétit.

Meriton, qui brossait l'habit de son maître, soin qu'il ne manquait pas de prendre tous les jours, quoique le major n'en eût pas porté depuis plus de six mois, jeta un regard à la dérobée sur Lionel, et voyant qu'il semblait déterminé à garder le silence, il crut pouvoir se permettre de continuer la conversation avec le capitaine.

— Oui! Monsieur, dit-il, c'était un aimable homme que le capitaine Mac-Fuse, et il combattait pour le roi avec autant de bravoure que qui que ce soit dans l'armée. C'était bien dommage qu'un si bel homme n'eût pas plus de goût pour sa mise, mais c'est en quoi il n'est pas donné à tout le monde de réussir. Cependant chacun convient que c'est une grande perte pour l'armée, et on a raison, car on voit dans la ville des officiers qui portent si mal leurs épaulettes, que s'ils étaient tués dans quelque escarmouche, personne ne songerait à eux.

— Ah! Meriton! s'écria Polwarth, je vois que vous êtes meilleur observateur que je ne le supposais. Mac avait en lui tous les éléments d'un homme, quoique quelques uns n'eussent pas encore pris leur développement. Il y avait dans son caractère une saveur qui épiçait toutes les conversations auxquelles il prenait part. Et dites-moi, Meriton, le pauvre diable a-t-il été convenablement traité la dernière fois qu'il a figuré en ce monde?

— Oui, Monsieur, oui ; nous lui avons fait des funérailles aussi splendides qu'on en pourrait voir à Londres. Il fut suivi par ceux qui n'étaient ni morts ni blessés, ce qui en faisait à peu près la moitié. Comme je savais l'amitié que mon maître avait pour lui, je me chargeai de sa dernière coiffure : je lui arrangeai les moustaches, et comme ses cheveux commençaient à grisonner un peu, j'y jetai un nuage de poudre, de sorte qu'on peut dire que le capitaine Mac-Fuse fut le plus beau mort enterré à Boston.

Les yeux de Polwarth étaient humides, et il se moucha avec un bruit qui ressemblait au son du clairon.

— Oui, oui, dit-il, le temps et les fatigues avaient blanchi prématurément la tête du pauvre diable ; mais c'est une consolation de savoir qu'il est mort en soldat, et non par les mains de ce boucher vulgaire, la nature, et qu'étant mort il a été enterré avec les honneurs qu'il méritait.

— Sans contredit, Monsieur, dit Meriton en prenant un air de gravité convenable à la circonstance, il a été suivi par un cortége magnifique! On peut tirer bon parti de l'uniforme de Sa Majesté dans ces occasions solennelles, et il produisait certainement un grand effet! Me parliez-vous, Monsieur? ajouta-t-il en se tournant vers son maître.

— Oui, dit Lionel avec un ton d'impatience ; ôtez la nappe, et allez vous informer s'il est arrivé des lettres pour moi.

Le valet obéit sur-le-champ, et, après quelques instants de silence, la conversation se renoua entre les deux amis sur des sujets moins douloureux.

Polwarth étant très-communicatif, Lionel en obtint bientôt une relation succincte, et, pour rendre justice au capitaine, nous devons ajouter extrêmement impartiale, de la situation des forces ennemies, et de tous les principaux événements qui avaient eu lieu depuis la journée de Breeds. Une ou deux fois le convalescent fit allusion à la bravoure des rebelles et à l'énergie inattendue qu'ils avaient montrée. Polwarth alors l'écoutait en silence, et ne lui répondait que par un sourire mélancolique, ou par un regard expressif dirigé sur le membre artificiel qui remplaçait celui qu'il avait perdu. Lionel, voyant que son ami reconnaissait ainsi tacitement l'erreur dans laquelle il avait été sur le caractère des Américains, s'abstint enfin de parler de ce sujet.

Il apprit que le général des forces royales s'était maintenu dans la possession qu'il avait acquise sur la péninsule de Charlestown, mais qu'il s'y trouvait serré d'aussi près que dans celle de Boston. Pendant ce temps, tandis que la guerre continuait sérieusement sur le théâtre où elle avait commencé, des hostilités avaient eu lieu dans toutes les colonies au sud du fleuve Saint-Laurent et des grands lacs. Les colons agissant sous l'influence d'un enthousiasme universel, tous ceux qui étaient en état de porter les armes s'étaient levés en masse, et d'abord ils avaient réussi partout. Une grande armée avait été organisée, comme nous l'avons déjà dit, et des divisions avaient été envoyées sur différents points, pour s'emparer des positions qu'on jugeait dès le principe devoir être importantes pour assurer le succès des opérations. Mais on commençait déjà à s'apercevoir des malheureux effets de la division des pouvoirs. Après une suite de petites victoires, Montgomery[1] avait succombé dans une tentative hardie, mais infructueuse, pour emporter la forteresse imprenable de Québec; et, cessant enfin d'être les assaillants, les Américains furent obligés de réunir toutes leurs ressources pour résister aux puissants efforts qu'on savait que l'Angleterre se disposait à faire très-incessamment.

Le ministère anglais, sachant que des milliers de ses concitoyens dans la mère-patrie voyaient cette guerre avec répugnance, eut

---

1. Le général Richard Montgomery était né en Irlande, et avait servi fort jeune dans le Canada, lors des guerres de Montcalm. A la paix, il s'était marié et établi dans la province de New-York. Quand la guerre de l'indépendance éclata, il prit parti pour les Américains, et fut chargé de l'expédition du Canada, où il joignit le colonel Arnold sous les murs de Québec. Ce fut en donnant un assaut à cette ville, le 31 décembre 1775, qu'il fut renversé par une décharge d'artillerie. Pleuré par les Américains, il reçut en Angleterre même les hommages dus aux héros, et l'illustre Fox fit un crime au ministère d'avoir eu pour ennemi un caractère aussi beau que celui de Montgomery. Arnold lui succéda au commandement de l'armée.

assez de déférence pour l'esprit de liberté, qui prit ses premières racines en Angleterre, pour tourner les yeux vers ces États européens qui font un trafic de la vie des hommes, et y chercher des bandes de mercenaires pour les opposer aux colons. En conséquence, les craintes de ceux des Américains qui étaient accessibles à la timidité s'éveillèrent au bruit des hordes immenses de Russes et d'Allemands qui allaient tomber sur leur pays pour le charger de chaînes. Aucune démarche de leurs ennemis ne tendit peut-être plus à les rendre odieux aux yeux des colons que cette mesure d'introduire chez eux des étrangers pour décider une querelle purement domestique. Tant qu'on n'avait vu appeler à la lutte que des hommes élevés dans les principes de justice et d'équité communs aux deux nations, ils avaient encore quelques points de contact qui pouvaient rendre la guerre moins cruelle, et amener avec le temps une réconciliation permanente ; mais leurs raisonnements ne manquaient pas de justesse quand ils pensaient que, si la victoire était remportée par des esclaves, il ne restait d'espoir aux vaincus que dans la soumission la plus abjecte. C'était donc jeter le fourreau, abandonner toute raison, et soumettre au glaive seul le résultat de la guerre. Ces mesures augmentaient la désunion entre les colons et les habitants de la mère-patrie, et une suite non moins funeste fut le changement qu'elles produisirent parmi les premiers dans leurs sentiments habituels à l'égard de la personne du monarque.

Pendant les discussions animées et les récriminations qui avaient précédé l'effusion du sang, les Américains avaient admis dans toute son étendue, non seulement de bouche, mais du fond du cœur, cette fiction de la loi anglaise qui dit que — le roi ne peut faire le mal. — Dans son vaste empire, — sur lequel le soleil ne se couchait jamais, — le monarque anglais ne pouvait trouver de sujets plus dévoués à sa personne et à sa famille que ceux qui venaient de prendre les armes contre ce qu'ils regardaient comme les usurpations inconstitutionnelles d'une autorité arbitraire. Jusqu'alors tout le poids de leur ressentiment était tombé avec justice sur les conseillers du prince, qu'on croyait non instruit des abus couverts de son nom, et dont il était probablement innocent. Mais quand la contestation devint plus vive, on crut que les actes politiques sanctionnés par le nom du souverain l'avaient été aussi par les sentiments personnels de l'homme qui portait la couronne. Le bruit se répandit bientôt parmi ceux qui avaient le moyen d'être le mieux informés que le monarque prenait lui-même un vif intérêt à maintenir ce qu'il appelait sa prérogative, et son ascendant sur le corps des représentants de son empire, où il se rendait en personne.

Cette opinion ne tarda pas à se propager dans toutes les colonies ; on commença à y regarder comme des préjugés les attachements des sujets à leur prince ; on confondit, par un sentiment très-naturel, la tête et les membres, et l'on oublia que la liberté et l'égalité ne faisaient point partie du métier de prince. Le nom du monarque tomba chaque jour de plus en plus en discrédit, et les écrivains américains commençant alors à parler plus librement de sa personne et de son pouvoir, on vit paraître la première lueur de cette lumière qui annonçait la naissance *des étoiles de l'Ouest* parmi les symboles des nations de la terre. Jusqu'alors peu de gens avaient pensé à l'indépendance, et personne n'avait osé en parler ouvertement, quoique les événements eussent préparé silencieusement les colons à cette mesure finale.

La fidélité au prince était le dernier lien qui restât à trancher : car les colonies se gouvernaient déjà elles-mêmes, dans toutes les mesures de politique intérieure et extérieure, aussi bien que pouvait le faire une nation dont les droits n'étaient pas généralement reconnus ; mais, comme le caractère honorable de George III n'admettait pas de déguisement, un éloignement mutuel et une aliénation totale furent les suites inévitables de la réaction de sentiments entre le prince et ses sujets américains [1].

Tous ces détails, accompagnés de beaucoup d'autres plus minutieux, furent racontés à la hâte par Polwarth, qui, avec ses penchants épicuriens, avait beaucoup de bon sens, d'intégrité et de bonnes intentions. Lionel se bornait à peu près à l'écouter, et l'intérêt qu'il prenait à ce récit fit qu'il ne l'interrompit que lorsque sa faiblesse et le son d'une horloge voisine l'avertirent qu'il était resté levé aussi longtemps que la prudence le lui permettait. Polwarth aida le convalescent épuisé à se remettre au lit, et, après lui avoir donné force bons avis sur le régime alimentaire

---

[1]. Les préjugés du roi d'Angleterre étaient inévitables dans sa situation insulaire ; mais ses vertus et son intégrité appartenaient exclusivement à l'homme. On ne peut citer trop souvent ce qu'il dit à notre ministre après la conclusion de la paix : *J'ai été le dernier de mon royaume à reconnaître votre indépendance, et je serai le dernier à la violer.*
(Note de l'Auteur).

qu'il devait suivre et lui avoir serré la main, il sortit de la chambre, sa jambe de bois faisant à chaque pas un bruit qui retentissait dans le cœur du major Lincoln.

CHAPITRE XIX.

> Dieu ne voulut jamais que l'homme escaladât le ciel par le moyen de la sagesse humaine.
>
> COWPER.

Quelques jours d'exercice modéré et l'air salutaire de la saison suffirent pour rétablir les forces du convalescent, dont la blessure s'était guérie pendant qu'il était plongé dans le sommeil apathique que lui avaient procuré les potions anodines de son docteur. Polwarth, eu égard à l'état de raideur d'un de ses membres inférieurs et à la faiblesse de Lionel, avait bravé le ridicule de l'armée, au point de se donner une de ces voitures commodes et peu coûteuses qui étaient connues dans le bon vieux temps de la médiocrité coloniale sous le titre sans prétention de *tumpungs*. Pour lui donner le mouvement, il avait été obligé de mettre en réquisition un des beaux coursiers de son ami; l'animal, à force de leçons qu'il reçut d'un palefrenier, et qui furent peut-être aidées par la diminution des rations de fourrage et d'avoine rendue nécessaire par l'épuisement des magasins, s'habitua à tirer cet équipage dans la neige, d'un pas aussi tranquille que s'il eût su que la santé de son maître exigeait de lui ce changement d'allure.

On voyait tous les jours les deux amis dans cette voiture parcourir les rues de la ville, se promener dans les environs, recevoir les félicitations de leurs amis, ou aller voir à leur tour ceux qui comme eux avaient été blessés dans la bataille meurtrière de l'été précédent, mais qui, moins heureux qu'eux-mêmes, étaient encore obligés de garder leur appartement.

Il ne lui fut pas très-difficile de déterminer Cécile et Agnès à les accompagner dans quelques unes de leurs courtes excursions; mais Agnès ne pouvait jamais s'empêcher de froncer le sourcil toutes les fois que le hasard voulait qu'ils rencontrassent quelques officiers de l'armée royale. L'aspect de miss Dynevor était plus conciliant, et elle avait même quelquefois l'air assez gracieux pour s'attirer les reproches de sa cousine quand elles se trouvaient tête à tête.

— Sûrement, Cécile, vous oubliez tout ce que souffrent nos pauvres compatriotes, dans leurs misérables logements hors de la ville, sans quoi vous seriez moins prodigue de politesses envers ces pavillons de l'armée, lui dit un jour miss Danforth avec un peu d'humeur, en rentrant après une de ces promenades pendant laquelle elle croyait que sa cousine avait contrevenu à cette convention tacite, par laquelle la plupart des femmes des colonies se croyaient obligées de montrer à leurs oppresseurs tout le ressentiment féminin. Si un chef de notre armée se fût présenté à vous, vous n'auriez pu le recevoir avec un sourire plus obligeant que celui que vous venez d'accorder à ce sir Digby Dent !

— Je n'ai rien à dire en faveur de mon sourire, ma sérieuse cousine ; mais ce sir Digby Dent est un gentilhomme.

— Un gentilhomme ! tout Anglais qui porte un habit écarlate et des épaulettes ne prétend-il pas l'être, et ne se croit-il pas le droit de prendre de grands airs aux colonies ?

— Comme j'espère avoir quelques prétentions à porter moi-même le titre de lady, je ne sais pas pourquoi, dans le peu de relations que nous avons avec lui, je ne lui témoignerais pas de la politesse.

— Cécile Dynevor ! s'écria Agnès l'œil étincelant, et devinant avec l'instinct d'une femme à quoi sa cousine faisait allusion, tous les Anglais ne sont pas des Lionel Lincoln.

— Et le major Lincoln n'est pas Anglais, répondit Cécile en souriant et en rougissant ; mais j'ai quelque raison pour croire que le capitaine Polwarth a droit à ce titre.

— Fi donc, Cécile ! fi donc ! Le pauvre homme a été bien puni de sa faute, et il doit inspirer la pitié.

— Prenez-y garde, cousine : la pitié est proche parente de sentiments plus tendres, et si vous la laissez une fois entrer dans votre cœur, vous pourrez bien en ouvrir la porte à toute la famille.

— C'est exactement le point en question, Cécile. Parce que

vous estimez le major Lincoln, vous êtes disposée à admirer Howe et tous ses myrmidons ; moi, je puis avoir pitié et rester ferme dans mes principes.

— Le moment arrivera.

— Jamais ! s'écria Agnès avec une chaleur qui la faisait aller plus loin qu'elle ne le voulait, car elle ajouta sur-le-champ : — Ou du moins, s'il arrive, ce ne sera jamais avec un habit écarlate.

Cécile sourit, et ayant achevé la toilette qu'elle faisait pour le dîner, elle se retira sans répondre.

Ces petites discussions, plus ou moins animées par la vivacité particulière d'Agnès, se renouvelaient assez fréquemment ; mais l'œil de sa cousine devenait tous les jours plus pensif, et l'indifférence avec laquelle elle écoutait se montrait plus à découvert dans chaque conversation qui succédait à une autre.

Cependant le siége, quoique conduit avec beaucoup de soin et de vigilance, n'était qu'un blocus.

Les Américains étaient cantonnés par milliers dans les villages voisins, et de forts détachements étaient campés près des batteries qui commandaient les approches de la place. Quoique leurs ressources se fussent considérablement augmentées par la prise de plusieurs bâtiments chargés d'armes et de munitions, et par la réduction de deux forteresses importantes sur les frontières du Canada, ils n'étaient pas assez riches en approvisionnements de guerre pour les prodiguer sans nécessité, comme on le fait souvent. La rareté des munitions était donc une raison pour les ménager ; mais ils avaient un motif personnel qui s'y joignait encore : c'était le désir de reprendre leur ville en y causant le moins de dommage possible. D'une autre part, l'impression qu'avait faite la bataille de Bunker-Hill était encore assez fraîche pour réprimer l'esprit entreprenant des chefs de l'armée royale, et ils souffraient que Washington tînt en échec leurs forces nombreuses et bien organisées, tandis qu'il n'avait sous ses ordres qu'une multitude indisciplinée et mal armée, qui quelquefois même se trouvait dépourvue de tout moyen d'opposer aux ennemis qui l'auraient attaquée une résistance momentanée[1].

Néanmoins, comme on maintenait toujours une apparence

---

1. Par les changements fréquents de ces corps irréguliers, l'armée américaine fut plus d'une fois inférieure en nombre à celle qu'elle attaquait.

d'hostilités, le bruit du canon se faisait entendre assez souvent, et il y avait des jours où des escarmouches entre les postes avancés des deux armées occasionnaient un feu plus soutenu et des décharges d'artillerie plus multipliées. Mais les oreilles des dames s'étaient habituées depuis longtemps à ce bruit effrayant; et comme les ouvrages extérieurs étaient toujours le théâtre de ces luttes passagères, elles ne causaient plus que peu ou point de terreur.

Une quinzaine de jours se passèrent ainsi, sans aucun incident qui mérite d'être rapporté. Au bout de ce temps, Polwarth arriva un beau matin dans la cour de la maison de Mrs Lechmere avec toute l'adresse dont il était capable, et qui en l'année 1775 caractérisait celui qui était familier avec l'art de conduire un tompung. Quelques instants après on entendit sa jambe de bois annoncer son passage dans le corridor où le reste de la compagnie attendait son arrivée. Les deux aimables cousines étaient enveloppées de fourrures qui ne laissaient qu'entrevoir une collerette formée de deux rangs de large dentelle, et le major Lincoln prenait son manteau des mains de Meriton quand la porte s'ouvrit pour annoncer le capitaine.

—Quoi! déjà prêts! s'écria Polwarth en les regardant successivement; tant mieux! la ponctualité est le vrai levain de la vie. Une bonne montre est aussi nécessaire au convive qu'à son hôte, et à l'hôte qu'à son cuisinier. Miss Agnès, vos yeux sont terriblement meurtriers aujourd'hui. Si Howe veut conserver ses soldats, il ne faut pas qu'il vous permette d'entrer librement dans son camp.

Les beaux yeux d'Agnès Danforth étincelaient pendant qu'il parlait ainsi; mais, les ayant arrêtés un moment sur sa jambe de bois, leur expression s'adoucit sur-le-champ, et elle lui répondit en souriant:

—Que votre général prenne garde à lui; je ne sors jamais d'ici sans reconnaître sa faiblesse.

Le capitaine fit un mouvement expressif avec les épaules, et se tournant vers son ami, lui dit à part à demi-voix:

— Vous l'entendez, major Lincol; depuis qu'on m'a relevé du champ de bataille, comme le dindon qui a été desservi hier après mon dîner, c'est-à-dire avec un membre de moins, je n'ai pu obtenir de cette jeune fille une réponse un peu piquante. Elle est devenue si douce qu'elle ressemble à un morceau de viande sans assaisonnement, et moi, je suis comme une fourchette à deux dents qui n'est propre qu'à découper. Eh bien ! peu m'importe qu'elle me plante là tout à fait à présent qu'elle a perdu ce qui la rendait appétissante. Mais allons-nous à l'église ?

Lionel parut un peu embarrassé. Il tenait un papier à la main, et il hésita un instant avant de le remettre à son ami, le priant de le lire.

— Qu'avons-nous là ? dit Polwarth. Et il lut ce qui suit : « Deux officiers, blessés dans la dernière bataille, désirent rendre grâces au ciel de leur guérison. »

— Deux ! s'écria-t-il ; hem ! Vous, sans doute ; et qui est l'autre ?

— J'avais espéré que ce serait mon ancien compagnon, mon camarade d'études.

— Ah ! moi ! s'écria Polwarth levant involontairement sa jambe de bois et y jetant un regard de regret ; croyez-vous, Lionel, qu'un homme ait un motif bien particulier pour rendre grâces au ciel d'avoir perdu une jambe ?

— Un plus grand malheur aurait pu arriver.

— Je n'en sais rien, dit Polwarth avec un peu d'obstination : si elles avaient été emportées toutes les deux, il y aurait eu plus de symétrie, et c'est ce qui flatte d'abord dans un dîner bien ordonné.

— Vous oubliez votre mère, continua Lionel, comme si son ami n'avait point parlé ; je suis sûr qu'elle rendra grâces au ciel que cette bataille ne vous ait pas coûté plus cher.

Polwarth toussa deux ou trois fois, porta la main sur son front et sur ses yeux, jeta à la dérobée un autre coup d'œil sur la jambe qui lui restait, et dit d'une voix un peu émue :

— Oui, oui, je crois que vous avez raison ; une mère aime son enfant quand même il serait haché aussi menu que chair à pâté. Le beau sexe acquiert ce sentiment généreux quand il a passé la quarantaine. C'est à vos jeunes filles qu'il faut des proportions et de la symétrie.

— Vous consentez donc que Meriton remette la requête comme vous venez de la lire ?

Polwarth hésita encore un instant, mais il se souvint de sa mère, de sa mère si éloignée de lui, et son cœur s'ouvrit à la sensibilité, car Lionel avait touché juste.

— Certainement, certainement, dit-il, il aurait pu m'en arriver autant qu'au pauvre Mac. Oui, demandez pour deux ; ce sera bien le diable si je ne trouve pas un genou à plier en cette occasion. D'ailleurs, Lionel, quand une certaine jeune personne verra que je puis faire chanter un *Te Deum* pour mon aventure, elle cessera peut-être de me regarder comme un objet de pitié.

Lionel lui fit un signe de tête en silence, et le capitaine se tournant vers miss Danforth, lui présenta la main pour la conduire à son tompung, avec un air de fierté qu'il affectait pour montrer combien son âme était supérieure aux accidents de la guerre. Cécile prit le bras du major Lincoln, et tous quatre furent bientôt placés dans le modeste équipage qui les attendait.

Jusqu'à ce jour, qui était le second dimanche depuis ce qu'on pourrait appeler sa résurrection, car le temps ne lui avait pas permis de sortir le dimanche d'auparavant, Lionel n'avait pas eu occasion de remarquer combien la population de la ville avait diminuée. Un grand nombre d'habitants l'avaient quittée peu à peu, les uns clandestinement, les autres à la faveur de passeports qu'ils avaient obtenus du général en chef, de sorte que ceux qui y restaient encore étaient moins nombreux que les troupes de la garnison et ce qui en formait la suite nécessaire.

Lorsqu'ils s'approchèrent de la chapelle du roi, ils trouvèrent la rue remplie de groupes de militaires qui riaient et causaient à haute voix sans s'inquiéter s'ils scandalisaient le peu de citoyens qu'on voyait s'acheminer gravement vers l'église avec cet air sérieux qui annonçait qu'ils étaient occupés de la solennité du saint jour et des devoirs qu'il imposait. La faiblesse de la garnison avait fait perdre si complètement à Boston le caractère de gravité qui distinguait cette ville, et dont elle était si fière, que le porche même du temple n'était pas à l'abri de cette gaieté inconsidérée et des plaisanteries enjouées d'une jeunesse dissipée et irréfléchie, à une heure où, en pareil jour, il régnait dans toute la province un silence si profond qu'on aurait pu croire que la nature interrompait le cours de ses fonctions pour s'unir aux hommages que l'homme rendait à la Divinité. Lionel fut affecté de ce changement, et il le fut encore plus en remarquant que ses deux compagnes se cachaient le visage avec leurs manchons, comme pour empêcher leurs yeux de voir un spectacle qui rappelait des souvenirs encore plus pénibles à des esprits élevés dans les habitudes de réflexion du pays.

Quand le splendide équipage s'arrêta devant l'église, plus de six officiers se présentèrent pour aider les jeunes dames à traverser le portique qui conduisait au temple, et que la gelée et la neige avaient rendu glissant. Agnès les remercia par une froide révérence, et dit avec un sourire fort équivoque à un jeune militaire qui était un de ceux qui montraient le plus d'empressement de lui être utile :

— Nous qui sommes habituées au climat, nous ne trouvons aucune difficulté à marcher sur la glace, quelque dangereuse qu'elle puisse paraître à des étrangers. A ces mots elle salua, et entra gravement dans l'église, sans daigner accorder un seul regard à ceux qui faisaient haie à droite et à gauche.

Les manières de Cécile furent plus douces. De même que sa cousine, elle entra sur-le-champ dans l'église, repoussant les tentatives de ceux qui auraient désiré lui adresser quelques compliments; son air de dignité imposait à tous ceux qui étaient près d'elle. Par suite de la marche rapide de leurs compagnes, Lionel et Polwarth furent laissés parmi la foule d'officiers qui assiégeaient la porte de l'église. Le major s'avança sous la colonnade qui en ornait l'extérieur, et passa de groupe en groupe, répondant aux questions et en faisant lui-même avec la politesse ordinaire des militaires. Ici trois ou quatre vétérans étaient appuyés sur une des formidables colonnes qui s'élevaient lourdement de trois côtés de l'édifice, et discutaient gravement sur les signes politiques du temps et sur la position de leurs corps respectifs. Là quelques jeunes gens imberbes, décorés de tous les vains emblèmes de leur profession, obstruaient le passage du peu de femmes qui arrivaient, sous prétexte de montrer leur admiration pour le beau sexe, mais dans le fait par espoir d'en inspirer eux-mêmes. On voyait çà et là d'autres petits groupes; ceux-ci écoutant les fades plaisanteries d'un bouffon de profession, ceux-là maudissant le pays dans lequel le destin les obligeait à servir, d'autres racontant les merveilles qu'ils avaient vues dans d'autres pays, et faisant une pompeuse description des dangers qu'ils y avaient courus.

Au milieu d'un tel rassemblement, il n'était pourtant pas difficile de trouver quelques hommes dont les vues étaient plus élevées, et dont la conduite annonçait une meilleure éducation et des principes plus religieux. Lionel resta quelques instants à converser avec un officier de cette classe, sous la partie du portique la plus éloignée de la porte. Enfin le son de l'orgue se fit entendre, et tous les groupes commencèrent à se séparer, comme si l'on se fût rappelé tout à coup pourquoi on se trouvait réuni en cet endroit. Le compagnon du major Lincoln l'avait quitté, et Lionel se rendait vers le portail, quand son oreille fut frappée par une voix qui psalmodiait d'un ton nasal à côté de lui :

— Malheur à vous! pharisiens, car vous aimez les premières places dans les synagogues !

Quoique Lionel n'eût pas entendu cette voix depuis le cri qui était parti de la fatale redoute, il la reconnut à l'instant. Se retournant à cette menace singulière, il vit Job Pray, debout et immobile comme une statue dans une des niches pratiquées dans le mur de l'édifice, d'où sa voix sortait comme celle d'un prophète prononçant des oracles.

— Drôle, s'écria Lionel, aucun danger ne vous apprendra-t-il à être prudent ? Comment osez-vous braver ainsi notre ressentiment ?

Ces questions ne purent attirer l'attention de l'idiot Job, dont le visage était pâle et maigre, comme s'il relevait d'une grande maladie, et dont les vêtements étaient plus malpropres et plus misérables que de coutume ; il semblait complètement étranger à tout ce qui se passait autour de lui, et sans même fixer un instant ses regards égarés sur celui qui parlait, il continua :

— Malheur à vous ! car vous n'y allez pas vous-mêmes, et vous n'y laissez pas entrer ceux qui y vont !

— Es-tu sourd, fou? s'écria Lionel.

Au même instant l'œil de Job se fixa sur celui qui l'interrogeait, et le major Lincoln tressaillit involontairement en voyant un regard d'intelligence sauvage briller sur les traits de l'idiot, qui continua sur le même ton :

— Quiconque dira à son frère *raca* sera en danger du conseil, et quiconque lui dira *tu es un fou*, est en danger du feu de l'enfer.

Lionel resta un moment comme sous l'influence d'un talisman, en voyant de quel air Job prononçait cet anathème. Mais le charme ne tarda pas à se rompre, et le touchant légèrement du bout de sa canne, il lui ordonna de descendre de sa niche.

— Job est un prophète, répondit le jeune homme ; mais au même instant il déshonora son caractère prophétique en prenant l'air d'idiotisme qui lui était naturel, la lueur de raison qui avait éclairé ses traits ayant passé comme un éclair. Il est mal de frapper un prophète, ajouta-t-il; les Juifs battaient les prophètes et les lapidaient.

— Faites donc ce que je vous ordonne. Voulez-vous rester là pour que les soldats vous battent? Allez-vous-en. Venez me trouver après le service, et je vous ferai donner de meilleurs vêtements que les guenilles que vous portez.

— N'avez-vous jamais lu le bon livre? Ne dit-il pas que vous ne devez vous inquiéter ni de la nourriture ni du vêtement? La vieille Nab dit que lorsque Job mourra il ira au ciel, car il a de quoi manger à peine, et encore moins de quoi se vêtir. Les rois portent des couronnes d'or et de diamants; mais les rois vont toujours dans l'abîme.

L'idiot se tut tout à coup, et s'accroupissant au fond de sa niche, il se mit à jouer avec ses doigts, comme un enfant qui cherche à s'amuser en exerçant ses membres. Au même instant Lionel se détourna de lui, entendant un bruit de sabres qui traînaient sur la terre, et plusieurs personnes qui marchaient derrière lui. C'était l'état-major de l'armée qui arrivait pour entrer dans l'église, et Lionel en reconnut sur-le-champ les deux chefs, qui, un peu en avant des autres, s'étaient arrêtés pour écouter ce qui se passait, et regardaient avec attention l'être singulier placé dans la niche. Malgré sa surprise, le major Lincoln salua le commandant en chef avec la déférence due à son rang, et reconnut qu'il avait les sourcils encore plus froncés que de coutume.

— Quel est, demanda Howe, ce drôle qui ose condamner à la perdition éternelle les puissants de la terre, sans même en excepter son souverain?

— C'est un être infortuné, privé de raison, que le hasard m'a fait connaître, répondit le major Lincoln. Il ne sait ce qu'il dit, et encore moins en présence de qui il se permet de parler.

— Ce sont de pareilles opinions, conçues par les intrigants et répandues par les ignorants, qui ont fait chanceler la fidélité des colonies, dit le général en chef. J'espère, major Lincoln, que vous pouvez répondre de la loyauté de votre singulière connaissance?

Lionel allait lui répondre avec un peu de chaleur, mais l'officier général qui accompagnait Howe ne lui en donna pas le temps.

— Par les ailes que Mercure porte aux talons, s'écria-t-il en riant, c'est le même paillasse qui a fait le saut périlleux du haut de Copp's-Hill, et dont je vous ai déjà parlé! Suis-je dans l'erreur, Lincoln? N'est-ce pas ce philosophe braillard dont les sentiments étaient si élevés le jour de la bataille de Breeds, qui voulut prendre son vol comme Icare, mais qui, moins heureux que son modèle, tomba sur la terre ferme?

— Je crois que votre mémoire est fidèle, Monsieur, répondit Lionel en souriant : son idiotisme le jette souvent dans l'embarras.

Burgoyne tira légèrement le bras du général, sous lequel le sien était passé, comme s'il eût cru que l'être misérable qu'ils avaient devant les yeux ne méritait pas de les occuper plus longtemps, quoique, dans le fait, ce fût dans l'intention d'empêcher son officier supérieur de donner publiquement le spectacle impolitique du penchant bien connu qu'il avait à pousser à l'extrême ses idées d'autorité militaire. S'apercevant pourtant, à l'air sombre de Howe, qu'il hésitait encore sur ce qu'il avait à faire, il ajouta:

— Le pauvre diable a été doublement puni par une chute d'une cinquantaine de pieds, et par la mortification qu'il a eue de voir le glorieux triomphe des troupes de Sa Majesté. Je crois que c'en est bien assez pour lui obtenir son pardon.

Howe céda insensiblement à la pression du bras de Burgoyne, et ses traits durs se relâchèrent au point de laisser paraître un sourire à demi ironique, quand, se détournant, il dit à Lionel :

— Faites attention à votre connaissance, major Lincoln, car, quelque fâcheuse que paraisse sa situation, elle pourrait devenir pire. De pareils propos ne peuvent se tolérer dans une place assiégée. Assiégée est le mot, je crois. Les rebelles n'appellent-ils pas cet attroupement de canaille une armée assiégeante?

— Ils se sont rassemblés autour de notre quartier d'hiver, dit Lincoln, et je crois qu'ils prétendent...

— Il faut convenir qu'ils se sont bien conduits sur la hauteur de Breeds. Les misérables coquins se sont battus comme des hommes.

— Avec courage, et non sans quelque prudence, dit Burgoyne, mais ils ont rencontré des gens qui se battaient encore mieux, et qui avaient plus de science militaire. Entrons-nous dans l'église?

Les traits du général anglais reprirent l'expression que la nature leur avait donnée, et il dit avec un ton de complaisance :

— Allons, Messieurs, nous sommes en retard. Si nous ne nous pressons pas davantage, nous n'arriverons pas à temps pour prier pour le roi, et encore moins pour nous-mêmes.

Il avait à peine fait deux pas, accompagné de sa suite, quand un nouveau bruit qu'on entendit en arrière annonça l'arrivée d'un autre officier-général. C'était le commandant en second, également accompagné d'un cortége assez nombreux. L'air de satisfaction qu'exprimaient les traits de Howe s'évanouit dès qu'il le vit paraître. Il rendit à Clinton son salut avec une politesse froide, et entra sur-le-champ dans l'église.

Dès que Burgoyne l'eut vu passer, il s'approcha de Clinton, et, avec la présence d'esprit qu'il conservait toujours, lui fit à l'oreille quelque allusion adroite aux événements de cette même journée qui avait donné naissance à la jalousie du général en chef, et qui l'avait indisposé contre un homme au secours duquel il devait tant.

Clinton céda à l'influence presque irrésistible de la flatterie, et entra dans l'église avec un contentement intérieur qu'il prit sans doute pour un sentiment plus convenable au lieu et à l'occasion. Tous les groupes d'aides de camp, de secrétaires et d'officiers suivirent l'exemple des deux généraux, et Lionel se trouva encore une fois seul avec l'idiot.

Depuis le moment de l'arrivée du général en chef jusqu'à celui de son départ, Job était resté dans un état d'immobilité parfaite. Ses yeux étaient fixes, sans être arrêtés sur rien; sa mâchoire inférieure était abaissée de manière à donner à sa physionomie un air d'aliénation mentale complète. En un mot, on voyait en lui les traits dégradés d'un homme totalement dépourvu du plus faible rayon d'intelligence. Mais quand les derniers pas de ceux qui entraient dans l'église eurent cessé de se faire entendre, la crainte qui lui avait troublé l'esprit, s'il est permis d'employer ce terme en parlant d'un idiot, se dissipa peu à peu; il quitta sa posture accroupie, et dit d'une voix basse mais emphatique:

— Qu'il aille à Prospect, et on lui apprendra quelle est la loi.

— Fou pervers et obstiné! s'écria Lionel en le tirant sans cérémonie hors de sa niche, voulez-vous continuer à crier ainsi jusqu'à ce que vous ayez été étrillé par tous les régiments?

— Vous avez promis à Job que les grenadiers ne le battraient plus, et Job vous a promis de faire vos commissions.

— Oui, mais si vous n'apprenez à garder le silence, j'oublierai ma promesse, et je vous abandonnerai à la colère de tous les grenadiers qui sont dans la ville.

— Oui, dit Job avec l'air de satisfaction d'un idiot, mais il n'en reste plus que la moitié; les autres sont morts. Job a entendu le plus grand d'entre eux crier comme un lion enragé le jour de la bataille : — Hurra pour Royal-Irlandais! Mais il n'en a pas dit davantage, quoique Job n'ait pas trouvé de meilleur appui pour son fusil que l'épaule d'un mort.

— Misérable! s'écria Lionel en reculant avec horreur, vos mains sont-elles donc teintes du sang de Mac-Fuse?

— Mes mains? répéta l'idiot sans se déconcerter; Job ne l'a pas touché avec ses mains; il est mort comme un chien, à l'endroit où il est tombé.

Toutes les idées de Lionel furent un moment en confusion; mais un bruit auquel il ne pouvait se méprendre lui annonçant l'arrivée de Polwarth, il dit à la hâte d'une voix tremblante d'émotion :

— Partez, drôle; allez chez Mrs Lechmere comme je vous l'ordonne, et dites.... dites à Meriton d'avoir soin de mon feu.

L'idiot fit un mouvement pour obéir, mais s'arrêtant tout à coup, il leva les yeux sur le major, et lui dit d'un air souffrant et avec un ton suppliant:

— Job est engourdi de froid. La vieille Nab et Job ne peuvent avoir de bois à présent; le roi paie des soldats qui se battent pour le prendre. Permettez à Job de se réchauffer un peu; ses membres sont froids comme la mort.

Touché de cette demande et de l'air de misère de l'idiot, Lionel lui fit un signe de consentement, et se détourna pour joindre son ami. Il ne fut pas nécessaire que Polwarth parlât pour apprendre au major que le capitaine avait entendu une partie de la conversation qui venait d'avoir lieu entre Job et lui; il vit clairement, à son attitude et à l'expression de sa physionomie, qu'il était instruit de ce qu'il aurait voulu lui cacher, et que ce qu'il avait appris avait fait sur lui une forte impression.

— Ne vous ai-je pas entendu prononcer le nom de Mac-Fuse? demanda Polwarth en suivant des yeux l'idiot, qui s'avançait dans la rue couverte de neige et de glace.

— C'était quelque nouvelle sottise de cet imbécile, répondit Lionel. Mais par quel hasard n'êtes-vous pas dans l'église?

— J'en sors, répondit Polwarth d'un ton grave. Ce drôle est votre protégé, major Lincoln ; mais vous portez peut-être l'indulgence trop loin. Je viens vous chercher à la requête de deux beaux yeux bleus, qui, depuis une demi-heure, demandent à tous ceux qui entrent dans l'église pourquoi le major Lincoln n'y est pas encore.

Lionel lui fit ses remerciements, feignit de sourire du ton grave qu'avait pris son ami, et, sans plus de délai, ils entrèrent tous deux dans l'église et se placèrent dans le banc de Mrs Lechmere.

Les idées religieuses qui occupèrent alors Lionel bannirent insensiblement de son esprit les réflexions pénibles qu'avait fait naître son entrevue avec Job. Il entendit la respiration pénible et entrecoupée de l'être aimable qui était agenouillé à son côté, pendant que le ministre lisait les actions de grâces qui le concernaient personnellement, et quelque reconnaissance terrestre se mêlait au sentiment de gratitude qu'il élevait vers le ciel. Sous le voile transparent qui couvrait le visage de Cécile, il vit ses yeux pleins de douceur prendre la même direction, et il se rassit aussi heureux que peut l'être un amant bien épris quand il se sent assuré de posséder l'affection d'une jeune personne aussi pure qu'aimable.

Le service divin n'offrit peut-être pas autant de consolation à Polwarth. Lorsqu'il fut question de se lever, il se remit d'abord avec un peu de difficulté sur sa jambe solitaire, et jetant un regard fort équivoque sur ce qui remplaçait l'autre, il toussa, et fit un tel bruit en traînant sa jambe de bois sur le plancher du banc, qu'il attira sur lui tous les yeux, comme s'il avait voulu que toute la congrégation pût rendre témoignage que c'était pour lui qu'on venait d'offrir au ciel des actions de grâces.

Le ministre qui officiait était trop discret pour fatiguer l'attention des officiers de l'état-major en leur donnant un échantillon de son éloquence sacrée. Il fut une minute à prononcer son texte de manière à faire impression. Il en mit trois à l'exorde. Dix lui suffirent pour les deux points de son discours, et il termina sa péroraison en quatre minutes et demie, ayant ainsi le plaisir de voir, par cinquante montres qui furent tirées en même temps, et par le nombre de visages satisfaits qu'il apercevait de toutes parts, qu'on trouvait universellement qu'il venait de débiter un discours très-orthodoxe.

Ce mérite trouva sans doute sa récompense. Entre autres témoignages qui furent rendus en sa faveur, quand Polwarth lui serra la main pour le remercier des actions de grâces qu'il avait rendues pour lui, il trouva le moyen de placer un compliment flatteur pour le prédicateur, en lui disant qu'indépendamment de toutes ses autres beautés, son sermon avait le mérite d'être admirablement court.

CHAPITRE XX.

> Allons ! ma Willifrida, que rien de ce qui peut déplaire à l'amour ne fasse naître en vous le souci ; que rien ne retarde la bénédiction céleste ; bannissez toute pruderie et toute crainte fâcheuse.
> *Anonyme.*

Il fut peut-être heureux, pour la tranquillité de toutes les parties intéressées, qu'à l'époque où une confiance sans réserve s'établit entre le major Lincoln et celle qu'il aimait, Mrs Lechmere ne pût se placer devant cette brillante image de bonheur et de pureté que tous les traits et tous les mouvements de Cécile offraient aux yeux de son amant. L'intérêt singulier et quelquefois un peu contradictoire que cette dame avait si souvent prouvé qu'elle prenait à tout ce qui concernait son jeune parent ne se montrait plus pour éveiller ses soupçons endormis. Les sentiments dont il était alors entièrement occupé lui avaient même fait oublier ces scènes inexplicables dans lesquelles il avait vu figurer sa tante, ou, s'il s'en souvenait, elles ne faisaient que voiler la vivacité des tableaux agréables que lui présentait son imagination, comme un léger nuage jette une ombre passagère sur des campagnes riantes. Indépendamment de ses auxiliaires naturels, l'amour et l'espoir, Mrs Lechmere en avait trouvé un autre non moins puissant dans le cœur de Lionel, par suite d'un accident qui l'obligea longtemps, non seulement à garder la chambre, mais même à rester au lit.

Le jour que le major Lincoln subit l'opération critique dont nous avons parlé, sa tante en attendit le résultat avec la plus grande inquiétude. Dès qu'elle eut appris qu'elle était heureusement terminée, elle courut vers l'appartement avec un tel empressement, que les suites qui en résultèrent se joignant aux infirmités naturelles de son âge, pensèrent lui coûter la vie. En montant l'escalier, son pied s'embarrassa dans sa robe, et, sans faire attention au cri que poussa miss Danforth pour l'avertir, elle voulut continuer à marcher, avec cette violence de caractère qui lui faisait quelquefois oublier tout son amour pour le décorum, et elle fit une chute qui aurait pu être fatale à une femme beaucoup plus jeune. Le choc qu'elle reçut fut suivi d'une inflammation qui, sans paraître très-dangereuse, se prolongea assez longtemps pour donner des craintes à tout ce qui l'entourait. Cependant, à l'époque où nous sommes arrivés, tous les symptômes fâcheux avaient disparu, et sa guérison n'était plus douteuse.

Lionel ayant appris tous ces détails de la bouche de Cécile, on peut juger que la source où il les puisait ne fit qu'ajouter à l'effet que produisit l'intérêt que sa tante avait pris à lui. Cependant, quoique Cécile eût particulièrement appuyé sur la preuve qu'offrait cet incident de l'attachement de Mrs Lechmere pour son neveu, le major Lincoln avait remarqué que miss Dynevor, dans les conversations qu'il avait avec elle, ne prononçait que très-rarement le nom de sa tante, et qu'elle n'en parlait jamais qu'avec une réserve et une retenue qui paraissaient portées à l'extrême. Leur confiance augmenta pourtant à mesure qu'ils se virent plus souvent, et Lionel commença peu à peu à soulever le voile dont une modestie timide couvrait les sentiments de Cécile, et à lire dans un cœur dont la pureté et la sincérité n'exigeaient pas de grandes recherches pour se faire connaître.

En revenant de l'église, Cécile et Agnès se rendirent sur-le-champ dans l'appartement de leur tante, et laissèrent Lionel en possession du petit salon boisé, Polwarth étant retourné chez lui. Le major passa quelques minutes à s'y promener en réfléchissant sur la scène dont il avait été témoin avant d'entrer dans l'église, et fixant quelquefois les yeux, sans y faire aucune attention, sur les ornements sculptés sur la boiserie, et parmi lesquels les armoiries de sa maison occupaient la place la plus honorable. Enfin il entendit le bruit de cette marche légère qu'il avait trop bien appris à connaître pour pouvoir s'y méprendre, et, presque au même instant, miss Dynevor entra dans l'appartement.

— Et Mrs Lechmere, lui dit-il en la conduisant vers un sofa et s'y plaçant à côté d'elle, j'espère que vous l'avez trouvée mieux ?

— Elle est si bien, répondit Cécile, qu'elle a dessein de se hasarder au point d'avoir ce matin une entrevue avec vous-même. En vérité, Lionel, vous avez tout lieu d'être reconnaissant du vif intérêt que ma tante prend à vous. Quelque malade qu'elle ait été, elle n'a jamais cessé de demander des nouvelles de votre santé, et je l'ai vue refuser de répondre aux questions que le médecin lui faisait sur la sienne, avant qu'il lui eût rendu compte de l'état dans lequel il vous avait trouvé.

Quelques larmes sortirent des yeux de Cécile, tandis qu'elle parlait ainsi, et la vivacité des sentiments qui l'animaient chargea son teint d'un coloris plus foncé.

— C'est donc à vous que je devrais une grande partie de ma reconnaissance, dit Lionel, si, en unissant votre sort au mien, vous me rendez encore plus précieux à ses yeux. Avez-vous fait connaître à Mrs Lechmere toute l'étendue de ma présomption ? Lui avez-vous appris nos engagements ?

— Pouvais-je faire autrement ? Tant que votre vie a été en danger, j'ai renfermé dans mon cœur le secret de tout l'intérêt que je prenais à votre situation ; mais, quand nous avons pu nous flatter de l'espoir de votre guérison, j'ai mis votre lettre entre les mains de celle de qui je dois naturellement attendre des conseils, et j'ai la consolation de savoir qu'elle approuve mon... Que dirai-je, Lionel ? ne devrais-je pas dire ma folie ?

— Dites tout ce qu'il vous plaira, s'écria Lincoln, pourvu que vous ne désavouiez pas vos sentiments. Je me suis interdit jusqu'à présent de demander à Mrs Lechmere quelles étaient ses vues pour vous, attendu l'état de sa santé ; puis-je me flatter, Cécile, que je n'en essuierai pas un refus ?

Le cœur de Cécile fut vivement ému ; son front se couvrit de ce coloris qui annonce la santé ; mais la pâleur revint presque aussitôt sur ses joues. Elle jeta un regard de reproche sur son amant, et lui répondit avec calme, quoique avec un léger mélange de déplaisir :

— Mon aïeule peut avoir eu le tort de voir d'un œil trop partial le chef de sa propre famille ; mais si cela est, sa récompense ne doit pas être la méfiance. J'ose dire que cette faiblesse est fort naturelle, quoique ce soit une faiblesse.

Lionel comprit pour la première fois la cause des variations qu'il avait remarquées dans la manière dont Cécile avait reçu ses soins jusqu'au moment où elle avait senti que son cœur s'intéressait à lui ; mais sans laisser apercevoir la découverte qu'il venait de faire, il lui répondit :

—La reconnaissance ne mérite pas un nom aussi dur que celui de méfiance, et ma vanité ne me permet pas de donner celui de faiblesse à une partialité qui m'est si favorable.

— Ce mot est juste, dit Cécile en souriant avec sa douceur ordinaire, et l'on peut s'en servir sans scrupule quand on l'applique à la pauvre nature humaine. Vous me pardonnerez peut-être de l'avoir employé, si vous songez que nos faiblesses sont quelquefois héréditaires.

—Je vous pardonne vos injustes soupçons en faveur de ce charmant aveu ; mais me permettez-vous de m'adresser à votre aïeule pour lui demander qu'elle consente à ce que nous soyons unis sur-le-champ?

—Quoi ! vous ne voudriez pas qu'on chantât votre épithalame, quand il est possible que l'instant d'après le son d'une cloche funèbre vous appelle aux funérailles d'un ami?

— La raison que vous faites valoir pour différer notre mariage, Cécile, est précisément celle qui m'engage à le presser. La saison s'avance, et il faut que cette guerre, qui n'a été jusqu'ici qu'un enfantillage, se termine. Howe rompra la barrière qui le retient, et chassera les Américains des hauteurs voisines, ou il ira chercher un autre théâtre pour une guerre plus active. Dans l'autre cas, vous resteriez sans appui, à un âge où vous en avez encore besoin, dans un pays déchiré par des divisions intestines ; car votre vieille aïeule n'est plus en état de vous en servir. Assurément, Cécile, vous ne pouvez hésiter à vous mettre sous ma protection dans un tel moment de crise, et je pourrais même ajouter que vous le devez autant par égard pour vous-même que par compassion pour mes sentiments.

— Continuez : j'admire l'adresse de votre esprit, sinon la justesse de vos arguments. Je vous dirai pourtant que d'abord je ne crois pas que votre général trouve si facile de chasser les Américains des hauteurs voisines. Par un simple calcul arithmétique, que je suis moi-même en état de faire, vous devez voir que, s'il lui a coûté tant de monde pour s'emparer d'une seule de nos montagnes, il serait obligé d'acheter bien cher la possession de toutes les autres. Ne prenez pas un air si grave, Lionel, je vous en supplie. Sûrement vous ne pouvez croire que je veuille parler avec légèreté d'une bataille qui a pensé vous coûter la vie, et... et... me coûter mon bonheur.

— Je vous dirai à mon tour : continuez, dit Lionel chassant à l'instant le nuage passager qui lui couvrait le front ; j'admire vos sophismes et votre sensibilité, sinon vos raisonnements.

Rassurée par sa voix et par ses manières, Cécile, après un moment d'extrême agitation, reprit la parole avec le même enjouement qu'auparavant.

— Mais supposons que votre général se soit rendu maître de toutes les hauteurs des environs, et que le chef des Américains, qui, quoiqu'il ne soit qu'un rebelle, sait pourtant se faire respecter, soit repoussé dans l'intérieur avec son armée, je me flatte que tous ces exploits se feront sans qu'on ait besoin de l'assistance des femmes. Et si Howe transportait ailleurs ses forces, comme vous me le donnez à entendre, il n'emportera pas la ville avec lui. Dans tous les cas, je resterais donc tranquillement où je suis, n'ayant rien à craindre au milieu d'une garnison anglaise, et encore moins au milieu de mes propres concitoyens.

— Cécile, vous ne connaissez ni les dangers ni la licence de la guerre. Quand bien même Howe abandonnerait cette place, ce ne serait que pour quelques instants ; croyez bien que le ministère anglais ne cédera jamais la possession d'une ville comme celle-ci, qui a si longtemps bravé tous ses efforts, à des hommes armés contre leur monarque légitime.

— Vous avez étrangement oublié les six mois qui viennent de s'écouler, Lionel, ou vous ne m'accuseriez pas d'ignorer toutes les misères que la guerre peut occasionner.

— Mille remerciements de ce reproche et de cet aveu, chère Cécile ; l'un et l'autre sont des preuves de votre tendresse ; mais pourquoi chercher à cacher encore des sentiments que vous m'avez déjà laissé entrevoir ?

— Je n'hésite pas à les avouer à celui dont le cœur généreux saura excuser ma faiblesse ; mais il m'est peut-être permis d'hésiter à faire un pareil aveu en face de tout le monde.

— Je m'adresserai donc à votre cœur, dit Lionel feignant de ne pas voir le sourire de coquetterie innocente qu'elle lui adressait.

— En mettant les choses au mieux, conviendrez-vous qu'une seconde bataille ne serait pas un événement extraordinaire?

Elle le regarda avec des yeux où l'inquiétude était peinte, mais garda le silence.

— Nous savons tous deux, du moins je sais par expérience que je ne suis pas invulnérable. Maintenant, répondez-moi, Cécile, non comme une femme cherchant à maintenir le faux orgueil de son sexe, mais en femme franche et généreuse comme vous l'êtes. Si les événements des six derniers mois devaient se renouveler, aimeriez-vous mieux alors pleurer en secret comme mon accordée que donner un libre cours à la douleur légitime d'une épouse qui n'a pas à rougir de sa tendresse?

De grosses larmes brillèrent dans les yeux de miss Dynevor, et ce ne fut qu'après qu'elles eurent coulé le long des franges de soie qui les bordaient, qu'elle le regarda en rougissant, et lui répondit :

— Ne croyez-vous donc pas que j'aie assez souffert, comme vous étant unie par les liens de l'affection? Pensez-vous qu'il faille des nœuds plus étroits pour combler la mesure de mes souffrances?

— Je ne puis même vous remercier comme je le voudrais de ces larmes si flatteuses, avant que vous ayez répondu franchement à ma question.

— Cela est-il bien généreux, Lincoln?

— En apparence, peut-être non; mais en réalité, certainement oui. De par le ciel, Cécile, je ne consulte pas plus mon propre bonheur que le désir de vous mettre à l'abri du rude contact du monde.

Miss Dynevor parut non seulement confuse, mais chagrine, et elle lui dit en baissant la voix :

— Vous oubliez, major Lincoln, que j'ai à consulter quelqu'un sans l'approbation de qui je ne puis rien promettre.

— Eh bien! voulez-vous vous en rapporter à la décision de Mrs Lechmere? et si elle approuve notre union immédiate, puis-je lui dire que vous m'avez autorisé à lui en faire la demande?

Cécile ne dit rien, mais souriant à travers ses larmes, elle tendit la main à Lionel, d'une manière que le moins présomptueux n'aurait pu s'empêcher d'interpréter favorablement.

— Venez donc, s'écria-t-il, hâtons-nous de nous rendre chez

Mrs Lechmere ; ne m'avez-vous pas dit qu'elle m'attendait ? Cécile permit que Lionel prît son bras pour le passer sous le sien, et elle se laissa conduire hors du parloir. Quoique Lionel fût sous l'influence des plus douces espérances, tandis qu'il conduisait sa compagne à travers toute la maison, ce n'était pas sans une secrète répugnance qu'il approchait de la chambre de Mrs Lechmere. Il lui était également impossible d'oublier tout ce qu'il avait vu et entendu, et de calmer les noirs soupçons qui avaient pénétré dans son cœur. Cependant le but qu'il se proposait le portait à hâter sa course, et un seul regard jeté sur l'être tremblant qui avait besoin de s'appuyer sur lui pour se soutenir, éloigna bientôt de son esprit toutes pensées fâcheuses.

L'air faible et souffrant de Mrs Lechmere, et le souvenir subit que sa maladie n'avait eu pour cause que son inquiétude pour lui, plaidèrent si bien en faveur de sa tante, que Lionel l'aborda non seulement avec cordialité, mais avec un sentiment qui ressemblait à la reconnaissance.

L'indisposition de Mrs Lechmere durait depuis plusieurs semaines, et ses traits, que depuis longtemps l'âge avait flétris, portaient des traces profondes de sa dernière maladie. Sa figure, plus pâle et plus maigre que de coutume, avait encore cette expression d'inquiétude qu'inspirent presque toujours des souffrances vives et prolongées. Son front cependant était serein et satisfait, quoique par intervalles un frémissement involontaire et passager vînt encore trahir les douleurs que lui avait laissées la maladie. Elle reçut les deux jeunes gens avec un sourire plus affable qu'à l'ordinaire, et auquel ses traits pâles et rongés de soucis donnaient une expression toute particulière.

— Un malade est bien aimable de venir voir ceux qui se portent bien, cousin Lionel, dit Mrs Lechmere en lui présentant sa main desséchée ; car après avoir tremblé si longtemps pour vos jours, ma légère indisposition est bien peu de chose auprès de vos cruelles blessures.

— Je souhaiterais vous voir aussi bien rétablie que moi, répondit Lionel en lui pressant la main avec affection ; je n'oublierai jamais que votre sollicitude pour moi a été la seule cause de votre maladie.

— Ne parlons pas de cela ; il est naturel que nous nous intéressions vivement à ceux que nous aimons. J'ai vécu pour vous voir bien rétabli, et, Dieu aidant, je vivrai encore assez pour voir réprimer cette malheureuse rébellion. Elle s'arrêta, regarda en souriant le jeune couple qui était près de son lit et ajouta : — Cécile m'a tout dit, major Lincoln.

— Pas absolument tout, chère Mrs Lechmere, interrompit Lionel : j'ai quelque chose encore à ajouter ; et j'avouerai d'abord que je compte sur votre bonté pour appuyer mes prétentions.

— Vos prétentions ! oh ! ce mot n'est pas convenable, cousin Lionel ; lorsqu'il y a entre vous une parfaite égalité de naissance, d'éducation, de vertu, et je dirai même de fortune, eu égard à la différence des sexes, vous pourriez justement parler de vos droits. Des prétentions ! en vérité c'est par trop de modestie. Cécile, mon enfant, allez dans ma bibliothèque ; dans le petit tiroir secret de mon écritoire, vous trouverez un petit papier portant votre nom ; lisez-le, mon amour, et apportez-le-moi.

Mrs Lechmere fit signe à Lionel de s'asseoir, et reprit la conversation dès que Cécile eut refermé la porte sur elle.

— Comme nous avons à parler d'affaires, major Lincoln, j'ai voulu épargner un peu de confusion à la pauvre enfant. Quelle est la faveur particulière que vous désirez recevoir de moi ?

— Comme tous les solliciteurs opiniâtres, vos bontés n'ont fait que m'encourager à vous en demander de nouvelles. Je viens vous supplier de m'accorder le plus tôt possible le dernier et le plus grand de tous les dons.

— Ma petite fille, n'est-ce pas ? Bannissons entre nous une réserve inutile, cousin Lionel, car vous vous rappelez que moi aussi je suis une Lincoln. Parlons franchement, comme deux amis rassemblés pour prononcer sur un sujet qui les intéresse également.

— Tel est mon vœu le plus cher, Madame. J'ai fait valoir auprès de miss Dynevor les périls qui nous entourent, et la situation critique du pays ; ces raisons sont plus que suffisantes pour justifier le désir que j'ai de voir serrer nos nœuds sans retard.

— Et Cécile ?

— Cécile s'est montrée ce qu'elle est toujours, bonne, mais obéissante. Elle s'en rapporte tout à fait à votre décision, qui seule la guidera.

Mrs Lechmere resta quelques minutes sans répondre, et sa physionomie exprimait toute l'agitation de son cœur. Ce n'était sûrement pas le mécontentement qui causait son hésitation, car on ne pouvait se méprendre à la vive satisfaction qui brillait dans ses yeux. Ce n'était pas non plus l'incertitude, car tous ses traits exprimaient plutôt le ravissement de voir se réaliser des souhaits longtemps comprimés, que la moindre indécision. Peu à peu son agitation se calma; elle parut s'attendrir; son regard ordinairement dur fut obscurci par des larmes, et lorsqu'elle parla, sa voix tremblante avait une douceur que Lionel ne lui avait jamais remarquée auparavant.

— C'est une bonne et obéissante fille que ma Cécile. Elle ne vous apportera pas de grandes richesses, major Lincoln, ni un titre fastueux qui puisse ajouter un nouveau lustre à votre honorable nom; vous trouverez en elle ce qui n'est pas un moins grand avantage, je suis même sûre que vous le préférerez, un cœur simple et vertueux qui n'a jamais eu une pensée qui ne fût pure comme elle.

— Il est mille et mille fois plus précieux pour moi, ma chère tante! s'écria Lionel perdant un reste de réserve sous l'influence des sentiments de la nature qui venaient de toucher le cœur dur de Mrs Lechmere. Donnez-la-moi sans biens, sans nom, et elle n'en sera pas moins ma femme, ma Cécile, d'un prix inestimable à mes yeux.

— Je ne parlais que par comparaison, major Lincoln; la fille du colonel Dynevor, la petite-fille du vicomte Cardonnell, n'a pas à rougir de sa famille, et l'héritière de John Lechmere ne sera point une fiancée sans dot. Lorsque Cécile portera le nom de lady Lincoln, elle n'aura pas besoin de cacher l'écusson des armoiries de ses ancêtres sous la main sanglante [1] de celles de son mari.

— Puisse le ciel éloigner l'heure qui verra ces écussons réunis! s'écria Lionel.

— Ne vous avais-je donc pas bien compris? Ne venez-vous pas de me prier de hâter le moment qui doit vous unir à Cécile?

— Jamais vous n'avez moins été dans l'erreur, ma chère dame; mais vous n'oubliez sûrement pas que le chef de la famille existe toujours, et que si mes vœux sont exaucés, il jouira longtemps encore de la vie, et, je l'espère aussi, de la raison et du bonheur.

Mrs Lechmere regarda son neveu d'un air hagard, et passa len-

---

[1]. Les armes des baronnets sont surmontées de cet emblème.

tement la main sur son front et sur ses yeux, tandis qu'un frémissement involontaire ébranlait tout son corps affaibli.

— Vous avez raison, mon jeune cousin, dit-elle enfin en s'efforçant de sourire; je crois que ma mémoire se ressent aussi de ma faiblesse. Mon imagination me reportait à des jours passés depuis longtemps. Vous me rappelez l'image de votre malheureux père, et dans Cécile je crois revoir ma pauvre Agnès, qui m'a été si tôt ravie. C'était mon enfant, et Dieu a pardonné ses fautes en faveur des prières de sa mère.

Lionel étonné, mais incapable de prononcer un mot, recula d'un pas en voyant l'énergie extraordinaire de la malade. Ses joues pâles s'étaient couvertes d'une légère rougeur; elle joignit les mains avec force et retomba sur les oreillers qui la soutenaient. De grosses larmes sortaient une à une de ses yeux, et descendaient lentement sur ses joues amaigries. Lionel porta la main à la sonnette, mais un geste expressif de sa tante l'empêcha de la tirer.

— Je suis beaucoup mieux, dit-elle; ayez seulement la bonté de m'avancer le verre qui est près de vous.

Mrs Lechmere but le cordial qu'il contenait, et bientôt son agitation fut tout à fait calmée, ses traits reprirent leur froide réserve, et ses yeux leur expression de dureté, comme si rien ne l'avait émue en la forçant de sortir de son enveloppe glaciale.

— Voyez par la faiblesse que j'éprouve encore, major Lincoln, continua-t-elle, à quel point les jeunes gens sont plus forts que les vieillards pour supporter les ravages de la maladie. Mais reprenons un sujet plus agréable. Non seulement vous avez mon consentement, mais j'appelle de tous mes vœux le moment où vous épouserez ma petite-fille; c'est un bonheur que je désirais sans oser l'espérer, et qui va rendre calme et paisible le soir de ma vie.

— Alors, ma chère tante, pourquoi le différer? Personne ne peut dire dans ce temps de crise les changements qu'un seul jour peut apporter, et le moment du tumulte ou des apprêts d'une bataille ne serait pas celui de serrer les nœuds de l'hymen.

Après avoir réfléchi un moment, Mrs Lechmere répondit:

— C'est aujourd'hui dimanche. Nous avons dans cette province religieuse la bonne et sainte coutume de choisir le jour que le Seigneur s'est réservé, pour entrer dans l'honorable état du mariage; ainsi choisissez de vous marier ce soir ou dans huit jours.

Quelle que fût l'impatience de Lionel, il fut un peu surpris de la première offre de sa tante; mais son orgueil ne lui permettant pas un seul moment d'hésitation, il répondit :

— Permettez donc que ce soit aujourd'hui, si miss Dynevor veut bien y consentir.

— La voici qui vient elle-même pour vous dire qu'elle est prête à faire ce que nous désirons. Cécile, ma chère enfant, j'ai promis au major Lincoln que vous seriez sa femme aujourd'hui.

Miss Dynevor, qui était arrivée jusqu'au milieu de la chambre, s'arrêta court, ressemblant à une belle statue exprimant l'étonnement et presque le chagrin. Elle rougissait et pâlissait tour à tour avec une effrayante rapidité, et ses mains tremblantes laissèrent échapper le papier qu'elles tenaient et qui alla tomber à ses pieds, qui paraissaient attachés au parquet.

— Aujourd'hui! répéta-t-elle d'une voix à peine intelligible; avez-vous dit aujourd'hui, ma bonne maman?

— Aujourd'hui même, mon enfant.

— Pourquoi cet étonnement, cette alarme, Cécile? dit Lionel en la conduisant doucement à un siége. Vous connaissez les périls qui nous environnent, vous avez bien voulu m'avouer vos sentiments; réfléchissez, je vous prie : l'hiver est près de finir, et le premier dégel peut amener des événements qui changeraient entièrement notre position.

— Tout cela peut avoir un grand poids à vos yeux, major Lincoln, dit Mrs Lechmere d'un ton solennel qui attira l'attention des deux jeunes gens; mais j'ai d'autres motifs bien plus puissants encore. Je n'ai que trop connu les périls et les malheurs qui peuvent résulter d'un jour de délai. Vous êtes jeunes, vous êtes vertueux, pourquoi ne seriez-vous pas heureux? Cécile, si vous m'aimez, et si vous me respectez autant que je l'espère, vous deviendrez sa femme aujourd'hui.

— Laissez-moi le temps de me reconnaître, chère bonne maman. Ce lien est si nouveau et si solennel, major Lincoln! Cher Lionel, vous n'êtes point généreux à demi; je me confie ordinairement à votre bonté.

Avant que Lionel eût le temps de prononcer un mot, Mrs Lechmere répondit :

— Ce n'est pas lui, c'est moi qui vous en prie.

Miss Dynevor se leva brusquement de son siége comme si sa

délicatesse se fût trouvée blessée, et elle dit à son amant avec un triste sourire :

— La maladie a rendu ma bonne maman timide et faible ; excusez le désir que j'ai d'être un moment seule avec elle.

— Je vous quitte, Cécile, dit Lionel ; mais si vous attribuez mon silence à toute autre cause qu'à la crainte de vous déplaire, vous êtes injuste à la fois envers vous-même et envers moi.

Les regards de Cécile lui exprimèrent seuls sa reconnaissance, et il se retira immédiatement dans sa chambre pour y attendre le résultat de leur conversation. La demi-heure que Lionel passa dans son appartement lui parut un demi-siècle, et au bout de ce temps Meriton vint lui annoncer que Mrs Lechmere le priait de se rendre auprès d'elle.

Le premier regard qu'elle jeta sur Lionel lui apprit qu'elle avait gagné sa cause. Sa tante était retombée sur ses oreillers, et sa physionomie rigide avait une telle expression de satisfaction égoïste, qu'il regretta presque qu'elle eût réussi. Mais lorsqu'il jeta les yeux sur Cécile et qu'il rencontra son timide regard encore voilé par des larmes, il oublia tout le reste, et il sentit que, puisqu'il était sûr qu'en se donnant à lui elle ne faisait point violence à ses sentiments, il lui importait peu de savoir à quelle considération elle avait cédé pour consentir à avancer son bonheur.

— En cherchant à deviner mon sort, je pense à votre bonté, l'espoir se glisse dans mon âme, dit-il en s'approchant d'elle ; mais si je réfléchis à mon propre mérite, je sens que les chances ne sont plus en ma faveur.

— Peut-être y avait-il de l'enfantillage à moi, Lincoln, dit-elle en souriant à travers ses larmes et en plaçant avec franchise sa main dans la sienne, d'hésiter pour quelques jours de plus ou de moins, lorsque je me sens prête à consacrer ma vie entière à votre bonheur. Ma bonne maman désire que je me place immédiatement sous votre protection.

— Ainsi donc c'est ce soir que nous serons unis pour jamais ?

— Je vous prie de croire qu'il n'y a pas une véritable obligation à ce que la cérémonie se fasse ce soir même, si vous y trouvez le moindre obstacle.

— Il ne peut y en avoir, interrompit Lionel. Les formalités du mariage sont heureusement très-simples dans les colonies, et nous avons le consentement de ceux qui ont des droits sur nous.

— Allez donc, mes enfants, et hâtez les préparatifs nécessaires, dit Mrs Lechmere. C'est un nœud solennel que vous allez former; il doit être, il sera heureux.

Lionel pressa la main de sa bien-aimée, et se retira, tandis que Cécile, se jetant dans les bras de sa grand'mère, se soulagea par un torrent de larmes. Mrs Lechmere ne repoussa pas son enfant; elle la pressa au contraire contre son cœur; mais un observateur attentif aurait facilement remarqué que ses regards exprimaient plutôt le triomphe de l'orgueil que l'émotion naturelle qu'une telle scène aurait dû lui inspirer.

CHAPITRE XXI.

>Allons, frère Francis, soyez bref; rien que la simple formule du mariage.
>SHAKSPEARE. *Beaucoup de bruit pour rien*.

LE major Lincoln ne s'était pas trompé : les cérémonies du mariage dans le Massachusetts étaient appropriées à l'état d'enfance du pays, et n'opposaient que de bien légers retards à l'impatience des amants. Cécile cependant, qui avait été élevée dans le sein de l'église anglicane, tenait à ses formes et à ses cérémonies avec une affection que justifiaient leur beauté et leur solennité[1]. Quoique les colons choisissent presque toujours le dimanche pour célébrer leurs mariages, la rage de la réformation avait exclu les autels d'une grande partie de leurs temples, et il était rare qu'ils fissent bénir leur union dans la maison du Seigneur. Mais miss Dynevor avait toujours trouvé cette coutume inconvenante, et, désirant mettre toute la solennité possible à une action dont elle sentait vivement l'importance, elle exprima le désir de prononcer les vœux qui devaient l'unir à Lionel dans l'église où elle avait coutume de venir prier, et devant cet autel qui l'avait vue prosternée le matin même, lorsque son cœur pur et reconnaissant

---

1. Ce n'est pas sans raison que le culte épiscopal a été défini un catholicisme mitigé.

était venu rendre à Dieu les plus vives actions de grâces pour la guérison de l'homme qui allait devenir son mari.

Mrs Lechmere ayant déclaré que, lors même que la cérémonie se fût faite à la maison, sa grande faiblesse et l'agitation qu'elle avait déjà éprouvée l'auraient empêchée d'en être témoin, il n'y avait plus aucune raison pour ne pas céder au désir de Cécile, quoiqu'il ne fût pas d'accord avec les usages adoptés alors. Autant elle souhaitait être mariée à l'église, autant elle craignait d'être entourée d'une foule curieuse et importune, et pour accorder ces deux points difficiles, il était nécessaire de remettre la bénédiction nuptiale à une heure assez avancée, et de tenir le plus secret possible l'événement qui se préparait.

Cécile ne mit que sa cousine dans sa confidence. La précipitation et le mystère qu'on mettait à son mariage la dispensaient des vains préparatifs ordinaires en pareil cas, et elle eut bientôt fini ses petits arrangements, sinon sans émotion, du moins sans alarme.

Lionel avait bien plus de choses à penser. Il savait que le moindre soupçon de ce qui allait se passer rassemblerait autour de l'église et jusque dans le sanctuaire une foule curieuse et gênante, et il résolut de tout arranger dans le silence et le calme de la nuit. Pour éviter tout obstacle de ce côté, Meriton fut envoyé vers le prêtre, pour le prier de désigner à quelle heure de la soirée il pourrait accorder une entrevue au major Lincoln. Le docteur Liturgy lui fit répondre que passé neuf heures il aurait fini tous les offices du jour, et qu'il serait prêt à le recevoir. Il ne restait donc qu'à fixer l'heure du mariage, et Lionel pria Cécile de se trouver à l'église à dix heures.

Le major, se défiant un peu de la discrétion du capitaine Polwarth, se contenta de lui dire qu'il devait se marier le soir même et qu'il le priait d'être de bonne heure dans Tremont-Street pour donner la main à sa prétendue. Tous ses domestiques reçurent des ordres détaillés, et, longtemps avant le moment décisif, Lionel avait tout disposé pour n'avoir à craindre aucun obstacle.

L'esprit un peu mélancolique et romanesque de Lionel lui faisait trouver un secret plaisir dans le mystère qui environnait les apprêts de son bonheur. Il n'était pas tout à fait exempt de cette sensibilité portée jusqu'à l'extrême qui était le signe caractéristique de sa famille; mais, soit par la vivacité de son imagination, soit par l'expérience qu'il avait acquise en étant forcé de bonne heure à agir par lui-même, il avait tellement réussi à dompter cette malheureuse disposition, qu'il était impossible aux autres de la lui soupçonner, et que lui-même s'apercevait bien rarement de son influence. Enfin il était ce que nous avons essayé de le peindre, non pas un homme sans défauts, mais possédant au moins pour les racheter de grandes et de nobles vertus.

Lorsque le jour tira vers sa fin, la petite société de Tremont-Street se réunit comme à l'ordinaire pour partager le léger repas du soir, qu'on avait coutume de faire à cette époque dans toutes les colonies. Cécile était pâle, et le léger tremblement de sa petite main, tandis qu'elle faisait les honneurs de la table, venait parfois trahir son émotion; mais le calme forcé qu'on lisait dans ses yeux humides prouvait qu'elle avait appelé à son aide toute sa force d'âme, pour se rendre aux désirs de sa grand'mère. Agnès observait tout en silence, mais un regard expressif et pénétrant prouvait ce qu'elle pensait du mystère et de la précipitation qu'on mettait au mariage qu'on allait célébrer. Il semblait cependant que l'importance de l'action qu'elle allait faire avait élevé Cécile au-dessus des petites affections de son sexe, car elle s'informait si on n'avait oublié aucune précaution, avec un intérêt qui prouvait son désir de se voir unie à son amant, et la crainte qu'un obstacle imprévu ne vînt les séparer.

— Si j'étais superstitieuse et si je croyais aux présages, Lincoln, lui dit-elle, l'heure et le temps qu'il fait pourraient bien m'effrayer et m'engager à revenir sur mes pas, car le vent furieux semble quitter tout exprès les plaines immenses de l'Océan pour venir nous visiter, et la neige tombe dans les rues en épais tourbillons.

— Il n'est pas encore trop tard pour changer mes ordres, Cécile, dit Lionel en la regardant avec inquiétude; j'ai dirigé tous mes mouvements comme un grand général, et il nous est aussi facile de reculer que d'avancer.

— Battriez-vous donc en retraite devant un ennemi si peu formidable que moi? répondit-elle en souriant.

—Vous avez sûrement compris que je n'ai voulu parler que de changer le lieu de notre mariage. Je crains de vous exposer, vous et notre aimable cousine, à la violence de la tempête, qui, comme vous le dites fort bien, après avoir tourmenté si longtemps l'Océan, paraît enchantée de trouver enfin une terre sur laquelle elle puisse exercer sa furie.

— J'ai très-bien compris votre intention, Lionel, et vous ne devez pas non plus vous méprendre sur la mienne. Je deviendrai votre femme ce soir, et ce sera avec joie, car quelle raison aurais-je de douter de vous maintenant plus qu'autrefois? Mais nos vœux doivent être prononcés à l'autel.

Agnès voyant que l'émotion de sa cousine l'empêchait presque de s'exprimer, l'interrompit gaiement en disant à Lionel:

— Quant à la neige, vous connaissez bien peu les filles de Boston si vous croyez qu'elle puisse leur faire peur. Vous rappelez-vous, Cécile, combien de fois, dans notre enfance, nous nous sommes amusées à nous faire descendre en traîneau du sommet de Beacon-Hill, par des temps bien plus affreux que celui d'aujourd'hui?

— Nous avons fait beaucoup de folies à dix ans que nous ne pourrions nous permettre à vingt, Agnès.

— Miséricorde! elle parle déjà comme une matrone, s'écria Agnès en levant les yeux au ciel et en joignant les mains avec une admiration affectée. L'église seule peut satisfaire une dame si discrète, major Lincoln; épargnez-vous toute remontrance à ce sujet, et commencez l'énumération des manteaux et des surtouts nécessaires pour vous préserver du froid.

Lionel répondit avec gaieté, et une conversation animée, qui amusa beaucoup Cécile, commença entre sa cousine et Lincoln. Quelque temps après, Polwarth arriva. Il était dans une tenue soignée, et l'expression de sa physionomie prouvait qu'il était suffisamment instruit de l'événement intéressant qui les rassemblait. La présence du capitaine rappela à Lionel que l'heure avançait, et il se hâta de communiquer son plan à son ami.

Quelques minutes avant dix heures, Polwarth devait, dans un sleigh couvert, conduire les dames à la chapelle, qui n'était qu'à un jet de pierre de Tremont-Street, et où Lionel se trouverait prêt à les recevoir avec le prêtre. Renvoyant le capitaine à Meriton pour de plus amples informations, et sans lui laisser le temps d'exprimer l'étonnement que lui causait un plan si singulier, Lionel dit quelques mots tendres et encourageants à Cécile, regarda à sa montre, jeta son manteau sur ses épaules, prit son chapeau et partit.

Nous laisserons Polwarth s'efforcer de tirer de la joyeuse et lutine Agnès la raison de tout ce mystère, et, pendant que Cécile faisait quelques changements à sa toilette, nous suivrons son prétendu qui se rendait chez le docteur Liturgy.

Le major Lincoln trouva les rues tout à fait désertes. La nuit cependant n'était pas obscure, car la pleine lune se faisait jour à travers les nuages que la tempête chassait devant elle en masses noires et menaçantes, qui contrastaient d'une manière bizarre et pittoresque avec la neige qui couvrait le haut des collines et les bâtiments de Boston. Par moments, un coup de vent plus violent que les autres détachait toute la neige amoncelée sur quelque toit, et formait une espèce d'avalanche qui menaçait d'engloutir le malheureux passant. En tourbillonnant autour des hautes cheminées et des tourelles, l'ouragan faisait entendre un long et triste sifflement ; puis l'élément paraissait calmé comme s'il eût épuisé toute sa furie, et que l'hiver, après s'être efforcé de maintenir son empire, eût été contraint de céder à l'influence du printemps.

Lionel se fraya un chemin à travers la neige, trop profondément absorbé dans ses pensées pour remarquer les variations de l'atmosphère. Tantôt il songeait au motif de la visite qu'il allait rendre, tantôt à la coïncidence bizarre des circonstances qui avaient concouru à lui donner un air de mystère. Une ou deux fois une idée pénible qui se rattachait au secret de la vie de Mrs Lechmere se glissait au milieu des plus douces visions ; mais elle disparaissait bientôt devant l'image de celle dont la tendre et touchante affection allait lui confier son bonheur.

Comme la résidence du docteur Liturgy était dans North-End, qui était alors le quartier du beau monde, Lionel dut faire une grande diligence pour être exact au rendez-vous. Jeune, actif, plein d'espérance, dans sa marche légère il touchait à peine le pavé ; et, lorsqu'il arriva chez le docteur, il vit en regardant à sa montre qu'il avait presque égalé la rapidité du temps.

Le révérend docteur était dans son cabinet, assis dans un grand fauteuil à bras, auprès d'un bon feu et d'une cruche remplie d'un mélange de cidre, de gingembre et d'une foule d'autres épices dont Polwarth lui-même eût été embarrassé de faire l'énumération ; il cherchait à se consoler de son mieux de la fatigue du jour. Son ample et belle perruque avait été remplacée par un bonnet de velours ; ses souliers étaient débouclés, et pour plus d'aisance les talons n'en étaient pas relevés. En un mot, tout en lui annonçait un homme qui, après une journée de travail, était résolu de goûter les jouissances d'une soirée de repos. Sa pipe, quoique remplie et placée sur la petite table qui était auprès de lui, n'était pas allumée, par égard pour l'hôte distingué qu'il attendait.

Comme il connaissait un peu le major Lincoln, celui-ci n'eut pas la peine de décliner son nom, et sur l'invitation du docteur, il s'assit auprès de lui, l'un cherchant à vaincre le léger embarras qu'il éprouvait à expliquer le motif de sa visite, l'autre assez curieux d'apprendre quel motif avait pu engager un membre du parlement et l'héritier de dix mille livres sterling de rente à sortir à une pareille heure et par un pareil temps.

A la fin Lionel parvint à faire comprendre au prêtre étonné ce qu'il désirait; et il s'arrêta pour entendre sa réponse, qu'il ne doutait point devoir être favorable.

Le docteur Liturgy avait écouté avec la plus profonde attention, comme s'il trouvait qu'une proposition aussi extraordinaire dût cacher quelque mystère dont il cherchait à trouver la clé; et, lorsque le jeune officier eut fini, il alluma sa pipe sans savoir ce qu'il faisait, et commença à laisser échapper de grosses bouffées de fumée, comme un homme qui voit qu'on projette d'empiéter sur le temps consacré à ses jouissances, et qui, en conséquence, est bien décidé à mettre à profit tous les instants.

—Vous marier! vous marier dans l'église! et après l'office du soir! murmura-t-il à voix basse dans les intervalles que lui laissaient ses aspirations fréquentes; c'est mon devoir... assurément..., major Lincoln..., de marier mes paroissiens.

—Je sais que ma demande n'est pas très-régulière, Monsieur, interrompit l'impatient Lionel, et j'aurai soin que vos intérêts se trouvent d'accord avec votre devoir.

En disant ces mots, il tira de sa poche une bourse bien garnie, et plaça avec beaucoup de délicatesse une petite pile de pièces d'or auprès de l'étui à lunettes en argent du révérend, comme pour montrer la différence de la valeur des deux métaux.

Le docteur Liturgy inclina gravement la tête en signe de remerciement, et insensiblement il dirigea le cours de la fumée vers le coin opposé de sa bouche, afin que sa vue pût planer sans obstacle sur l'or resplendissant. En même temps il leva le talon d'un de ses souliers, et jeta un coup d'œil inquiet du côté de la fenêtre, pour s'assurer de l'état du temps.

— La cérémonie ne pourrait-elle se faire à la maison de Mrs Lechmere? demanda-t-il; miss Dynevor est délicate, et je crains que l'air froid de la chapelle ne lui fasse mal.

— Elle désire se marier à l'autel, Monsieur, et vous sentez que ce n'est pas à moi de lui refuser une demande aussi raisonnable.

— C'est un désir très-louable, très-louable en vérité, quoique je présume qu'elle connaît la différence entre l'église temporelle et la spirituelle. Les lois des colonies laissent beaucoup trop de latitude sur l'article des mariages, major Lincoln; une latitude coupable et dangereuse!

— Mais, comme il ne dépend pas de nous de les changer, mon bon monsieur, voulez-vous me permettre d'en profiter, tout imparfaites qu'elles sont?

— Incontestablement; c'est une partie de mes devoirs de baptiser, de marier et d'inhumer; devoirs qui, comme je le dis souvent, embrassent le commencement, le milieu et la fin de notre existence. Mais permettez-moi de vous offrir un verre de ce breuvage, major Lincoln. Nous l'appelons *Samson* à Boston; vous m'en direz des nouvelles; hé! hé! il n'est point de compagnon plus agréable dans une soirée de février.

— Ce mélange mérite bien son nom, Monsieur, dit Lionel après y avoir trempé ses lèvres; car la force me paraît en être la qualité dominante.

— Ah! c'est que vous l'avez avant qu'il ait passé par les mains d'une Dalila! Mais qu'est-ce que je dis? il ne sied pas à un homme de mon caractère de parler de prostituées.

Le bon docteur se mit à rire de son esprit, remplit son verre jusqu'au bord et continua:

— Nous en avons de deux sortes, voyez-vous? Samson avec cheveux, et Samson sans cheveux. Moi, je suis pour l'homme dans sa force primitive; cela me semble plus orthodoxe. — A votre santé, major Lincoln; puissiez-vous goûter dans le cours de votre vie tout le bonheur que vous êtes en droit d'attendre dans la société de la charmante demoiselle que vous allez épouser, et puissiez-vous ensuite faire une bonne fin, comme un digne chrétien et un fidèle sujet!

Lionel se leva, regardant ces souhaits obligeants comme une preuve qu'il avait réussi à le décider, et dit quelques mots sur l'heure où il devrait se trouver à la chapelle. Le docteur, qui n'avait évidemment pas grand zèle pour aller remplir ses fonctions à une heure aussi avancée et par le temps qu'il faisait, éleva encore quelques légères objections que les arguments de Lionel parvinrent bientôt à détruire. Enfin, toutes les difficultés furent heureusement aplanies, excepté une que le docteur épicurien déclara être très-sérieuse. On avait laissé éteindre tous les feux de l'église, et le sacristain en avait été emporté le soir même, avec tous les symptômes de la terrible maladie qui exerçait ses ravages dans la ville, et qui ajoutait encore aux privations et aux horreurs du siége.

— Je vous assure, major Lincoln, continua-t-il, qu'il est évidemment attaqué de la petite vérole, qu'il aura gagnée sans doute de quelques uns des émissaires envoyés dans la ville par les misérables rebelles, dans cet infâme dessein.

— Je sais que chaque parti accuse l'autre d'avoir employé pour lui nuire des moyens affreux que rien ne pourrait justifier, répondit Lionel; mais, comme je connais notre chef incapable d'une telle bassesse, je puis, sans preuve, en soupçonner aucun autre homme.

— Trop charitable de moitié, Monsieur! beaucoup trop charitable! Mais que la maladie vienne d'où elle voudra, je crains bien que mon sacristain n'en soit la victime.

—J'aurai soin de faire rallumer les feux, dit Lionel; les cendres chaudes doivent encore se trouver dans les poêles, et nous avons encore une heure devant nous.

Comme le docteur avait trop de conscience pour garder l'or sans remplir toutes les conditions dont il était le prix, il était depuis longtemps résolu à céder, nonobstant les secrets murmures de la chair. Tout fut donc bientôt convenu entre eux, et Lionel, après avoir reçu la clé de la chapelle, prit congé de lui pour l'y devancer.

Lorsque le major Lincoln se retrouva dans la rue, il marcha quelque temps dans la direction de la chapelle, regardant avec inquiétude le long des rues désertes, dans l'espoir de découvrir quelque soldat oisif qui pût remplir les fonctions manuelles du sacristain malade. Mais il vit bientôt que c'était chose plus difficile qu'il ne l'avait cru; car chacun semblait s'être renfermé chez soi, et les lumières qui brillaient aux croisées diminuaient même de manière à prouver que l'heure ordinaire du repos était arrivée.

Il s'était arrêté à l'entrée de la place du marché, ne sachant plus où il pourrait trouver un aide, lorsqu'il aperçut un homme accroupi contre le mur du vieux magasin flanqué de tourelles dont nous avons si souvent parlé. Lionel marcha droit à lui sans hésiter, bien que l'individu ne remuât point et ne parût même point s'apercevoir de son approche. Quoique la lune fût alors cachée derrière un nuage, il faisait encore assez clair pour que Lincoln pût juger de l'extrême misère de l'homme qui était devant lui. Ses vêtements délabrés n'attestaient que trop le motif qui l'avait engagé à chercher dans l'angle d'un mur un abri contre la tempête; et pour soulager la faim qui le tourmentait, il rongeait avec avidité un os qui aurait été rejeté de la table du plus pauvre citoyen, malgré la disette générale. A la vue des souffrances de cet infortuné, Lionel oublia un moment le motif qui l'avait amené près de lui, et il lui adressa la parole d'une voix compatissante.

— Vous êtes dans un endroit bien froid pour manger un maigre souper, mon ami.

Sans cesser de chercher à apaiser sa faim sur son misérable aliment, et même sans lever les yeux, celui qu'il interrogeait répondit d'un ton triste et morose :

— Le roi peut fermer le port et empêcher les vaisseaux d'y entrer, mais il n'a pas le pouvoir d'empêcher le froid d'arriver à Boston, quand vient le mois de mars.

— Sur ma parole, c'est Job Pray! Venez avec moi, mon garçon, je vous procurerai une meilleure nourriture, et une place plus chaude pour en jouir; mais dites-moi d'abord : votre mère pourrait-elle nous procurer une lanterne?

— Vous ne pouvez pas entrer ce soir dans le vieux magasin, dit Job d'un ton positif.

— Mais n'y aurait-il point alors dans le voisinage quelque boutique où l'on pût en acheter une?

— Nous en trouverons là, dit Job en désignant d'un air sombre un bâtiment peu élevé de l'autre côté de la place, à travers une des croisées duquel on apercevait une faible lumière.

—Alors prenez cet argent, et allez m'acheter une lanterne et ce qu'il faut pour l'éclairer.

Job hésitait avec une répugnance visible.

—Allez, mon garçon, dit Lionel, je n'ai pas un instant à perdre, et le surplus de l'argent sera pour vous.

Le jeune homme ne balança pas plus longtemps, mais il répondit avec une vivacité qu'on n'aurait pas attendue de son cerveau malade :

—Job ira, si vous voulez lui permettre d'acheter quelque nourriture pour Nab avec le restant de la pièce.

— Certainement; achetez tout ce que vous voudrez, et de plus, je vous promets que ni vous, ni votre mère, vous ne manquerez désormais ni de nourriture, ni de vêtements.

— Job a faim, dit l'idiot; mais on dit que la faim ne fait pas encore tant de mal à un jeune estomac qu'à un vieux. Croyez-vous que le roi sache ce que c'est que d'avoir froid et faim ?

—Je n'en sais rien, mon ami, mais je suis sûr que s'il rencontrait un être souffrant comme vous, il s'empresserait de le soulager. Allez vite, et ne manquez pas de vous procurer quelques aliments.

Quelques minutes après, Lionel vit Job sortant de la maison où il avait couru par son ordre, et rapportant la lanterne désirée.

— Avez-vous trouvé à acheter quelque chose pour apaiser votre faim? dit Lionel en faisant signe à Job de le précéder avec la lumière; j'espère que vous ne vous êtes pas oublié, dans votre empressement à me servir ?

— Job espère qu'il n'a pas gagné la peste, dit l'idiot en dévorant avec voracité une petite tranche de pain.

— Gagné quoi? Qu'espérez-vous n'avoir pas gagné?

— La peste; ils ont tous la maladie contagieuse dans cette maison.

— Vous voulez dire la petite vérole, Job?

— Oui; les uns l'appellent petite vérole, et les autres la maladie contagieuse; mais son vrai nom, c'est la peste. Le roi peut empêcher les denrées d'entrer à Boston, mais il ne saurait empêcher le froid et la peste d'y pénétrer. Que le peuple se trouve une fois maître de la ville, il saura ce qu'il aura à faire, et il aura bientôt renvoyé tout cela à la maison des pestiférés.

— J'espère que, sans le savoir, je ne vous aurai pas exposé au danger, Job; je regrette de n'avoir pas fait ma commission moi-même, car, dans mon enfance, j'ai été inoculé pour cette terrible maladie.

Job ne répondit rien; il avait épuisé tout ce que son faible esprit lui inspirait à ce sujet, et ils continuèrent à marcher jusqu'à ce qu'ils fussent parvenus au bout de la place; alors Job se retourna et demanda à son compagnon quel chemin il fallait prendre.

— Celui de l'église, répondit Lionel, et rapidement, mon garçon.

Comme ils entraient dans Corn-Hill, la violence du vent augmenta tellement, que Lionel, baissant la tête, s'enveloppa de son manteau, de manière à ne lui laisser d'ouverture que ce qu'il en fallait pour suivre les pas de Job, à la faveur de la lanterne. Séparé en quelque sorte de tous les objets extérieurs, il reprit le cours de ses pensées, et bientôt il oublia où il était et celui qu'il suivait. Au bout de quelque temps il fut tiré de sa rêverie en s'apercevant qu'il avait quelques marches à monter, et pensant que c'était l'église, il leva la tête, suivit son conducteur sans regarder autour de lui, et se trouva bientôt dans la tour d'un vaste édifice. S'apercevant à l'instant, par la différence d'architecture, qu'il n'était pas dans la chapelle du roi, il se mit à gronder Job et lui demanda où il l'avait amené.

— C'est ici ce que vous appelez une église, dit Job, quoique moi je lui donne le nom de conventicule; mais il n'est pas étonnant que vous vous y trompiez, car d'un édifice que le peuple avait bâti pour adorer Dieu le roi en a fait une écurie.

— Une écurie! s'écria Lionel. Sentant alors une forte odeur de chevaux, il avança, et ouvrant la porte extérieure, il aperçut à son grand étonnement qu'il était dans un manége préparé pour faire manœuvrer la cavalerie. Il était impossible de s'y méprendre. Les galeries et les ornements supérieurs étaient restés intacts, mais tout ce qui dans le bas eût pu gêner les exercices avait été détruit, et le pavé était couvert d'une couche épaisse de terre, comme cela se pratique ordinairement.

Toutes les profanations dont les Anglais s'étaient rendus coupables se présentèrent en foule à l'esprit de Lionel, lorsqu'il se trouva dans un lieu où il se rappelait avoir vu souvent de graves et pieux colons réunis pour prier ensemble. Saisissant la lanterne de Job, il se précipita hors du bâtiment avec un sentiment de dégoût que le pauvre idiot lui-même n'eut pas de peine à distinguer. En se retrouvant dans la rue, le premier édifice qu'il aperçut en face de lui était la maison commune de la province, et il fut frappé de l'idée que c'était sous les yeux même du gouverneur qu'on s'était permis de blesser les sentiments des colons dans ce qu'ils avaient de plus cher et de plus sacré.

— Insensés ! insensés ! murmura-t-il d'un ton d'amertume, lorsque vous auriez dû agir comme des hommes, vous vous êtes amusés comme des enfants, et vous avez oublié votre âge et même votre Dieu pour satisfaire une injuste colère.

— Et maintenant, en guise de représailles, ces mêmes chevaux meurent de faim, faute de fourrage, dit Job qui continuait à marcher à côté de lui. Ils auraient mieux fait d'aller eux-mêmes à l'office et d'écouter le sermon, plutôt que de mettre de vilaines bêtes pour hennir et ruer dans un lieu que le Seigneur visitait si souvent.

— Dites-moi, mon garçon, de quel autre acte de folie l'armée s'est-elle encore rendue coupable ?

— Quoi ! n'avez-vous pas entendu parler de l'église d'Old-North ! Ils ont fait du bois à brûler du plus beau temple de la baie. S'ils l'osaient, ils porteraient leurs mains sacriléges jusque sur l'antique Fanueil-Hall lui-même.

Lionel ne répondit point. Il avait entendu dire que la détresse de la garnison, bloquée de toutes parts, l'avait forcée à détruire l'église en question, et plusieurs autres maisons encore, pour en faire du bois de chauffage. Mais il ne voyait là-dedans qu'une ressource à laquelle la nécessité avait contraint de recourir, et cette mesure au moins ne portait pas l'empreinte de ce mépris pour les sentiments du peuple qui n'éclatait que trop dans la prostitution des antiques murs de l'édifice qui était connu et vénéré de toute la Nouvelle-Angleterre sous le nom de l'église d'Old-South.

Lionel continua sa route d'un air pensif à travers les rues silencieuses, jusqu'à ce qu'il eût atteint le temple plus favorisé où le rite de l'église anglicane était observé, et qui était doublement sacré aux yeux de la garnison, puisqu'il portait le nom de leur monarque terrestre.

CHAPITRE XXII.

Tu ressembles trop à l'esprit de Banquo ; retire-toi !
SHAKSPEARE. *Macbeth.*

Le major Lincoln trouva la chapelle du roi différente en tous points de l'édifice vénérable, mais profané, qu'il venait de quitter. En y entrant, la lueur de sa lanterne alla frapper sur les riches tapis écarlates qui décoraient plusieurs bancs, et sur les ornements brillants du bel orgue qui maintenant était aussi muet que les morts qui reposaient sous le pavé du temple et autour de son enceinte. Les colonnes élancées, surmontées de leurs élégants chapiteaux, projetaient leurs ombres douteuses dans les nefs latérales et peuplaient les galeries hautes ainsi que la voûte de fantômes vaporeux et fantastiques.

En avançant dans la chapelle, Lionel s'aperçut avec plaisir du changement de température. La chaleur qu'on avait entretenue pendant les différents offices du jour ne s'était point encore dissipée ; car quoique la ville et la garnison manquassent de bois, le temple favorisé, où le représentant du souverain avait coutume de venir prier, ne connaissait pas encore les privations qu'imposait le siége. Job fut chargé de ranimer le feu mourant des poêles, et comme il savait très-bien où se trouvait la provision de bois, il se mit à l'ouvrage avec une vivacité qu'augmentait encore le froid qu'il avait.

Lorsque tous les préparatifs furent terminés, Lionel alla chercher une chaise, tandis que Job, accroupi contre un des poêles qu'il venait de rallumer, se tenait dans l'humble posture qui lui était habituelle et qui exprimait d'une manière si touchante le sentiment qu'il avait de son infériorité. Lorsqu'une chaleur douce et bienfaisante eut dégourdi les membres demi-nus du pauvre idiot, sa tête tomba sur sa poitrine, et il s'endormit d'un profond sommeil, comme un chien de chasse harassé qui a enfin retrouvé son gîte. Un esprit plus actif eût désiré sans doute de connaître les raisons qui pouvaient engager son compagnon à se rendre à l'église à une heure aussi indue. Mais Job était étranger à la curiosité, et il était bien rare que les faibles lueurs de son intelligence s'étendissent plus loin que les saints préceptes qu'on lui avait inculqués avec tant de soin, avant que la maladie eût troublé toutes ses facultés, ou ces principes populaires du moment qui animaient tous les esprits des habitants opprimés de la Nouvelle-Angleterre.

Lionel n'était pas aussi tranquille. Sa montre lui disait que bien des minutes pénibles s'écouleraient avant qu'il pût espérer de voir sa prétendue, et il se disposait à l'attendre avec autant de patience qu'en comportaient ses vingt-cinq ans et les circonstances où il se trouvait. Bientôt le calme de la chapelle ne fut plus interrompu que par les sifflements du vent et le pétillement de la flamme du poêle contre lequel Job était étendu dans un heureux oubli de ses maux.

Lionel essaya de retenir ses pensées vagabondes et de les reporter sur la cérémonie solennelle dans laquelle il allait bientôt jouer le premier rôle. Mais, trouvant cette tâche trop difficile, il se leva, et approchant d'une fenêtre, regarda les rues désertes et les tourbillons de neige que le vent chassait devant lui, écoutant avec impatience si aucun bruit ne lui annoncerait l'arrivée de ceux que sa raison lui disait qu'il ne pouvait attendre encore. Il alla se rasseoir et porta autour de lui un œil inquiet, éprouvant une sorte d'appréhension involontaire que quelqu'un ne fût caché dans l'obscurité qui l'environnait, dans le dessein secret de s'opposer à son bonheur. Tous les incidents de la journée lui paraissaient si singuliers et si romanesques, que par moments il pouvait à peine les croire réels, et qu'il avait besoin de jeter un coup d'œil rapide sur l'autel, et même sur son compagnon assoupi, pour se persuader qu'il n'était pas le jouet d'une vaine illusion. Il porta de nouveau les yeux sur les ombres incertaines et multipliées qui paraissaient à son imagination frappée se mouvoir lentement le long des galeries et dans le vague de l'air, et il sentit renaître toutes ses craintes avec une force qui les faisait ressembler à un pressentiment. Enfin son agitation devint si pénible qu'il s'enfonça dans les recoins les plus sombres de l'édifice, regardant si personne n'était caché dans les bancs, et jetant un œil scrutateur derrière chaque colonne; mais il n'entendit que le bruit sourd et retentissant de ses pas.

En revenant de sa ronde, Lionel approcha du poêle et céda au vif désir d'entendre le son d'une voix humaine, ne fût-ce que celle de Job. Il toucha légèrement l'idiot du bout du pied, et celui-ci se réveilla avec une promptitude qui prouvait combien son repos était ordinairement court et troublé.

— Vous êtes bien maussade aujourd'hui, Job, dit Lionel s'efforçant de cacher sa faiblesse sous une gaieté affectée ; sans cela vous m'auriez demandé la raison qui m'a amené ici ce soir.

— Les enfants de Boston aiment leurs chapelles, répondit l'idiot.

— Oui, mais ils aiment encore mieux leur lit, et dans ce moment il y en au moins la moitié qui savourent une jouissance que vous paraissez apprécier.

— Job aime à manger et à avoir chaud.

— Et à dormir aussi, si j'en juge par votre assoupissement.

— Oui, dormir est assez doux. Job ne sent pas qu'il a faim lorsqu'il dort.

Lionel garda quelques instants le silence, touché des souffrances que Job venait d'exprimer, sans le savoir, avec un si touchant abandon ; enfin il continua :

— Mais j'espère voir arriver ici bientôt le prêtre, deux dames et le capitaine Polwarth.

— Job aime le capitaine Polwarth : il a toujours beaucoup de provisions.

— Ne penserez-vous donc jamais qu'à votre estomac, drôle que vous êtes ?

— Dieu a créé la faim, dit Job d'un air triste ; il a créé aussi les aliments ; mais le roi garde tout pour ses voraces habits rouges.

— Eh bien ! écoutez et soyez attentif à ce que je vais vous dire. Une des dames qui va venir ici est miss Dynevor ; vous connaissez miss Dynevor, Job ? la belle miss Dynevor !

Mais les charmes de Cécile n'avaient point fait sur l'idiot leur impression accoutumée, et il continua à regarder Lionel avec son apathie ordinaire.

— Assurément, Job, vous connaissez miss Dynevor ! répéta Lionel avec une humeur dont en tout autre moment il aurait été le premier à rire ; elle vous a donné bien des fois de l'argent et des vêtements.

— Oui, Mrs Lechmere est sa grand'mère.

C'était certainement la moindre recommandation de Cécile aux yeux de Lionel, qui s'arrêta un moment avant d'ajouter :

— Quels que soient ses parents, elle doit cette nuit même devenir ma femme. Vous serez témoin de la cérémonie, ensuite vous éteindrez les lumières et vous rendrez la clef de l'église au docteur Liturgy. Demain matin vous viendrez me voir et recevoir votre récompense.

L'idiot se leva avec un air d'importance singulière, et répondit :

— Ce qu'il y a de sûr, c'est que le major Lincoln va se marier et qu'il invite Job à ses noces. Maintenant Nab peut prêcher tant qu'elle le voudra sur l'orgueil et la vanité ; malgré tout ce qu'elle pourra dire, du sang est du sang, et de la chair est de la chair.

Frappé de l'éclair d'intelligence qui brillait dans les yeux de l'idiot, le major Lincoln lui demanda l'explication de cet étrange langage ; mais l'expression vague et immobile que la physionomie de Job avait reprise prouvait que ses pensées étaient rentrées dans leurs étroites limites, et avant qu'il eût le temps de répondre, un bruit soudain à l'entrée de la chapelle attira leur attention à tous deux. La porte s'ouvrit au même moment, et le docteur Liturgy, tout couvert de flocons de neige et enveloppé de sa redingote et d'un manteau, entra dans la grande nef avec gravité. Lionel s'avança pour le recevoir, et le conduisit à la chaise qu'il venait de quitter.

Lorsque le docteur se fut débarrassé des nombreux préservatifs qu'il avait pris contre le froid, il jeta un regard satisfait autour de lui, et le sourire bienveillant qu'il adressa à Lionel prouvait qu'il était content des apprêts qu'il avait faits.

— Je ne vois pas pourquoi l'on n'aurait pas toutes ses aises dans une église aussi bien que dans une bibliothèque, major Lincoln, dit-il en se rapprochant du poêle. C'est une idée puritaine de croire que la religion a quelque chose de lugubre ou de triste, et je ne vois point pourquoi nous ne chercherions pas à rendre le plus agréable possible pour nous et pour les autres l'endroit où nous sommes appelés à remplir les devoirs sacrés.

— C'est vrai, Monsieur, répondit Lionel en regardant avec inquiétude à travers une des croisées. Ma montre marque dix heures, cependant je ne les ai pas encore entendues sonner.

— Le froid dérange toutes les horloges publiques. Notre pauvre nature est sujette à tant de maux, que nous devons chercher toutes les occasions d'être heureux ; c'est vraiment un devoir pour nous.

— Le péché ne rend point heureux l'homme tombé, dit une voix basse et sourde qui sortait de derrière le poêle.

—Eh !... quoi ?... que dites-vous, major Lincoln ? voilà une idée bien sombre pour un jour de noces, dit le prêtre en regardant autour de lui.

— C'est ce pauvre jeune homme que j'ai amené pour m'aider à rallumer les feux, qui répète une des sentences de sa mère ; voilà tout, Monsieur.

Pendant ce temps, le docteur Liturgy avait aperçu Job tapi derrière le poêle, et se renversant sur sa chaise, il dit en souriant d'un air dédaigneux :

— Je connais l'enfant, Monsieur, je dois le connaître. Il est versé dans la connaissance des textes, et il est même assez porté à entrer en discussion sur les matières religieuses. Il est fâcheux que dès son enfance on n'ait pas mieux dirigé sa faible intelligence, mais on a étouffé les germes de son esprit en le remplissant de toutes ces subtilités. Nous (quand je dis nous, je veux parler des membres de l'église dominante), nous l'appelons souvent le Calvin de Boston. Eh ! eh ! eh ! Le vieux Cotton [1] lui-même ne l'égalait pas en subtilités ! Mais à propos d'église, ne croyez-vous pas qu'une des conséquences de cette rébellion sera d'étendre les bienfaits du culte dans toutes les colonies, et que nous pouvons déjà entrevoir le moment où la véritable religion sera établie dans toutes ces provinces ?

— Oh ! certainement, dit Lionel en marchant avec impatience vers la fenêtre ; plût à Dieu qu'ils arrivassent !

Le docteur, qui célébrait trop souvent des mariages pour que l'approche de cette cérémonie pût encore lui faire éprouver la moindre émotion, ne comprit pas celle de Lionel, et prenant à la lettre ce que celui-ci venait de dire, il répondit :

— Je suis enchanté de vous entendre parler ainsi, major Lincoln, et j'espère que vous voterez en conséquence lorsque l'acte d'amnistie sera présenté au parlement.

En ce moment Lionel aperçut le sleigh qui enfilait la rue déserte, et poussant un cri de joie, il courut à la porte pour recevoir la mariée. Le docteur resté seul finit sa phrase pour sa

---

1. Ecclésiastique distingué de la Nouvelle-Angleterre.

propre satisfaction, et quittant une place qu'il trouvait si agréable, il prit une lumière et entra dans le sanctuaire. Après avoir allumé tous les cierges, ouvert son livre, et s'être revêtu de ses ornements sacerdotaux, le docteur, dont tous les traits avaient pris un air de solennité convenable, attendit avec dignité le jeune couple qu'il devait unir. Job, qui s'était placé modestement de côté et dans l'ombre, regardait l'attitude et l'aspect imposant du prêtre avec toute la crainte respectueuse d'un enfant.

En ce moment, un petit groupe sortant de la partie la plus éloignée et la plus obscure de l'église s'avança lentement vers l'autel. Cécile ouvrait la marche, appuyée sur le bras que Lionel lui avait offert, moins encore par galanterie que pour soutenir ses pas tremblants. Elle avait ôté dans le vestibule de la chapelle les vêtements extérieurs qui l'avaient préservée du froid, et sa toilette noble et simple, quoique faite avec précipitation, était en harmonie avec la cérémonie qui se préparait. Une pelisse de satin blanc, bordée de riches fourrures, tombait négligemment sur ses épaules, et ne cachait qu'à demi sa taille svelte et élancée. Sa robe, de même étoffe, était taillée d'après la mode du temps, de manière à dessiner tous les contours d'une tournure charmante. Deux rangs d'une superbe dentelle garnissaient le haut de la robe, et descendaient jusqu'au bas en s'éloignant graduellement l'un de l'autre. Mais cette mise à la fois distinguée et simple (simple pour un jour aussi solennel) était tout à fait perdue ; car, en la voyant, il était impossible de remarquer autre chose que sa beauté et la douce mélancolie répandue sur tout son maintien.

En approchant du prêtre, Cécile, par un mouvement gracieux, jeta sa pelisse sur la balustrade peu élevée qui entourait le sanctuaire, et accompagna Lionel jusqu'au pied de l'autel, d'un pas plus ferme qu'auparavant. Ses joues étaient pâles, plutôt par l'effet de l'émotion que de la crainte, tandis que ses yeux exprimaient la plus vive tendresse. Des deux aspirants à l'hymen, elle montrait, sinon le plus de calme, au moins le plus d'unité de pensées et le moins de distraction ; car, tandis que les regards de Lionel erraient avec inquiétude dans les coins les plus reculés de l'église, comme s'il eût craint de voir sortir de l'obscurité quelque objet effrayant, ceux de Cécile étaient fixés sur le prêtre avec une douce et pieuse attention.

Agnès et Polwarth les accompagnaient seuls, et à peine étaient-ils tous placés, que la voix basse et imposante du ministre se fit entendre au milieu du calme de la chapelle.

La solennité de l'heure et la solitude presque effrayante de l'église avaient inspiré le docteur Liturgy. L'exhortation qui précède la bénédiction nuptiale fut prononcée avec une onction remarquable; il faisait de longues et fréquentes pauses entre les membres de phrases qui la composaient; mais, lorsqu'il en vint à ces mots :

— Si quelqu'un connaît quelque juste raison qui s'oppose à l'accomplissement de ce mariage, qu'il parle maintenant, ou qu'autrement il se taise à jamais!

Il éleva la voix et promena ses regards dans les parties les plus reculées de la chapelle, comme s'il se fût adressé à une multitude d'êtres cachés dans les ténèbres. Les assistants suivirent involontairement la direction de ses yeux, et un moment d'attente pénible, que le caractère imposant de cette scène pouvait seul expliquer, suivit le dernier son de sa voix, qui était allé mourir au sein des voûtes retentissantes.

Au moment où, rassurés par le silence, tous s'étaient retournés vers l'autel, une grande ombre s'éleva du milieu de la galerie supérieure, parut grandir jusqu'au plafond, et de là cet être gigantesque sembla, comme le génie du mal, planer au-dessus du jeune couple.

Le ministre suspendit la prière qu'il commençait, et Cécile saisit le bras de Lionel avec un mouvement convulsif, tandis qu'un frémissement involontaire l'agitait.

L'ombre se retira alors lentement, après avoir fait un grand geste avec le bras, qui se dessina le long de la voûte, et ensuite sur la muraille, jusqu'à l'endroit où étaient les jeunes époux.

—Si quelqu'un connaît quelque juste raison qui s'oppose à l'accomplissement de ce mariage, qu'il parle maintenant, ou qu'autrement il se taise à jamais! répéta le prêtre à haute voix, comme s'il voulait interpeller tout l'univers.

L'ombre se leva de nouveau, et pour cette fois on put distinguer les proportions monstrueuses d'une figure humaine à laquelle il n'était pas difficile, dans un pareil moment, de croire trouver de l'expression et même de la vie. Ses traits fortement marqués portaient l'empreinte d'une émotion puissante, et ses lèvres semblaient s'ouvrir, comme si l'être aérien prononçait des paroles qui n'étaient point destinées pour des oreilles terrestres. Tout à coup il éleva ses deux bras au-dessus du couple étonné, joignit ses mains comme pour leur donner sa bénédiction, après quoi cette espèce de vision s'évanouit, et aucune forme ne se projeta plus sur la voûte blanche ni sur les murs de l'église.

Une troisième fois le ministre interdit répéta l'appel solennel, et aussitôt tous les regards, comme par une impulsion secrète, se portèrent sur l'endroit où s'étaient reproduits à deux reprises les contours d'une forme humaine; mais l'ombre ne parut plus. Après avoir attendu en vain quelques minutes, le docteur Liturgy continua d'une voix qui semblait plus tremblante qu'à l'ordinaire; mais aucun incident extraordinaire ne vint troubler le reste de la cérémonie.

Cécile prononça ses vœux avec une sainte émotion. Lionel, qui semblait s'attendre à quelque malheur étrange, s'efforça de paraître calme jusqu'à la fin du service. Ils furent unis, et lorsque la bénédiction fut prononcée, pas le plus léger bruit ne se fit entendre dans l'église, et personne n'avait le courage de parler. Ils s'éloignèrent tous en silence de l'autel, et se disposèrent à partir. Cécile, pâle et tremblante, se laissa envelopper dans sa pelisse par Lionel, sans paraître s'apercevoir de son attention, et au lieu de l'en remercier par un sourire, elle jeta un regard inquiet sur la voûte, avec une expression à laquelle il était impossible de se méprendre. Polwarth lui-même était devenu muet, et Agnès oublia de faire à la mariée son compliment de félicitation, et de lui exprimer les souhaits que pendant la cérémonie elle n'avait cessé de former pour son bonheur.

Le docteur murmura quelques mots entre ses dents pour recommander à Job d'éteindre le feu et les chandelles, et il sortit sur les pas des mariés avec une précipitation qu'il lui plut d'attribuer à l'heure avancée, laissant le fils d'Abigaïl Pray en possession de la chapelle.

CHAPITRE XXIII.

> Gardez-vous de le juger; car nous sommes tous pécheurs; fermez-lui les yeux et tirez le rideau; ensuite laissez-nous tous à nos méditations.
> SHAKSPEARE. *Le roi Henry V.*

Les quatre amis, pensifs et silencieux, entrèrent dans le sleigh, et la voix seule de Polwarth se fit entendre lorsqu'il donna précipitamment ses ordres au domestique qui fermait la portière. Le docteur Liturgy s'avança alors, et fit aux mariés les compliments d'usage. Le sleigh partit avec la même rapidité que si le cheval qui le traînait eût pu deviner l'impatience de ses maîtres, et bientôt le bruit de la voiture s'unit seul à celui de la tempête, dans des rues que tous les êtres vivants paraissaient avoir abandonnées.

Dès que Polwarth eut descendu ses compagnons à la porte de Mrs Lechmere, il murmura les mots de *bonheur* et de *demain*, et oubliant le souper auquel il avait été invité, il repartit avec la même vitesse qu'il était venu. En entrant dans la maison, Agnès monta chez sa tante pour lui apprendre que la cérémonie était terminée, tandis que Lionel conduisait sa jeune épouse dans le parloir.

Cécile immobile et debout ressemblait à une statue, pendant que son mari la débarrassait de son schall et de sa pelisse; ses yeux fixés sur le parquet et toute son attitude exprimaient l'émotion profonde que lui avait fait éprouver la scène qui venait de se passer. Lorsqu'elle eut dégagé sa taille légère des vêtements lourds et chauds dont il l'avait enveloppée lui-même en sortant de l'église, il l'attira doucement vers le sofa, où il s'assit près d'elle, et, pour la première fois depuis qu'elle avait prononcé le *oui* solennel, elle rompit le silence.

— Etait-ce un effrayant présage? dit-elle en balbutiant tandis qu'il la pressait contre son cœur, ou n'était-ce qu'une horrible vision?

— Ce n'était rien, mon amour... c'était une ombre... celle de Job Pray, qui était venu avec moi pour allumer les cierges.

—Non! non! non! dit Cécile vivement et avec une énergie toujours croissante, ce n'étaient point là les traits insignifiants du pauvre idiot! Savez-vous, Lionel, que, dans le profil effrayant et caractérisé qui s'est réfléchi sur le mur, j'ai trouvé une ressemblance frappante avec notre grand-oncle, celui de qui votre père a hérité du titre de baronnet, et qu'on appelait sir Lionel-le-Sombre?

— Que n'est-on pas porté à se figurer dans de pareilles circonstances! Mais de grâce, chère Cécile, qu'aucune triste pensée ne vienne empoisonner d'aussi doux instants.

—Suis-je triste ou superstitieuse par habitude, Lionel? dit-elle d'une voix si tendre qu'elle pénétra le cœur de son mari. Mais cette vision s'est montrée dans un tel moment et sous une telle forme, qu'il faudrait être plus qu'une femme pour ne pas trembler de ce qu'elle me présage.

— Que pouvez-vous craindre, Cécile? Ne sommes-nous pas mariés, unis par des nœuds irrévocables et solennels? Cécile tressaillit, mais Lionel, voyant qu'elle ne voulait ou ne pouvait répondre, continua : — N'est-il pas hors du pouvoir de l'homme de nous séparer? et ne sommes-nous pas unis, non seulement avec le consentement, mais même d'après le désir formel de la seule personne qui ait des droits sur nous?

—Je crois tout ce que vous me dites, Lionel, dit Cécile en jetant autour d'elle des regards vagues et inquiets; oui, oui, nous sommes mariés; oh! avec quelle ferveur j'implore celui qui voit tout et qui gouverne tout, pour qu'il bénisse notre union! mais...

— Mais quoi, Cécile? Est-il possible qu'un rien, qu'une ombre vous affecte à ce point?

—C'était une ombre, comme vous dites, Lincoln; mais où était l'homme?

— Cécile, ma bonne, mon excellente Cécile, ne laissez pas votre esprit s'affaisser dans cette incroyable apathie. J'en appelle à votre raison, peut-il y avoir une ombre lorsque rien n'obstrue la lumière?

— Je ne sais, je ne puis raisonner, je n'ai pas de raison. Tout est possible à celui qui n'a pour loi que sa volonté, et dont le plus léger signe de tête ébranle l'univers. Il y avait une ombre, une ombre éloquente et terrible; mais qui peut dire où était la réalité?

—Je serais tenté de répondre : avec les fantômes, seulement

dans votre imagination trop ardente, ma chère amie. Mais revenez à vous, Cécile, et réfléchissez qu'après tout il est possible que quelque désœuvré de la garnison se soit amusé à suivre mes pas, et qu'il ait trouvé moyen de se cacher dans la chapelle, peut-être pour le seul plaisir de faire du mal, peut-être aussi sans aucun motif.

—Il aurait choisi alors un moment bien solennel pour ses folies.

—Peut-être était-ce quelqu'un qui n'avait d'autre envie que de produire un coup de théâtre, et de voir quel effet en résulterait. Mais faut-il que d'aussi pitoyables plaisanteries empoisonnent un seul instant notre bonheur? ou faut-il nous croire voués à l'infortune parce qu'il se trouve un fou dans Boston?

— C'est une faiblesse, c'est une sottise, j'en conviens; il y a même quelque chose d'impie dans cette terreur, Lincoln, dit-elle en tournant les yeux sur lui et en s'efforçant de sourire; mais que voulez-vous? je suis femme, et c'est m'attaquer dans l'endroit où je suis le plus sensible. Vous savez que je n'ai point de réserve avec vous maintenant. Le mariage est pour nous le lien qui réunit toutes les affections en une seule. Pourquoi faut-il, lorsque le cœur ne devrait être rempli que de douces pensées, pourquoi faut-il qu'il se rappelle ces mystérieux présages qui ont répondu à l'appel imposant du prêtre?

— Eloignez toutes ces idées sinistres, ô ma bien-aimée! dans un moment où nous ne devons songer qu'au bonheur. N'en doutez pas, ces nœuds que nous avons formés seront bénis dans le ciel, comme ils l'ont été sur la terre. Lorsque la conscience est tranquille, pourquoi se livrer à de tristes pressentiments? Ah! soyons tout à notre amour!

Il y avait quelque chose de si touchant dans le son de voix de Lionel, tout en lui annonçait un intérêt si tendre, qu'il réussit enfin, en grande partie, à éloigner de l'esprit de Cécile les vagues terreurs qui l'agitaient. Pendant qu'il parlait, des couleurs vermeilles venaient animer de nouveau les joues de la jeune épouse, et lorsqu'il eut fini, elle tourna sur lui un regard attendri où se peignait une douce confiance. Elle répéta le mot d'*amour* avec un sourire qu'il était impossible de ne pas comprendre, et au bout de quelques minutes il était parvenu à dissiper entièrement les pressentiments funestes auxquels elle avait laissé prendre un ascendant momentané sur sa raison.

Mais si le major Lincoln avait combattu si bien et avec tant de succès les appréhensions de son épouse, il ne lui fut pas si facile de remporter sur lui-même une semblable victoire. Cette sensibilité portée jusqu'à l'excès, qu'il tenait de famille, avait été excitée à un point très-alarmant par les incidents de la veille, quoique son amour pour Cécile fût parvenu à la maîtriser aussi longtemps qu'il avait été lui-même témoin de sa faiblesse. Mais à mesure que Cécile, cédant à sa douce éloquence, se laissait persuader d'oublier de fâcheux souvenirs, ces mêmes souvenirs se présentaient plus vifs et plus poignants à l'esprit de Lionel, et, malgré tous ses efforts, il n'aurait pu cacher longtemps encore à sa jeune épouse le trouble qui le dévorait, si heureusement Agnès n'était venue dire que Mrs Lechmere désirait voir les nouveaux mariés.

— Venez, Lincoln, lui dit sa charmante compagne en se levant aussitôt; il y a de l'égoïsme à nous d'avoir oublié si longtemps toute la part qu'elle prend à notre bonheur. C'est un devoir que nous aurions dû remplir, sans attendre qu'elle fût obligée de nous le rappeler.

Lionel, pour toute réponse, lui serra tendrement la main, et passant le bras de Cécile sous le sien, il suivit Agnès dans le petit vestibule qui conduisait aux étages supérieurs de la maison.

— Vous connaissez le chemin, major Lincoln, dit miss Danforth, et si vous l'aviez oublié, madame la mariée est là pour vous le montrer. Quant à moi, je vais aller jeter un coup d'œil sur le petit banquet que j'ai commandé; vous verrez que nous nous sommes mis en frais pour vous fêter; mais je crains bien que ce ne soit en pure perte, puisque le capitaine Polwarth a dédaigné de venir faire honneur au festin. En vérité, major Lincoln, je m'étonne qu'un homme aussi positif que votre ami se laisse effrayer par une ombre au point d'en perdre l'appétit.

Il y avait quelque chose de contagieux dans la gaieté d'Agnès, et Cécile ne put s'empêcher de sourire; mais l'air sombre et soucieux de son mari lui rendit à l'instant tout son sérieux.

— Montons sans perdre de temps, Lincoln, lui dit-elle, et laissons la folâtre Agnès continuer ses grands préparatifs.

— Oui, allez, s'écria celle-ci en se dirigeant vers la salle du banquet. Boire et manger! fi! c'est trop matériel pour des êtres d'une nature aussi exquise que la vôtre. Que ne puis-je préparer un festin digne de personnes aussi sentimentales! Voyons un peu : des gouttes de rosée et des larmes d'amour, en égale quantité, adoucies par des sourires de Cupidon et relevées par quelques soupirs poussés au clair de la lune, en guise de sauce piquante, comme dirait Polwarth, voilà de quoi faire un mets que, j'en suis sûre, ils trouveraient délicieux. La difficulté, c'est de se procurer des gouttes de rosée dans une pareille saison et par un temps semblable; pour les larmes et les soupirs, on en trouverait à revendre dans la pauvre ville de Boston.

Lionel et sa compagne entendirent de loin expirer le son de sa voix, qui, en prononçant les derniers mots, avait pris une expression moitié grave, moitié comique; et l'instant d'après ils oublièrent Agnès et sa folle gaieté; ils se trouvèrent en présence de Mrs Lechmere.

Le premier coup d'œil qu'il jeta sur elle causa une sensation pénible au cœur du major Lincoln. Mrs Lechmere s'était fait lever sur son lit, et elle était assise presque droite, soutenue par des oreillers : ses joues maigres et ridées étaient animées par un coloris peu naturel, qui contrastait trop fortement avec les marques que l'âge et les passions violentes avaient imprimées sur des traits qui avaient été célèbres, sans avoir jamais eu rien de séduisant; son regard avait perdu son expression ordinaire de souci et d'inquiétude pour prendre celle d'une joie qui tenait presque de l'ivresse, et dont elle ne pouvait plus comprimer les élans; en un mot, toute sa manière d'être convainquit pleinement Lionel que si en épousant Cécile il avait cédé à l'ardeur de ses sentiments, il avait en même temps réalisé les plus vifs désirs d'une personne trop égoïste et trop politique pour être de bonne foi, et que de plus il avait tant de raisons de croire coupable.

La malade ne crut plus avoir besoin de garder aucun ménagement pour témoigner toute sa joie; elle tendit les bras à sa petite-fille, et l'appela d'une voix élevée au-dessus de son ton naturel, et que l'exaltation du contentement rendit aigre et discordante :

— Venez dans mes bras, ma bonne et excellente fille, vous qui faites mon orgueil et mon espérance! venez recevoir la bénédiction de votre mère, cette bénédiction que vous méritez si bien.

Cécile elle-même, quelque affectueux, quelque encourageant que fût le langage de sa grand'mère, fut frappée du ton forcé et peu naturel qu'elle avait pris, et elle s'approcha du lit avec moins d'empressement que, dans son innocente confiance, elle n'en mettait ordinairement à répondre à d'aussi touchants appels. Cette contrainte secrète ne dura cependant qu'un instant; car lorsqu'elle sentit les bras caressants de Mrs Lechmere qui la pressaient vivement sur son sein, elle leva sur elle ses yeux baignés de douces larmes, comme pour la remercier de tant d'affection.

— Maintenant, major Lincoln, vous possédez mon plus grand, je pourrais dire mon unique trésor, s'écria Mrs Lechmere; elle s'est montrée la plus tendre et la plus soumise des filles; le ciel l'en bénira, comme je la bénis moi-même. Se penchant en avant, elle ajouta d'une voix plus calme : Embrassez-moi, ma Cécile, ma jolie mariée, ma petite lady Lincoln! car c'est un titre que je puis vous donner à présent, puisque dans l'ordre de la nature il sera bientôt le vôtre.

Cécile, choquée d'entendre sa grand'mère tenir un pareil langage, et se permettre des démonstrations de joie si peu mesurées, se dégagea doucement de ses bras, et les yeux fixés à terre, les joues brûlantes, elle fit quelques pas en arrière pour laisser Lionel approcher du lit, et recevoir sa part de félicitations. Il se baissa, malgré sa répugnance secrète, pour poser ses lèvres sur la joue flétrie que lui présentait Mrs Lechmere, et murmura quelques paroles sur son bonheur actuel, et sur la reconnaissance qu'il lui devait. Malgré l'air de triomphe presque révoltant qui avait remplacé les manières ordinairement froides et réservées de la malade, la nature ne fut pas entièrement étrangère à l'expression que prit sa voix en parlant à Lionel; un certain attendrissement se peignit dans ses yeux, et une larme y brilla furtivement.

— Lionel, mon neveu, mon fils, s'écria-t-elle, je me suis efforcée de vous recevoir d'une manière digne du chef d'une famille ancienne et respectable; mais seriez-vous un prince souverain, que je ne pourrais pour vous plus que ce que je viens de faire. Aimez-la, chérissez-la; soyez pour elle plus qu'un époux; tenez lieu de tout à cette enfant adorée. Maintenant mes plus ardents désirs sont accomplis; maintenant, dans le calme paisible d'une longue soirée qui succède à des jours remplis de troubles et d'ennuis, je puis me préparer doucement au grand et dernier changement qui couronne la vie.

— Femme! dit une voix terrible qui retentit dans le fond de la chambre, tu te trompes toi-même!

— Qui, s'écria Mrs Lechmere en se soulevant par un mouvement convulsif, comme si elle allait se jeter en bas de son lit, qui a parlé?

— C'est moi, répondit la voix bien connue de Ralph comme il s'avançait de la porte jusqu'au chevet de son lit; c'est moi, Priscilla Lechmere; c'est un homme qui connaît tes actions et ta destinée.

Mrs Lechmere, respirant à peine, retomba sur ses oreillers; le feu qui un instant avait animé ses joues avait fait place aux traces profondes de l'âge et de la maladie, et son regard fixe semblait glacé par la terreur. Un moment de réflexion suffit cependant pour ranimer ses esprits et en même temps ses profonds ressentiments. D'un geste violent elle fit signe au vieillard de se retirer, et s'écria d'une voix que la fureur qui l'étouffait rendait doublement effrayante :

— Eh quoi! serai-je donc bravée dans un pareil moment, jusque sur mon lit de douleur? Que ce fou ou cet importeur, quel qu'il soit, sorte à l'instant de ma présence!

Mais elle parlait à des sourds. Lionel, immobile, garda le silence. Toute son attention était portée sur Ralph, dont les traits indifférents et calmes prouvaient combien il craignait peu la violence dont on le menaçait. Cécile était appuyée sur le bras de son mari avec ce doux abandon d'une femme heureuse et fière de se sentir sous la protection de celui qu'elle aime; mais Lionel ne la remarquait pas, tout entier à l'intérêt qu'il prenait à la soudaine apparition d'un homme dont le caractère mystérieux et singulier avait su depuis longtemps agiter son cœur de crainte et d'espoir.

— Vos portes seront bientôt ouvertes à tous ceux qui voudront entrer ici, dit le vieillard froidement; pourquoi serais-je chassé d'une demeure où une foule insensible entrera et sortira au gré de son caprice? Ne suis-je pas assez vieux, ou ne porté-je pas encore assez l'empreinte du tombeau pour devenir votre compagnon? Priscilla Lechmere, vous avez vécu jusqu'à ce que le coloris de vos joues ait fait place à la teinte livide de la mort; vos traits amaigris sont sillonnés de rides profondes, vos yeux, jadis si brillants, se sont ternis sous le poids des inquiétudes et des soucis, et cependant vous n'avez point encore vécu pour le repentir.

— Que signifie ce langage? s'écria Mrs Lechmere ne pouvant soutenir son regard ferme, mais étincelant. Pourquoi est-ce à moi seule que s'attache une semblable persécution? Mes péchés sont-ils donc si grands qu'on ne puisse les supporter, ou suis-je la seule à qui on doive rappeler que tôt ou tard la mort doit venir? Je connais depuis longtemps les infirmités de l'âge, et je puis dire avec vérité que je suis préparée à en voir arriver le terme.

— C'est bien! répondit le vieillard, que rien ne paraissait émouvoir; prends alors ce papier, lis le décret solennel de ton Dieu, et puisse-t-il t'accorder la fermeté nécessaire pour le supporter!

Sa main décharnée présenta alors une lettre ouverte à Mrs Lechmere, et le regard rapide de Lionel lui apprit que c'était à lui qu'elle était adressée. Malgré la découverte qu'il faisait pour la seconde fois de la liberté avec laquelle Ralph s'immisçait dans ses secrets les plus intimes, Lionel ne s'en plaignit point, et attendit avec la plus vive impatience l'effet que cette étrange communication produirait sur sa tante.

Mrs Lechmere, comme sous l'influence d'un charme, reçut la lettre avec une sorte de soumission qui prouvait l'ascendant qu'avait pris sur elle le ton ferme et solennel du vieillard. Dès que ses yeux en eurent aperçu le contenu, ils devinrent fixes et hagards. Le billet était court, et la lecture en fut bientôt terminée. Elle le tenait encore par une sorte de mouvement machinal; mais son œil vague et égaré prouvait assez qu'elle n'était plus capable de lire. Un moment de silence pénible s'ensuivit, un frémissement général vint ébranler le corps affaibli de la malade, un tremblement convulsif agitait tous ses membres, et on eût entendu dans le coin le plus reculé de l'appartement le frottement du papier qu'elle froissait sans le savoir.

— Cette lettre m'est adressée, s'écria Lionel touché de compassion en voyant l'état où elle était réduite, et c'est à moi qu'elle aurait dû être remise.

En disant ces mots, il la prit des mains de la malade, sans que celle-ci opposât la moindre résistance.

— Lisez tout haut, mon cher Lionel! lui dit à l'oreille la voix la plus tendre; tout haut, je vous en conjure!

Ce fut peut-être encore moins par suite de cet appel touchant fait d'une voix dans laquelle toute l'âme de Cécile semblait avoir passé, que par l'impossibilité de contenir les sensations impétueuses qui bouillonnaient dans son cœur, que le major Lincoln se conforma à sa demande. D'une voix devenue calme par l'excès même de son émotion, il lut le contenu du billet fatal, et si distinctement que chaque mot résonnait à l'oreille de son épouse, au milieu du silence qui l'entourait, comme des avertissements prophétiques sortis du sein même du tombeau.

« L'état de la ville a empêché de donner à la maladie de Mrs
« Lechmere cette attention soutenue que sa position rendait
« nécessaire. Une gangrène intérieure s'est formée, et le soula-
« gement qu'elle éprouve actuellement n'est que l'avant-coureur
« de sa mort. Je crois de mon devoir de prévenir que, quoiqu'il
« soit possible qu'elle vive encore quelques heures, il n'est pas
« probable qu'elle passe la nuit. »

Au bas de ce billet court, mais terrible, était la signature bien connue du médecin qui l'avait soignée. Quel changement soudain et imprévu! Tout le monde avait cru que la maladie s'était éloignée, lorsque au contraire elle attaquait sourdement les parties les plus vitales. Laissant retomber ses bras, Lionel s'écria dans le premier mouvement de surprise :

— Qu'elle passe la nuit! Grand Dieu! se pourrait-il?

L'infortunée, lorsque l'espèce d'attaque nerveuse qu'elle avait eue fut passée, promena son œil inquiet de figure en figure, et écouta avidement la lecture du billet. On eût dit qu'elle se flattait de voir briller un rayon d'espérance sur leurs physionomies. Mais le langage du médecin était trop clair, trop positif, pour qu'il fût possible de s'y méprendre. Sa concision même lui imprimait le cachet terrible de la vérité.

— Le croyez-vous donc? demanda-t-elle d'une voix étouffée, comme si elle voulait rejeter loin d'elle cette affreuse conviction; vous, Lionel Lincoln, que j'avais cru mon ami!

Lionel se détourna en silence pour éviter le douloureux spectacle de sa misère; mais Cécile se jeta à genoux au pied de son lit, et, joignant ses mains, offrant dans tous ses traits l'image consolante de l'espérance sanctifiée par la religion, elle dit à voix basse :

— Ce n'est pas l'ami sincère, ma chère grand'maman, qui doit flatter au moment du départ; mais il est un appui plus sûr et plus infaillible que tous ceux que ce monde pourrait offrir!

— Et vous aussi, s'écria Mrs Lechmere en se levant sur son séant avec une force et une énergie qui semblaient mettre en défaut la science du médecin et se rire de ses prédictions ; vous aussi, vous m'abandonnez! vous que j'ai soignée depuis vos plus tendres ans, vous l'enfant de mon cœur! à qui j'ai prodigué ma tendresse, et que j'ai élevée dans la vertu ; oui, dans la vertu ! je puis le dire hardiment à la face de l'univers! Vous à qui j'ai su ménager ce mariage honorable, c'est par une noire ingratitude que vous me payez de tout ce que j'ai fait pour vous!

— Ma bonne maman, au nom de Dieu! ne parlez pas si durement à votre petite-fille! C'est dans le ciel qu'il vous faut chercher un appui, comme c'est en vous que j'ai toujours cherché le mien!

— Va, éloigne-toi, fille faible et sans énergie ! L'excès du bonheur t'a fait perdre la tête! Venez ici, vous, ô mon fils! parlons de Ravenscliffe, cette superbe résidence de nos ancêtres! parlons des jours heureux que nous passerons encore sous un toit hospitalier. Cette folle que tu as prise pour femme voudrait m'effrayer!

Lionel éprouva une horreur involontaire en écoutant l'espèce de hoquet convulsif avec lequel elle prononça ces paroles caractéristiques en voulant forcer sa voix. Il détourna de nouveau la tête, et se cacha un moment la figure dans ses mains pour s'isoler d'une scène qui devenait hideuse.

— Ma bonne maman, ne nous regardez pas ainsi! s'écria Cécile respirant à peine ; vous pouvez avoir encore des heures, des jours même devant vous. Elle s'arrêta un instant pour suivre ce regard vide et hagard qui se portait sur tous les objets avec une expression déchirante de désespoir ; puis, dans le sentiment ingénu de son innocence, elle dit au milieu de ses sanglots, en laissant tomber sa tête sur le lit : — O mère de celle à qui je dois la vie, que ne puis-je mourir pour toi!

— Mourir! répéta la même voix aigre et discordante, dans les sons entrecoupés de laquelle on commençait déjà à distinguer le râle de la mort; mourir au milieu des plaisirs d'une noce! l'insensée! Va-t'en! laisse-moi! Va, si tu veux, prier dans ta chambre, mais laisse-moi!

Dans l'amertume de son ressentiment, son œil suivit Cécile, qui se retirait en silence dans la pieuse et charitable intention d'obéir littéralement à l'ordre de sa bonne maman. Lorsqu'elle fut sortie de la chambre, Mrs Lechmere ajouta :

— Cette enfant n'a point d'énergie ; ce que j'attendais d'elle est au-dessus de ses forces ! Toutes les femmes de ma race ont toujours été faibles, si ce n'est moi ; ma fille, la nièce de mon mari.....

— Que dis-tu de cette nièce ? s'écria la voix foudroyante de Ralph en interrompant ses divagations, cette femme de ton neveu, la mère de ce jeune homme ? Parle, femme, tandis que le temps et la raison ne te manquent pas encore.

Lionel s'avança alors au chevet du lit de la malade, entraîné par une impulsion à laquelle il ne pouvait plus résister, et il lui dit d'un ton solennel :

— Si tu sais quelque chose des malheurs affreux qui sont arrivés à ma famille ; si, de quelque manière que ce soit, tu y as pris quelque part, décharge ton âme de ce fardeau, et meurs en paix. Sœur de mon grand-père, bien plus encore, mère de ma femme, parle, je t'en conjure : que sais-tu sur ma malheureuse mère ?

— Sœur de ton grand-père..., mère de ta femme, répéta Mrs Lechmere, lentement et d'une manière qui indiquait assez qu'elle avait de la peine à rassembler ses idées, oui, l'un et l'autre sont vrais !

— Parlez-moi donc de ma mère, si vous reconnaissez les liens du sang ; dissipez les ténèbres qui ont toujours enveloppé sa destinée.

— Elle est dans la tombe, morte, défigurée. Oui, oui, sa beauté si célèbre est devenue la proie des vers ! Que voulez-vous de plus, insensé ? voudriez-vous voir ses os dans le linceul qui les entoure ?

— La vérité ! s'écria Ralph, dis la vérité, et la part que ta perfidie a prise à ce crime.

— Qui parle ? répéta Mrs Lechmere quittant encore une fois sa voix perçante, quoique voilée, pour ne faire entendre que la cadence chrevotante de la débilité et de la vieillesse ; et regardant en même temps autour d'elle, comme si un souvenir soudain traversait son esprit, elle ajouta : Certes, j'ai entendu une voix que je dois connaître !

— Tiens, regarde-moi ; si tes yeux peuvent voir encore, fixeles sur moi ! s'écria Ralph avec chaleur, comme s'il voulait captiver son attention à tout prix, c'est moi qui te parle, Priscilla Lechmere.

—Que veux-tu? ma fille? elle est dans son tombeau! son enfant? elle est mariée à un autre. Tu viens trop tard! tu viens trop tard! Plût à Dieu que tu me l'eusses demandée à temps!

—La vérité! la vérité! continua le vieillard d'une voix qui résonnait dans l'appartement en échos terribles et prolongés; la stricte, l'entière vérité! dis-nous-la, et rien autre.

Cet appel singulier et solennel réveilla la dernière énergie de l'agonisante, dont l'âme tout entière semblait se contracter au bruit des cris de Ralph; elle fit un effort pour se soulever encore une fois, et s'écria :

— Qui dit que je vais mourir? je n'ai que soixante-dix ans! et hier encore je n'étais qu'une enfant, une enfant pure et sans tache! il ment! il ment! je n'ai pas la gangrène, je suis forte, et j'ai encore des années à vivre, et du temps pour me repentir.

Dans les pauses qu'elle était obligée de faire, la voix du vieillard continuait à se faire entendre, criant toujours : La vérité! la vérité! la stricte vérité!

— Levez-moi, que je voie le soleil, continua la mourante. Où êtes-vous tous? Cécile, Lionel, mes enfants, m'abandonnerez-vous à présent? Pourquoi obscurcir la chambre? Donnez-moi du jour, plus de jour, plus de jour! Je vous en conjure au nom de tout ce qui est au ciel et sur la terre, ne m'abandonnez pas dans cette sombre et terrible obscurité!

Son air était devenu si hagard, ses traits si livides, que la voix de Ralph lui-même en fut comprimée, et elle continua à pousser les derniers cris du désespoir :

— Pourquoi me parler ainsi de mort? ma vie a été trop courte! Donnez-moi des jours, donnez-moi des heures, donnez-moi des moments! Cécile, Agnès, Abigaïl, où êtes-vous? soutenez-moi, ou je tombe!

Elle souleva la tête par un dernier effort, et semblait vouloir se cramponner au vide de l'air. Lionel avait avancé la main à son secours; elle la trouva, la saisit, fit un affreux sourire, comme si elle avait enfin trouvé un appui; puis, retombant de nouveau, après un tremblement convulsif, la partie mortelle de son être entra dans un état de repos éternel.

Lorsque les exclamations horribles de la mourante eurent cessé, un calme si profond régna dans l'appartement, que les murmures du vent qui sifflait au milieu des toits de la ville y pénétrèrent, et pouvaient être pris dans un pareil moment pour les gémissements des esprits célestes sur une fin aussi épouvantable.

CHAPITRE XXIV.

> Je m'étonne, Monsieur, puisque les femmes sont des monstres à vos yeux et que vous les fuyez, et j'en crois vos serments, je m'étonne que vous désiriez vous marier.
> SHAKSPEARE. *Tout est bien qui finit bien.*

CÉCILE avait quitté la chambre de Mrs Lechmere pour tâcher de retrouver le calme qu'elle avait perdu. Retirée dans la sienne et prosternée à genoux, elle adressa de ferventes prières à celui qui pouvait seul l'aider à supporter le fardeau d'une douleur qui accablait sa jeune inexpérience. Jusque alors, heureuse et tranquille, elle ne l'avait invoqué que faiblement, et sa dévotion n'avait été qu'extérieure ; maintenant que le malheur l'éprouvait, elle sentait le besoin de consolations divines, et elle ne les implora pas en vain. Son âme s'éleva par les communications intimes qu'elle venait d'avoir avec son Dieu ; le calme solennel qui l'entourait se communiqua à son cœur, et elle se prépara enfin à aller reprendre sa place au chevet du lit de sa grand'mère.

En passant de sa chambre dans celle de Mrs Lechmere, elle entendit la voix d'Agnès en bas, qui donnait les ordres nécessaires aux domestiques pour le repas de noce, et elle s'arrêta un instant pour s'assurer que tout ce qui venait de se passer si récemment n'était autre chose qu'un jeu de son imagination en délire. Elle jeta un coup d'œil sur sa parure qui, toute modeste qu'elle fût, n'était pas celle de tous les jours ; elle frissonna en se rappelant cette apparition d'un si funeste présage, et arriva enfin à l'effrayante réalité qui se présentait à son esprit nue et dans toute son horreur. Après avoir posé sa main sur la porte, elle prêta l'oreille avec une terreur secrète pour écouter si quelques sons ne sortaient pas de la chambre de la malade. Le bruit avait cessé en bas, et elle n'entendit aussi que le sifflement du vent qui semblait se jouer le long des cheminées et des angles de la maison.

Encouragée par le silence solennel qui régnait dans la chambre de sa grand'mère, Cécile ouvrit alors la porte, dans la douce persuasion qu'elle allait être témoin de la résignation d'une chrétienne dans ce même lieu où elle avait entendu si récemment les imprécations du désespoir. Elle entra d'un pas timide, car elle craignait de rencontrer le regard creux mais perçant de l'inconnu qui avait apporté le billet du médecin, et dont l'extérieur et le langage étaient encore présents à sa pensée d'une manière vague, mais terrible. Cependant elle reconnut bientôt que son hésitation et ses craintes étaient sans fondement ; la chambre était vide. Après avoir jeté un coup d'œil autour d'elle, dans l'espoir d'y retrouver son cher Lionel, elle s'avança d'un pas léger vers le lit, et entr'ouvrant les rideaux, elle souleva la couverture, et découvrit à l'instant la fatale vérité.

Les traits de Mrs Lechmere étaient déjà raides, et ils avaient pris cette expression livide et cadavéreuse qu'imprime la main de la mort. L'âme en partant avait laissé l'empreinte des souffrances sur la figure, et l'on y voyait encore les traces profondes de ces passions qui, même au moment de la mort, lui avaient fait porter ses regards en arrière sur ce monde qu'elle quittait pour toujours, au lieu de les diriger en avant sur cette existence inconnue vers laquelle elle était entraînée rapidement. Peut-être la violence même du coup qu'elle recevait, la manière brusque et subite dont il était porté, soutinrent-ils le courage de la pauvre Cécile dans ce moment d'épreuve. Elle ne dit rien, ne fit aucun mouvement pendant plus d'une minute ; mais elle resta les yeux fixés sur ces traits ravagés qui lui avaient été chers depuis l'enfance, avec une sorte de saint respect qui n'était pas exempt d'horreur. Alors se retracèrent à sa mémoire ces présages funestes qui avaient accompagné son mariage, et en même temps se présenta l'idée accablante que peut-être n'était-ce pas la plus terrible des infortunes qui lui étaient réservées.

Cette nouvelle pensée l'agite et lui rend des forces ; elle referme aussitôt le rideau sur ce corps inanimé, et sort de l'appartement à pas précipités. La chambre de Lionel était sur le même étage que celle qu'elle venait de quitter. Avant qu'elle ait eu le temps de faire une seule réflexion, sa main est sur le loquet de la porte. Tant de circonstances accumulées ont troublé ses idées. Prête à franchir le seuil, elle cherche pourtant à les rassembler; une sorte de honte et de délicatesse s'oppose à ce qu'elle va faire; mais la crainte l'emporte, d'affreux pressentiments la dévorent de nouveau, et elle s'est précipitée dans la chambre en appelant à grands cris celui qu'elle cherche.

Quelques tisons, restes d'un feu presque éteint, avaient été rapprochés avec soin et jetaient une clarté faible et vacillante. La chambre semblait être remplie d'un air froid et perçant qui glaça Cécile dès qu'elle entra, et de grandes ombres se jouaient sur les murs, mobiles et tremblantes comme la lueur qui brillait encore dans le foyer. Mais l'appartement était vide comme celui de la défunte. S'apercevant que la porte du petit cabinet de toilette était ouverte, elle y courut, et alors l'air froid de la chambre, les vacillations du feu se trouvèrent expliqués : la porte de la rue au bas de l'escalier était tout ouverte, et le vent montait en sifflant jusqu'à l'étage supérieur.

Si Cécile avait voulu expliquer les sentiments qui la portèrent à descendre et la manière dont elle le fit, il lui eût été impossible d'y réussir ; car, plus prompte que la pensée, elle était sur le seuil de la porte avant d'avoir pu songer à sa position.

La lune continuait à se montrer à travers les nuages, jetant à peine assez de clarté pour laisser apercevoir le calme qui régnait dans le camp et dans la ville. Le vent d'est soufflait encore au travers des rues, soulevant des tourbillons de neige, et balayant toutes les places publiques. Mais on n'apercevait nulle part aucune trace d'hommes ni d'animaux.

Avec la même rapidité qu'elle était accourue à la porte, Cécile s'en éloigne en tressaillant, frappée de cette scène lugubre où tout semble lui parler encore de la mort de sa grand'mère. En un instant elle est remontée dans la chambre, et elle en examine les moindres recoins avec une inquiétude toujours croissante, dans l'espoir d'y retrouver son mari. Mais ses forces, entretenues jusque alors par l'espèce de transport qui l'agitait, finissent par s'épuiser. Elle ne peut supporter l'idée que Lionel l'ait abandonnée dans le moment où il savait qu'elle avait le plus besoin de secours, et elle ne peut s'empêcher d'associer dans son esprit son absence mystérieuse aux sinistres présages de la nuit. L'infortunée serre ses mains l'une contre l'autre dans l'agonie du désespoir, pousse un grand cri en appelant sa cousine, et tombe sur le plancher dans un état d'insensibilité complète.

Agnès surveillait les apprêts du repas; elle voulait qu'il fût digne en tout des Lechmere, et qu'il fît honneur à sa cousine aux yeux de son seigneur et maître. Malgré le bruit des domestiques empressés à exécuter ses ordres, le cri perçant de Cécile retentit jusque dans la salle à manger, suspendit tous les mouvements, et glaça tous les cœurs.

— C'est mon nom? dit Agnès; qui m'appelle?

— S'il était possible que l'épouse de mon maître poussât un pareil cri, reprit Meriton avec une emphase convenable, je jurerais que c'est milady.

— C'est Cécile! c'est Cécile! s'écria Agnès qui déjà s'était élancée hors de la chambre! oh! je redoutais ce mariage précipité!

Les domestiques la suivirent avec empressement, et la fatale vérité fut alors connue de toute la maison. Le corps de Mrs Lechmère fut découvert à leur vue; ils crurent tous que c'était la cause de l'état où ils voyaient la jeune épouse.

Plus d'une heure s'écoula avant que les soins les plus assidus eussent pu rendre à Cécile assez de connaissance pour qu'il fût possible de lui adresser quelques mots. Alors sa cousine profita d'un instant où elle se trouvait seule avec elle pour prononcer le nom de son mari. Cécile l'entendit avec une joie soudaine, mais regardant autour de la chambre d'un air égaré, comme si ses yeux le cherchaient, elle serra ses mains contre son cœur, et retomba dans cet état d'insensibilité dont on avait eu tant de peine à la tirer. Agnès crut deviner alors la véritable cause de son désespoir, et elle sortit de la chambre dès qu'elle eut réussi encore une fois à lui faire reprendre ses sens.

Agnès Danforth n'avait jamais eu pour sa tante cette confiance et ce respect sans bornes qui purifiaient les affections de la petite-fille de la défunte. Elle avait de plus proches parents auxquels elle était attachée sincèrement, et n'étant pas aveuglée par la tendresse, elle remarquait ces traits d'égoïsme et d'insensibilité qui étaient propres à Mrs Lechmere. Si donc elle avait consenti à s'exposer aux privations et aux dangers d'un siége, c'était uniquement par attachement pour sa cousine, qui sans elle aurait eu peine à supporter l'ennui de sa solitude.

Par suite de cette disposition, la mort inattendue de Mrs Lechmere était pour elle un sujet de deuil, mais non pas de désespoir. Sans doute si l'état de Cécile ne lui eût pas causé autant d'inquiétude, elle se fût retirée pour pleurer librement une personne qu'elle connaissait depuis si longtemps, et que, dans la sincérité de son cœur, elle croyait si peu préparée à ce passage solennel. Mais elle vit qu'il ne s'agissait point de répandre de vaines larmes, qu'il fallait agir, et passant dans le parloir, elle fit dire à Meriton de venir lui parler.

Lorsque le valet parut, elle affecta un sang-froid bien éloigné de ce qu'elle éprouvait, et le pria de chercher son maître et de lui dire que miss Danforth désirait le voir un moment sans délai. Pendant que Meriton était allé s'acquitter de sa commission, elle s'efforça d'appeler toute son énergie pour se tenir prête à tout événement.

Cependant les minutes s'écoulaient, et Meriton ne revenait point. Elle se leva, et s'approchant sans bruit de la porte, elle prêta l'oreille. Elle crut entendre parcourir les parties les plus reculées de la maison, d'un pas précipité qui prouvait qu'il faisait sa recherche en conscience. Enfin le bruit des pas approcha, et elle se convainquit bientôt qu'elle allait le revoir. Elle reprit aussitôt sa place, et à son air on eût dit qu'elle s'attendait à voir arriver le maître au lieu du valet. Meriton pourtant revint seul.

— Eh bien! le major Lincoln? dit Agnès; lui avez-vous dit que je l'attendais ici?

L'étonnement était peint dans tous les traits de Meriton.

— Bon Dieu! miss Agnès, s'écria-t-il, mon maître est sorti? sorti un soir comme celui-ci! et ce qui est encore plus étrange, il est sorti sans être en deuil, lorsque la mort est entrée dans la maison, et l'a frappé dans une personne de son sang encore!

Agnès sut se contenir; elle suivit le cours que les pensées de Meriton avaient pris, dans l'espoir d'arriver plus facilement à la vérité, sans laisser entrevoir les craintes qui l'agitaient.

—Comment savez-vous, monsieur Meriton, que votre maître ait poussé à ce point l'oubli des convenances?

— C'est aussi sûr, Madame, que je le suis qu'il avait ce soir-là son grand uniforme lorsqu'il est sorti pour la première fois, quoique alors je ne songeasse pas que Son Honneur allait se marier. D'ailleurs, Madame, ses habits de deuil sont enfermés dans une armoire, et j'en ai la clé dans ma poche.

— Il est assez bizarre qu'il ait choisi une pareille heure pour s'absenter, et cela le jour même de son mariage.

Meriton s'était habitué depuis longtemps à identifier tous ses intérêts avec ceux de son maître, et le rouge lui monta au visage en entendant ce reproche détourné qui lui semblait s'adresser tout à la fois au peu de galanterie de Lionel, et à son manque de délicatesse en général.

— Mais, miss Agnès... Vous voudrez bien remarquer, Madame... Voyez-vous; cette noce n'a ressemblé en rien à une noce anglaise; et je ne saurais dire non plus qu'il soit fort commun en Angleterre de mourir aussi soudainement qu'il a plu à Mrs Lechmere de le faire.

— Peut-être, interrompit Agnès, lui est-il arrivé quelque accident. L'homme le plus insensible ne s'absenterait pas volontairement dans un pareil moment.

Les pensées de Meriton prirent aussitôt la même direction, et l'attachement qu'il avait pour son maître lui fit partager sans hésiter les craintes de la jeune personne.

Agnès appuya son front sur sa main, et resta un instant plongée dans ses réflexions. Elle leva alors la tête et dit au fidèle domestique :

— Savez-vous, monsieur Meriton, où couche le capitaine Polwarth ?

— Si je le sais, Madame ! Le capitaine est un homme qui couche toujours dans son lit, à moins que le service du roi ne l'appelle ailleurs. C'est un homme qui a soin de lui-même que le capitaine Polwarth.

Miss Danforth se mordait les lèvres, et une gaieté maligne se peignit un instant dans ses yeux; mais le moment d'après elle reprit son air grave et elle continua :

— Je crois donc qu'il faut..... C'est une extrémité cruelle et pénible, mais je ne vois rien de mieux à faire...

— Avez-vous quelques ordres à me donner, miss Agnès ?

— Oui, Meriton; vous allez vous rendre chez le capitaine Polwarth; et vous lui direz que Mrs Lincoln désire qu'il vienne sur-le-champ ici, dans Tremont-Street.

— Ma maîtresse ! répéta le valet tout interdit ; mais, miss Agnès, la femme de chambre dit qu'elle n'a pas la connaissance, et qu'elle ne sait ni ce qui se passe, ni ce qu'on lui dit. C'est une bien triste noce, Madame, pour l'héritier de notre maison.

— Eh bien donc ! dites-lui, reprit Agnès en se levant pour quitter la chambre, que miss Danforth serait bien aise de le voir.

Meriton ne resta que le temps nécessaire pour témoigner qu'il approuvait ce changement dans le message, et il partit alors avec un empressement que redoublaient encore les craintes qu'il commençait à concevoir pour la sûreté de son maître. Malgré son inquiétude, le valet n'était nullement insensible à la rigueur du climat dans lequel il se trouvait, ni aux désagréments particuliers de la nuit pendant laquelle il était obligé de s'y exposer si inopinément. Néanmoins, malgré la neige qui tombait par flocons, et en dépit du froid qui le glaçait jusqu'aux os, il fut bientôt arrivé au logis de Polwarth. Heureusement pour la patience du pauvre Meriton, Shearflint, le laquais du capitaine, n'était pas encore couché ; il venait seulement de quitter son maître, qui avait jugé prudent, avant de se mettre au lit, de se lester de quelques provisions.

La porte s'ouvrit au premier coup de Meriton, et lorsque l'autre eut exprimé sa surprise par les exclamations ordinaires, les deux valets se rendirent ensemble dans une pièce où les restes d'un bon feu de bois répandaient encore une douce chaleur.

— Quel affreux pays que cette Amérique pour le froid, monsieur Shearflint ! dit Meriton en rapprochant les tisons avec sa botte et en se frottant les mains au-dessus de la braise. Je ne trouve pas que notre froid anglais ressemble du tout à cela ; le nôtre a plus de force, plus d'énergie ; mais il ne nous coupe pas la figure comme un méchant rasoir, ainsi que ce vilain froid d'Amérique.

Shearflint, qui se croyait extrêmement libéral, et qui se faisait un point d'honneur de montrer de la magnanimité à l'égard de ses ennemis, ne parlait jamais des colons sans prendre un air de protection qui prouvait selon lui qu'il avait des sentiments, et il répondit avec assurance :

— C'est un pays neuf, monsieur Meriton, et il ne faut pas y regarder de trop près. Lorsqu'on voyage, il faut apprendre à se faire à tout, surtout dans les colonies, où l'on ne doit pas s'attendre à trouver tout aussi bien que chez soi.

— Ce n'est pas qu'après tout je sois difficile en fait de temps, reprit Meriton ; on ne saurait l'être moins que moi, je vous jure. Mais parlez-moi de l'Angleterre pour le climat, si ce n'est pour autre chose. L'eau tombe du ciel dans ce bienheureux pays en bonnes grosses gouttes, et non pas en petites pointes gelées qui vous piquent la figure comme autant d'aiguilles fines.

— Et en effet, monsieur Meriton, maintenant que je vous regarde, on dirait que vous avez secoué la houppe à poudre de votre maître autour de vos oreilles. Tenez, je finissais justement d'égoutter le pot de toddy du capitaine ; goûtez-en, cela pourra servir à dégeler vos idées.

— Diable ! Shearflint, dit Meriton en remettant le pot sur la table pour respirer, après lui avoir donné une accolade qui pouvait compter au moins pour deux, est-ce que le capitaine vous en laisse toujours autant à égoutter ?

— Ah bien oui ! le capitaine ne laisse qu'un petit fond, reprit Shearflint en donnant au pot un mouvement circulaire pour en remuer le contenu, et en avalant d'un trait le peu qui y restait encore ; mais comme ce serait vraiment dommage que rien se perdît dans ces temps de détresse, je me fais une règle de boire ce qui reste, après y avoir fait une légère addition, pour que le tout coule plus aisément. Mais quel motif peut vous amener à une pareille heure, monsieur Meriton ?

— Vous disiez bien, Shearflint ; en effet, le froid avait gelé mes idées. Comment ? diable ! je suis chargé d'un message de vie ou de mort, et j'oubliais ma commission comme un imbécile qui arrive tout frais de sa province !

— Il se machine donc quelque chose ? dit l'autre en lui offrant une chaise sur laquelle Meriton s'assit sans dire mot, tandis que le laquais de Polwarth en prenait une autre avec un égal sang-froid. Eh bien ! je m'en suis douté lorsque j'ai vu revenir le capitaine mourant de faim après qu'il avait fait sa toilette avec un soin tout particulier pour aller souper dans Tremont-Street.

— Il s'est machiné quelque chose en effet, car une chose bien certaine, c'est que mon maître s'est marié ce soir dans la chapelle du roi.

— Marié ! répéta l'autre ; grâce à Dieu, il ne nous est pas arrivé de pareil malheur, quoiqu'on nous ait fait l'amputation. Il me serait impossible à moi de vivre avec un homme marié. Non, d'honneur, monsieur Meriton : un maître en culottes est bien assez pour moi, sans en avoir encore un en jupons.

— Cela dépend tout à fait de la position des personnes, Shearflint, reprit Meriton en prenant un air de compassion comme s'il plaignait le pauvre diable. Ce serait une grande folie à un capitaine d'infanterie, qui n'est rien qu'un capitaine d'infanterie, de se lier par les nœuds de l'hymen. Mais, comme nous disons à Ravenscliffe et dans Soho-Square, Cupidon écoutera les soupirs de l'héritier d'un baronnet du Devonshire, qui a quinze mille livres sterling de rente.

— Dix mille, monsieur Meriton, reprit l'autre d'un air très-prononcé de mauvaise humeur, dix mille ; je n'ai jamais entendu dire davantage.

— Allons donc! j'en compterais moi-même plus de dix mille, et je suis sûr qu'il y en a beaucoup que je ne connais pas.

— Eh bien! quand il y en aurait vingt mille, s'écria Shearflint en se levant et en roulant les tisons au milieu des cendres, de manière à éteindre le petit reste de feu qui brûlait, ce n'est point cela qui vous aidera à vous acquitter de votre commission. Vous devriez vous rappeler que nous autres domestiques de capitaines pauvres, nous n'avons personne pour nous aider à faire notre ouvrage, et que nous avons besoin de repos. Que vouliez-vous, monsieur Meriton?

— Parler à votre maître, monsieur Shearflint.

— C'est impossible! il est sous cinq couvertures, et je ne soulèverais pas la plus légère de toutes pour un mois de mes gages.

— Alors je le ferai pour vous, parce qu'il faut absolument que je lui parle. Est-il dans cette chambre?

— Oui, vous le trouverez là quelque part, au milieu des couvertures, reprit Shearflint en ouvrant la porte de l'appartement que Meriton lui avait indiqué, et dans l'espoir que Meriton serait au moins assommé pour sa peine. Il courut reprendre sa place au coin du feu, de peur d'attraper quelques éclaboussures.

Meriton fut obligé de secouer fortement le capitaine, et à plusieurs reprises, avant de réussir à le tirer le moins du monde de son profond assoupissement. Enfin il l'entendit grommeler entre ses dents :

— C'est une chienne d'affaire que celle-là... Si nous avions fait un usage convenable de nos jambes, nous aurions pu les attraper..... Vous prenez cet homme pour époux..... C'est bien... c'est très... Ah! que diable avez-vous à me rouler ainsi, diable incarné? Y a-t-il du bon sens de remuer un homme de la sorte, pour troubler sa digestion, lorsqu'il vient de manger!

— C'est moi, M. Meriton.

— Et qui diable vous a permis de prendre de pareilles libertés, monsieur moi, ou monsieur Meriton, ou quelque autre nom qu'il vous plaise de vous donner?

— Je viens vous chercher en toute hâte, Monsieur; il est arrivé de terribles choses ce soir dans Tremont-Street.

— Arrivé! répéta Polwarth qui alors était complètement reveillé. Je sais, drôle, que votre maitre s'est marié; parbleu, c'est moi-même qui ai donné la main à la mariée. Je ne crois pas qu'il soit rien arrivé de plus, du moins d'extraordinaire.

— Plût à Dieu, Monsieur, allez! Madame ne fait que s'évanouir, et monsieur est parti, Dieu sait pour où, et Mrs Lechmere est morte.

Meriton n'avait pas fini que Polwarth s'était déjà mis sur son séant, du mieux qu'il lui était possible, et qu'il avait commencé à s'habiller, par une sorte d'instinct, et sans avoir de but déterminé. D'après l'ordre malheureux dans lequel Meriton avait annoncé ces différentes nouvelles, le capitaine supposa que la mort de Mrs Lechmere provenait d'une séparation étrange et mystérieuse entre les deux époux, et sa mémoire active ne manqua pas de lui rappeler l'interruption singulière du mariage dont il a été si souvent question.

— Et miss Danforth, demanda-t-il, comment le supporte-t-elle?

— Comme une brave demoiselle qu'elle est, et avec un vrai courage. Il ne faut pas peu de chose pour déconcerter miss Agnès; elle ne perd pas aisément la tête.

— Parbleu! je le crois bien, et il lui est bien plus facile de la faire perdre aux autres.

— C'est elle, Monsieur, qui m'a envoyé vous prier de venir dans Tremont-Street sans aucun délai.

— Elle, mon bon ami? Vite, donnez-moi cette botte, une seule, grâce au ciel, c'est plus tôt mis que deux; ma veste, maintenant, mon garçon. — Shearflint! où êtes-vous donc, mauvais drôle? donnez-moi ma jambe à l'instant.

Dès que son valet entendit cet ordre, il entra dans la chambre, et comme il était plus au fait que Meriton des mystères de la toilette de son maître, le capitaine fut bientôt équipé de pied en cap.

Pendant qu'il s'habillait, il continua à interroger Meriton sur les événements qui semblaient s'être passés dans Tremont-Street; mais les réponses du pauvre diable étaient si embrouillées qu'il lui fut impossible d'y rien comprendre. Dès que sa toilette fut terminée, il s'enveloppa dans son manteau, et prenant le bras du valet, il brava la pluie et la neige pour se diriger tant bien que mal vers l'endroit où on disait que la belle Agnès Danforth l'attendait avec impatience, et malgré sa jambe de bois il marchait avec une ardeur chevaleresque qui, dans un autre siècle et dans des circonstances difficiles, lui aurait valu le surnom de héros.

CHAPITRE XXV.

> Fière noblesse! que tu parais petite à présent!
> BLAIR.

MALGRÉ la diligence extraordinaire que le capitaine avait faite pour obéir à l'appel inattendu de la jolie capricieuse à laquelle il faisait depuis si longtemps la cour, sans beaucoup de succès en apparence, il ralentit le pas en approchant de la maison de Tremont-Street, pour regarder les lumières qu'on voyait briller au travers des fenêtres. Arrivé sur le seuil, il s'arrêta et écouta le bruit des portes qu'on ouvrait et qu'on fermait, et tous ces sons distincts et pourtant étouffés qui annoncent que le sombre monarque vient de visiter les demeures des malades. Enfin il se décida à frapper. Personne ne lui répondit, et il fut obligé de dire à Meriton de le conduire dans le petit parloir où il était venu si souvent dans des circonstances plus propices.

Il y trouva Agnès qui attendait son arrivée; elle avait un air grave et composé qui le déconcerta, et il oublia le compliment fleuri qu'il avait préparé pour ouvrir les voies, afin de profiter en vrai militaire du petit avantage qu'il se flattait d'avoir obtenu dans la bonne opinion de celle qu'il aimait. Changeant aussitôt l'expression de ses traits et composant son maintien sur celui de miss Danforth, Polwarth se contenta d'exprimer la part qu'il prenait au malheur arrivé dans la famille, et demanda s'il serait assez heureux pour pouvoir lui être utile en quelque chose.

— La mort est entrée dans cette maison, capitaine Polwarth, dit Agnès, et sa visite a été soudaine et inattendue. Pour ajouter à notre détresse, le major Lincoln a disparu.

En prononçant ces mots, Agnès tenait ses regards attachés sur la figure du capitaine, comme si elle s'attendait à y lire l'explication de l'absence inexplicable de Lionel.

— Lionel Lincoln n'est pas homme à fuir parce que la mort approche, reprit le capitaine d'un air pensif, et je le crois encore moins capable d'abandonner à sa douleur une aussi charmante personne que celle qu'il a épousée ; peut-être est-il allé chercher des secours, un médecin.

— Non, c'est impossible. D'après les phrases incohérentes échappées à Cécile, j'ai pu comprendre que lui et un tiers que je ne connais pas étaient restés seuls avec ma tante, et ils ont dû être témoins de sa mort, car la figure était recouverte. Lorsque je suis montée, j'ai trouvé la mariée étendue sans connaissance dans la chambre que Lionel occupait ici, toutes les portes ouvertes, et tout annonçant que lui et son compagnon inconnu avaient quitté la maison par l'escalier dérobé qui communique à la porte de l'ouest. Comme ma cousine peut à peine parler, nous n'avons aucun autre indice qui puisse nous mettre sur la trace de son mari, à moins que cet ornement que j'ai vu briller au milieu des cendres ne puisse nous en servir. C'est, je crois, un hausse-col militaire ?

— Oui, c'en est un, et celui qui le portait a dû passer un mauvais quart-d'heure, à en juger par ce trou qu'une balle a fait au milieu. Eh ! de par le ciel ! c'est celui de Mac-Fuse ! Voici bien le numéro du 18e, et je reconnais ces petites marques que le pauvre diable avait coutume d'y faire à chaque bataille ; car il ne manquait jamais de le porter. Ce cher Mac-Fuse, il n'en fera plus à présent.

— Mais par quel hasard ce hausse-col se trouve-t-il dans l'appartement du major Lincoln ? Est-il possible que...

— Par quel hasard en effet ? interrompit Polwarth se levant dans son agitation et commençant à arpenter la chambre avec autant de vivacité que son état de mutilation le lui permettait. Pauvre Denis ! qui eût dit que je retrouverais ici cette triste relique qui me rappelle ton funeste sort ? Vous n'avez pas, je crois, connu Denis, miss Agnès. C'était un homme que la nature avait taillé sous tous les rapports pour être soldat. Il avait les formes d'Hercule, le cœur d'un lion et l'estomac d'une autruche ! mais tout cela ne put empêcher cette balle infernale... Il est mort, le pauvre garçon ! il est mort !

— Mais enfin ce hausse-col peut-il servir à nous mettre sur la voie ? demanda Agnès d'un ton d'impatience.

— Ah ! s'écria Polwarth en tressaillant, je crois que je commence à entrevoir le mystère. Le misérable qui a eu le cœur de tuer un homme avec lequel il avait bu et mangé a pu aisément le dépouiller après sa mort. Vous avez trouvé ce hausse-col près de la cheminée du major Lincoln, dites-vous, belle Agnès ?

— Dans les cendres, comme si on l'y avait jeté dans quelque moment de détresse.

— J'y suis, j'y suis, reprit Polwarth en frappant dans ses mains et en parlant entre ses dents ; il faut que ce soit cependant cet assassin dont je parlais, et la justice aura son cours à présent. Fou ou non fou, il sera pendu comme du bœuf fumé pour sécher en plein air.

— De qui parlez-vous d'un ton si menaçant, Polwarth ? demanda Agnès d'une voix douce et insinuante dont la jeune malicieuse connaissait bien le pouvoir, et qu'elle savait employer à propos.

— D'un infâme, d'un hypocrite, d'un scélérat qui s'appelle Job Pray ; d'un drôle qui n'a pas plus de conscience que de cervelle, et pas plus de cervelle que d'honneur ; d'un traître qui mangera aujourd'hui à votre table, et qui demain vous mettra sur la gorge le couteau que vous lui avez prêté pour l'aider à assouvir sa faim. C'est ce mécréant qui a moissonné la fleur des braves, la gloire de l'Irlande !

— Il faut alors que ce soit au milieu d'une bataille, dit Agnès ; car quoiqu'il manque de raison, Job a été élevé dans la connaissance du bien et du mal. Il faudrait qu'il eût été frappé cruellement du sceau de la réprobation divine l'enfant qui, né à Boston, n'aurait pas reçu de sa mère des principes d'honneur et de vertu.

— Permettez-moi, belle Agnès, de ne point partager votre admiration pour des principes grâce auxquels on peut se livrer paisiblement à l'œuvre importante de la déglutition, puis l'instant d'après tourner ses griffes contre son camarade.

— Mais qu'est-ce que tout cela a de commun avec l'absence de Lionel ?

— C'est une preuve que Job Pray est venu récemment dans sa chambre, car quel autre que lui y eût apporté le hausse-col ?

— C'est une preuve en effet des relations singulières qui existent entre le major Lincoln et l'idiot, dit Agnès en réfléchissant ; mais cette circonstance ne nous donne aucune lumière sur sa disparition. C'est d'un veillard que ma cousine parlait dans ses phrases incohérentes.

— Je gagerais ma vie, belle Agnès, que si le major Lincoln est parti mytérieusement cette nuit, c'était ce garnement qui lui servait de guide. Je les ai trouvés plus d'une fois en conférence intime ensemble.

— Eh bien donc, s'il est assez faible pour abandonner une femme telle que ma cousine à l'instigation d'un fou, il ne mérite pas une seule de nos pensées.

Agnès devint rouge en prononçant ces paroles, et la manière dont elle détourna la conversation prouvait qu'elle ressentait vivement l'injure faite à Cécile.

La situation particulière de la ville, l'absence de tous ses parents, engagèrent bientôt miss Danforth à écouter les offres réitérées de service du capitaine, et elle finit par les accepter. Leur conférence fut longue et confidentielle, et Polwarth ne se retira que lorsque les premiers rayons du jour commencèrent à paraître. Au moment où il partit pour retourner chez lui, on n'avait encore reçu aucune nouvelle de Lionel, et il devenait certain que son absence était l'effet d'une volonté marquée. Le capitaine se mit donc en devoir de donner sur-le-champ les ordres nécessaires pour l'enterrement de la défunte. Il avait combiné d'avance avec Agnès tous les arrangements à prendre en pareil cas, et il ne lui restait que les embarras de l'exécution. Ils étaient tombés d'accord ensemble que l'état de siége de la place et certains mouvements qui se faisaient déjà dans la garnison leur commandaient de ne différer les obsèques que le temps strictement nécessaire pour les apprêts de la pompe funèbre.

En conséquence, des ordres furent donnés pour que le caveau des Lechmere, dans le cimetière de la chapelle du roi, fût ouvert sans différer, et cette bière fatale, dernière enveloppe des morts, fut apportée dans la maison de deuil. Le même ministre qui si récemment encore avait prononcé la bénédiction nuptiale sur la tête de la fille se prépara à dire les dernières prières de l'église sur les restes de la mère, et des invitations furent envoyées au peu d'amis de la famille qui restaient encore à Boston.

Le soleil commençait déjà à se cacher derrière l'amphithéâtre de collines sur lesquelles on apercevait de distance en distance les travaux des hommes infatigables qui tenaient la place assiégée, lorsque les préparatifs pour l'enterrement de la défunte furent tous terminés. Les paroles prophétiques de Ralph s'accomplirent alors, et, suivant la coutume de la province, on vit les portes de l'une de ses plus nobles demeures s'ouvrir à la foule avide et curieuse qui pouvait y entrer et en sortir à volonté.

La pompe funèbre, quoique honorable, n'avait pas cette solennité imposante que dans des jours plus tranquilles Boston n'aurait pas manqué de déployer dans une occasion semblable. Un petit nombre des habitants les plus anciens et les plus respectables, qui avaient eu des relations plus ou moins intimes avec la défunte, suivirent le cortége; mais aucun pauvre ne s'y montra. Le caractère froid et égoïste de Mrs Lechmere les avait repoussés pendant sa vie; leurs larmes ne l'accompagnèrent point après sa mort. La marche du convoi depuis la maison jusqu'à l'église fut calme, tranquille et régulière, mais elle n'offrit point de grandes démonstrations de douleur. Cécile s'était renfermée dans sa chambre pour y pleurer librement, et les personnes alliées de loin à la famille, qui s'étaient réunies au cortége, paraissaient n'avoir pas besoin de faire de grands efforts pour retenir leurs sentiments dans les bornes du plus strict *decorum*.

Le docteur Liturgy reçut le corps suivant l'usage, sur le seuil de l'édifice sacré, et les paroles qu'il prononça étaient aussi touchantes, aussi solennelles que si l'âme de la défunte avait pris son vol vers le ciel, consolée par l'espérance et soutenue par la foi. Les assistants se pressèrent autour du cercueil pour écouter attentivement la voix du ministre, et le silence qui régna dans l'enceinte rendit cette scène lugubre plus imposante encore.

Au milieu du petit groupe d'habitants de la colonie qui se trouvaient rassemblés, étaient mêlés quelques militaires qui, ayant connu la famille de la défunte dans des temps plus tranquilles, n'avaient point oublié de venir payer le dernier tribut à la mémoire d'un de ses membres.

Lorsque le service fut terminé, le corps fut porté en procession jusqu'au lieu où il devait reposer à jamais. Dans ces funérailles d'où la douleur est bannie, auxquelles l'indifférence assiste seule, les dispositions sont bientôt faites, et rien ne retarde la marche de la cérémonie. En moins de quelques minutes les quatre planches entre lesquelles était renfermé tout ce qui restait d'une personne dans le sein de laquelle avaient fermenté tant de passions humaines, furent descendues au fond du caveau, et le corps alla pourrir à côté de ceux qui l'avaient précédé dans la nuit du tombeau. De tous les assistants, Polwarth fut peut-être le seul qui, par suite de ce lien sympathique qui l'enchaînait aux volontés capricieuses d'Agnès, éprouvât une espèce d'émotion qui fût en harmonie avec les circonstances. Toutes les autres figures étaient ce qu'avait toujours été celle de la défunte, froides, contraintes et étudiées.

Le fossoyeur et ses aides avaient à peine commencé à replacer la pierre qui couvrait l'entrée du caveau, qu'une partie des assistants, et c'étaient les plus âgés, commença à s'éloigner et à donner l'exemple du départ. Tout en marchant au milieu des sépultures, ils s'entretenaient vaguement et sans intérêt de l'âge et de la famille de la femme dont ils venaient de prendre congé pour jamais. Ils semblaient insensibles à l'avertissement salutaire qu'une mort si soudaine aurait dû donner à des hommes qui foulaient aux pieds des tombeaux. Ils parlaient de la défunte, mais sans accorder une seule larme à sa mémoire; quelques-uns faisaient leurs conjectures sur la manière dont elle avait disposé de ses biens; aucun ne songeait à regretter qu'elle n'en eût pas joui elle-même plus longtemps. De ce sujet ils passèrent bientôt à d'autres qui les intéressaient plus particulièrement, et ils sortirent du cimetière se plaisantant l'un l'autre sur les ravages du temps, chacun s'efforçant d'imiter la marche légère de la jeunesse, non seulement pour cacher les effets de l'âge à ses compagnons, mais dans le vain désir de pousser l'artifice, s'il était possible, jusqu'à se tromper soi-même.

Lorsque la partie la plus respectable de l'assemblée se fut retirée, le reste des spectateurs n'hésita pas à les suivre, et de tous ceux qui avaient suivi le cortége, Polwarth se trouva bientôt seul avec deux autres, debout devant le caveau. Le capitaine, qui n'avait pas eu peu de peine pour conserver le maintien grave et posé qui convenait à un ami intime de la famille de la défunte, resta encore une ou deux minutes immobile à sa place pour donner le temps à ses deux compagnons en retard de se retirer aussi, avant que lui-même se permît de songer à partir. Mais s'apercevant que tous deux se maintenaient à leur poste, dans une attention silencieuse, il leva les yeux pour examiner de plus près quels pouvaient être ces deux traîneurs.

La personne qui était le plus près de lui était un homme dont l'air et l'habillement n'annonçaient pas qu'il occupât un rang bien élevé dans le monde, et l'autre était une femme d'une condition encore inférieure, à en juger par les haillons dégoûtants qui la couvraient. Un peu fatigué des exercices pénibles de la journée et de la multiplicité des fonctions dont il avait été chargé, le digne capitaine porta la main à son chapeau, et dit avec une gravité convenable :

—Je vous remercie, bonnes gens, de l'hommage que vous venez de rendre à la mémoire de ma défunte amie; mais nous avons accompli maintenant tout ce que nous pouvions faire en sa faveur, et nous allons nous retirer.

Encouragé probablement par la physionomie prévenante de Polwarth, l'homme s'approcha de lui, et, après avoir fait un salut respectueux, se permit de lui demander :

— On dit, Monsieur, que ce sont les funérailles de Mrs Lechmere dont je viens d'être témoin?

— On vous a dit vrai, Monsieur, répondit le capitaine en prenant lentement le chemin de la porte; de Mrs Priscilla, veuve de M. John Lechmere, dame d'une illustre famille, et je crois que personne ne niera qu'elle n'ait eu un enterrement honorable.

— Si c'est la dame que je crois, continua l'étranger, elle est en effet d'une famille très-ancienne. Son nom de famille était Lincoln, et elle est tante du grand baronnet de cette famille dont les propriétés sont dans le Devonshire.

— Comment ! connaissez-vous les Lincoln ? s'écria Polwarth en s'arrêtant et en regardant son interlocuteur avec attention. Mais voyant qu'il avait des traits durs et presque repoussants, et regardant son accoutrement vulgaire, il reprit : — Vous pouvez avoir entendu parler d'eux, mon ami, mais je doute que vous ayez jamais été assez familier avec aucun des membres de cette maison pour manger à la même table.

— On voit quelquefois la plus grande intimité s'établir entre des personnes d'un rang et d'un destin bien différents, répondit l'étranger en souriant d'un air railleur, plus significatif que ne l'aurait cru un observateur superficiel. Mais tous ceux qui connaissent les Lincoln, Monsieur, savent combien cette famille est distinguée ; et si cette dame en faisait partie, elle avait raison d'être fière de son sang.

— Je vois que vous n'êtes pas partisan du nivellement révolutionnaire, mon ami, répondit Polwarth. Mrs Lechmere était aussi alliée à une famille très-honorable de cette colonie, les Danforth ; vous connaissez les Danforth ?

— Pas du tout, Monsieur, et je...

— Vous ne connaissez pas les Danforth ! s'écria Polwarth s'arrêtant une seconde fois pour fixer sur l'étranger un regard scrutateur.

Cependant, après une courte pause, il remua la tête d'un air d'approbation, comme pour applaudir à ce qu'il venait de dire lui-même, et il ajouta : — Non, non, j'ai tort, je vois que vous ne pouvez pas avoir beaucoup connu les Danforth.

L'étranger paraissait décidé à ne pas s'offenser du traitement cavalier qu'il recevait, car il continuait à suivre la marche inégale de l'officier mutilé, avec autant de déférence qu'auparavant.

— Je ne connais pas les Danforth, il est vrai, répondit-il, mais je puis me flatter d'être sur le pied de l'intimité avec la famille Lincoln.

— Plût à Dieu, alors, s'écria Polwarth dans une espèce de soliloque qui échappa à la plénitude de son cœur, que vous pussiez nous dire ce qu'est devenu son héritier !

L'étranger s'arrêta à son tour et s'écria :

— Ne sert-il pas dans l'armée du roi contre les rebelles ? N'est-il pas ici ?

—Il est ici, ou il est là, ou il est je ne sais où; je vous dis qu'il a disparu.

— Dieu! répéta l'étranger.

— Disparu! répéta à son tour une humble voix de femme tout près du capitaine.

L'écho de ses propres paroles fit sortir Polwarth de l'espèce de rêverie dans laquelle il était tombé. En venant du caveau à la porte du cimetière, il s'était rapproché sans le savoir de la femme dont nous avons parlé, et lorsqu'au son de sa voix il se tourna vers elle, ses yeux tombèrent sur une physionomie qui exprimait la plus vive inquiétude. Un seul coup d'œil suffit à l'observateur Polwarth pour lui faire découvrir sous les haillons de la misère les restes flétris d'une grande beauté. Des yeux noirs et brillants, qui animaient encore des traits livides et amaigris, avaient conservé une partie de leur éclat. Le contour de sa figure était encore très-remarquable, quoiqu'on eût pu dire en général de sa personne que le charme s'était depuis longtemps évanoui avec l'innocence. Mais la galanterie du capitaine était à l'épreuve même contre les signes évidents de misère, sinon de crime, qu'on lisait sur tous ses traits, et il respectait trop jusqu'aux plus faibles restes de la beauté dans une femme pour ne pas la regarder avec un air de bienveillance. Peu habituée à tant de bonté, la pauvre femme osa lui adresser la parole:

— Ai-je bien entendu, Monsieur? n'avez-vous pas dit que le major Lincoln avait disparu?

— Il me semble, bonne femme, répondit le capitaine en s'appuyant sur le bâton ferré dont il avait coutume de se servir pour assurer sa marche dans les rues glissantes de Boston; il me semble que vous vous êtes ressentie plus que personne des rigueurs du siége. S'il m'est permis de dire mon avis sur une matière dans laquelle je dois me croire un juge assez compétent, la nature chez vous n'est pas suffisamment soutenue. Vous ne faites pas usage des aliments convenables. Vous n'en avez pas les moyens sans doute, et vous voudriez bien... Tenez, ma bonne, voici de l'argent; me préserve le ciel de refuser à un de mes semblables un morceau de ce qui est le principe et l'essence même de la vie!

Tous les muscles de cette femme maigre et décharnée se raidirent par un mouvement convulsif; elle regarda fixement l'argent; ses traits pâles se couvrirent un instant d'un léger coloris, et elle répondit avec un certain degré de fierté:

— Quels que puissent être mes besoins et mes souffrances, je rends grâce à Dieu de ne m'avoir pas abaissée au niveau des mendiants des rues. Avant qu'une pareille humiliation m'arrive, puissé-je trouver une place au milieu de l'enclos où nous sommes! Mais, pardon, Monsieur, je croyais vous avoir entendu parler du major Lincoln.

— Et j'en parlais en effet, mais que vous importe? Je disais qu'il était perdu, et rien n'est plus vrai, si l'on peut appeler perdu ce qu'on ne saurait trouver nulle part.

— Est-il donc parti avant que Mrs Lechmere ait rendu l'âme? demanda la femme en se rapprochant de Polwarth pour ne pas perdre un seul mot de sa réponse.

— Pensez-vous, bonne femme, qu'un homme qui connaît aussi bien son monde que le major Lincoln eût disparu après la mort d'une de ses parentes, pour laisser remplir par un étranger les fonctions importantes de chef de deuil?

— Le Seigneur nous pardonne tous nos péchés et tous nos crimes! s'écria la femme; et s'entourant de son mieux de ses vêtements en lambeaux, elle s'éloigna à pas précipités. Polwarth la suivit un instant des yeux, étonné de ce brusque départ, et se tournant ensuite vers l'homme qui était resté là, il lui dit:

— Cette femme ne me paraît pas avoir la tête bien saine, et c'est faute d'une nourriture convenable. Il est aussi impossible de conserver intactes les facultés de l'esprit en négligeant la partie essentielle de l'estomac, que de croire qu'un polisson des rues fera jamais un grand homme.

Insensiblement le digne capitaine avait oublié à qui il parlait, et il continua en suivant le cours de ses idées philosophiques:

— On envoie les enfants à l'école pour leur farcir la tête de je ne sais combien de sciences, et on néglige de leur apprendre à manger..., c'est-à-dire à manger avec discernement, ce qui est assurément la science la plus utile, et peut-être la moins connue. Chaque bouchée qu'un homme avale doit subir quatre opérations importantes qui forment chacune ce qu'on pourrait appeler une crise dans la constitution humaine.

— Permettez-moi de vous aider à franchir cette éminence, dit son compagnon en lui offrant officieusement son bras.

— Je vous remercie, Monsieur, je vous remercie. Diable! je

parlais de crise, et vous avez fait un triste commentaire de mes paroles, reprit le capitaine avec un sourire mélancolique. Il y a eu un temps où je servais dans l'infanterie légère; mais, bah! je m'en suis dégoûté. Il y a donc quatre opérations, comme je vous le disais d'abord, le choix, ensuite la mastication, puis la déglutition, et enfin la digestion.

— Rien n'est plus vrai, Monsieur, dit l'étranger d'un air distrait; la diète et de légers repas sont ce qu'il y a de mieux pour le cerveau.

— La diète et de légers repas, Monsieur, ne sont bons qu'à faire des nains et des idiots! reprit le capitaine avec quelque chaleur. Je vous répète, Monsieur...

Il fut interrompu par l'étranger, qui arrêta tout à coup une dissertation que Polwarth allait faire sur les rapports qui existait entre la partie animale et la partie intellectuelle, en demandant brusquement :

— Si l'héritier de cette illustre famille est perdu, n'y a-t-il personne pour se mettre à sa recherche?

Polwarth se voyant ainsi couper la parole dans le moment le plus intéressant, regarda fixement l'interrupteur entre deux yeux, sans faire de réponse. Mais bientôt son bon naturel l'emporta sur son ressentiment, et cédant à l'intérêt que lui inspirait Lionel, il lui répondit :

— J'irais au bout du monde, je braverais tous les dangers pour lui rendre service.

— En ce cas, Monsieur, le hasard a réuni deux hommes qui sont animés des mêmes sentiments. Moi aussi je ferai tous mes efforts pour le découvrir. J'ai entendu dire qu'il a des amis dans cette province. N'a-t-il pas quelque parent à qui nous puissions nous adresser pour avoir des renseignements?

— Mais il n'en a pas de plus proche que sa femme.

— Sa femme! répéta l'autre avec surprise; il est donc marié?

L'étranger parut plongé dans ses réflexions, et Polwarth l'examina avec plus d'attention que jamais. Il paraîtrait que le résultat de cet examen ne fut pas satisfaisant, car Polwarth branla la tête d'une manière non équivoque, et doubla le pas pour gagner la porte du cimetière où son *tompung* l'attendait. Il venait de s'y placer lorsque l'étranger s'approcha de nouveau :

— Si je savais où trouver son épouse, lui dit-il, j'irais lui offrir mes services.

Polwarth lui montra du doigt le bâtiment dont Cécile était alors la maîtresse, et il répondit d'un ton assez dédaigneux, à l'instant où la voiture partait :

— C'est là qu'elle demeure, mon bon ami ; mais votre démarche sera inutile.

L'étranger ne répondit rien, mais il sourit d'un air de confiance, et prit la route opposée à celle par laquelle l'équipage du capitaine avait déjà disparu.

CHAPITRE XXVI.

> Montez Fishstreet, descendez au coin Saint-Magnus, terrassez et tuez, jetez-les dans la Tamise. — Quel est ce bruit que j'entends ? quelqu'un serait-il assez hardi pour sonner la retraite ou une trêve quand j'ordonne de tuer ?
>
> SHAKSPEARE. *Le roi Henri IV.*

Il était bien rare que Polwarth, oubliant son égalité d'âme ordinaire, entreprît une aventure avec des intentions aussi décidément hostiles que celles qui le portèrent à tourner la tête du coursier attelé à son *tompung* du côté de la place du marché. Il connaissait depuis longtemps la demeure de Job Pray, et souvent en passant devant l'habitation de l'idiot, quand il se rendait de son logis dans le quartier plus à la mode de la ville, il faisait un signe de tête en souriant à l'admirateur ingénu de sa science dans l'art de Comus. Mais en ce moment, quand son élégant équipage sortit de Cornhill pour entrer dans la place, ses regards tombèrent sur les sombres murailles du vieux magasin avec des projets beaucoup moins bienveillants.

Depuis qu'il avait appris la disparition de son ami, le capitaine avait beaucoup réfléchi sur cet événement, dans le vain désir de découvrir une raison probable qui pût déterminer un nouveau marié à une démarche si précipitée et en apparence si peu justifiable que celle d'abandonner tout à coup sa jeune épouse à l'instant même où elle venait d'être unie à lui, et où une circonstance particulière la plongeait dans le plus violent chagrin. Mais plus il raisonnait, plus il se trouvait enfermé dans un labyrinthe d'idées confuses et obscures, et il était disposé à saisir le premier fil qui s'offrirait à lui pour tâcher d'en sortir. On connaît déjà les conclusions qu'il avait tirées de la vue du hausse-col de Mac-Fuse ; il nous reste à montrer la manière ingénieuse dont il se conduisit en conséquence.

Polwarth avait toujours été surpris qu'un homme comme Lionel pût supporter si longtemps la société d'un idiot, et une circonstance qui n'avait pas échappé à ses observations, c'était que les communications qui avaient eu lieu entre eux étaient en quelque sorte couvertes d'une ombre de mystère. Il avait entendu la veille Job se vanter sottement d'avoir donné la mort à Mac-Fuse, et le hausse-col percé par une balle, joint au lieu où on l'avait trouvé, et qui s'accordait si bien avec l'habitude de l'idiot de se coucher dans les cendres, tendait à confirmer la vérité de ses aveux. L'affection de Polwarth pour le capitaine de grenadiers ne cédait qu'à son attachement pour son plus ancien ami ; il lui paraissait reconnu que Job avait été l'instrument de la mort du premier, et il commençait à soupçonner que c'était également lui qui avait détourné le second du sentier de son devoir. Concevoir une opinion et être convaincu qu'elle était juste, c'étaient des résultats que la même opération de l'esprit produisait chez ce disciple de la philosophie animale. Tandis qu'il était près du sépulcre de la famille Lechmere, remplissant le rôle important de maître des cérémonies, il avait brièvement repassé à part soi les arguments qu'il trouvait nécessaires pour le conduire à cette conclusion. L'arrangement de ses idées prit même la forme d'un syllogisme qu'on pourrait établir en ces termes : — Job a tué Mac-Fuse ; or, quelque malheur est arrivé à Lincoln ; donc c'est Job qui en est l'auteur.

Il est vrai qu'il se présentait à l'appui de cette conséquence beaucoup de raisonnements intermédiaires, sur lesquels le capitaine jeta un coup d'œil extrêmement rapide, et que le lecteur peut concevoir aisément, pour peu qu'il soit doué d'imagination. A celui qui est porté à croire à la liaison qui existe entre un effet naturel et sa cause, il ne serait pas difficile de démontrer qu'il n'était pas tout à fait déraisonnable à Polwarth de soupçonner que Job était entré pour quelque chose dans la disparition étonnante de Lincoln, et d'en concevoir tout le ressentiment qu'un pareil événement pouvait faire naître, quoiqu'il fût l'ouvrage d'un idiot.

Quoi qu'il en soit, lorsqu'il fut arrivé sur la place, le mouvement rapide du traîneau qui accélérait la circulation ordinairement tranquille de son sang, la scène funèbre à laquelle il venait d'assister, et les souvenirs qui se présentaient en foule à son esprit concoururent à monter son imagination à un point de détermination obstinée. Job Pray était le sujet de toutes ses pensées, une victime qu'il voulait immoler à la justice et à sa colère, et il ne se proposait rien de moins que de lui arracher un aveu et de se faire prompte justice.

L'ombre du soir tombait déjà sur la ville, et le froid avait depuis longtemps renvoyé chez eux le petit nombre de marchands qui vendaient encore quelques comestibles dans les boutiques mal approvisionnées du marché. On ne voyait à leur place que quelques femmes maigres et exténuées, souvent avec un enfant, qui cherchaient, parmi ce qu'on avait jeté au rebut sur le marché, de quoi faire un misérable repas. Mais si la partie de la place sur laquelle se tenait le marché offrait cet aspect de solitude et de misère, l'autre extrémité présentait un aspect tout différent.

Le vieux magasin était entouré d'une foule d'hommes en uniforme, dont le désordre et les mouvements rapides annoncèrent sur-le-champ à l'œil expérimenté du capitaine qu'ils étaient occupés de quelque œuvre de violence illégale. Quelques uns se précipitaient dans le bâtiment après avoir ramassé dans la rue tout ce qui pouvait servir d'armes à leur fureur ; d'autres en sortaient et faisaient retentir la place de leurs cris et de leurs menaces. De tous les passages ténébreux qui aboutissaient sur le marché, on en voyait sortir qui se dirigeaient vers le même point ; et un groupe de soldats attroupés sous chaque fenêtre excitaient par leurs acclamations ceux qui étaient dans l'intérieur.

Quand Polwarth eut ordonné à Shearflint d'arrêter, il entendit les cris confus de cette soldatesque, et, avant qu'il pût dans l'obscurité du soir reconnaître les parements de l'uniforme, son oreille avait distingué l'accent bien connu de Royal-Irlandais. Ce fut un éclair qui répandit tout à coup le jour de la vérité dans son esprit. Descendant de son *tompung* aussi promptement qu'il le put, il se fit jour à travers cette foule de soldats avec une agitation singulière qui devait naissance à des sentiments bien opposés, la soif de la vengeance d'une part, et son humanité naturelle de l'autre. Mais, sans parler du capitaine, combien ne trouve-t-on pas d'hommes qui oublient l'influence de l'humanité quand ils sont en proie à des passions plus tumultueuses et plus violentes ! Pendant le temps qu'il lui fallut pour se frayer un chemin jusqu'au grand et sombre appartement qui formait le rez-de-chaussée de cet édifice, il parvint à se monter l'esprit à un degré de colère qui ne s'accordait ni avec son caractère ni avec son rang. Il écouta même avec un plaisir inconcevable les menaces et les exécrations qui remplissaient le bâtiment; mais enfin tout ce qu'il entendait lui fit craindre que la fureur des soldats ne mît obstacle, par trop de promptitude, à l'exécution de la moitié de son projet, la découverte de ce que Lincoln était devenu. Agissant d'après cette nouvelle impression, il repoussa les soldats avec une énergie prodigieuse, et prit une position d'où il pourrait plus facilement agir comme il le jugerait à propos.

Le peu de jour qui restait suffisait encore pour faire découvrir Job Pray, placé au milieu du magasin, sur un misérable grabat, dans une telle attitude qu'on n'aurait pu dire s'il était couché ou sur son séant. L'état dans lequel il se trouvait semblait exiger la première position, mais sa peur faisait qu'il avait essayé de prendre la seconde. Les larges taches rouges qui lui couvraient le visage, et ses yeux gonflés, annonçaient qu'indépendamment de ce qu'il était exposé à la fureur d'une soldatesque effrénée, il se trouvait attaqué de la maladie contagieuse qui exerçait depuis longtemps ses ravages dans la ville. Autour de cet être assailli en même temps par la maladie et la pauvreté, étaient rassemblés quelques soldats plus hardis que les autres, dont la plupart étaient des grenadiers de Royal-Irlandais, tandis que leurs compagnons plus timides exhalaient leur rage en jurant et en criant à une plus grande distance de l'atmosphère infectée. Les membres froissés et ensanglantés de l'idiot prouvaient qu'il avait déjà souffert plus d'un mauvais traitement ; heureusement les soldats qui le tourmentaient ainsi n'avaient pas leurs armes, sans quoi la scène n'aurait pas été si longue. Mais, malgré son état de faiblesse et en dépit des dangers qui l'entouraient de toutes parts, Job regardait ses persécuteurs avec un air stupide, et endurait avec patience les coups qu'on lui portait.

A la vue de ce spectacle révoltant, la colère de Polwarth commença à se refroidir, et au milieu de cinquante voix qui criaient en même temps, il s'efforça de faire entendre la sienne. Mais on ne fit aucune attention à sa présence, car il adressait ses remontrances à des furieux que la soif de la vengeance animait.

—Arrachez-lui ces haillons! cria l'un; ce n'est pas une créature humaine; c'est un enfant du diable sous la forme d'un homme!

—Un pareil goujat avoir assassiné la fleur de l'armée anglaise! dit un autre; sa petite vérole est une maudite invention de Belzébuth pour le sauver de ce qu'il a si bien mérité.

—Sans doute, ajouta un troisième, qui, même dans sa colère, ne pouvait oublier la gaieté irlandaise; une pareille maladie ne peut être qu'une invention du diable. Mais prenez-y garde, camarades, ce diablotin pourrait la donner tout naturellement à toute la famille pour épargner les frais de l'inoculation.

— Avez-vous bientôt fini, Térence? reprit le premier interlocuteur; avez-vous le cœur de plaisanter quand sa mort n'est pas encore vengée? Un tison! un tison enflammé! Faisons un feu de joie qui le brûle lui et son lit!

—Un tison! un tison pour allumer le bûcher du diable! s'écrièrent vingt voix à la fois.

Polwarth fit de nouveaux efforts pour se faire entendre, sans y réussir davantage, et ce ne fut que lorsque quelques soldats eurent annoncé d'un ton de désappointement qu'il n'y avait ni feu ni bois dans toute la maison, que le tumulte cessa un peu.

— Garde à vous! garde à vous, vous dis-je! s'écria un grenadier d'une taille gigantesque dont la colère s'était enflammée progressivement, comme les matières combustibles qui fermentent dans le sein d'un volcan un moment avant l'éruption; j'ai ici du feu de quoi brûler une salamandre. Qu'il soit diable ou qu'il soit saint, je lui conseille de faire ses prières.

En parlant ainsi le drôle, qui était le seul qui eût un mousquet, coucha en joue le malheureux Job, qu'on vit frissonner de tous ses membres, par la crainte du danger qui le menaçait. Un autre instant aurait décidé du destin de l'idiot, si Polwarth n'eût rabattu le fusil d'un coup de canne, et ne se fût placé entre Job et son ennemi.

—De la modération, brave grenadier, dit-il en prenant prudemment un moyen terme entre le ton de l'autorité et celui de la persuasion; pourquoi cette précipitation? ce n'est point agir en soldat. Je connaissais et j'aimais autant que vous votre ancien capitaine; mais obtenons d'abord les aveux de ce drôle avant de procéder à sa punition. Il est possible que d'autres soient encore plus coupables que lui.

Les soldats furieux regardèrent cet intrus d'un air qui annonçait qu'ils n'auraient guère de déférence pour ses avis ni de respect pour son grade : — Sang pour sang ! se disaient-ils l'un à l'autre à voix basse et d'un ton féroce ; et la suspension momentanée d'hostilités qui avait suivi l'arrivée inattendue du capitaine commençait déjà à se rompre par de nouveaux actes d'agression quand, heureusement pour Polwarth, un vétéran de Royal-Irlandais le reconnut pour un des amis intimes de Mac-Fuse. Dès qu'il eut communiqué cette découverte à ses camarades, le tumulte s'apaisa peu à peu, et le capitaine fut soulagé de quelques inquiétudes personnelles en entendant son nom passer de bouche en bouche, accompagné de quelques phrases pacifiques et amiables, comme : son ancien ami, un officier des troupes légères, celui à qui les rebelles ont *tué* une jambe, etc. Dès que cette explication eut été généralement comprise, ses oreilles furent agréablement saluées d'une acclamation universelle.

— Hurra pour le capitaine Pollyware ! hurra pour son ami le brave capitaine Polwarth !

Charmé du succès qu'il avait obtenu, et secrètement flatté des éloges qu'on lui distribuait alors de toutes parts avec cette libéralité qui caractérise le soldat, il profita du léger avantage qu'il venait de remporter pour leur adresser de nouveau la parole en qualité de médiateur.

— Je vous remercie de votre bonne opinion, camarades, leur dit-il, et je dois ajouter qu'elle est mutuelle. J'aime Royal-Irlandais, tant pour sa bravoure qu'à cause du capitaine que j'aimais et que j'estimais, et qui peut-être, comme j'ai lieu de le craindre, a été tué contre toutes les lois de la guerre.

— L'entendez-vous, Térence ? cria une voix ; contre toutes les lois de la guerre !

— Sang pour sang ! répétèrent quatre ou cinq voix avec un accent sombre et farouche.

— Soyons de sang-froid afin d'être justes, et soyons justes afin que notre vengeance soit plus imposante ! s'écria Polwarth avec empressement, craignant que si le torrent rompait encore ses digues, il ne fût plus en son pouvoir de l'arrêter. Un vrai soldat ne fait rien sans ordre, et quel régiment dans l'armée a droit d'être fier de sa discipline, si ce n'est Royal-Irlandais ? Formez-vous en cercle autour du prisonnier, et écoutez tandis que je vais lui arracher la vérité. Après cela, s'il est coupable, je l'abandonnerai à votre tendre compassion.

Les soldats, qui ne voyaient dans ce délai que plus d'ordre et de méthode dans l'exécution de leurs projets de vengeance, accueillirent cette proposition par de nouvelles acclamations, et le nom de Polwarth, dénaturé de toutes les manières dans leur idiome barbare, fit retentir les solives du plafond, tandis qu'on se disposait à lui obéir.

Le capitaine, désirant gagner du temps pour réfléchir sur ce qu'il devait faire, demanda qu'on se procurât de la lumière, afin, dit-il, de pouvoir examiner la physionomie du prisonnier quand il l'interrogerait. Comme la nuit était tout à fait tombée, cette demande était trop raisonnable pour qu'on pût y faire aucune objection, et l'on s'occupa d'y satisfaire avec le même empressement inconsidéré qu'on avait mis, quelques instants auparavant, à vouloir répandre le sang de Job. On était allé chercher, dans un dessein tout différent, quelques tisons dans le voisinage; mais quand ceux qui les apportaient étaient arrivés, trouvant qu'on avait renoncé au projet de mettre le feu au lit de l'idiot, ils les avaient jetés dans la cheminée; on vit alors qu'ils n'étaient pas tout à fait éteints, et comme on trouva dans un coin de la chambre une assez grande quantité de vieilles cordes goudronnées, on eut bientôt un grand feu qu'on eut soin d'entretenir de manière à produire une flamme dont la lueur se répandait au dehors à travers toutes les crevasses des murailles.

A l'aide de cette clarté, le capitaine réussit à placer tous ces furieux à une distance d'où ils ne pouvaient en venir à aucun acte de violence immédiate contre Job; l'affaire prit alors, en quelque sorte, le caractère de l'instruction régulière d'un procès. Cependant la curiosité des soldats qui étaient en dehors l'emporta sur la crainte de la contagion; ils entrèrent en foule, et au bout de quelques moments on n'entendit plus d'autre bruit que celui de la respiration pénible de leur victime. Quand le silence fut parfaitement établi, Polwarth, à l'air impatient et sauvage de ceux qui l'environnaient, et dont la physionomie farouche était éclairée par la lueur produite par les cordes goudronnées qui brûlaient dans la cheminée, s'aperçut qu'un plus long délai pourrait devenir dangereux, et commença sur-le-champ son interrogatoire.

— A la manière dont vous êtes entouré, Job Pray, dit-il, vous pouvez voir que le jour du châtiment est arrivé, et que ce n'est qu'en disant la vérité qu'il peut vous rester quelque espoir de merci; répondez donc aux questions que je vais vous faire, et ayez la crainte de Dieu devant les yeux.

Le capitaine se tut un moment pour laisser à cette exhortation le temps de produire son effet. Mais Job, voyant que ses persécuteurs restaient tranquilles et ne paraissaient pas avoir l'intention immédiate d'en venir à de nouveaux actes de violence contre lui, laissa retomber sa tête sur son lit, et y resta en silence, ses yeux roulant sans cesse de côté et d'autre pour épier les moindres mouvements de ses ennemis. Polwarth céda bientôt à l'impatience de ses auditeurs.

— Vous connaissez le major Lincoln?

— Le major Lincoln! murmurèrent trois ou quatre grenadiers; ce n'est pas de lui qu'il est question.

— Un moment, mes braves, un moment, j'arriverai plus vite à la vérité en prenant cette marche indirecte.

— Hurra pour le capitaine Pollouwarreth! s'écrièrent les autres; hurra pour le brave à qui les rebelles ont tué une jambe!

— Je vous remercie, mes amis, je vous remercie. Répondez-moi, drôle, et répondez sans tergiverser : osez-vous nier que vous connaissez le major Lincoln?

Après une pause d'un instant, une voix basse murmura sous les couvertures :

— Job connaît tous les habitants de Boston, et le major Lincoln est né à Boston.

— Mais vous connaissez plus particulièrement le major Lincoln?... Réprimez votre impatience, camarades; ces questions conduisent directement aux faits dont vous désirez être instruits.

Les soldats, qui ne concevaient pas quelle sorte d'intérêt ils pouvaient prendre aux réponses qui pourraient être faites à un tel interrogatoire, se regardaient les uns les autres d'un air surpris et mécontent. Cependant ils gardèrent le silence.

—Vous le connaissez mieux qu'aucun autre officier de l'armée, continua le capitaine.

— Il a promis à Job d'empêcher les grenadiers de le battre, et Job lui a promis de faire ses commissions.

— Une telle convention annonce plus d'intimité qu'on n'en voit ordinairement entre un homme sage et un fou. Si vous êtes si étroitement lié avec lui, vous devez savoir ce qu'il est devenu.

L'idiot ne répondit rien.

— On croit que vous savez pour quelle raison il a quitté ses amis, et je vous somme de les décliner.

— Décliner! répéta Job avec l'accent de l'idiotisme le plus prononcé; Job n'a jamais rien appris à l'école.

— Si vous êtes obstiné, et que vous refusiez de me répondre, je vais me retirer, et je laisserai ces braves grenadiers faire de vous ce qui leur plaira.

Cette menace engagea Job à soulever la tête et à reprendre cette attitude de surveillance craintive qu'il avait quittée depuis si peu de temps. Un léger mouvement eut lieu parmi la soldatesque, et les mots terribles — sang pour sang! — se firent encore entendre. Le malheureux jeune homme que nous avons été obligés de nommer idiot, faute d'un terme plus convenable et parce que son aliénation mentale faisait qu'on ne pouvait le rendre responsable de ses actions, promena autour de lui des yeux égarés, mais dans lesquels on voyait briller une sorte d'étincelle de raison, ce qu'on pourrait attribuer à une flamme intérieure qui semblait purifier son esprit en proportion qu'elle consumait la matière grossière de sa vie.

— Il est contre les lois de la colonie de battre et de tourmenter un de ses semblables, dit-il avec un accent touchant et solennel; et, ce qui est encore plus, cela est contre le *saint livre*. Si vous n'aviez pas fait du bois à brûler de l'église d'Old-North, si vous n'aviez pas changé en écurie celle d'Old-South, vous auriez pu y entendre expliquer cette doctrine de manière à vous faire dresser les cheveux sur la tête.

Cinquante cris partirent de toutes parts : — Souffrirons-nous qu'il se moque ainsi de nous? — Est-ce que c'est le diable qui veut nous prêcher? — Sa vieille maison de bois était-elle une église pour de vrais chrétiens? — Et ils furent suivis de la menace effrayante et souvent répétée, — sang pour sang!

— En arrière, camarades! en arrière! s'écria Polwarth en brandissant sa canne de manière à ajouter de la force à ses ordres.

Attendez ses aveux avant de le juger. — Drôle, voici la dernière fois que je vous somme très-sérieusement de me dire la vérité. Songez que votre vie dépend probablement de vos réponses. Vous êtes connu pour avoir porté les armes contre la couronne; moi-même je vous ai vu parmi les rebelles le jour que les troupes de Sa Majesté firent une... une... une contre-marche à Lexington. On sait encore que depuis ce temps vous avez été joindre les rebelles quand l'armée royale a été les attaquer sur les hauteurs de Charleston.

En cet endroit de la récapitulation de tous les crimes de Job, le capitaine s'aperçut que cette énumération rendait plus sombres et plus effrayants les regards de ceux qui l'entouraient, et il ajouta avec un empressement louable, dans l'espoir de les calmer : Ce jour glorieux où les troupes de Sa Majesté dispersèrent votre canaille coloniale comme des moutons chassés du pâturage par les chiens.

L'humanité adroite de Polwarth fut récompensée par un grand éclat de rire sauvage. Encouragé par cette preuve de l'ascendant qu'il exerçait sur ses auditeurs, le digne capitaine continua avec une double confiance.

— Dans cette journée glorieuse, reprit-il en s'échauffant graduellement, bien des braves officiers, et plusieurs centaines de soldats intrépides trouvèrent la fin de leur destinée. Les uns succombèrent honorablement sur le champ de bataille, d'autres y laissèrent, hem...! hem...! y laissèrent quelqu'un de leurs membres, et porteront jusqu'au tombeau les preuves de leur gloire. Sa voix devint un peu rauque en ce moment, mais surmontant cette faiblesse, il ajouta avec une énergie qu'il croyait devoir glacer le sang du prisonnier : — Et il en est aussi, drôle, qui ont été assassinés.

— Sang pour sang! devint alors le cri général. Polwarth lui-même, entraîné par les regrets qu'il donnait à son ami, ne songea plus à réprimer la fureur des soldats, qui firent pourtant silence, quand ils l'entendirent crier d'une voix de tonnerre :

— Vous souvenez-vous de Denis Mac-Fuse, de l'homme qui fut traîtreusement assassiné dans vos derniers retranchements, après que la bataille était gagnée? Répondez-moi, drôle! n'étiez-vous pas avec cette canaille? N'est-ce pas votre indigne main qui a commis ce crime?

Job murmura quelques mots à voix basse, mais on entendit

assez distinctement : — Serpents d'enfer! et — On leur apprendra la loi.

— Tuez-le! Arrachez-lui l'âme du corps! s'écrièrent les plus féroces des grenadiers.

— Silence! cria Polwarth encore plus haut; un moment de patience! Je veux payer le tribut que je dois à sa mémoire. Parlez, drôle, que savez-vous de la mort du capitaine de ces braves grenadiers?

Job, qui avait écouté cette question avec attention, quoique ses yeux inquiets continuassent à surveiller tous les mouvements de ses ennemis, se tourna alors vers Polwarth, et lui dit avec un air de triomphe insensé :

— Les grenadiers de Royal-Irlandais sont venus sur la montagne en criant comme des lions rugissants; mais ils ont crié d'une autre manière en voyant tomber le plus grand d'entre eux.

Polwarth tremblait d'émotion; cependant il fit signe d'une main aux soldats de se contenir, et de l'autre tira de sa poche le hausse-col qui avait appartenu à Mac-Fuse, et le mit devant les yeux de l'idiot.

— Connaissez-vous cela? lui demanda-t-il. Quelle main a fait partir la balle qui a percé ce hausse-col?

Job prit cet ornement militaire, et le regarda un instant d'un air hébété. Peu à peu une sorte d'intelligence se peignit sur ses traits, et il répondit d'un ton satisfait de lui-même :

— On dit que Job est un idiot, mais il sait tirer un coup de fusil.

A ces mots Polwarth fit un mouvement en arrière, et le ressentiment des soldats ne connut plus aucune borne. Le tumulte devint plus terrible qu'il ne l'avait encore été, et la chambre retentit de cris sauvages, d'imprécations et de menaces de vengeance. On nomma à la fois vingt manières de le mettre à mort, avec toute la véhémence qui caractérise les Irlandais. On en aurait probablement adopté quelqu'une à l'instant, si le soldat qui s'était chargé d'entretenir le feu ne se fût écrié d'une voix à se faire entendre par-dessus toutes les autres, en brandissant un bout de corde enflammée :

— Qu'il périsse par le feu! c'est un diable que l'enfer a vomi : brûlons-le dans ses haillons.

Cette proposition fut accueillie avec les transports d'une joie frénétique, et au même instant une douzaine de bouts de corde enflammés furent arrachés du feu, et suspendus sur la tête de la malheureuse victime. Job fit une faible tentative pour détourner le destin terrible qui le menaçait ; mais il n'avait d'autres moyens de résistance que des bras dépourvus de force, et des gémissements qui ne faisaient qu'exciter la dérision. Il était enveloppé d'un nuage de fumée, et la flamme commençait déjà à s'attacher à une couverture, quand une femme se fit jour à travers la foule, arracha les combustibles des mains des soldats surpris, jeta par terre la couverture qui brûlait, éteignit le feu en le foulant aux pieds, et se mit devant Job comme une lionne furieuse qui veut défendre ses lionceaux ; elle resta un instant dans cette attitude, regardant les soldats la fureur dans les yeux, et palpitant d'une émotion trop forte pour qu'il lui fût possible de parler. Mais elle retrouva bientôt la parole, et ce fut pour s'exprimer avec cette intrépidité dont est toujours armée l'indignation d'une femme :

— Monstres sous la forme d'hommes ! s'écria-t-elle d'une voix qui s'éleva au-dessus du tumulte qui régnait, et qui imposa silence à toutes les autres ; que faites-vous ici ? avez-vous des corps sans âme ? la forme des créatures de Dieu sans en avoir les entrailles ? Qui vous a donné le droit de juger et de punir les péchés des autres ? Y a-t-il un père parmi vous ? qu'il vienne voir le spectacle d'angoisse d'un fils expirant ! S'y trouve-t-il un fils ? qu'il s'approche, et qu'il voie le désespoir d'une mère ! Sauvages plus sauvages que les animaux qui rugissent dans le désert, car ils ont pitié de leurs semblables, que faites-vous ? que voulez-vous faire ?

L'air d'intrépidité maternelle avec lequel furent prononcés ces mots, qui partaient du cœur, imposa d'abord aux soldats furieux, qui se regardèrent les uns les autres avec un étonnement stupide, comme s'ils n'eussent su quel parti prendre. Mais le silence ne dura qu'un moment, et il fut encore interrompu par le cri redoutable : — Sang pour sang !

— Lâches ! misérables ! soldats de nom et démons par vos actions, s'écria l'intrépide Abigaïl Pray, êtes-vous venus ici pour boire le sang humain ? Allez-vous-en ; allez vous mesurer sur les hauteurs voisines avec des hommes qui vous attendent les armes à la main, et ne venez pas ici écraser un roseau brisé ; l'infortuné, frappé comme il l'est par une main plus puissante que la vôtre, s'y trouvera pour vous faire honte, et pour venger la cause des lois et de sa patrie.

C'en était trop pour ceux à qui elle s'adressait, et ces discours insultants changèrent en incendie les dernières étincelles de leur ressentiment.

Tout fut de nouveau agitation et tumulte, et les cris : — Mettons le feu à la maison ; brûlons la sorcière et le rejeton du diable ! se faisaient entendre, quand un homme d'une force et d'une taille remarquables se fit jour à travers la foule, et ouvrit le passage à une dame dont l'air, la tournure et le costume, quoiqu'elle fût couverte d'une grande mante, annonçaient qu'elle était d'un rang fort supérieur aux êtres qui fréquentaient ordinairement ce magasin. Son arrivée inattendue et son air imposant, quoique plein de douceur, firent cesser tous les cris, et il y succéda un si profond silence, qu'un mot prononcé à voix basse aurait pu être entendu dans un appartement qui, un instant auparavant, retentissait de clameurs sauvages et de menaces féroces.

CHAPITRE XXVII.

— Oui, Monsieur, vous me trouverez raisonnable. Si cela est, je ferai ce qui sera de raison.
    Shakspeare.

Pendant la fin de la scène précédente, Polwarth était dans un égarement d'esprit qui le rendait incapable de faire le moindre effort pour prévenir l'exécution des menaces des soldats. Car, quoique ses dispositions naturelles le portassent à l'humanité, les derniers mots prononcés par l'idiot lui avaient rendu ses premières idées de vengeance. Il ne lui fallut qu'un coup d'œil pour reconnaître dans les traits flétris mais expressifs de la mère de Job ces restes de beauté éclipsée qu'il avait remarqués dans la femme qui était restée la dernière près du tombeau de Mrs Lechmere. Lorsqu'elle se précipita au-devant des soldats avec l'intrépidité d'une mère qui prend la défense de son fils, l'éclat de ses yeux noirs, rendu encore plus vif par la lueur que répandaient les torches, et l'expression d'horreur que l'amour maternel donnait à tous ses traits, prêtait à sa physionomie un caractère de dignité qui inspirait l'intérêt, et qui ne servit pas peu à tenir en bride les passions déchaînées autour d'elle. Le capitaine était sur le point de seconder les efforts d'Abigaïl par ses avis et son autorité, quand la rage des soldats fut interrompue une seconde fois de la manière rapportée dans le chapitre qui précède. L'effet de cette étrange apparition, dans un tel lieu et dans un pareil moment, produisit autant d'effet sur Polwarth que sur les soldats qui l'entouraient, et il resta spectateur silencieux et attentif de ce qui allait se passer.

La première sensation qu'éprouva la dame qui venait d'arriver, en se trouvant au milieu d'une troupe de soldats en désordre, fut évidemment causée par les alarmes d'une délicatesse blessée. Mais oubliant le moment d'après les appréhensions naturelles à son sexe et soutenue par de bonnes et louables intentions, elle rappela toute la force de son esprit, et baissant le capuchon de sa mante de soie, elle montra aux regards des spectateurs étonnés les traits pâles mais toujours aimables de Cécile [1].

— Je ne sais, dit-elle après un moment de profond silence, pourquoi je trouve tant de visages irrités autour du lit d'un malheureux malade. Si vous avez de mauvais desseins contre lui, je vous conjure de les oublier au nom de votre honneur comme soldats, ou de la crainte que vous devez avoir de vos supérieurs. Je suis moi-même épouse d'un militaire, et je vous promets, au nom de quelqu'un qui a l'oreille du général en chef, le pardon de ce qui s'est passé, ou le châtiment de vos violences, suivant que vous vous conduirez.

Les soldats se regardaient avec un air d'irrésolution, et ils semblaient sur le point de renoncer à leurs projets de vengeance, quand le grenadier qui avait le premier ouvert l'avis de brûler Job dans son lit répondit avec un ton d'humeur :

— Si vous êtes la femme d'un officier, Madame, vous devez savoir ce que peuvent sentir les amis d'un officier qui a été assassiné. Je le demande à votre raison, Madame, quand un idiot semblable va se vanter d'avoir tué le brave capitaine Denis Mac-Fuse, n'est-ce pas plus que les grenadiers de sa compagnie ne peuvent supporter.

---

[1]. Le lecteur familier avec les chefs-d'œuvre de sir Walter Scott, se souviendra ici du passage de *la Dame du Lac* où Hélène parle avec tant de courage aux soldats de Stirling.

— Je crois que je vous comprends, répondit Cécile, car j'ai entendu dire qu'on soupçonne ce jeune homme d'avoir pris parti avec les Américains le jour de la bataille dont vous parlez. Mais si celui qui tue dans une bataille est un assassin, qui êtes-vous donc vous autres dont la guerre est le métier?

Elle fut interrompue par une douzaine de voix qui s'écrièrent, quoique avec respect : — Il y a bien de la différence, Milady! Il y a se battre et se battre! Tuer n'est pas assassiner! — et d'autres phrases non moins inintelligibles pour Cécile, et prononcées avec l'incohérence et la vivacité naturelles aux Irlandais. Quand ce moment de tumulte fut passé, le grenadier qui avait déjà parlé se chargea de donner à Cécile l'explication dont elle avait besoin.

— Quand vous ne devriez plus prononcer un mot de votre vie, Madame, lui dit-il, vous avez dit la vérité pour cette fois, quoique ce ne soit pas tout à fait la vérité. Quand un homme est tué en combattant, c'est que c'était son destin de l'être : aucun véritable Irlandais ne dira le contraire. Mais s'accroupir derrière un corps mort pour ajuster son semblable, c'est autre chose, et c'est ce que nous reprochons à ce misérable coquin. D'ailleurs la bataille était gagnée quand il a fait le coup, et la mort de notre capitaine n'y pouvait rien changer.

— Je ne connais pas toutes les distinctions de votre cruelle profession, dit Cécile; mais j'ai entendu dire qu'il a péri encore bien du monde après que les troupes du roi furent entrées dans les retranchements.

— Certainement, Madame, répliqua le grenadier : vous ne vous trompez pas; et il n'en est que plus nécessaire que quelqu'un soit puni pour ces meurtres. On ne peut dire que la bataille est gagnée, avec des gens qui se battent encore quand ils l'ont perdue.

— Je sais, dit Cécile, les lèvres et les paupières tremblantes, que bien des braves gens ont péri comme vous le dites, et je croyais que c'était le sort ordinaire de la guerre. Mais quand même ce jeune homme serait coupable, regardez-le! est-ce un être digne du ressentiment d'hommes qui se font un honneur de combattre leurs ennemis à armes égales? Un coup terrible lui a été porté il y a déjà longtemps par une main plus puissante que la vôtre, qui l'a privé de la raison; et pour combler la mesure de ses infortunes, le voilà aux prises avec une maladie terrible qui épargne rarement ceux qu'elle attaque. Et vous-mêmes, dans l'aveuglement de votre colère, vous vous exposez à ce fléau, et vous pouvez en devenir les victimes quand vous ne songez qu'à la vengeance.

Les soldats reculèrent insensiblement tandis qu'elle parlait ainsi, et laissèrent un assez grand espace entre eux et le grabat sur lequel Job était étendu. Un assez grand nombre sortirent même sans rien dire de l'appartement infecté, avec une précipitation qui prouvait que l'influence de la crainte avait banni de leur cœur toute autre passion. Cécile profita sur-le-champ de l'avantage qu'elle avait obtenu.

— Retirez-vous de cette chambre dangereuse, dit-elle à ceux qui restaient encore; j'ai à parler à ce jeune homme relativement aux intérêts et peut-être à la vie d'un officier qui est cher à toute l'armée, et qui mérite de l'être. Voici de l'argent, rentrez dans vos casernes, et évitez le danger que vous avez inutilement bravé. Allez, tout sera oublié et pardonné.

Le grenadier reçut presque avec répugnance l'or qu'elle lui offrait, et voyant qu'il ne restait plus avec lui qu'un très-petit nombre de ses compagnons, il partit enfin en saluant Cécile d'un air gauche, non sans jeter un regard sombre et farouche sur le malheureux qui venait d'être si singulièrement soustrait à sa vengeance. Pas un soldat ne restait alors dans la chambre, et le bruit de leurs pas et de leur conversation ne tarda pas à se perdre dans la distance.

Cécile jeta alors un coup d'œil rapide sur ceux qui restaient auprès d'elle. Du moment qu'elle reconnut Polwarth, et qu'elle vit son air de surprise, le sang ranima les roses de ses joues, et elle baissa les yeux avec un air d'embarras.

— Je suppose que le même objet nous a tous deux amenés ici, capitaine Polwarth, lui dit-elle quand elle eut surmonté le léger mouvement de confusion qu'elle avait éprouvé, la sûreté d'un ami commun.

— Vous me rendez justice, répondit Polwarth; après avoir rempli les tristes devoirs dont votre belle cousine m'avait chargé, je me suis hâté de me rendre ici pour suivre un fil qui, comme j'ai lieu de le croire, doit nous conduire à...

— A ce que nous désirons savoir, dit Cécile en jetant un coup d'œil inquiet sur les autres témoins de cette scène; mais notre premier devoir est l'humanité. Ne peut-on faire reporter ce malheureux jeune homme dans sa chambre, et lui faire donner les secours dont il doit avoir besoin?

— Cela peut se faire sur-le-champ ou quand nous l'aurons interrogé, répondit Polwarth avec un air de froideur et d'indifférence qui fit que Cécile le regarda avec surprise. S'apercevant de l'impression défavorable que son apathie produisait sur elle, le capitaine se tourna nonchalamment vers deux hommes qui étaient encore à la porte, d'où ils avaient vu tout ce qui venait de se passer.

— Shearflint, Meriton, approchez, et emportez ce drôle dans l'autre chambre.

Cet ordre ne plaisait nullement à chacun des deux domestiques. Meriton murmura à demi-voix, et il était sur le point de désobéir plutôt que de se charger d'un fardeau si dégoûtant. Mais quand Cécile eut ajouté ses prières aux ordres de Polwarth, il n'hésita plus à accomplir ce devoir désagréable, et Job fut reporté sur son grabat dans la petite chambre d'une tourelle, d'où les soldats l'avaient tiré, une heure auparavant, pour le tourmenter plus à leur aise dans le grand appartement.

Quand Abigaïl avait cessé de craindre que les soldats se portassent à quelque acte de violence contre son fils, elle s'était jetée sur le tas de vieilles cordes dont une partie avait servi à entretenir le feu, et elle y était restée dans une sorte d'inertie et de stupeur, pendant qu'en transportait son fils dans sa chambre; mais voyant alors que Job n'était entouré que de personnes qui, loin de vouloir lui nuire, ne cherchaient qu'à lui être utiles, elle les suivit dans la petite chambre, y porta une chandelle qu'elle alluma, et observa avec attention tout ce qui se passait.

Polwarth semblait penser qu'on en avait fait bien assez pour Job, et il restait debout d'un air un peu sombre, paraissant attendre le bon plaisir de Cécile; elle avait dirigé le transport du malade avec ce soin attentif qui n'appartient qu'à une femme, et quand il fut effectué, elle ordonna aux domestiques de se retirer dans l'autre pièce et d'y attendre ses ordres. Quand Abigaïl vint se placer en silence près du lit de son fils, il ne restait donc, avec elle et le malade, que Cécile, Polwarth et l'inconnu qui paraissait avoir conduit Cécile dans le magasin. La faible clarté de la chandelle qui brûlait ne servait qu'à faire mieux apercevoir la misère de cet appartement.

Malgré la ferme mais calme résolution que Cécile avait montrée en parlant aux soldats, et dont on voyait encore des traces dans l'éclat de ses yeux brillant d'intelligence, elle parut vouloir profiter de l'obscurité de la chambre pour cacher ses traits expressifs même à la seule femme qui s'y trouvait avec elle; elle rabattit son capuchon jusque sur ses yeux, se plaça dans l'endroit le moins éclairé, et adressa enfin la parole à l'idiot.

— Job Pray, lui dit-elle avec une chaleur qui rendait le son de sa voix doublement intéressant, je ne suis pas venue ici dans l'intention de vous punir ni de vous intimider par des menaces : je viens vous interroger sur un sujet sur lequel il serait mal à vous, cruel même, de vouloir me tromper, ou de chercher à me rien cacher.

— Vous n'avez pas à craindre que mon fils vous dise autre chose que la vérité, dit Abigaïl; le même pouvoir qui a détruit sa raison lui a laissé les dons du cœur; il ne sait ce que c'est que le mensonge. Plût au ciel qu'on pût en dire autant de la femme coupable qui lui a donné le jour!

— J'espère que le témoignage que vous rendez de lui sera justifié par sa conduite, répéta Cécile; et, avec cette assurance de sa sincérité, je vais le questionner sur-le-champ; mais afin de vous prouver que je ne me suis pas permis cette démarche sans de bonnes raisons, je vais vous en expliquer les motifs. Elle hésita un moment, et détourna la tête, par un mouvement presque involontaire, en ajoutant : — Je présume, Abigaïl Pray, que je dois être connue de vous.

— Oui, oui, répondit Abigaïl qui semblait regarder l'élégance de celle qui lui parlait comme un reproche fait à sa misère; vous êtes la riche et heureuse héritière de celle que j'ai vue mettre aujourd'hui dans sa dernière demeure. Le tombeau s'ouvre pour tout le monde, riche et pauvre, heureux et malheureux. Oui, oui, je vous connais; vous êtes l'épouse du fils d'un homme riche.

Cécile sépara les boucles de cheveux noirs qui lui tombaient sur le front, et lui dit en rougissant, mais avec un air de dignité :

— Si vous êtes informée de mon mariage, vous ne pouvez être surprise que je prenne au major Lincoln l'intérêt qu'une femme doit prendre à son mari; je désire apprendre de votre fils où est le major en ce moment.

— Quoi! c'est de mon fils, de Job, de l'enfant méprisé de la pauvreté, d'un être attaqué d'une telle maladie, que vous voulez apprendre des nouvelles de votre mari ! Non, jeune dame, vous vous moquez de nous ; il n'est pas digne d'être dans les secrets des gens riches et puissants.

— Je serai pourtant bien surprise s'il n'est pas instruit de ce que je désire savoir. Un vieillard, nommé Ralph, n'a-t-il pas logé fréquemment dans cette maison depuis environ un an ? n'y était-il pas encore caché il n'y a que quelques heures ?

Abigaïl tressaillit en entendant cette question, mais elle n'hésita pas à y répondre, et sans aucun détour.

— C'est la vérité. Si je dois être punie pour avoir reçu un homme qui vient je ne sais d'où, qui va je ne sais où, qui peut lire dans le cœur, et qui sait ce que nul homme, par ses propres moyens, ne peut jamais savoir, il faut m'y soumettre. Il était ici hier, peut-être y sera-t-il encore ce soir, car il va et il vient comme bon lui semble : vos généraux et votre armée peuvent le trouver mauvais, mais une femme comme moi n'oserait le lui défendre.

— Qui l'a accompagné la dernière fois qu'il est parti d'ici ? demanda Cécile d'une voix si basse que, sans le profond silence qui régnait, on n'aurait pu l'entendre.

— Qui ?... mon fils, mon pauvre insensé ! s'écria Abigaïl avec une précipitation qui semblait avoir pour but de savoir plutôt à quoi elle devait s'attendre, soit en bien, soit en mal. Si c'est un acte de trahison de suivre les pas de cet homme sans nom, Job a certainement à en répondre.

— Vous vous méprenez sur mes intentions ; je vous assure qu'elles sont bonnes, et vous vous trouverez bien de répondre à mes questions, si vous y répondez avec vérité.

— Avec vérité ! répéta Abigaïl en regardant Cécile avec un air de fierté et de mécontentement ; mais vous êtes riche, et les riches ont le droit de rouvrir les blessures des pauvres.

— Si j'ai dit quelque chose qui puisse blesser la sensibilité d'un enfant, dit Cécile avec douceur, je le regrette bien sincèrement. Je n'ai nul dessein de vous chagriner ; au contraire, je veux être votre amie, et je vous le prouverai quand l'occasion s'en offrira.

— Non, non ! s'écria Abigaïl en frissonnant ; ce n'est pas la femme du major Lincoln qui peut jamais être l'amie d'Abigaïl Pray, et prendre le moindre intérêt à son sort !

L'idiot, qui avait paru plongé dans une indifférence stupide pendant cette conversation, écarta en ce moment les haillons qui le couvraient, souleva la tête, et dit avec un air d'orgueil :

— La femme du major Lincoln est venue voir Job, parce que Job est le fils d'un homme comme il faut.

— Vous êtes le fils du péché et de la misère, dit Abigaïl en se couvrant le visage de son tablier. Plût au ciel que vous n'eussiez jamais vu la lumière du jour !

— Dites-moi donc, Job, si le major Lincoln vous a donné la même preuve d'égards que moi, dit Cécile sans faire attention à ce que venait de dire Abigaïl. Quand l'avez-vous vu pour la dernière fois ?

L'idiot ne répondit rien.

—Je crois que je puis le questionner d'une manière plus intelligible pour lui, dit l'étranger en adressant à Cécile un regard d'intelligence qu'elle parut comprendre aussitôt.

Il se tourna alors vers Job, dont il étudia quelques instants la physionomie avec attention avant de lui adresser la parole.

—Boston doit être une belle place pour les revues et les parades, jeune homme, dit-il enfin. Allez-vous quelquefois voir les soldats faire l'exercice?

— Job les suit toujours en marchant en mesure. C'est un grand spectacle que de voir les grenadiers marcher au son des tambours et des trompettes.

— Et Ralph, dit l'étranger d'un ton indifférent, marche-t-il aussi en mesure à leur suite?

—Ralph! c'est un grand guerrier. Il apprend aux colons à faire l'exercice, là-bas sur les montagnes. Job l'y voit toutes les fois qu'il va chercher des provisions pour le major.

— Cela demande explication, dit l'étranger.

—L'explication est facile, répondit Polwarth. Ce jeune homme, depuis six mois, apporte périodiquement certaines provisions de la campagne dans cette ville, à la faveur d'un drapeau parlementaire.

L'étranger réfléchit un instant avant de prendre la parole.

—Quand avez-vous été pour la dernière fois parmi les rebelles? demanda-t-il ensuite.

— Je ne vous conseille pas de les appeler rebelles; car ils ne souffriront pas que vous leur donniez un pareil nom.

— J'ai eu tort, j'en conviens. Mais quand avez-vous été chercher des provisions pour la dernière fois?

— Job y a été samedi dernier, qui était hier.

— Et comment se fait-il, drôle, que vous ne me les ayez pas apportées? s'écria Polwarth avec impétuosité.

— Il a sans doute eu de bonnes raisons pour cette négligence apparente, dit l'étranger, qui voulait maintenir l'idiot en bonne humeur. — Vous avez eu de bonnes raisons pour les apporter ici, n'est-il pas vrai, Job?

— Oui, pour satisfaire sa gloutonnerie! dit le capitaine irrité.

Abigaïl, qui était assise par terre, joignit les mains avec un mouvement convulsif, fit un effort pour se lever et pour parler, mais elle retomba dans son humble posture, et une forte émotion la priva de l'usage de la parole.

L'étranger ne fit aucune attention à cette courte pantomime, et il continua ses questions avec le même sang-froid et le même ton d'aisance qu'auparavant.

— Sont-elles encore ici? lui demanda-t-il.

— Certainement elles y sont encore. Job les a cachées jusqu'à ce que le major revienne. Ralph et le major Lincoln ont oublié de dire à Job ce qu'il devait faire des provisions.

— En ce cas je suis surpris que vous ne les ayez pas suivis avec votre fardeau.

— Tout le monde croit que Job est fou, répondit l'idiot; mais il ne l'est pas assez pour reporter sur les montagnes les provisions qu'il en a apportées. Croyez-vous qu'on en manque là-bas? Non, non, ajouta-t-il, ses yeux brillants prouvant combien il appréciait cet avantage; on y amène des chariots pleins de vivres, tandis que la famine est dans la ville.

— Vous avez raison; j'avais oublié qu'ils étaient allés tous deux joindre les Américains. Et ils sont sans doute sortis de la ville à l'aide du drapeau que vous portiez pour y entrer?

— Job ne porte pas de drapeau. Ce sont des enseignes qui portent des drapeaux. Job a apporté un beau dindon et un gros jambon; mais il n'y avait pas de drapeau.

Au nom de ces comestibles, les oreilles du capitaine se dressèrent, et il aurait probablement violé une seconde fois les règles rigides du décorum, si l'étranger n'avait continué ses questions.

— Tout ce que vous me dites est fort sensé, mon cher Job, et j'en reconnais la vérité. Il était bien facile à Ralph et au major Lincoln de sortir de la ville de la même manière que vous avez coutume d'y entrer.

— Bien certainement, répondit Job que toutes ces questions commençaient à fatiguer, en enfonçant sa tête sous sa couverture; Ralph connaît le chemin, il est né à Boston.

L'étranger se tourna vers Cécile, qui écoutait avec grande attention, et la salua, comme pour lui dire qu'il en avait assez appris. Cécile le comprit parfaitement, et fit un mouvement pour s'approcher d'Abigaïl, dont les gémissements qui lui échappaient de temps en temps prouvaient les angoisses qu'elle endurait.

— Mon premier soin, lui dit-elle, sera de pourvoir à vos besoins; après quoi je profiterai des informations que je viens d'obtenir.

— Ne pensez ni à moi ni aux miens, répondit Abigaïl avec un ton de résignation plein d'amertume; le dernier coup est porté, et des gens comme nous doivent s'y soumettre sans se plaindre. Les richesses et l'abondance n'ont pu préserver votre grand'mère du tombeau, et peut-être la mort prendra-t-elle bientôt pitié de moi. Que dis-je? pécheresse que je suis! ne pourrai-je jamais forcer mon cœur rebelle à attendre patiemment son temps?

Choquée du désespoir que montrait cette femme, et se rappelant que Mrs Lechmere à ses derniers moments avait manifesté les mêmes indices d'une vie si criminelle, Cécile resta quelques instants dans une tristesse silencieuse. Enfin, ayant recueilli ses pensées, elle lui dit avec la pitié d'un chrétien jointe à la douceur d'une femme:

— Il nous est sûrement permis de pourvoir à nos besoins sur la terre, quelles que puissent avoir été nos fautes, et vous ne refuserez certainement pas les services que j'ai dessein de vous rendre. Partons maintenant, ajouta-t-elle en s'adressant à l'étranger qui l'avait accompagnée. Voyant Polwarth faire un mouvement qui annonçait l'intention où il était d'avancer vers elle pour lui offrir la main, elle le salua poliment et lui dit : — Je vous remercie, capitaine, mais ne vous dérangez pas. J'ai avec moi ce digne homme et Meriton pour me reconduire, et ma femme de chambre m'attend à la porte. Je vous laisse donc en liberté de vous occuper de vos propres affaires.

A ces mots elle adressa au capitaine un sourire mêlé de douceur et de mélancolie, et sortit de la tourelle du magasin sans lui laisser le temps de répondre.

Quoique Cécile et son compagnon eussent obtenu de Job tout ce qu'ils pouvaient croire qu'il savait, et dans le fait tout ce qu'ils désiraient apprendre, Polwarth restait dans la chambre sans faire aucun mouvement qui annonçât l'intention de partir. Il s'aperçut pourtant bientôt que ni la mère ni le fils ne faisaient aucune attention à sa présence. Abigaïl était toujours assise par terre, la tête penchée sur sa poitrine, et abandonnée à ses propres chagrins ; et Job était retombé dans son état d'apathie stupide ; une respiration pénible était le seul signe de vie qu'il donnât. Le capitaine jeta les yeux autour du misérable appartement dont l'aspect semblait encore plus repoussant à la lueur de la petite chandelle qui l'éclairait, et où il ne voyait que souffrance et pauvreté. Mais rien de ce qu'il apercevait ne put le détourner du projet qu'il avait formé. La tentation avait attaqué ce sectateur d'Epicure sous une forme qui ne manquait jamais de triompher de ses résolutions les plus philosophiques, et en cette occasion elle l'emporta encore une fois sur son humanité. S'approchant du grabat de l'idiot, il lui dit avec aigreur :

— Il faut que vous me disiez ce que vous avez fait des provisions que M. Sage vous avait confiées, jeune homme. Je ne puis fermer les yeux sur la violation de vos devoirs en un point si important. Répondez-moi donc, à moins que vous ne vouliez revoir les grenadiers de Royal-Irlandais, et répondez-moi avec vérité.

Job garda un silence obstiné, mais Abigaïl relevant la tête, se chargea de répondre pour son fils :

— Il n'a jamais manqué de porter les provisions chez le major toutes les fois qu'il revenait à la ville ; non, non, si Job était assez pervers pour voler, ce n'est pas le major qu'il volerait.

— Je l'espère bien, bonne femme, je l'espère bien. Mais il s'agit d'une espèce de tentation à laquelle il est difficile de résister en temps de disette, dit le capitaine impatient, à qui sa propre conscience rendait peut-être témoignage de la fragilité humaine en cette occasion. Mais s'il avait porté ses provisions où il devait les remettre, ne m'aurait-on pas consulté sur ce qu'on devait en faire ? Il reconnaît lui-même qu'il a quitté le camp des Américains hier matin.

— Non, dit l'idiot; Ralph a fait partir Job samedi soir. Il a quitté les Américains sans avoir dîné.

— Et il s'en est dédommagé en mangeant nos provisions. Est-ce là votre honnêteté, drôle?

— Ralph était si pressé qu'il n'a pas voulu prendre le temps de manger. Ralph est un grand guerrier, mais il a l'air de ne pas savoir combien il est doux de manger quand on a faim.

— Glouton, gourmand, ventre d'autruche, n'est-ce pas assez de m'avoir volé mes provisions, faut-il encore que vous m'en fassiez mieux sentir la perte en appuyant sur le plaisir que vous avez eu à les dévorer?

— Si vous soupçonnez réellement mon fils d'avoir manqué à ce qu'il devait à ceux qui l'emploient, dit Abigaïl, vous ne connaissez ni son caractère ni ses principes; je vous garantis, et je le dis dans toute l'amertume de mon cœur, qu'aucune nourriture ne lui est entrée dans la bouche depuis hier soir : n'entendez-vous pas les gémissements que lui arrache la faim? Dieu, qui connaît les cœurs, sait que je vous dis la vérité.

— Que dites-vous, femme? s'écria Polwarth en la regardant avec horreur; il n'a rien mangé depuis vingt-quatre heures! Mère dénaturée! pourquoi n'avez-vous pas pourvu à ses besoins? pourquoi n'a-t-il pas partagé tous les repas que vous avez faits depuis ce temps?

Abigaïl jeta sur lui un regard qui peignait le besoin et le désespoir.

— Croyez-vous que je verrais volontairement le fils de mes entrailles périr d'inanition? Le dernier morceau de pain que je lui ai donné hier quand il est arrivé, était tout ce qui me restait, et je le tenais de quelqu'un qui m'aurait rendu plus de justice en m'envoyant du poison.

— La vieille Nab ne sait pas que Job a trouvé un os à la porte des casernes, dit l'idiot d'une voix faible; je doute que le roi sache combien un os est bon à ronger.

— Mais les provisions! les provisions! s'écria Polwarth étouffant d'impatience; qu'avez-vous fait des provisions, jeune insensé?

— Job les a cachées sous le tas de vieilles cordes, dit l'idiot en se soulevant pour montrer du doigt, à travers la porte qui était restée ouverte, l'endroit dont il parlait; quand le major Lincoln sera de retour, peut-être donnera-t-il les os à ronger à Job et à la vieille Nab.

— Sous le tas de vieilles cordes ! s'écria le capitaine ; morbleu ! quels risques elles ont couru ! Et se levant précipitamment, il entra dans le grand appartement, dispersa les cordes dans toute la chambre avec une violence qui ressemblait presque à de la folie, et, d'une main tremblante, tira enfin de leur cachette le jambon et le dindon. Pendant cette courte opération, il haletait plutôt qu'il ne respirait ; tous les traits de son visage étaient agités par une émotion extraordinaire, et il murmurait de temps en temps à demi-voix : — Vingt-quatre heures sans manger ! mourant d'inanition ! et quelques autres exclamations aussi expressives qui exprimaient le cours de ses pensées. Quand il tint le jambon d'une main et le dindon de l'autre, il s'écria d'une voix terrible :

— Shearflint ! drôle ! Shearflint ! où êtes-vous caché ?

Shearflint savait par expérience qu'il était dangereux de ne pas répondre sur-le-champ à un appel fait sur un pareil ton, et quittant une escabelle sur laquelle il s'était assis au fond du grand magasin, il sortit des ténèbres qui l'enveloppaient, et se présenta devant son maître.

— Rallume le feu, prince des fainéants, lui dit Polwarth avec la même véhémence ; voici de la nourriture, et la faim est là-bas : Dieu soit loué de ce qu'il m'est permis de leur faire faire connaissance ensemble. Jette une brassée de ces cordes dans la cheminée ; du feu ! vite, grand feu !

Ces ordres furent exécutés avec autant de rapidité qu'ils étaient donnés : car Shearflint, qui connaissait le caractère de son maître, voyait à ses gestes d'impatience qu'il voulait être promptement obéi. Il empila donc dans la cheminée un amas de vieilles cordes enduites de goudron, et en ayant approché la chandelle, il en jaillit à l'instant une flamme brillante qui attira les regards étonnés de la mère et du fils.

Pendant ce temps, Polwarth, assis sur un banc devant une mauvaise table, tira un couteau pliant de sa poche, et se mit à couper des tranches du jambon avec une vivacité qui faisait honneur à son humanité.

— Shearflint, disait-il en même temps, mettez du bois au feu, il me faut du charbon, et arrangez la pelle et les pincettes de manière à ce qu'elles puissent servir de gril. Que Dieu me pardonne d'avoir conçu des projets hostiles contre quelqu'un qui souffre la plus cruelle de toutes les calamités! Ne m'entends-tu pas, Shearflint? Mets du bois au feu, fais-moi de la braise; je suis prêt dans une minute.

— C'est impossible, Monsieur, il n'y a pas dans toute la maison de quoi faire une allumette, et le bois est trop précieux à Boston pour qu'on en trouve dans la rue.

— Où gardez-vous votre bois, bonne femme? demanda le capitaine à Abigaïl, sans faire attention qu'il lui parlait avec le même ton de rudesse qu'à son valet; me voilà prêt; je n'attends plus que du bois.

— Je n'en ai point, répondit-elle d'un ton de sombre résignation; le jugement de Dieu m'a frappée de plus d'un côté à la fois.

— Pas de nourriture! pas de bois! s'écria Polwarth en parlant avec difficulté. Il passa une main sur ses yeux, et s'écria d'une voix dont la dureté avait pour but de cacher son émotion :

— Shearflint! viens ici, drôle; détache-moi ma jambe!

Shearflint le regarda d'un air surpris, mais un geste d'impatience de son maître fit qu'il obéit sur-le-champ.

— Bien, dit Polwarth; brise-la en dix mille morceaux. Le bois en est sec et nous fera de la braise en un moment. La meilleure des jambes après tout, et je parle de celles de chair et d'os, ne sert pas à grand'chose. Un cuisinier a besoin de mains, d'yeux, de nez, de palais, mais il peut fort bien se passer de jambes.

Tout en parlant ainsi, le capitaine philosophe restait assis sur son banc avec beaucoup d'indifférence, et veillait à ce que son aide de cuisine exécutât avec soin les ordres qu'il lui donnait pour faire griller convenablement les tranches de jambon.

— Il y a des gens, dit Polwarth, sans négliger de surveiller et de diriger Shearflint dans ses opérations, qui ne font que deux repas par jour; on en voit même qui se contentent d'un seul; mais je n'ai jamais connu personne qui fût dans un état de santé florissante sans fournir tous les jours à la nature quatre repas réguliers et substantiels. Ces siéges sont de maudits fléaux pour l'humanité; on devrait inventer quelque moyen de faire la guerre sans en avoir besoin. Du moment que vous commencez à affamer un soldat, il devient lâche et mélancolique; nourrissez-le bien, il est gai et il affronterait le diable. Eh bien, mon brave jeune homme, comment aimez-vous une tranche de jambon? bien cuite ou dans son jus?

L'odeur savoureuse de grillades avait pénétré jusque dans la petite chambre, et avait donné un nouvel aiguillon à l'appétit de Job qui s'était soulevé sur son lit, d'où il suivait des yeux tous les mouvements de son bienfaiteur; ses lèvres desséchées remuaient d'impatience, et chaque regard de ses yeux hébétés annonçait l'empire absolu que les besoins physiques exerçaient sur son faible esprit. Il répondit à cette question avec simplicité :

— Le plus tôt fait sera le meilleur pour Job.

— Sans doute, sans doute, répliqua le capitaine méthodiste en faisant retourner les grillades, que Job dévorait déjà en imagination; mais malgré la presse, on aime à bien faire ce qu'on fait; encore un moment de patience, et ce sera un morceau digne d'un prince. Shearflint, prenez cette assiette de bois; il est inutile de songer à la cérémonie dans un cas aussi urgent. Eh bien! sale coquin, essuie-la donc avec le pan de ton habit. Quel bouquet! Allons, viens, aide-moi à retourner près du lit.

— Puisse le Seigneur, qui lit dans le cœur de toutes ses créatures, vous bénir et vous récompenser pour le soin que vous prenez de mon malheureux enfant! s'écria Abigaïl dans la plénitude de son cœur; mais croyez-vous qu'il soit prudent de lui donner une pareille nourriture dans l'état où il se trouve?

— Et que voulez-vous lui donner, bonne femme? soyez sûre que sa maladie ne vient que d'inanition. Un estomac vide est comme une poche vide, le diable y entre pour jouer quelque mauvais tour. Ne me parlez jamais d'un docteur qui prescrit la diète; la faim est une maladie en elle-même, la plus grande des maladies, et tout homme raisonnable qui est au-dessus du charlatanisme ne croira jamais que la diète puisse être un remède : la nourriture soutient le corps, c'est comme une jambe de bois. A propos, Shearflint, ayez soin de chercher dans les cendres les ferrures de la mienne, et remettez quelques nouvelles tranches sur le feu. Mangez, mon brave garçon, mangez, continua Polwarth se frottant les mains de plaisir en voyant avec quel air d'avidité Job prenait l'assiette qu'il lui présentait; le second plaisir de la vie, c'est de voir manger celui qui a faim, car le premier est encore plus profondément enraciné en nous par la nature. Ce jambon vient de la Virginie, je le sens au fumet. Shearflint, trouveriez-vous quelque chose qui puisse servir d'assiette? cette bonne femme doit aussi avoir besoin de manger, et comme c'est à peu près l'heure de mon souper, je ne ne vois pas pourquoi je n'en ferais pas autant; il est rare qu'on puisse jouir en même temps de deux semblables plaisirs.

Le bon Polwarth continua de parler ainsi jusqu'au moment où les soins de Shearflint lui eurent donné une occupation différente; et le magasin dans lequel il était entré peu auparavant, en roulant dans sa tête des idées de vengeance, offrit l'étrange spectacle d'un capitaine des troupes de ligne de Sa Majesté partageant l'humble repas d'une pauvre femme et d'un idiot dans l'asile de la pauvreté même.

CHAPITRE XXVIII.

> Messire Thurio, permettez, je vous prie, un moment;
> nous avons quelques secrets à nous dire.
> SHAKSPEARE. *Les deux Gentilshommes de Vérone.*

PENDANT que les événements détaillés dans les deux derniers chapitres se passaient dans le vieux magasin abandonné où Abigaïl Pray avait établi son domicile, une scène toute différente avait lieu dans un grand édifice situé dans une rue qui aboutissait sur la place du marché. Comme c'était l'usage à cette heure de la soirée, les fenêtres de Fanueil-Hall resplendissaient de lumières, comme pour faire mieux ressortir les ténèbres profondes qui enveloppaient l'église voisine. Tous les environs de cette résidence privilégiée du représentant de la royauté étaient gardés par des hommes armés. C'est dans ce séjour favori que nous devons maintenant nous transporter pour reprendre le fil de notre narration.

Des domestiques couverts de riches livrées militaires parcouraient les appartements avec la rapidité qu'exigeait la ponctualité requise dans leur service. Les uns portaient des carafes remplies des meilleurs vins dans la salle où le général en chef Howe venait de donner un festin aux principaux chefs de son armée ; les autres en sortaient chargés des débris d'un repas qui, quoique somptueux, se ressentait pourtant de la disette du temps, et avait été plus satisfaisant pour les yeux que pour l'appétit. Des soldats en négligé militaire promenaient leur inutilité dans les vestibules, et jetaient un regard d'envie sur la desserte de table, que les laquais qui servaient déposaient entre les mains de valets subalternes pour la placer en lieu de sûreté. Mais, malgré la vie et l'activité qui régnaient, tous les mouvements se faisaient en silence et avec régularité, et toute cette scène offrait une preuve évidente du mérite de l'ordre et de la discipline militaire.

Dans l'intérieur de l'appartement vers lequel tous les regards semblaient se diriger comme sur un point central, rien ne manquait de ce que pouvaient désirer ceux qui s'y trouvaient rassemblés. Un excellent feu brillait dans le foyer de la cheminée ; le plancher mal joint était couvert par un riche tapis, et les croisées disparaissaient presque sous les plis des rideaux de beau damas qui les garnissaient. Tout y avait un air de recherche, quoique mêlée d'une sorte de négligence élégante. Tout, jusqu'aux moindres objets qui composaient l'ameublement, avait été tiré de ce pays qu'on regardait alors comme possédant le monopole de tous les arts qui peuvent embellir la vie. Ceux même qui attachent peu de prix à l'existence dans le moment du danger, aiment pourtant à en égayer le cours en se procurant toutes leurs aises, quand l'occasion le permet.

Au centre de ce bel appartement était placée la table hospitalière de celui qui présidait au festin. Elle était entourée d'hommes portant les emblèmes d'un haut rang militaire, quoiqu'on vît çà et là quelques individus que leur costume plus simple et leur air d'embarras annonçaient comme étant du nombre de ces colons dont la confiance dans le pouvoir irrésistible de la couronne d'Angleterre commençait déjà à chanceler. Howe occupait sa place ordinaire au haut bout de la table, et ses traits bruns exprimaient toute la cordialité d'un soldat, tandis qu'il désignait à ses convives tel ou tel flacon parmi le nombre de ceux qui contenaient les meilleurs vins de l'Europe.

— Quoique assis à la table d'un général anglais, vous avez fait mauvaise chère aujourd'hui, Messieurs, dit-il ; mais après tout, il ne vous a manqué que ce qui fait l'aliment le plus nourrissant du soldat anglais au service de son maître. Remplissez vos verres, Messieurs, nous oublions notre loyauté.

Tous les verres furent remplis au même instant, et après une courte pause, le général prononça d'une voix lente et solennelle les mots magiques : — *La santé du roi!* Tous les convives lui firent écho, et, après un instant de silence nécessaire, un vieillard portant l'uniforme de la marine leva en l'air son verre renversé pour prouver qu'il l'avait loyalement vidé jusqu'à la dernière goutte, et s'écria :

— Que Dieu le bénisse!

— Oui, que Dieu le bénisse! répéta le chef dont le nom a déjà été cité plusieurs fois dans les pages qui précèdent; qu'il lui accorde un règne long et glorieux, et, s'il est permis de faire ce souhait, une mort heureuse! Puisse-t-il avoir un sépulcre comme le vôtre, digne amiral! *Sepulchrum sine sordibus extrue.*

— Comme le mien! répliqua le brusque marin, dont l'érudition avait un peu perdu par de longs services ; il est vrai que je ne suis pas de vos gentilshommes de marine qui ne savent que regarder par la fenêtre de la cabane d'un navire, mais je crois que ce ne serait pas une dégradation pour Sa Majesté, si elle daignait favoriser de sa gracieuse présence un serviteur comme moi.

— Pardon, Monsieur; j'aurais dû faire la citation tout entière, et y joindre les mots *permissum arbitrio*.

L'équivoque[1] avait à peine excité un sourire, quand l'air sérieux du commandant en chef annonça que le sujet n'admettait pas la plaisanterie. Le marin de son côté ne parut pas aimer la langue inconnue qu'on avait employée en lui parlant ; car aussi offensé, et peut-être même un peu plus, de la liberté qu'on avait prise de faire un jeu de mots sur son nom, que du ton un peu léger dont on venait de parler de la personne privilégiée du souverain, il répliqua avec un air d'aigreur.

— Permis ou non permis, je commande la flotte de Sa Majesté dans ces parages, et ce sera un jour marqué comme heureux sur le journal de mon navire, que celui où vous autres, messieurs de l'armée de terre, vous nous enverrez nous acquitter de nos devoirs en pleine mer. Un marin se fatigue à rien faire, comme un soldat d'être occupé. J'aime à avoir partout place pour mes coudes ; sur

---

1. Cette équivoque est intraduisible. Elle résulte de ce que le mot anglais *grave* signifie *sépulcre*, et que l'amiral se nommait Graves.

mon bord, à table, même dans mon cercueil. Ha! ha! ha! Qu'en pensez-vous, Monsieur le bel esprit? Ah! ah! ah! Qu'avez-vous à dire à cela?

— Parfaitement, mon cher amiral! un peu sévère et piquant; mais je l'ai mérité, répondit Burgoyne avec beaucoup de sang-froid, en souriant et en buvant son vin à petits traits. Mais, puisque vous trouvez le repos et le loisir si fatigants, tâchez donc de capturer quelques uns de ces impudents corsaires yankies qui osent se montrer si souvent en vue du port, qui interceptent nos convois, et dont la présence choque tous les yeux loyaux.

— J'ordonne qu'on batte un pourparler, dit le général en chef, et qu'il y ait trêve à toutes hostilités. Quand tous ont fait leur devoir, et s'en sont si bien acquittés, l'esprit même doit respecter leur conduite. Monsieur Graves, je vous conseille de sonder le contenu de cette bouteille couverte de sable; je crois que vous y trouverez un bon ancrage pour ce soir.

Le vieux marin noya sur-le-champ son mécontentement dans un verre de vin qu'il se versa de la bouteille indiquée. Un léger bruit qu'il fit avec les lèvres, après l'avoir bu, prouva qu'il en était satisfait, et il en donna sur-le-champ encore une meilleure preuve en s'en versant un second.

— Vous êtes trop stationnaires de moitié, vous autres, s'écria-t-il ensuite, pour donner de l'âme à votre vin. Le vin ne doit jamais rester sur son lest avant d'avoir roulé quelques mois sur le sein des mers. Alors vous pouvez le laisser dormir, et vous endormir à côté, si bon vous semble.

— Un évêque ne pourrait donner à son sommelier un avis plus orthodoxe pour faire mûrir le vin, répliqua son adversaire.

Un autre regard expressif du général en chef réprima de nouveau son enjouement malin, et Howe profita du moment de silence pour dire avec l'air franc d'un hôte libéral:

— Comme le mouvement nous est refusé quant à présent, le seul moyen que je puisse imaginer pour l'empêcher de rester sur son lest, c'est de le boire.

— D'ailleurs, ajouta Burgoyne en faisant une inclination gracieuse au marin à demi offensé, nous sommes menacés d'une visite de M. Washington et de ses compagnons altérés, et ils pourraient nous épargner tout embarras à cet égard, si nous ne prenions l'avance sur eux. A votre santé donc, monsieur Graves, et j'espère que vous n'hésiterez pas à me faire raison, quand ce ne serait que pour tromper les rebelles dans leur attente.

— De tout mon cœur, répondit l'amiral en s'adoucissant et en faisant un signe de tête à Burgoyne d'un air de bonne humeur; j'en ferais bien davantage pour ôter aux rebelles tout espoir de pillage. Mais, si ce breuvage précieux court réellement quelque risque, il n'y a qu'à l'envoyer sur mon bord; fiez-vous à moi, je trouverai à le placer, quand ce devrait être dans ma cabane. Je vous réponds que je commande une forteresse que ni Yankies, ni Français, ni Espagnols, n'oseraient assiéger, si ce n'est à une distance respectueuse.

Les officiers de l'armée de terre prirent un air grave, échangèrent entre eux quelques regards expressifs, mais gardèrent le silence, comme si l'objet qui occupait leurs pensées était d'une nature trop délicate pour en parler franchement en présence de leur chef. Enfin le commandant en second, à qui son supérieur en grade battait encore froid, et qui jusqu'alors n'avait pris aucune part à la conversation, hasarda une remarque, mais avec l'air de gravité et de méfiance d'un homme qui doutait qu'elle fût bien reçue.

— Nos ennemis s'enhardissent à mesure que la saison avance, dit-il, et il n'y a pas de doute qu'ils ne nous donnent de l'occupation quand l'été sera arrivé. On ne peut nier qu'ils ne choisissent très-bien les positions où ils placent des batteries, surtout la dernière sur le bord de l'eau. Je ne suis pas même sans craindre qu'ils n'aient des vues sur les îles, ce qui rendrait hasardeuse la situation des vaisseaux.

— Des vues sur les îles ! chasser la flotte de son ancrage ! s'écria le vieux marin avec l'air du plus grand étonnement. Je regarderai comme heureux pour l'Angleterre le jour où Washington et sa canaille oseront se montrer à portée de notre mitraille.

— Que Dieu nous fasse la grâce de nous mettre en face de ces coquins, la baïonnette au bout du fusil, en rase campagne, à la fin de nos quartiers d'hiver ! dit Howe; je dis quartiers d'hiver, Messieurs, car je présume qu'aucun de vous ne peut considérer cette armée comme assiégée par un attroupement de paysans armés. Nous occupons la ville, et ils occupent la campagne; mais quand le moment convenable en sera arrivé... Eh bien ! Monsieur, que me voulez-vous ?

Il se retourna pour adresser ces mots à un domestique qui venait d'entrer, et qui, depuis quelques instants, était debout derrière lui, dans une attitude respectueuse, attendant que son maître jetât les yeux sur lui. Il répondit à la question du général à voix basse, et en se pressant comme s'il eût désiré n'être entendu que de lui, et qu'il eût senti en même temps qu'il ne lui convenait pas de parler ainsi à son maître. La plupart des voisins du général détournèrent la tête par politesse; mais le vieux marin, qui était trop près de lui pour être tout à fait sourd, entendit les mots *une dame*; et comme il avait caressé la bouteille d'un peu près, c'en fut assez pour exciter toute sa gaieté. Frappant sur la table avec la main, il s'écria avec une liberté qu'aucun autre que lui n'aurait osé se permettre :

— Une voile! une voile! de par saint George, une voile! Et sous quel pavillon, l'ami? celui du roi, ou celui des rebelles? Il y a eu ici quelque méprise! Le cuisinier a été en retard ou la dame s'est trop pressée. Ah! ah! ah! Courage, Messieurs de l'armée de l'île, vous vous en donnez à cœur joie.

Le vieux marin était enchanté de sa découverte et encore plus de ses plaisanteries. Il jouit pourtant seul du plaisir de son triomphe, car tous les militaires gardèrent le silence, feignirent de ne pas comprendre ses allusions, et se bornèrent à échanger entre eux quelques coups d'œil malins à la dérobée. Howe se mordit les lèvres avec un dépit visible, et ordonna au domestique, d'un ton sévère, de répéter son message d'une voix plus intelligible.

— Une dame demande à voir Votre Excellence, dit le valet en tremblant, et elle vous attend dans la bibliothèque.

— Au milieu des livres! s'écria l'amiral. Cela vous conviendrait mieux, mon ami le bel esprit. Et dites-moi, l'ami, est-ce une jeune et jolie fille?

— A la légèreté de sa marche, Monsieur, répondit le domestique, je suis porté à la croire jeune; mais elle avait le visage caché sous un grand capuchon de soie.

— Ah! ah! la demoiselle vient voilée dans la maison du roi! Diable! Howe, il paraît que la modestie commence à devenir une vertu rare chez vous autres de l'armée de terre!

— Le cas est clair contre vous, général, dit Burgoyne en souriant, car vous voyez que le domestique lui-même a remarqué de la légèreté. Et, faisant un mouvement comme pour se lever, il ajouta : — C'est sans doute quelque supplique qu'on veut vous présenter pour obtenir quelque secours ou une permission de sortir de la ville. Permettez-moi d'aller m'en informer et de vous éviter le désagrément d'être obligé de faire un refus.

— Point du tout, dit Howe en se levant avec une vivacité qui prévint le mouvement plus réfléchi de Burgoyne, je ne serais pas digne de la place que j'occupe, si je ne pouvais prêter l'oreille dans l'occasion à une pétition. Messieurs, comme il s'agit d'une dame, je crois pouvoir compter sur votre indulgence. Amiral, je vous recommande mon sommelier; c'est un homme instruit, et il peut vous rendre compte de toutes les croisières qu'a faites cette bouteille depuis son départ de l'île de Madère.

Il salua ses convives, et sortit d'un pas plus précipité que sa dignité ne semblait l'exiger. A peine était-il entré dans le vestibule qu'il entendit un autre accès de gaieté du vieil amiral; mais elle ne fut point partagée, et les militaires firent tomber la conversation sur un autre sujet. En entrant dans sa bibliothèque, Howe se trouva en présence de la dame qui occupait toutes les pensées de ceux qu'il venait de quitter, malgré leur indifférence apparente, et qui exerçait en ce moment leur imagination. S'avançant vers elle sur-le-champ avec l'air libre et aisé d'un militaire qui ne connaît pas de supérieur, il lui dit avec une politesse un peu équivoque :

— A quoi dois-je l'honneur de cette visite, Madame? par quel hasard une dame, dont l'extérieur prouve qu'elle doit avoir des amis à ses ordres en toute occasion, a-t-elle pris la peine de venir me rendre visite elle-même?

— Parce que je viens vous supplier de m'accorder une grâce qui pourrait être refusée si elle était demandée froidement, répondit une voix douce et tremblante partant d'une bouche à demi cachée sous un grand capuchon. Comme le temps me manque pour remplir les formes d'usage, j'ai pris le parti de venir vous adresser ma demande moi-même pour éviter tout délai.

— Et certainement une dame telle que vous a bien peu de raisons pour craindre un refus, dit Howe faisant pour se montrer galant une tentative qui aurait mieux convenu à l'officier qui lui avait proposé de le suppléer. En parlant ainsi il s'approcha davantage, et ajouta en lui montrant son capuchon : — Ne serait-il pas à propos d'appuyer votre requête par la vue d'un visage qui m'apprendra, sûrement mieux que ne pourraient le faire toutes les paroles, à qui j'ai l'honneur de parler et quelle est la nature de l'affaire qui vous amène?

— Je suis une femme qui cherche son mari, répondit la dame en relevant le capuchon de sa mante et en montrant aux regards hardis du général les traits aimables et modestes de Cécile. Elle se décida sur-le-champ à annoncer ainsi qui elle était, en voyant les yeux de Howe fixés sur elle avec un air de liberté auquel elle n'était pas accoutumée. Mais dès qu'elle eut prononcé ce peu de mots, elle baissa les yeux avec embarras et en rougissant, quoiqu'en conservant le calme et la dignité d'une femme bien née. Le général la regarda un instant en silence avec une admiration manifeste.

— Celui que vous cherchez, lui dit-il enfin, est-il dans la ville ou hors de son enceinte?

— Je crains beaucoup qu'il n'en soit sorti.

— Et vous voudriez le suivre dans le camp des rebelles? cela demande quelque réflexion. Je vois que je parle à une dame douée d'une grande beauté ; puis-je lui demander quel est son nom?

— Je n'ai point à rougir de mon nom, répondit Cécile avec fierté. Il est noble dans le pays de nos ancêtres communs, et il n'est peut-être pas inconnu à monsieur Howe. Je suis fille de feu le colonel Dynevor.

—Et nièce de lord Cardonnel! s'écria le général avec surprise, perdant à l'instant la liberté équivoque de ses manières pour prendre l'air le plus respectueux. Je savais qu'il existait à Boston une dame de ce nom, et je ne puis oublier qu'elle est accusée de se dérober, comme si elle était notre ennemie invétérée, aux respects et aux attentions que toute l'armée aurait voulu lui témoigner, depuis le général en chef jusqu'au dernier enseigne. Faites-moi l'honneur de vous asseoir.

Cécile le remercia par une révérence et resta debout.

—Je n'ai ni le temps ni le courage de me défendre contre votre accusation, répondit-elle ; mais si mon nom n'est pas un titre suffisant pour obtenir la grâce que je vous demande, il faudra bien que je la réclame au nom de celui que je cherche.

— Fût-il le rebelle le plus endurci qui soit à la suite de Washington, il a tout lieu d'être glorieux de son sort.

— Bien loin de s'être rangé du côté des ennemis du roi, il a déjà versé son sang pour la couronne, répondit Cécile en baissant de nouveau son capuchon par un mouvement involontaire, car elle sentait que le moment allait arriver où elle ne pourrait se dispenser de nommer celui qui exerçait une telle influence sur ses sentiments, comme elle l'avait déjà fait connaître.

— Et vous le nommez ?

Cécile répondit à cette question directe d'une voix basse mais distincte. Howe tressaillit quand il entendit le nom d'un officier qui jouissait de tant de considération dans l'armée, quoique ce fût en souriant d'une manière expressive qu'il le répéta d'un ton de surprise.

— Le major Lincoln ! Le refus qu'il a fait de retourner en Europe pour rétablir sa santé se trouve maintenant parfaitement expliqué. Il est sorti de la ville, dites-vous ? il faut que ce soit quelque méprise.

— Je crains que cela ne soit que trop vrai.

Les traits du général reprirent leur air sombre, et il fut évident que cette nouvelle le contrariait.

— C'est trop présumer de ses priviléges, murmura-t-il à demi-voix. Sorti de la ville, dites-vous, jeune dame? sans mon aveu, à mon insu !

— Mais non par des motifs blâmables, s'écria Cécile respirant à peine et s'oubliant elle-même dans l'inquiétude qu'elle éprouvait pour Lincoln ; des chagrins privés l'ont forcé à une démarche que, comme soldat, il aurait été le premier à condamner en toute autre occasion.

Howe garda un silence froid et menaçant, plus effrayant que n'aurait pu l'être son courroux. Cécile, alarmée, leva un instant les yeux sur le front plissé du général, comme pour pénétrer ses secrètes pensées ; et cédant ensuite à ses craintes avec la sensibilité d'une femme, elle s'écria :

—Vous ne voudriez pas profiter, pour lui nuire, de l'aveu que je viens de vous faire : n'a-t-il pas versé son sang pour vous? n'a-t-il pas été six mois aux portes du tombeau pour avoir défendu votre cause? Mais, Monsieur, quoique le hasard et votre âge l'aient mis sous vos ordres pour un temps, il est votre égal en tous points, et il répondra devant son auguste maître à toutes les accusations qui pourront être portées devant lui, n'importe qui en soit l'auteur.

LIONEL LINCOLN.

— Cela sera nécessaire, répondit froidement le général.

— N'écoutez pas les discours insensés que m'arrache ma détresse! s'écria Cécile en joignant les mains, je ne sais ce que je dis; ne lui avez-vous pas permis d'avoir des communications avec la campagne?

— Oui, pour obtenir les provisions qui pouvaient être nécessaires au rétablissement de sa santé.

— Et ne peut-il pas être sorti de la ville pour s'en procurer à la faveur du drapeau parlementaire que vous lui avez accordé vous-même?

— En ce cas, vous m'auriez épargné le chagrin que me cause cette entrevue.

Cécile se tut un instant; elle parut recueillir ses sens éperdus et se préparer à quelque nouvel effort. Au bout de quelques instants elle sourit péniblement et dit d'un ton plus calme:

—J'avais trop présumé de l'indulgence militaire; j'étais même assez faible pour croire que ma demande serait accordée à mon nom et à la situation dans laquelle je me trouve.

— Aucun nom, aucune situation, aucunes circonstances ne peuvent jamais....

—N'achevez pas une phrase si cruelle, de peur qu'elle ne porte encore le désordre dans mon esprit! Ecoutez-moi d'abord, Monsieur; écoutez une femme, une fille, et vous révoquerez cette cruelle sentence.

Sans attendre sa réponse, elle s'avança d'un pas ferme vers la porte de la bibliothèque, passant devant Howe avec un air de dignité qui l'étonna, et l'œil brillant du projet qui l'occupait. Elle entr'ouvrit la porte qui donnait sur le vestibule, sembla chercher quelqu'un parmi la foule d'oisifs qui s'y trouvaient, et fit un signe à l'étranger qui l'avait accompagnée lors de la visite qu'elle venait de rendre au vieux magasin. Il s'approcha d'elle à l'instant, entra avec elle dans la bibliothèque, et la porte s'en referma aussitôt, laissant les spectateurs cherchant à concevoir comment un être dont la physionomie était si pure et si angélique avait pu s'introduire dans les murs souillés de cette maison.

Les minutes parurent des siècles aux convives impatients restés dans la salle du banquet, pendant la durée de cette mystérieuse entrevue. Le feu de plaisanteries que l'amiral dirigeait sur le général commença à se ralentir, précisément lorsque ses compagnons commençaient à penser qu'elles pouvaient être justes, et la conversation prit ce ton vague qui annonce la distraction de ceux qui parlent.

Enfin on entendit le bruit d'une sonnette, et le général donna ordre qu'on fît sortir du vestibule les curieux et les oisifs qui y étaient rassemblés. Lorsqu'il n'y resta que les gens qui faisaient partie de sa maison, Howe sortit de la bibliothèque, donnant le bras à Cécile, dont la tête était toujours couverte du capuchon de sa mante; et l'ayant conduite jusqu'à la porte d'un air respectueux, il sortit même de la maison pour l'aider à monter dans la voiture qui l'attendait. Les domestiques rivalisèrent de zèle pour faciliter leur passage dans le vestibule; les sentinelles présentèrent les armes au général, et tous ceux qui furent témoins de la fin de cette scène, étonnés de la condescendance extraordinaire du fier et sombre Howe, se regardaient les uns les autres comme pour se demander l'explication d'un tel phénomène.

Lorsqu'il eut repris sa place à table, l'amiral voulut encore lâcher une nouvelle bordée de plaisanteries, mais le général y répondit par un air si froid et un regard si sévère, que l'enfant sans souci de l'océan en perdit lui-même toute disposition à la gaieté.

CHAPITRE XXIX.

Ni les chants des ménestrels, ni les cris des soldats n'annonçaient leur marche.
SIR WALTER SCOTT.

CÉCILE attendit que la nuit fût un peu avancée, avant de quitter Tremont-Street pour sortir de la ville, d'après la permission qu'elle en avait reçue du général, à la fin de l'entrevue rapportée dans le chapitre précédent. Il n'était pourtant pas encore bien tard quand elle fit ses adieux à miss Agnès pour commencer son expédition, toujours accompagnée de Meriton et de l'inconnu qu'on a déjà vu figurer plusieurs fois à sa suite. Elle descendit de voiture avant d'arriver au bout de la ville, et traversant quelques rues étroites et silencieuses, elle arriva au bord de l'eau.

Les quais étaient tranquilles et solitaires; elle marchait d'un pas léger en avant de ses compagnons, et foulait aux pieds sans hésiter les planches grossières qui formaient la jetée, quand elle fut arrêtée par le grand bassin qui la séparait de la seconde jetée régnant le long de l'autre rivage. Elle s'arrêta un moment avec un air d'inquiétude, comme si elle eût craint d'avoir commis quelque méprise, mais elle vit sur-le-champ s'avancer vers elle un jeune homme que l'ombre d'un magasin situé sur le quai avait caché jusque alors.

— Je crains que vous ne vous soyez trompée de chemin, lui dit-il en s'approchant d'elle et en l'examinant avec beaucoup d'attention; puis-je vous demander qui vous cherchez ici et ce qui vous y amène?

— Je cherche quelqu'un qui a dû être envoyé ici par ordre du général en chef.

— Je ne vois que deux personnes; où est la troisième?

— Vous pouvez l'apercevoir à quelque distance, répondit Cécile en lui montrant Meriton, qui marchait d'un pas plus circonspect que sa maîtresse; nous devons être trois, et nous sommes tous présents.

— Je vous demande mille pardons, répliqua le jeune homme, qui portait une redingote de marin, sous laquelle on apercevait l'uniforme de midshipman de la marine royale; mes ordres étaient d'agir avec la plus grande précaution, Madame, car comme vous l'entendez, les rebelles ne dorment guère cette nuit.

— Je quitte une scène véritablement terrible, dit Cécile, et plus tôt vous pourrez m'en éloigner, plus je vous en aurai d'obligation.

Le jeune homme la salua pour lui témoigner qu'il était prêt à la satisfaire, et se mettant en marche, il l'invita à le suivre avec ceux qui l'accompagnaient. Au bout de quelques instants, ils trouvèrent un escalier qu'ils descendirent et qui les conduisit au bord de l'eau, où une barque les attendait.

— En besogne, camarades, dit le midshipman avec un ton d'autorité, et maniez vos rames avec autant de précaution que si vous vouliez vous dérober à un ennemi. Ayez la bonté d'entrer dans la chaloupe, Madame, et vous ne tarderez pas à être déposée en sûreté sur l'autre rive, quel que puisse être l'accueil que vous recevrez des rebelles.

Cécile, l'inconnu et Meriton passèrent sur-le-champ dans la

barque, qui partit avec une rapidité qui promettait de réaliser bientôt les promesses du jeune officier. Le plus profond silence régnait parmi les marins, et lorsqu'ils eurent ramé quelques minutes, Cécile perdit un instant le souvenir de sa situation, pour s'occuper de la scène qui s'offrait à ses yeux.

Par un de ces changements soudains particuliers à notre climat, la soirée était déjà plus douce, et commençait même à devenir agréable. La lumière de la lune, tombant sur la ville et sur le port, rendait tous les objets visibles, et leur prêtait un aspect séduisant. Les masses énormes des vaisseaux de guerre anglais reposaient sur les eaux, comme des léviathans endormis, sans qu'une seule barque voguant dans le port troublât la tranquillité de ce spectacle. D'une autre part, les hauteurs de Boston se dessinaient en relief sur un firmament d'azur, et l'on voyait çà et là un toit ou un clocher qui réfléchissait la pâle clarté de la lune. La ville semblait aussi tranquille que si tous les habitants en eussent été ensevelis dans le sommeil de minuit; mais derrière les montagnes, dans un circuit qui s'étendait depuis les hauteurs de Charleston jusqu'à l'isthme, tout attestait une guerre affreuse. Depuis quelques nuits les Américains avaient fait des attaques plus sérieuses que de coutume; mais dans celle qui avait lieu alors, ils semblaient faire usage de toute leur énergie. Ils épargnaient pourtant encore la ville, et ils dirigeaient leur feu contre les batteries qui défendaient les approches de la péninsule du côté de l'occident.

Les oreilles de Cécile étaient accoutumées depuis longtemps au tumulte des armes, mais c'était la première fois que ses yeux voyaient le spectacle imposant et terrible d'une canonnade nocturne. Se découvrant la tête, elle écarta de son front ses cheveux noirs, et s'appuyant sur le bord de la barque, elle écoutait le tonnerre de l'artillerie, et regardait les éclairs soudains dont la lumière éclipsait les rayons de la reine des nuits, avec une attention qui bannissait momentanément de son esprit toute autre idée. Les marins battaient la mer avec des rames enveloppées de linge pour faire moins de bruit, et la barque avançait dans un silence si complet qu'on entendait non seulement le ronflement du canon, mais le bruit de la destruction occasionnée par les boulets.

— Je ne puis concevoir, Madame, dit Meriton, que tant de généraux anglais et tant de braves gens qui sont à Boston s'opiniâtrent à rester dans une petite péninsule si resserrée, pour y être exposés aux boulets et aux balles d'un tas de paysans, quand il y a une ville comme Londres, qui est en ce moment aussi paisible et aussi tranquille que l'est ordinairement un cimetière à minuit.

La chaîne des idées de Cécile se trouvant interrompue, elle leva les yeux, et vit le midshipman la regarder d'un air exprimant la plus vive admiration. Elle tira de nouveau son capuchon en rougissant, pour cacher ses traits, et détourna ses regards de la scène qui l'avait occupée quelques instants.

— Les rebelles ne ménagent pas leur poudre cette nuit, dit le jeune officier de marine. Il faut que leurs croiseurs aient encore pris quelqu'un de nos bâtiments de transport chargé de munitions, sans quoi M. Washington ne songerait pas à faire tant de bruit, quand tous les honnêtes gens ne pensent qu'à dormir. Ne croyez-vous pas, Madame, que si l'amiral faisait remonter trois ou quatre vaisseaux de ligne dans le canal sur le derrière de la ville, ce serait un excellent moyen pour rabattre l'orgueil de ces Yankies?

— En vérité, Monsieur, répondit Cécile en souriant malgré ses inquiétudes, mes connaissances militaires sont si bornées que mon opinion, si je me hasardais à l'énoncer, ne mériterait aucune attention.

— Comment, mon jeune Monsieur, dit Meriton, ne savez-vous pas que les rebelles ont chassé du canal une grande galère l'avant-dernière nuit? J'en puis parler savamment, car j'étais caché derrière un bon parapet de briques, d'où j'ai vu toute l'affaire, et elle a été supérieurement conduite.

— C'est une place qui convenait sans doute parfaitement à un homme comme vous, Monsieur, dit le midshipman sans chercher à cacher le mépris que lui inspirait Meriton. Savez-vous ce que c'est qu'une galère, Madame? Ce n'est qu'une espèce de bâtiment de bas bord, chargé de quelques lourds canons. L'affaire eût été toute différente avec une frégate ou un vaisseau à deux ponts. Voyez seulement la beauté de ce navire, Madame; c'est celui à bord duquel je sers. Une si belle dame doit savoir admirer un beau vaisseau : là! là! celui qui se trouve en ligne avec la seconde île.

Par complaisance pour le jeune officier, Cécile tourna la tête du côté qu'il indiquait, et murmura quelques mots d'approbation. Mais le midshipman avait suivi avec attention la direction des yeux de Cécile, et il l'interrompit en s'écriant avec un air de désappointement manifeste :

— Quoi! cette laide carcasse qui est à la hauteur du château! C'est une prise hollandaise, une flûte plus vieille que ma grand'mère, bonne chère âme! On pourrait monter son beaupré à la poupe ou à la proue, indifféremment. Un de mes camarades d'école, Jack Willoughby, sert sur son bord, et il m'a dit que sur une eau tranquille, et avec une bonne brise, on ne peut en obtenir plus de six nœuds. Jack a dessein de s'en débarrasser dès que l'amiral prendra le large, car les Graves sont voisins des Willoughbys en Angleterre, et il sait comment s'y prendre pour faire du vieux marin tout ce qu'il veut. Oui, oui, Madame, Jack donnerait tout ce qu'il peut faire sonner dans sa poche pour pouvoir suspendre son hamac entre deux solives de notre frégate. Excusez ma liberté. Et prenant la main de Cécile avec un air respectueux, il la dirigea vers son vaisseau favori. — Voilà notre frégate, Madame; oui, vous la voyez maintenant, celle dont tous les agrès sont en si bon état, avec son joli clin-foc, toutes ses vergues de perroquet attachées avec les haubans. Nous les abaissons tous les soirs quand on tire le coup de canon qui annonce la nuit, et nous les relevons chaque matin aussi régulièrement que la cloche sonne huit heures. N'est-ce pas quelque chose de charmant, Madame, car je vois qu'elle a fixé vos regards enfin, et je suis sûr que vous ne désirez voir aucun des autres vaisseaux qui sont dans le port?

Cécile ne put se dispenser d'ajouter quelques louanges à cet éloquent !panégyrique; mais le moment d'après elle aurait été bien embarrassée pour distinguer la frégate si vantée, du bâtiment de transport si méprisé.

— Oui, oui, Madame, s'écria le midshipman enchanté; je savais qu'elle vous plairait dès que vous en auriez bien examiné les proportions. Et cependant elle ne paraît pas avec autant d'avantage, vue en poupe, que si vous la voyiez de côté, particulièrement de babord. — Touchez l'eau bien doucement, vous autres, et donnez ensuite un coup de rame vigoureux et prolongé : ces Yankies ont l'oreille longue comme des ânes, et nous approchons du rivage. — Cette attaque sur l'isthme de Dorchester vous fera faire une longue promenade pour arriver à Cambridge, Madame; mais il était impossible de toucher ce soir à un autre point du territoire occupé par les rebelles, où, comme vous le voyez, nous aurions été obligés de marcher en face de leurs canons.

Cécile, se prêtant à la conversation pour remercier le jeune officier du désir qu'il montrait évidemment de lui faire paraître la traversée moins longue par son entretien, lui répondit : — N'est-il pas bien singulier que les colons, qui bloquent la ville de si près au nord et à l'ouest, négligent totalement de l'attaquer du côté du midi? car je crois qu'ils n'ont jamais cherché à occuper les montagnes de Dorchester ; et cependant c'est un des points les plus près de Boston.

— Il n'y a là aucun mystère, dit le jeune homme en secouant la tête avec l'air de sagacité d'un vétéran ; ce serait vouloir s'attirer sur les oreilles une autre affaire de Bunker-Hill, car vous voyez que les hauteurs de Dorchester sont de ce côté exactement la même chose que celles de Charleston de l'autre. — Maniez légèrement vos rames, vous autres, très-légèrement. Et il baissa lui-même la voix, à mesure qu'on approchait du rivage. — D'ailleurs, Madame, une batterie placée sur cette hauteur pourrait jeter des dragées sur nos navires, ce que notre vieil amiral ne souffrirait pas; il en résulterait donc ou qu'il y aurait une bataille rangée dans toutes les règles, ou que la flotte s'éloignerait, et alors que deviendrait l'armée de terre? Non, non, les rebelles ne voudraient pas risquer de chasser les morues de leur baie en faisant une pareille tentative. — Les rames en repos, allons, camarades ; je veux examiner s'il n'y a pas quelques Yankies qui soient à prendre le frais au clair de lune le long du rivage.

Les marins obéissants cessèrent leur travail à l'instant, et le midshipman prenant une longue-vue, reconnut avec soin tous les environs de l'endroit où il comptait débarquer. Cet examen lui ayant paru satisfaisant, il ordonna aux rameurs de se diriger vers une petite anse où l'ombre des montagnes pouvait faciliter un débarquement secret.

A compter de ce moment, on observa le plus profond silence, la barque avançant rapidement, mais avec précaution, vers l'endroit indiqué : elle y arriva bientôt; on entendit la quille toucher le fond, et bientôt l'esquif devint stationnaire. Le jeune miship-man aida Cécile à sortir de la barque, et sautant ensuite sur le rivage avec un air d'insouciance, il s'approcha de celle dont il allait se séparer.

— Je désire que ceux que vous allez rencontrer vous montrent le même respect que ceux que vous quittez, lui dit-il avec une franchise qui eût été digne d'un plus vieux marin; que Dieu vous protége, ma chère dame! j'ai laissé chez moi deux jeunes sœurs, presque aussi jolies que vous, et je ne vois jamais une femme avoir besoin d'assistance sans penser à elles. Adieu! quand nous nous reverrons, j'espère que vous verrez de plus près la belle frégate que...

— Vous n'êtes pas si près de vous séparer que vous l'imaginez, s'écria un homme qui était caché derrière un rocher en s'avançant rapidement vers les nouveaux débarqués; si vous faites la moindre résistance, vous êtes tous morts.

— Partez, camarades, partez, et ne songez pas à moi! s'écria le midshipman avec une présence d'esprit admirable; sauvez la chaloupe au péril de votre vie!

Les marins lui obéirent sans hésiter, et le jeune officier, profitant d'un moment où l'Américain qui était survenu si mal à propos se retournait pour appeler ses compagnons, courut vers le rivage, dont il n'était qu'à quelques pas, avec la légèreté d'un cerf, et, s'élançant de toute sa force, il tomba dans la mer assez près de la barque pour en saisir le plat-bord. Les marins le tirèrent de l'eau sur-le-champ. Une douzaine d'hommes armés arrivèrent sur le bord de la mer presque en même temps que lui, et leurs mousquets étaient dirigés contre les fugitifs, quand celui qui avait parlé le premier s'écria :

— Ne tirez pas : le jeune homme a eu le bonheur de nous échapper, et il le mérite par sa hardiesse. Assurons-nous de ceux qui restent; un coup de fusil tiré ne servirait qu'à attirer l'attention de la flotte et du château.

Ses compagnons, qui avaient agi avec la lenteur de gens qui n'étaient pas bien sûrs de ce qu'ils devaient faire, appuyèrent par terre la crosse de leurs fusils et regardèrent la barque qui s'éloignait en se dirigeant vers la frégate tant admirée, et qui fut bientôt à une telle distance que les balles n'auraient pu l'atteindre. Cécile avait à peine pu respirer pendant ce court moment d'incertitude; mais quand l'instant du danger fut passé pour ceux qui l'avaient conduite, elle se prépara à s'adresser à ceux qui semblaient la tenir prisonnière, avec toute la confiance qu'une Américaine manque rarement d'accorder à la douceur et à la raison de ses compatriotes. Ceux qui composaient cette petite troupe portaient les vêtements ordinaires des habitants de la campagne, avec quelques insignes de l'accoutrement martial des soldats. Ils n'avaient pour toutes armes que des mousquets, et ils les maniaient avec la dextérité d'hommes habitués à s'en servir, mais de manière à prouver qu'ils ne connaissaient pas l'exercice et les manœuvres des troupes régulières.

Toutes les fibres du corps de Meriton tressaillirent de frayeur quand il se vit entouré par les Américains, et l'inconnu qui accompagnait Cécile ne parut même pas exempt de toute appréhension. Mais Cécile conserva tout son sang-froid, soutenue soit par le projet qu'elle avait conçu, soit par la connaissance plus intime qu'elle avait du caractère des gens entre les mains desquels elle était tombée.

Quand ceux qui étaient sur le bord de l'eau se furent rapprochés d'elle, ils appuyèrent de nouveau sur la terre la crosse de leurs fusils et écoutèrent paisiblement l'interrogatoire auquel leur chef procéda. On ne le distinguait de ses compagnons que par une cocarde verte [1] attachée à son chapeau, mais Cécile savait que c'était la marque distinctive des officiers subalternes [2].

— Il est désagréable d'avoir à interroger une femme, dit-il d'un ton calme mais ferme, et surtout une femme qui a votre apparence; mais mon devoir l'exige. Pourquoi êtes-vous venue en cet endroit solitaire, et à une pareille heure, à bord d'une chaloupe d'un vaisseau du roi?

— Je n'avais nul dessein de cacher mon arrivée, répondit Cécile; car tout ce que je désire, c'est d'être conduite devant quelque officier supérieur à qui j'expliquerai le motif qui m'amène. J'en connais un grand nombre qui n'hésiteront pas à me croire sur ma parole.

— Nous ne doutons nullement de votre véracité; mais nous agissons avec précaution, parce que les circonstances l'exigent.

---

1. Pendant longtemps le rang des officiers américains ne fut distingué que par la couleur de leurs cocardes. Le capitaine portait la sienne blanche, le lieutenant la portait rouge, le sous-lieutenant verte ; et quand l'indépendance des Etats-Unis fut déclarée, la cocarde noire fut seule conservée comme nationale.

2. C'est-à-dire d'un grade au-dessous du capitaine, comme lieutenant, sous-lieutenant ou enseigne.

Ne pouvez-vous me faire connaître quel est ce motif? car je n'aime pas à être obligé de mettre une femme dans l'embarras.

— Je ne le puis.

— Vous venez dans un malheureux moment, et je crains que vous n'ayez une mauvaise nuit à passer. D'après votre accent, je crois que vous êtes Américaine?

— Je suis née sous les toits que vous voyez dans la péninsule en face de nous.

— En ce cas, nous sommes de la même ville, dit l'officier en cherchant à distinguer les traits cachés sous le capuchon de soie, mais sans faire un seul geste annonçant l'intention de le soulever ou pouvant blesser le moins du monde la délicatesse d'une femme. Voyant qu'il ne pouvait y réussir, il se détourna en disant : — Je suis las de rester dans un endroit d'où je ne puis voir que la fumée de mes cheminées quand je sais que des étrangers sont assis autour de leur foyer.

— Personne ne désire plus ardemment que moi, dit Cécile, de voir arriver l'instant où chacun pourra jouir en paix de ce qui lui appartient.

— Que le parlement rapporte ses lois, et que le roi rappelle ses troupes, dit un autre Américain, et l'affaire sera bientôt terminée. Nous ne nous battons pas pour le plaisir de répandre du sang.

— Il le ferait si une voix aussi faible que la mienne pouvait avoir quelque influence sur son esprit.

— Je ne crois pas qu'il y ait une grande différence entre l'esprit d'un roi et celui d'un autre homme, quand le diable y est une fois entré. J'ai dans l'idée qu'il joue d'aussi mauvais tours à un roi qu'à un savetier.

— Quoi que je puisse penser de la conduite de ses ministres, il m'est toujours désagréable d'entendre discuter les qualités personnelles de mon souverain.

— Je n'ai pas dessein de vous offenser; mais, quand la vérité est la première pensée d'un homme, il est tout naturel qu'elle se fasse entendre.

Et après cette apologie, faite d'un air gauche, il se détourna en homme peu satisfait de lui-même et garda le silence.

Pendant ce temps le chef avait tenu une courte consultation avec deux de ses compagnons, et se rapprochant de Cécile, il lui fit connaître le résultat des délibérations de leur triple sagesse.

— Attendu toutes les circonstances, j'ai décidé, dit-il, parlant à la première personne par déférence pour son rang, quoique dans le fait il eût consenti à changer d'opinion pour prendre celle de ses deux conseillers; j'ai décidé de vous faire conduire devant l'officier-général le plus voisin, sous la garde de ces deux hommes, qui vous montreront le chemin. Ils connaissent le pays, et il n'y a pas de danger qu'ils se trompent de route.

Cécile fit une révérence pour indiquer à l'officier sa soumission entière aux ordres qu'il lui intimait, et lui dit qu'elle désirait se mettre en marche le plus tôt possible. L'officier eut encore une courte conférence avec les deux guides, et elle se termina par un ordre qu'il donna au reste du détachement de se préparer à partir. Mais avant le départ, un des guides, ou pour mieux dire un des gardes chargés de les escorter, s'approcha de Meriton et lui dit:

— Comme nous ne serons que deux contre deux, l'ami, n'est-il pas à propos de voir ce que vous pouvez porter sur vous? cela peut prévenir les querelles et les difficultés. Je me flatte que vous voyez que ma proposition est raisonnable et que vous n'avez pas d'objections à y faire.

— Pas la moindre, Monsieur, pas la moindre, répondit le valet tremblant en lui présentant sa bourse sans hésiter un instant. Elle n'est pas bien lourde, mais ce qu'elle contient est d'excellent or d'Angleterre, et je crois que vous en faites quelque cas, vous autres rebelles qui ne voyez que du papier.

— Quelque cas que nous en puissions faire, nous ne sommes pas gens à le voler. Il ne s'agit pas d'argent; je désire voir si vous avez des armes.

— Mais comme malheureusement je n'ai pas d'armes à vous donner, Monsieur, ma bourse ne peut-elle en tenir lieu? Je vous assure qu'il s'y trouve dix guinées de bon poids, sans parler de quelques pièces d'argent.

—Allons, allons, Allen, dit le second garde, il me semble qu'il n'importe guère que monsieur ait des armes ou non. Son compagnon, qui semble mieux comprendre ce dont il s'agit, n'en a aucune, et, étant sûrs de l'un d'eux, je crois que nous pouvons nous fier à l'autre.

— Je vous assure, dit Cécile, que nos intentions sont très-pacifiques, et que votre mission ne sera nullement difficile.

Les deux guides écoutèrent avec beaucoup de déférence les doux sons de la voix de Cécile, et au bout de quelques instants les deux partis se séparèrent. Le détachement, conduit par l'officier, gravit la montagne, et les guides de Cécile prirent un chemin qui tournait à la base, en se dirigeant vers l'isthme qui joignait les hauteurs aux campagnes adjacentes. Ils marchaient avec rapidité, mais plusieurs fois ils demandèrent à Cécile si cette marche ne la fatiguait pas, en lui offrant de la ralentir si elle le désirait. Sous tout autre rapport ils ne faisaient aucune attention à elle, mais ils s'occupaient beaucoup plus sérieusement de ses compagnons, à chacun desquels l'un d'eux s'était attaché, ayant toujours les yeux fixés sur lui avec surveillance et précaution.

— Vous semblez avoir froid, l'ami, dit Allen à Meriton; cette nuit est pourtant assez agréable pour une première semaine de mars.

— Je suis gelé jusqu'aux os, répondit le valet avec un frisson qui semblait prouver la vérité de son assertion; ce climat d'Amérique est véritablement glacial, surtout la nuit; sur mon honneur, je ne me souviens pas d'avoir jamais senti un tel froid au cou.

— Prenez ce mouchoir, dit Allen en lui en donnant un qu'il prit dans sa poche, et faites-en une seconde cravate, car j'ai la fièvre d'entendre vos dents claquer les unes contre les autres.

— Je vous remercie mille fois, Monsieur, dit Meriton en tirant une seconde fois sa bourse avec une promptitude d'instinct; quel en est le prix, s'il vous plaît?

Allen dressa les oreilles à cette question, et appuyant sur son épaule son fusil qu'il avait porté jusqu'alors de manière à être prêt à s'en servir au premier moment, il s'approcha de Meriton avec un air plus cordial.

— Je n'avais dessein que de vous le prêter, dit-il; mais, si vous en aviez envie, je ne voudrais pas vous le refuser.

— Vous en donnerai-je une guinée, deux guinées, Monsieur le rebelle? demanda Meriton dont l'esprit était troublé par la terreur.

— Je me nomme Allen, l'ami, et nous aimons les propos civils dans cette colonie : deux guinées pour un mouchoir! je ne suis pas homme à faire une demande si ridicule.

— Eh bien! en voulez-vous une demi-guinée, quatre demi-couronnes?

— Je ne pensais pas à le vendre quand je suis parti de chez moi ; il est tout neuf, comme vous pouvez le voir en l'étendant ainsi devant la lune ; d'ailleurs, à présent qu'il n'y a pas de commerce, vous savez que les marchandises deviennent chères ; eh bien ! si vous désirez l'acheter, je ne veux pas vous le faire payer trop cher ; prenez-le pour deux couronnes.

Meriton donna l'argent sans hésiter un instant, et l'Américain le mit en poche, fort satisfait de son marché puisqu'il avait vendu sa marchandise à un profit d'environ trois cents pour cent. Il saisit bientôt l'occasion de dire à l'oreille de son camarade qu'il venait de conclure une assez bonne affaire, et lui en ayant donné les détails, ils convinrent unanimement que la mission qui leur avait été donnée n'était pas une mauvaise corvée.

D'une autre part, Meriton, qui savait aussi bien que les Américains que le coton n'avait pas la même valeur que la soie, n'en était pas moins content de son marché, quoique sa satisfaction partît d'une autre source que celle d'Allen. Une longue habitude lui avait appris à croire que chaque civilité avait son prix, comme sir Robert Walpole le disait du patriotisme, et la crainte dont il était saisi faisait qu'il ne s'inquiétait guère de la somme qu'il avait payée pour son acquisition. Il se regardait alors comme ayant un droit manifeste à la protection de son garde, et cette idée fut pour son esprit un calmant qui fit succéder la sécurité à ses appréhensions.

Ce marché venait d'être conclu, et chacune des parties était en possession de ce qu'elle venait d'acquérir, quand ils arrivèrent sur la terre basse connue sous le nom du Neck [1]. Tout à coup les deux gardes s'arrêtèrent, se penchèrent en avant avec un air de grande attention, et semblèrent écouter un bruit qu'on entendait dans l'éloignement dans l'intervalle de la canonnade.

— Ils viennent, dit l'un d'eux à son camarade ; avancerons-nous ou attendrons-nous qu'ils soient passés ?

L'autre lui répondit à voix basse, et, après une courte conversation, ils continuèrent à marcher.

Cette conférence avait attiré l'attention de Cécile ; elle avait entendu le peu de mots que ses gardes avaient laissé échapper, et, pour la première fois, elle commença à avoir quelque inquié-

---

[1]. On appelle *neck of land* un petit isthme.

tude sur le lieu où elle était conduite. Entièrement occupée du motif important qui l'avait déterminée à quitter Boston, elle dévoua alors toutes ses facultés au soin de chercher à découvrir la moindre circonstance qui pourrait tendre à déjouer ses projets. Elle marchait si légèrement sur l'herbe brûlée par la gelée, qu'il eût été impossible d'entendre le bruit de ses pas, et plus d'une fois elle fut tentée d'engager ses compagnons à en faire autant, afin qu'aucun danger ne pût se présenter à l'improviste. Enfin ses doutes furent soulagés, quoique avec une augmentation de surprise, en entendant un bruit sourd de roues qui annonçait l'approche de voitures marchant lentement sur la terre gelée. Un moment après ses yeux confirmèrent le témoignage de ses oreilles, et la clarté de la lune lui permit de voir qu'elle ne s'était pas trompée dans ses conjectures.

Ses guides changèrent alors de dessein et se retirèrent avec leurs prisonniers sous l'ombre d'un grand pommier qui était à quelques pas de la ligne que suivaient évidemment les voitures qui approchaient. Ils restèrent quelques minutes dans cette position, observant avec attention tout ce qui se passait.

— Le feu de nos gens a éveillé les Anglais, dit l'un d'eux, et tous les yeux sont maintenant tournés vers les batteries.

— Oui, et cela n'en vaut que mieux, répondit l'autre ; mais si le vieux mortier de cuivre, *le Congrès*, n'avait pas crevé hier, ils auraient entendu un tapage bien différent. Avez-vous jamais vu le vieux Congrès ?

— Non, je n'ai jamais vu le vieux mortier, mais j'ai vu cinquante fois les bombes qu'il lançait, et c'était une chose effrayante, surtout par une nuit obscure. Mais silence ! les voici.

Un corps nombreux d'infanterie arriva en ce moment, et défila près d'eux dans le plus profond silence en suivant les montagnes et en se dirigeant vers les rives de la péninsule. Tous ceux qui le composaient étaient vêtus et équipés à peu près comme ceux qui avaient reçu Cécile. Deux ou trois étaient à cheval, et leur costume plus militaire annonçait des officiers de haut rang. Venait ensuite un grand nombre de chariots qui prirent la route qui conduisait directement aux hauteurs voisines. Ils étaient suivis d'un second corps de troupes encore plus nombreux que le premier, marchant dans le même silence, et avec l'air grave d'hommes occupés de la plus importante entreprise. L'arrière-garde se composait d'un autre rassemblement de chariots chargés de grosses bottes de foin, de pieux et d'autres préparatifs de défense. Cette dernière division s'arrêta sur la terre basse qui formait l'ithme, et en un instant toutes ces bottes de foin furent jetées à terre et arrangées avec une promptitude presque magique, de manière à établir un parapet sur toute la largeur de ce point, qui, sans cela, aurait été exposé à être balayé par les batteries royales; précaution dont l'oubli avait occasionné, comme on le croyait, la catastrophe de Breeds l'été précédent.

Parmi ceux qui traversèrent l'isthme les derniers, était un officier à cheval, dont l'œil fut attiré par le petit groupe de spectateurs placé sous le pommier. Le montrant à ceux qui étaient près de lui, il s'avança vers eux et se pencha sur sa selle pour les examiner de plus près.

— Que veut dire ceci? s'écria-t-il; une femme et deux hommes sous la garde de deux sentinelles! avons-nous donc encore des espions parmi nous? Qu'on abatte cet arbre! nous en avons besoin d'ailleurs, et que je les voie au clair de lune.

L'ordre était à peine donné qu'il fut exécuté, et l'arbre fut abattu avec une célérité qui aurait paru incroyable à tout autre qu'à un Américain. Cécile fit quelques pas en avant pour n'avoir rien à craindre de la chute de l'arbre, et l'officier reconnut à ses vêtements et à sa tournure que ce n'était point une femme de la classe commune.

— Il faut qu'il y ait ici quelque méprise, continua-t-il; pourquoi cette dame est-elle ainsi gardée?

Un des gardes lui expliqua en peu de mots la nature de l'affaire; l'officier lui dit d'exécuter les ordres qu'il avait reçus, et donnant un coup d'éperon à son cheval, partit au galop pour aller s'acquitter de devoirs plus pressants : il jeta pourtant quelques regards derrière lui de temps en temps, tant que la faible clarté de la lune lui permit de distinguer la taille et les vêtements de Cécile.

— Je crois qu'il faut gagner les hauteurs, dit un des gardes; nous y trouverons probablement le commandant-général.

— Partout où vous voudrez, dit Cécile presque étourdie par le spectacle d'activité un peu confuse qu'elle venait d'avoir sous les yeux; je suis prête à tout; je ne demande qu'à arriver sans délai au but de mon voyage.

En quelques minutes ils arrivèrent sur le sommet de la hauteur la plus voisine ; ils s'y trouvèrent au milieu d'un cercle nombreux d'hommes travaillant à une fortification, et l'un des deux gardes se détacha pour chercher l'officier qui commandait ce poste.

Du point où elle était, Cécile voyait distinctement la ville, le port et une partie des campagnes adjacentes. Les vaisseaux anglais reposaient toujours tranquillement sur leurs ancres, et le jeune midshipman était sans doute paisiblement couché dans son hamac, à bord de la frégate dont les mâts s'élevaient majestueusement vers le ciel en belles lignes symétriques. On n'apercevait dans la ville aucune apparence d'alarmes ; au contraire, les lumières qui y brillaient encore disparaissaient successivement, malgré la canonnade qui grondait sans discontinuer à l'occident de la péninsule, et il était probable que Howe et ses compagnons n'avaient pas encore terminé l'orgie dans laquelle Cécile les avait laissés environ deux heures auparavant.

Mais tandis qu'à l'exception des batteries qui vomissaient le feu, tout paraissait, dans l'éloignement, enseveli dans le silence et le sommeil, ce qui se passait autour de Cécile annonçait la vie et l'activité. Des parapets s'élevaient sur la crête de la hauteur ; on remplissait des barils de terre et de sable ; on portait des fascines dans tous les endroits où l'on en avait besoin ; et cependant le silence n'était troublé que par le bruit des pioches qui creusaient la terre, des cognées qui abattaient des arbres, l'orgueil des vergers voisins, et par des ordres qu'on donnait à voix basse aux travailleurs. La nouveauté de cette scène fit oublier un instant à Cécile ses inquiétudes. De temps en temps quelques partis ou quelques individus isolés s'approchaient d'elle, s'arrêtaient un moment pour considérer des traits aimables et expressifs auxquels la clarté de la lune donnait un nouveau caractère de douceur, et se retiraient en silence pour réparer, en redoublant de travail, l'oubli momentané de leurs devoirs.

Enfin le garde reparut et annonça l'arrivée du général qui commandait ce poste. C'était un homme de moyen âge, paraissant avoir beaucoup de calme et de sang-froid, ayant un costume à demi militaire, mais ne portant pas d'autres marques extérieures de son rang que la cocarde cramoisie qui indiquait son grade, et qui décorait un des plus grands chapeaux à cornes qu'on portât à cette époque.

— Vous nous trouvez au milieu de nos travaux, lui dit-il en souriant, quand il fut près d'elle, et vous me pardonnerez le délai que j'ai mis à me rendre près de vous. On dit que vous avez quitté la ville ce soir.

— Il y a une heure.

— Et Howe ! songe-t-il à la manière dont nous nous proposons de l'amuser ce matin ?

— Il y aurait de l'affectation dans une femme à refuser de répondre à des questions sur les vues du général anglais; mais je me flatte que vous m'excuserez si je vous dis que dans la situation où je suis je voudrais que vous m'épargnassiez même la peine d'avoir à faire l'aveu de mon ignorance.

— Je reconnais mon tort, répondit l'officier sans hésiter. Après quelques instants de réflexion il ajouta : — Cette nuit n'est pas une nuit ordinaire, jeune dame, et il est de mon devoir de vous faire conduire devant le général qui commande cette aile de l'armée. Il est possible qu'il juge à propos de faire part de votre détention au commandant en chef.

— C'est lui que je cherche, Monsieur; c'est à lui que je désire parler.

Il la salua, donna ses ordres à un officier subalterne, se retira, et fut bientôt perdu dans la foule de ceux qui travaillaient sur le sommet de cette hauteur. Le nouveau conducteur de Cécile lui dit qu'il était prêt à partir. Elle jeta un dernier coup d'œil sur la calme splendeur de la baie, sur les toits tranquilles de Boston, sur les hommes qu'elle entrevoyait sur une éminence voisine et qui étaient occupés des mêmes travaux que ceux qui couvraient celle sur laquelle elle se trouvait; et serrant sa mante autour d'elle, elle descendit de la colline avec le pas léger de la jeunesse.

CHAPITRE XXX.

> Les vallons rebelles sont entourés d'arbres rebelles ;
> les bois lointains, les montagnes et les flots font
> entendre des échos rebelles.
> *La bataille de Kegs.*

L'énorme cocarde blanche qui couvrait presque tout un côté du petit chapeau de son nouveau conducteur, fut le seul indice qui apprit à Cécile qu'elle était confiée aux soins d'un homme qui occupait le grade de capitaine parmi les colons armés pour la défense de leurs droits. Toutes les autres parties de son costume n'avaient rien de militaire, si l'on en excepte un grand sabre suspendu à son côté, et dont la garde en argent, la dimension formidable, pouvaient faire croire qu'il avait été porté par quelqu'un de ses ancêtres dans les anciennes guerres des colonies. Celui qui en était alors propriétaire n'avait pourtant pas l'humeur belligérante que cette arme redoutable semblait indiquer ; car il prit tous les soins possibles de sa prisonnière, et lui témoigna toutes les attentions imaginables.

Au pied de la hauteur, ce galant demi-militaire mit en réquisition un chariot qui s'en retournait à vide, et, après quelques préparatifs nécessaires, Cécile se trouva assise près de lui sur un banc suspendu par des courroies, tandis que l'inconnu, Meriton et ses deux premiers gardes étaient assis sur les planches au fond de la voiture. Leur marche fut d'abord lente et difficile, plusieurs centaines de chariots qui s'en retournaient obstruant le chemin à chaque pas ; mais quand ils furent une fois sur la route de Roxbury, ils avancèrent plus rapidement. Tandis qu'ils avaient à traverser une ligne de chariots qui paraissait interminable, l'officier donna toute son attention à cette manœuvre importante ; mais quand cet obstacle n'exista plus, il ne négligea pas ces petits soins que, depuis un temps immémorial, une jolie femme a le droit d'obtenir des hommes de sa profession.

— N'épargnez pas le fouet, dit-il au conducteur dès que la foule des voitures commença à diminuer. Allez grand train, par honneur pour vos chevaux, et pour faire honte à ces bêtes à cornes. L'animal qui est à notre droite doit être un tory ; on le voit à sa lenteur et à la répugnance qu'il montre à tirer pour le bien commun. Traitez-le en conséquence, l'ami, et en retour vous serez traité en bon whig ! quand nous ferons une halte. Vous avez sans doute passé l'hiver à Boston, Madame ?

Cécile ne répondit que par une inclination de tête.

— L'armée royale doit figurer plus avantageusement aux yeux d'une dame que celle des colons, et cependant on convient qu'il se trouve parmi nous des gens qui ne manquent pas de connaissances militaires, et qui ont une certaine tournure martiale. — Et, en parlant ainsi, l'officier travaillait à faire sortir de dessous sa redingote la garde d'argent du grand sabre de son aïeul. — Les officiers au service du roi, Madame, vous donnent sans doute souvent à Boston des bals et des divertissements ?

— Je crois qu'on trouverait parmi les femmes de cette ville peu de cœurs disposés à partager leurs amusements.

— Que Dieu les en récompense ! Chaque boulet que nous jetons dans la ville est comme si nous tirions du sang de nos propres veines. Je suppose que les officiers du roi ne font plus si peu de cas des colons, depuis la petite affaire de Charleston.

— Personne ayant quelque intérêt à prendre aux événements de cette fatale journée, n'oubliera facilement l'impression qu'elle a produite.

Le jeune Américain fut trop frappé du son mélancolique de la voix de Cécile, tandis qu'elle parlait ainsi, pour ne pas se douter que, dans le triomphe de son cœur, il avait rouvert en elle quelque blessure que le temps n'avait pas encore bien guérie, et, après cette tentative malheureuse pour engager la conversation, il garda le silence, jusqu'au moment où ils entendirent le bruit d'une cavalcade nombreuse qui avançait. Au premier coude que fit la route, ils rencontrèrent une troupe de cavalerie qui courait au galop du côté de la hauteur qu'ils venaient de quitter. Le commandant de ce détachement s'arrêta en passant devant le chariot, et l'officier américain, voyant qu'il avait dessein de lui parler, ordonna au conducteur d'arrêter également.

1. Ces dénominations de parti appartiennent plus spécialement à l'Angleterre ; mais à cette époque les Américains s'en servaient naturellement pour désigner la faction *anglaise* et la faction *rebelle*.

Ce nouveau venu avait un air de hauteur et d'aisance qui engagea Cécile à écouter ses discours avec plus d'attention qu'on n'en accorde ordinairement aux lieux communs que s'adressent des gens qui se rencontrent sur une route. Son costume n'était ni tout à fait civil, ni tout à fait militaire, quoique sa tournure fût évidemment celle d'un soldat. Lorsqu'il s'arrêta, trois ou quatre chiens sautèrent autour de lui pour le caresser, passant entre les jambes de son beau coursier avec une liberté qui annonçait qu'il régnait une grande intimité entre ces quadrupèdes de race différente, quoique leur hardiesse parût importune à leur maître.

—Jolie discipline, pardieu! s'écria ce singulier chef des Américains. Je présume, Messieurs, que vous venez des hauteurs de Dorchester, et que, y étant allés du camp à pied, vous essayez combien il faut de temps à une voiture à quatre roues pour faire le même chemin dans une retraite.

Le jeune homme se leva, ôta son chapeau avec un air de respect, et répondit :

—Il est vrai que nous venons des hauteurs, général, mais il faut avoir vu l'ennemi avant de battre en retraite.

—Une cocarde blanche! Eh bien! Monsieur, puisque vous avez un grade, je suppose que vous ne faites pas ce mouvement sans y avoir été autorisé. A bas, Junon! à bas, sotte!

— Cette dame est arrivée à bord d'une chaloupe d'un vaisseau du roi, il y a environ une heure, Monsieur, et j'ai ordre de la conduire en sûreté devant le général qui commande l'aile droite.

— Une dame! répéta l'autre en passant la main sur un nez aquilin d'une force très-remarquable; oh! s'il s'agit d'une dame, il faut avoir toutes ses aises... Finirez-vous, Junon? — Et tournant la tête vers un aide-de-camp qui était près de lui, il lui dit à voix basse : — Howe a voulu se débarrasser de quelqu'une de ses maîtresses, et il nous l'envoie comme un échantillon de modestie et de loyauté. — Puis, s'adressant de nouveau à l'officier américain : — Monsieur, dit-il, vous avez très-bien fait de prendre des chevaux; la seule chose qui m'étonne, c'est que vous n'en ayez pas pris six. Et comment vont les tranchées?... A bas, Junon! Tu devrais aller à la cour, animal importun, tu flatterais les ministres de Sa Majesté, et tes flatteries pourraient te valoir un ruban... Eh bien! je vous demande comment vont nos tranchées?

—Elles sont creusées, Monsieur, et le feu des batteries attire tellement tous les yeux dans l'armée royale, que nos travaux seront entièrement terminés avant que le jour leur apprenne que nous nous en occupons.

— Oh! oui, dit le général, nous sommes forts pour creuser la terre; je voudrais que nous le fussions autant pour les autres exercices... Miss Junon, pour la dernière fois, àbas! Ta précieuse vie est en danger!... Prends garde... Tu le veux... Eh bien... Il prit un pistolet et le tira sur le malheureux animal qui continuait à le carasser; mais l'amorce ne prit pas. Se tournant alors vers ceux qui l'accompagnaient, il s'écria avec dépit :—Messieurs, si quelqu'un de vous veut me rendre le service d'exterminer ce quadrupède, je lui promets une mention honorable dans ma première dépêche au congrès.

Un domestique siffla l'épagneule, et sauva probablement ainsi la vie de la favorite disgraciée.

Le général s'adressant alors à l'officier américain, lui dit avec un air de dignité qui prouvait qu'il avait recouvré son sang-froid :

— Pardon de vous avoir retenu, Monsieur, je ne vous retarderai pas plus longtemps; il y aura de la besogne sérieuse sur les hauteurs avant le lever du soleil, et vous serez sûrement charmé de vous y trouver. A ces mots, il le salua avec un air d'aisance et de politesse, et se remit en marche, tandis que le chariot commençait aussi à s'ébranler. Mais tout à coup, comme s'il se fût repenti de sa condescendance, il se tourna sur sa selle, et s'écria avec le ton de sarcasme qui le caractérisait : — Capitaine, je vous recommande d'avoir un soin tout particulier de *la dame*[1].

A peine avait-il prononcé ces mots qu'il piqua des deux, et partit au galop avec toute sa troupe.

Cécile n'avait pas perdu un seul mot de ce court dialogue, et elle se sentit saisie d'une froideur glaciale. Quand le général fut parti, elle dit à son compagnon en respirant à peine et d'un ton qui exprimait bien ses sentiments :

— Et c'est là Washington?

— *Cela?* s'écria le capitaine; non, non, Madame; Washington est un homme tout différent. C'est l'officier anglais à qui le congrès a donné le grade de général dans notre armée. On dit qu'il

---

[1]. On a dit que de tous les caractères historiques de cet ouvrage, celui de cette dame avait été le mieux tracé. L'auteur répond à cela que lorsqu'il y avait un *caractère* il essayait de le bien tracer, mais que lorsqu'il n'y en avait pas, il trouvait plus sage de ne rien inventer.

est aussi brave sur le champ de bataille que ridicule dans un salon. Cependant je dirai à son avantage, quoique je n'aie jamais pu comprendre son caractère, et qu'il soit fier et dédaigneux, que c'est un grand ami de la liberté[1].

Cécile laissa au capitaine le soin de concilier à sa manière ces contradictions apparentes du caractère de son officier supérieur, et se trouva fort soulagée en apprenant que ce n'était pas un pareil homme qui devait avoir quelque influence sur sa liberté. Le conducteur parut alors empressé de regagner le temps perdu, et, fouettant ses chevaux, les fit marcher avec une nouvelle rapidité. Le reste du temps qu'ils mirent à se rendre près de Roxbury se passa en silence. Comme la canonnade continuait vigoureusement des deux côtés, c'eût été trop hasarder que de se placer dans la ligne du feu des ennemis; c'est pourquoi le jeune officier ayant choisi un endroit où il n'y avait aucun danger à craindre, y laissa Cécile avec ses deux compagnons et les deux gardes, et se rendit lui-même à l'endroit où il croyait devoir trouver le général qu'il avait ordre de chercher. Pendant sa courte absence, Cécile resta dans le chariot, entendant avec effroi le bruit redoutable du canon, et ne voyant pas sans pâlir les éclairs qui l'annonçaient.

Le seul gros mortier qu'eussent les Américains avait crevé la nuit précédente; mais ils pointaient leurs canons avec une activité constante, non seulement contre les retranchements des Anglais, mais sur la terre basse dont ils étaient séparés par le bras de mer de Charles, et encore plus au nord, en face de la position qu'occupaient leurs ennemis sur les hauteurs bien connues de Charleston. Les Anglais, de leur côté, répondaient à cette attaque par un feu roulant de toutes les batteries situées à l'ouest de la ville, tandis que celles du côté de l'est étaient ensevelies dans un profond silence, sans se douter du danger qui les menaçait.

Lorsque l'officier revint, il dit à Cécile qu'il s'était assuré de l'endroit où était le commandant américain, et qu'il avait reçu ordre de la conduire en sa présence. Ce nouvel arrangement obligeait à faire quelques milles de plus, et comme le jeune capitaine commençait à trouver sa mission un peu longue, il eut soin de

---

[1]. L'auteur a sans doute voulu peindre le général Charles Lee, qui était, dit-on, un homme fort irritable; il avait été un des premiers instigateurs de la *rébellion* américaine, et il prétendait au commandement en chef : Washington lui fut préféré, ce qui excita sa jalousie, etc.

recommander au conducteur de faire diligence. Il fallait tourner une montagne, mais la route était bonne et sans dangers ; et ayant traversé la rivière, ils arrivèrent en une heure de temps au petit village qui était le berceau des sciences de la province.

Quoiqu'il fût occupé par des troupes amies, on y voyait des marques évidentes de la présence d'une armée irrégulière. Tous les bâtiments de l'université avaient été changés en casernes, et les portes de toutes les auberges étaient assiégées par une foule de soldats turbulents qui s'y réunissaient pour boire et se divertir. L'officier fit arrêter le chariot devant celui de ces rendez-vous d'oisifs et de fainéants qui lui parut le moins fréquenté, et annonça à Cécile qu'il fallait qu'elle y entrât jusqu'à ce qu'il reçût des ordres du général américain. Elle apprit cet arrangement avec peu de satisfaction, mais cédant à la nécessité, elle descendit de voiture sans aucune objection. Suivie de l'inconnu et de Meriton, et précédée de l'officier, elle traversa cette foule bruyante, non seulement sans recevoir aucune insulte, mais même sans éprouver le moindre obstacle. Les tapageurs baissèrent même la voix en la voyant approcher, s'écartèrent pour lui ouvrir passage, et elle entra dans l'auberge, escortée jusqu'à la porte par un murmure confus et indistinct d'un grand nombre de voix, parmi lesquelles elle n'entendit qu'une seule remarque qui eût rapport à elle ; c'était une exclamation soudaine qui semblait arrachée par l'admiration qu'inspirait la grâce de sa tournure; et, quelque singulier que cela puisse paraître, son conducteur crut devoir la prier d'excuser cette impolitesse, en lui disant à voix basse qu'elle partait de la bouche d'un des tirailleurs du sud, corps aussi distingué par sa bravoure que par son manque de savoir-vivre.

L'intérieur de l'auberge présentait une scène toute différente de l'extérieur; c'était une maison particulière qui n'était ouverte au public que depuis peu de temps, le maître du logis ayant cédé soit à l'exigence du temps, soit au désir de gagner de l'argent ; mais, par une sorte de convention tacite avec la foule qui se rassemblait à sa porte, tout en fournissant à boire à quiconque le désirait, il voulait que rien ne le troublât dans ses arrangements domestiques; il n'avait donc abandonné au public que la grande salle du rez-de-chaussée, et ce fut là qu'on fit entrer Cécile, sans lui faire aucune excuse pour l'exposer ainsi aux regards curieux de ceux qui s'y trouvaient.

Il pouvait y avoir dans cette salle une douzaine de personnes : les uns étaient assis tranquillement près du feu, et de ce nombre étaient deux femmes; d'autres se promenaient, et quelques uns étaient assis au gré du hasard ou suivant leur choix. Un léger mouvement eut lieu lorsque Cécile entra, mais ce fut l'affaire d'un instant, quoique sa mante de beau drap et son capuchon de soie n'eussent pas manqué d'attirer sur elle les regards des deux femmes, qui l'examinèrent avec des yeux plus sévères qu'elle n'en avait encore rencontré dans son expédition hasardeuse; elle accepta une chaise qu'on lui offrit près du feu qui brillait dans le foyer, et d'où partait la seule lumière qui éclairât la salle, et se disposa à attendre avec impatience le retour de son conducteur, qui partit sur-le-champ pour aller informer de son arrivée le général américain.

— C'est un terrible temps pour voyager, et surtout pour une dame, dit une femme de moyen âge assise près d'elle, et qui s'occupait à tricoter, quoique ses vêtements annonçassent qu'elle était aussi en voyage; si j'avais su qu'il se passait aujourd'hui de pareilles choses, je n'aurais jamais traversé le Connecticut, quoique j'aie mon fils unique dans le camp.

— Ce doit être un grand chagrin pour le cœur d'une mère, dit Cécile, quand elle entend le bruit d'un combat dans lequel elle sait que ses fils sont engagés.

— Oui, Royal est engagé pour six mois, et il a presque promis de rester jusqu'à ce que les troupes du roi aient fini par rendre la ville.

— Il me semble, dit un grave fermier qui était assis au coin de la cheminée, de l'autre côté, que, pour un homme qui combat contre la couronne, votre fils a un singulier nom.

— Ah ! mais il faut songer qu'il y a dix-huit ans qu'il le porte, et un nom qu'on a reçu avec le saint baptême ne peut pas se changer suivant le temps et les circonstances. J'étais accouchée de deux jumeaux, et je nommai l'un *Prince* et l'autre *Royal*, parce qu'ils étaient nés le jour anniversaire de la naissance du roi : c'était avant que le cœur de Sa Majesté fût changé, et quand tous les habitants des colonies l'aimaient comme s'il eût été de leur chair et de leur sang.

— Eh bien ! bonne femme, dit le fermier en souriant avec un air de bonne humeur et en se levant pour lui offrir une prise de tabac en signe d'amitié, et comme pour faire excuser la liberté qu'il prenait en se mêlant dans ses affaires domestiques, vous aviez donc un héritier du trône dans votre famille, car le prince royal vient après le roi, dit-on, et, d'après ce que vous dites, un de vos enfants du moins est un brave garçon, qui ne paraît pas disposé à vendre son héritage pour un plat de lentilles. Ne dites-vous pas que Royal sert dans notre armée?

— Il est en ce bienheureux moment à une des batteries en face de la presqu'île. Dieu sait que c'est une chose terrible que d'être obligé de chercher à abattre les maisons de ceux qui sont du même sang et de la même religion que nous; mais il faut que cela soit pour renverser les mauvais desseins de ceux qui voudraient vivre dans la pompe et la fainéantise au prix du travail et de la sueur de leurs semblables.

L'honnête fermier sourit du patriotisme un peu intéressé de la bonne femme, et lui dit avec un ton de gravité qui rendait sa gaieté doublement plaisante :

— Il faut espérer que Royal ne sera pas trop fatigué quand le matin arrivera. Mais que fait Prince dans un pareil moment? Est-il resté tranquillement avec son père, comme étant trop jeune pour porter les armes?

— Non, non, répondit-elle en secouant la tête avec un air de chagrin ; j'espère qu'il est avec notre père commun qui est dans le ciel. Et vous vous trompez bien si vous croyez qu'il n'était pas en état de porter les armes. C'était mon premier-né, et un des plus beaux jeunes gens de la province. Quand il apprit que les troupes du roi étaient venues à Lexington pour tout tuer et détruire dans le pays, il prit son mousquet et s'en alla avec les autres pour savoir de quel droit on massacrait les Américains. Il était jeune et plein d'ardeur, et il voulait être un des premiers à combattre pour les droits de son pays. La dernière fois que je reçus de ses nouvelles il était sur les hauteurs de Breeds, mais il n'en revint jamais, et l'on me renvoya les vêtements qu'il avait laissés dans le camp. C'est à un de ses bas que vous me voyez faire de nouveaux pieds pour son frère.

Elle fit cette explication avec autant de calme que de simplicité, quoique de grosses larmes qui lui tombaient des yeux roulassent sur l'humble ouvrage auquel elle travaillait.

— Et voilà comme nos plus braves enfants sont moissonnés en

combattant contre la lie de l'Europe! s'écria le fermier avec une chaleur qui montrait combien sa sensibilité était émue; mais j'espère que votre autre fils pourra trouver l'occasion de venger la mort de son frère.

— A Dieu ne plaise! dit la bonne femme, à Dieu ne plaise! La vengeance est un péché, et je ne voudrais pas que mon fils portât au combat une passion si blâmable. Dieu nous a donné ce pays pour y demeurer et pour y élever des temples pour adorer son saint nom, et en nous l'accordant il nous a donné le droit de nous défendre contre toute oppression. Prince a eu raison de prendre les armes, et Royal a bien fait de l'imiter.

— Je crois que je mérite le reproche que vous me faites, dit le fermier en jetant un regard à la ronde sur tout le cercle, et d'un ton qui prouvait qu'il n'avait plus dessein de plaisanter. Que Dieu vous bénisse, ma bonne femme, et qu'il lui plaise de délivrer vous, votre fils et tout le pays du fléau qui est tombé sur nous pour nos péchés! Je pars au lever du soleil pour l'ouest, et si je puis porter à votre mari une parole de consolation de votre part, ce ne seront pas une ou deux montagnes à gravir qui m'en empêcheront.

— Je vous remercie de cette offre tout autant que si je l'acceptais, Monsieur. Mon mari serait charmé de vous voir à son habitation; mais je suis déjà lasse du bruit et de la vue de la guerre, et je ne resterai pas longtemps ici après que mon fils sera revenu de la bataille. J'irai demain matin à Cragie's-House pour voir cet homme étonnant que le peuple a choisi dans son sein pour son chef, et je m'en retournerai sur-le-champ, car je vois que ce n'est pas à moi que de pareilles scènes peuvent convenir.

— Il faudra donc que vous le suiviez sur le lieu du danger, car je l'ai vu, il n'y a pas une heure, courant avec tout son cortége vers le bord de l'eau, et je suis convaincu qu'on ne fait pas cette dépense extraordinaire de munitions sans quelque projet que nous autres pauvres esprits nous ne pouvons deviner.

— De qui parlez-vous? s'écria Cécile involontairement.

— De qui parlerait-on, si ce n'est de Washington? répondit derrière elle une voix forte mais basse, dont le son remarquable lui rappela sur-le-champ celle du vieux messager de mort qui avait paru si inopinément dans la chambre de son aïeule quelques instants avant son trépas.

Cécile se leva en tressaillant et recula à quelques pas de Ralph, qui continua à la regarder d'un œil fixe et perçant, sans s'inquiéter du nombre et de la qualité des spectateurs qui les examinaient avec attention.

— Nous ne sommes pas étrangers l'un à l'autre, jeune dame, continua le vieillard, et vous m'excuserez si j'ajoute que la vue d'une connaissance ne doit pas être désagréable à une personne de votre sexe au milieu du désordre et de la confusion qui règnent ici.

— Une connaissance ! répéta Cécile.

— Oui, une connaissance, répondit Ralph. Nous nous connaissons certainement l'un l'autre. Vous me croirez quand je vous aurai dit que je viens de voir dans le corps-de-garde les deux hommes qui vous accompagnaient.

Cécile jeta derrière elle un regard à la dérobée, et vit avec alarme qu'elle avait été séparée de Meriton et de l'étranger. Avant qu'elle eût le temps de faire une seule réflexion à ce sujet, le vieillard se rapprocha d'elle, et lui dit avec une politesse que son costume grossier et négligé rendait plus frappante encore :

— Cet endroit n'est pas convenable pour la nièce d'un pair d'Angleterre ; mais je suis depuis longtemps comme chez moi dans ce village où tout respire la guerre. Suivez-moi ; je vais vous conduire dans un lieu plus digne de votre sexe et de votre condition.

Cécile hésitait ; mais, voyant tous les yeux fixés sur elle avec une curiosité qui avait interrompu tout ce dont chacun s'occupait pour regarder et écouter ce qui se passait entre elle et le vieillard, elle accepta d'un air timide la main qu'il lui offrait, et se laissa conduire en silence, non seulement hors de la chambre, mais hors de la maison. Ils en sortirent par une porte différente de celle par laquelle elle y était entrée, et ils se trouvèrent dans une autre rue, plus tranquille que celle qui était remplie de groupes de soldats.

— Mais où sont mes deux compagnons ? demanda enfin Cécile ; je ne puis aller plus loin sans eux.

— Ils sont sous la garde de gens armés, répondit Ralph d'un air calme, et vous n'avez d'autre alternative que de partager leur détention, ou de vous en séparer momentanément. Si l'on connaissait le caractère de celui qui vous a amenée ici, son destin ne serait pas douteux.

— Son caractère! répéta Cécile en tressaillant de nouveau.

— Oui, son caractère; mes paroles sont assez claires, je crois. N'est-il pas l'ennemi mortel et obstiné de la liberté? Croyez-vous que nos concitoyens soient assez insensés pour souffrir qu'un homme comme lui se promène librement dans leur camp? Non, non, ajouta-t-il avec un sourire de triomphe, il s'est exposé comme un fou à son destin, et il le subira sans rémission. Avançons, la maison n'est qu'à un pas d'ici, et vous pourrez le mander devant vous, si vous le désirez.

Cécile fut plutôt entraînée par son compagnon que déterminée à le suivre, et, comme il le lui avait dit, ils s'arrêtèrent bientôt devant une humble habitation, dans une situation retirée, à la porte de laquelle était un soldat sous les armes, tandis qu'on voyait une sentinelle se promener un peu plus loin, preuve qu'on veillait avec soin sur ceux qui s'y trouvaient.

— Avancez! dit Ralph en ouvrant la porte d'entrée sans hésitation.

Cécile obéit, mais elle ne fut pas peu surprise en trouvant dans le vestibule un autre homme armé d'un mousquet. Il paraissait régner une grande familiarité entre cette sentinelle et Ralph, car elle lui dit avec un air de grande liberté :

— N'a-t-on pas encore reçu d'ordre de Washington?

— Non, répondit Ralph, et ce délai me porte à croire qu'il n'y a rien de très-favorable à attendre.

Ouvrant alors une autre porte, il se tourna vers Cécile, et lui dit :

— Entrez!

Cécile obéit encore; la porte se ferma à l'instant; mais avant qu'elle eût eu le temps de se livrer à la surprise ou à l'inquiétude, elle se trouva dans les bras de son époux.

CHAPITRE XXXI.

*Est-elle une Capulet? O compte précieux ! c'est à
mon ennemi que je dois la vie.*
SHAKSPEARE. *Roméo et Juliette.*

— Ah! Lincoln! Lincoln! s'écria Cécile en pleurant et en cherchant à s'arracher aux bras de son mari qui la tenait tendrement embrassée; en quel moment m'avez-vous abandonnée!

— Et combien j'en ai été puni, ma chère Cécile! Une nuit de frénésie! une matinée de regrets! Le destin m'a fait sentir assez tôt la force des nœuds qui nous unissent, à moins que ma folie ne les ait déjà rompus!

— Ah! je vous connais à présent, esprit volage, et j'emploierai toute l'adresse d'une femme pour tisser des filets qui puissent vous retenir. Lionel, si vous m'aimez, comme je voudrais le croire, oublions tout le passé, je vous en prie. Non, je ne vous demande aucune explication : vous avez été trompé, et vos yeux repentants m'assurent que vous avez recouvré la raison ; ne parlons que de vous. Pourquoi vous trouvé-je ici gardé à vue plutôt comme un criminel que comme un officier de la couronne?

— Il est vrai qu'on veille spécialement à ma sûreté.

— Comment êtes-vous tombé en leur pouvoir? pourquoi abusent-ils de leur avantage?

— Cela est facile à expliquer. Comptant que la tempête.... Quelle nuit affreuse que celle de notre mariage, Cécile!

— Terrible! s'écria-t-elle en frémissant. Mais au même instant, bannissant par le plus doux sourire toute apparence de crainte et de soucis, elle ajouta : — Mais je n'ai plus de foi aux présages, Lincoln, et si nous en avons eu quelqu'un, n'est-il pas déjà accompli? Je ne sais pas quel prix vous attachez à la bénédiction d'une âme près de se séparer du corps, Lionel; mais c'est une consolation pour moi de savoir que mon aïeule a béni, avant de mourir, notre union si subite.

Sans faire attention à la main que Cécile lui avait appuyée sur l'épaule, il s'éloigna d'elle d'un air sombre, et se mit à se promener dans l'appartement.

— Cécile, lui dit-il enfin en s'arrêtant, je vous aime autant que vous voudriez le croire, et je suis disposé, comme vous le désirez, à ensevelir tout le passé dans l'oubli. Mais je n'ai point fini mon récit. Vous savez que la fureur des éléments était telle cette nuit-là, que personne n'aurait voulu la braver sans une nécessité absolue. J'essayai de profiter de ce mauvais temps, et je sortis de la ville à l'aide d'un drapeau parlementaire qui est régulièrement accordé à Job Pray. Impatients, ou plutôt emportés par un ouragan de passions plus furieux que celui qui agitait les airs, nous nous hasardâmes trop, car je n'étais pas seul, Cécile.

— Je le sais, je le sais, s'écria-t-elle en respirant à peine ; eh bien ! vous vous hasardâtes trop ?

— Et nous rencontrâmes un piquet qui ne voulut pas prendre un officier de l'armée royale pour un idiot. Dans notre empressement, nous oubliâmes... Croyez-moi, chère Cécile, si vous saviez tout : la scène dont j'avais été témoin, les motifs qui m'avaient déterminé, vous me trouveriez excusable de vous avoir en apparence abandonnée et d'une manière si étrange.

— En ai-je douté, Lionel ? s'écria Cécile rougissant de modestie et d'émotion ; ai-je oublié ma condition, la perte que je viens de faire, la faiblesse de mon sexe, pour suivre un homme que je croyais indigne de ma sollicitude ? Ne me soupçonnez pas de venir vous reprocher de prétendus torts. Je suis votre épouse, Lincoln, et c'est en cette qualité que j'ai voulu me réunir à vous dans un moment où vous pouvez avoir besoin de toute la tendresse d'une femme pour adoucir votre sort. J'ai contracté cet engagement sacré au pied de l'autel et en présence de mon Dieu ; puis-je hésiter à le remplir parce que les yeux des hommes sont fixés sur moi ?

— Je perdrai l'esprit, je deviendrai fou ! s'écria Lincoln en marchant à grands pas dans un désordre qui annonçait une angoisse d'esprit inexprimable. Il y a des moments où je crois que la malédiction qui a frappé le père est déjà tombée sur le fils !

— Lionel, lui dit Cécile du ton le plus doux, est-ce ainsi que vous voulez me rendre plus heureuse ? est-ce ainsi que vous recevez la fille confiante qui a remis son bonheur entre vos mains ? Mais je vois que vous revenez à vous, et vous serez plus juste envers vous et envers moi, plus soumis à la volonté de Dieu. On ne vous soupçonne sûrement pas d'être venu si témérairement dans le camp des Américains, conduit par quelque dessein criminel? Il serait facile de convaincre leurs chefs que vous ne pouvez être coupable d'une telle bassesse.

— Il est difficile d'échapper à la vigilance de ceux qui combattent pour la cause de la liberté, dit la voix calme de Ralph qui parut inopinément devant eux ; le major Lincoln a trop longtemps suivi les conseils des tyrans et des esclaves, et oublié le pays qui l'a vu naître ; s'il veut être être en sûreté, qu'il ouvre les yeux et qu'il revienne sur ses pas, tandis qu'il le peut encore avec honneur.

— Avec honneur! répéta Lincoln avec un dédain qu'il ne chercha pas à déguiser. Et il se remit à marcher dans la chambre avec vitesse et agitation, sans daigner faire aucune attention au vieillard qui était arrivé si mal à propos. Cécile baissa la tête, se laissa tomber sur une chaise, et appuya son visage sur son manchon, comme si elle eût voulu s'épargner la vue de quelque spectacle horrible et effrayant.

Le silence momentané qui s'ensuivit fut interrompu par le bruit de plusieurs voix qui se firent entendre dans le vestibule : le moment d'après, la porte de l'appartement s'ouvrit, et l'on vit entrer Meriton. Son arrivée fit tressaillir Cécile, qui se leva précipitamment, et s'écria avec une sorte d'empressement frénétique :

— Pas ici! pas ici! Retirez-vous. Pour l'amour du ciel, pas ici!

Le valet hésita ; mais, ayant aperçu son maître, son attachement l'emporta sur son respect.

— Dieu soit loué de ce qu'il me permet de vous revoir, monsieur Lionel! s'écria-t-il ; c'est le moment le plus heureux que j'aie eu depuis que j'ai perdu de vue les côtes de la vieille Angleterre : si nous étions seulement à Ravenscliffe ou dans Soho-Square, je serais l'homme le plus satisfait des trois royaumes. Ah! monsieur Lionel, partons de cette province, et retournons dans un pays où il n'y a pas de rebelles, où l'on ne calomnie pas le roi, la chambre des pairs et celle des communes.

— Assez, assez pour l'instant, Meriton, dit Cécile d'une voix presque étouffée ; retournez à l'auberge, dans quelqu'un des colléges, où vous voudrez, mais ne restez pas ici.

— Ne renvoyez pas un sujet loyal avec les rebelles, Madame, je vous en supplie, répondit Meriton. Quels blasphèmes j'ai entendus, Monsieur! Ils parlent du roi aussi librement que s'il n'était pas plus que vous. Je me suis trouvé bien heureux quand on m'a remis en liberté.

— Et si c'eût été un corps-de-garde sur la rive opposée, dit Ralph, la liberté qu'on prend ici avec votre roi terrestre, on se l'y permettrait à l'égard du roi des rois.

— Restez donc ici, mais non dans cette chambre, dit Cécile se méprenant sans doute sur l'expression d'un regard de dédain qu'il jetait sur son ancien compagnon de voyage. Major Lincoln, vous avez quelque autre appartement, faites-y passer ceux qui sont venus à ma suite; vous ne voudriez sûrement pas que des domestiques fussent présents à notre entrevue.

— D'où vient cette terreur soudaine, ma chère Cécile? si vous n'êtes pas ici comme je le désirais, du moins vous y êtes en sûreté. Meriton, passez dans la chambre voisine, et, si cela est nécessaire, vous pouvez y entrer par cette porte de communication.

Meriton obéit en murmurant quelques mots dont on ne put entendre que ceux : — Joli costume! et la direction de ses yeux mécontents prouvait assez que Ralph était le sujet de ses réflexions. Le vieillard suivit ses pas, et, la porte s'étant fermée, Cécile, restée seule avec son mari, demeura debout comme une belle statue et comme absorbée dans ses pensées. Quand elle les eut vus se retirer, et qu'elle n'entendit plus le bruit de leurs pas, elle respira plus librement, et un soupir parut la soulager d'un poids énorme qui pesait sur son cœur.

— Ne craignez rien pour moi, Cécile, et encore moins pour vous, dit Lionel en la pressant tendrement sur son cœur. Ma précipitation téméraire, ou pour mieux dire, la fatalité attachée à ma famille, ce sentiment d'inquiétude mélancolique que vous avez remarqué si souvent et que vous avez regretté, m'a conduit à la vérité dans une apparence de danger. Mais j'ai un motif à alléguer pour ma conduite, et, quand je l'aurai avoué, tous les soupçons, même ceux de nos ennemis, s'évanouiront.

— Je n'ai aucun soupçon, aucun regret; je ne vous connais pas d'imperfections; mon seul désir c'est de vous voir jouir de la paix de l'esprit, et... si je pouvais m'expliquer... oui, c'est le moment, Lionel, mon cher et fugitif Lionel...

Elle fut de nouveau interrompue par Ralph, qui rentra dans la chambre de ce pas silencieux qui, joint à sa vieillesse et à sa maigreur, donnait quelquefois à ses mouvements et à son aspect le caractère d'un être dont les attributs étaient supérieurs à ceux de l'humanité. Il portait sur le bras un surtout et un chapeau que Cécile reconnut sur-le-champ pour appartenir à l'inconnu qui l'avait accompagnée pendant toutes les vicissitudes d'une nuit si fertile en événements.

— Voyez! dit Raph en montrant ces dépouilles avec un sourire expressif, voyez sous combien de formes la liberté se montre pour aider ses adorateurs! Voici le déguisement sous lequel elle veut maintenant être courtisée. Couvrez-vous-en, jeune homme, et vous êtes libre.

— Ne le croyez pas! ne l'écoutez pas! lui dit Cécile à demi-voix en s'éloignant de Ralph avec terreur. Je me trompe, écoutez-le, mais agissez avec précaution.

— Hésites-tu à recevoir le don sacré de la liberté? demanda Ralph; veux-tu rester ici pour braver la justice courroucée du chef des Américains, pour faire de ta femme d'un jour une veuve pour un siècle?

— A quoi me servira ce vêtement? demanda Lionel. Pour me soumettre à la dégradation d'un déguisement, il faudrait du moins que je fusse sûr du succès.

— Jeune homme, tourne tes regards orgueilleux sur cette image de l'innocence et de la terreur qui est à ton côté. Pour l'amour de celle dont la destinée est enchaînée à la tienne, si ce n'est par égard pour toi-même, prends la fuite à l'instant et pourvois à ta sûreté. Une minute de plus, et il sera peut-être trop tard.

— N'hésitez pas davantage, Lincoln, s'écria Cécile changeant d'opinion aussi promptement que l'impulsion qu'elle recevait était forte; fuyez, laissez-moi; mon sexe, mon nom, seront.....

— Jamais! répondit Lincoln en repoussant avec un froid dédain les vêtements que Ralph lui offrait; je vous ai abandonnée une fois, quand la mort venait de se choisir une victime, mais il faudra qu'elle me frappe moi-même avant que je vous abandonne encore!

— Je vous suivrai. Je vous rejoindrai.

— Vous ne vous séparerez pas, dit Ralph en déployant le surtout et en le plaçant sur les épaules de Lincoln, qui resta passif, sans chercher à résister aux efforts réunis de son épouse et du vieillard.

—Restez ici, dit Ralph à Lincoln, et attendez que je vous appelle pour vous rendre à la liberté. Et toi, douce fleur d'innocence et d'amour, suis-moi, et partage l'honneur de délivrer celui qui t'a rendue esclave.

La force de ces expressions couvrit les joues de Cécile d'une rougeur virginale, mais elle baissa la tête en signe de soumission à ses volontés. S'avançant vers la porte, il lui fit signe de le suivre, indiquant en même temps à Lionel par un autre geste qu'il devait rester où il était. Lorsqu'il fut sorti de la chambre avec Cécile et qu'ils furent dans l'étroit vestibule de la maison, Ralph, au lieu de montrer aucune appréhension de la sentinelle qui y était en faction, s'approcha d'elle avec confiance et lui parla avec la familiarité d'un ami.

— Voyez, lui dit-il en abaissant le capuchon qui couvrait les traits pâles de Cécile, voyez comme la crainte qu'elle a conçue pour le destin de son mari a fait pleurer la pauvre enfant! Elle va le quitter avec un des domestiques qui l'ont accompagnée, et l'autre restera pour servir son maître. Regardez-la! Malgré sa tristesse, n'est-ce pas une compagne faite pour adoucir les dures épreuves de la vie d'un soldat?

Ce ne fut pas sans un embarras mêlé de quelque gaucherie que la sentinelle jeta les yeux sur les charmes que Ralph présentait à son admiration avec si peu de cérémonie. Il était évident qu'il était sensible à l'éclat de sa beauté, car, quoiqu'il semblât oser à peine lever ses regards sur elle, il ne pouvait les en détacher. Pendant ce temps le vieillard était entré dans la chambre occupée par Meriton et l'étranger, et à peine Cécile s'était-elle voilé de nouveau le visage pour le dérober aux yeux du soldat, que Ralph reparut, suivi d'un homme couvert du surtout dont il a déjà été parlé. Malgré le grand chapeau qui lui couvrait le front et le changement étudié de sa marche, les yeux perçants d'une femme eurent bientôt découvert le déguisement de son mari, et, se rappelant en même temps la porte de communication qui existait entre les deux chambres, elle comprit sur-le-champ le stratagème qui avait été employé. Elle passa près de la sentinelle avec un empressement craintif, et se plaça à côté de Lionel d'un air qui aurait trahi son secret aux yeux d'un homme connaissant mieux le monde que l'honnête paysan qui venait tout récemment de changer la bêche pour le mousquet.

Ralph ne laissa pas à la sentinelle le temps de délibérer, et lui faisant un signe de la main en forme d'adieu, il sortit de la maison avec son activité ordinaire, suivi de ses deux compagnons. Là ils se trouvèrent en présence du second soldat qui était de garde à la porte, double mesure de surveillance qui rendait leur situation plus embarrassante. Suivant l'exemple de leur vieux conducteur, Lionel et sa compagne tremblante s'avancèrent d'un air en apparence indifférent vers cette sentinelle, qui, à ce qu'il paraît, était plus attentive à son devoir que son camarade du vestibule. Leur barrant le chemin avec son mousquet de manière à annoncer qu'il voulait avoir une explication avec eux avant de permettre qu'ils passassent, il dit à Ralph d'un ton brusque :

— Que veut dire ceci, mon vieux ? Vous sortez par brigades de l'appartement du prisonnier. Un, deux, trois. Notre officier anglais pourrait être avec vous, et il en resterait encore deux par-derrière. Allons, allons, vieux papa, rendez-moi compte de vous et de ceux qui vous suivent ; car, pour vous parler plus clairement, il y a des gens qui vous soupçonnent de ne pas être autre chose qu'un espion de Howe, quoiqu'on vous permette de courir dans tout le camp comme vous le voulez. En bon Yankie, et cela se comprend facilement en anglais, vous avez été surpris en mauvaise compagnie tout récemment, et il a été grandement question de vous mettre sous les verrous aussi bien que votre camarade.

— Entendez-vous cela ? dit Ralph en souriant d'un air calme et s'adressant à ses compagnons au lieu de répondre à la sentinelle ; croyez-vous que les satellites soudoyés de la couronne soient aussi alertes ? Les esclaves ne dormiraient-ils pas, du moment que leurs tyrans ne seraient occupés que de leurs plaisirs ? Tel est l'effet de la liberté ! Son esprit consacre le dernier de ses adorateurs, et donne au simple soldat toutes les vertus du plus noble capitaine.

— Allez ! allez ! dit la sentinelle en remettant son fusil sur son épaule ; je crois qu'il n'y a rien à gagner à faire avec vous une guerre de paroles. Il faudrait que j'eusse passé une couple d'années là-bas dans les colléges pour bien comprendre tout ce que vous voulez dire, mais il y a un point sur lequel je vois que vous avez plus d'à moitié raison; car, si un pauvre diable qui aime son pays et qui combat pour la bonne cause trouve si difficile de tenir ses yeux ouverts à son poste, comment doit se trouver un mercenaire à demi affamé qui se bat pour six pence par jour? Passez, vieux papa, passez; vous êtes entrés quatre et il n'en sort que trois; et s'il s'était passé dans l'intérieur quelque chose qui ne fût pas dans l'ordre, la sentinelle du vestibule devrait le savoir.

En achevant ces mots, le soldat reprit sa promenade en fredonnant un couplet de l'air de *Yankee doodle* [1], en paix avec lui-même et avec tout le genre humain, sauf l'exception générale des ennemis de son pays. Dire que ce ne fut pas la première fois que l'intégrité la plus pure se laissa endormir par le jargon de la liberté, ce serait peut-être une assertion trop hasardeuse; mais nous croyons qu'on peut dire, en toute sûreté de conscience, que ce ne fut pas la dernière, quoique notre mémoire ne nous fournisse en ce moment aucun exemple à citer à l'appui de cette preuve de crédulité hérétique.

Ralph ne parut pourtant avoir aucune intention d'en dire plus qu'il n'était nécessaire et que l'esprit du temps ne justifiait; car, lorsqu'il fut maître de ses mouvements, il continua son chemin avec une rapidité qui prouvait la sincérité du désir qu'il avait de s'éloigner. Quand ils eurent tourné le coin de la rue et qu'ils se trouvèrent à quelque distance de tout danger immédiat, il ralentit le pas pour donner à ses compagnons le temps de le rejoindre, s'approcha de Lionel, et lui dit à demi-voix en serrant le poing d'un air de triomphe :

— Je le tiens maintenant! il n'est plus dangereux! Oui, oui, je le tiens, et il est surveillé de près par trois patriotes d'une fidélité incorruptible.

— De qui parlez-vous? demanda Lincoln; quel est votre captif, et quel crime a-t-il commis ?

— Je parle d'un homme par la forme, qui n'est qu'un tigre au fond du cœur; mais je le tiens, répéta le vieillard avec un sourire de satisfaction qui semblait partir du fond de son âme. Un chien, vous dis-je, un véritable chien, et fasse le ciel qu'il boive jusqu'à la lie la coupe de l'esclavage !

---

[1]. L'auteur a déjà parlé de cet air dans le chapitre xx des *Pionniers*, et dans le chapitre xxxix, où nous avons placé une note qui en fait connaître l'origine. Cet air était devenu surtout populaire depuis l'affaire de Lexington.

— Vieillard, dit Lionel avec fermeté, personne ne peut savoir mieux que vous que je vous ai suivi jusqu'ici par des motifs qui n'étaient pas indignes de moi. C'est à votre instigation et par suite d'un égarement d'esprit produit par les circonstances que j'ai oublié le serment que j'avais prêté en face de l'autel de protéger l'être faible et sans tache qui est à mon côté; mais l'illusion est déjà dissipée. Nous nous séparons en ce moment pour toujours, à moins que vous n'accomplissiez sur-le-champ les promesses solennelles que vous m'avez répétées tant de fois.

Le sourire de triomphe qui avait donné un caractère hideux au visage décharné de Ralph, disparut comme une ombre, et il écouta ce que lui disait Lionel avec une attention calme et soutenue. Mais, lorsqu'il se préparait à lui répondre, il fut prévenu par Cécile, qui s'écria d'une voix tremblante :

— Ne nous arrêtons pas un instant; marchons, n'importe où, n'importe comment. Peut-être nous poursuit-on déjà. Je suis en état de vous suivre au bout du monde : marchons !

— Lionel Lincoln, je ne vous ai pas trompé, dit Ralph d'un ton solennel; la Providence nous a déjà mis sur le chemin, et dans quelques minutes nous serons au but. Permettez à cette femme timide et tremblante de rentrer dans le village, et suivez-moi.

— Je ne ferai pas un seul pas ! répondit Lionel en serrant plus étroitement le bras de Cécile ; c'est ici que nous nous séparerons ou que vous accomplirez vos promesses.

— Suivez-le ! suivez-le ! lui dit à voix basse la craintive Cécile presque suspendue à son bras. Cette contestation peut causer votre perte. Ne vous ai-je pas dit que je vous accompagnerai partout ?

— Marchez donc, dit Lionel à Ralph en lui faisant signe d'avancer ; je me fie à vous encore une fois, mais usez de ma confiance avec discrétion. Souvenez-vous que mon ange gardien est avec moi, et que vous ne conduisez plus un homme dont l'esprit est égaré.

Les rayons de la lune, tombant sur les traits flétris du vieillard, y révélèrent un sourire tranquille, tandis qu'il reprenait silencieusement sa marche rapide. Ils n'étaient encore qu'à peu de distance du village ; ils voyaient encore les bâtiments dépendant de l'université, et entendaient les cris tumultueux des soldats rassemblés devant la porte des auberges, et même les mots de guerre échangés par les sentinelles. Leur conducteur se dirigea alors vers une église solitaire dont il leur fit remarquer l'architecture, extraordinaire parce qu'elle était régulière.

— Ici, du moins, dit-il en passant devant ces murs, Dieu règne dans son temple sans y être insulté.

Lionel et Cécile jetèrent un coup d'œil sur ces murs silencieux, et suivirent Ralph dans un enclos qui y touchait, en passant par une brèche pratiquée dans une haie qui le fermait. Là Lionel s'arrêta de nouveau.

— Je n'irai pas plus loin que vous ne m'ayez satisfait, dit-il ; et, sans y penser, il fortifiait cette déclaration en appuyant le pied sur un monticule de terre gelée, dans une attitude de résistance. Il est temps que je cesse de songer à moi-même, et que je pense à la faiblesse de celle que je soutiens.

— Ne pensez pas à moi, cher Lincoln ! je.....

Cécile fut interrompue par le vieillard qui, ôtant son chapeau d'un air grave et exposant ses cheveux gris aux rayons de la lune, dit d'une voix que son émotion rendait tremblante :

— Ta tâche est terminée ; tu as atteint l'endroit où reposent les restes de celle qui t'a portée dans son sein : jeune homme irréfléchi, ton pied sacrilége foule les cendres de ta mère.

CHAPITRE XXXII.

> Ah ! la vieillesse a des jours pénibles et des nuits de douleur et d'insomnies ! O toi, heureux printemps de la vie, pourquoi ne peux-tu revenir ?
> BURNS.

Le silence qui succéda à cette déclaration imprévue fut semblable à celui dont étaient frappés les êtres jadis animés qui reposaient autour d'eux. Lionel frémissant fit un pas en arrière, et, imitant le vieillard, il se découvrit la tête par respect pour sa mère, dont les traits se présentaient encore à son imagination, comme les souvenirs imparfaits de l'enfance, ou ceux qui restent de quelque rêve. Quand il eut donné le temps à sa première émotion de se calmer, il se tourna vers Ralph, et lui dit :

— Et c'était ici que vous vouliez m'amener pour m'apprendre l'histoire des malheurs de ma famille?

— Oui, répondit le vieillard avec une expression d'angoisse et de compassion peinte sur tous ses traits, et d'une voix dont l'accent était plus doux que de coutume; c'est ici, c'est sur le tombeau de ta mère, que tu en entendras le récit.

— Commencez-le donc sur-le-champ, s'écria Lionel dont les yeux étincelants semblaient s'égarer, et en proie à un désordre qui glaça le sang dans les veines de Cécile, tandis qu'elle examinait avec la sollicitude d'une femme le changement subit de sa physionomie; je vous écouterai sur ce terrain consacré, et si tout ce que vous m'avez donné à entendre se trouve vrai, je jure que ma vengeance....

— Non! non! non! s'écria Cécile d'un ton alarmé; ne l'écoutez pas! ne vous arrêtez pas, Lincoln! vous n'êtes pas en état de soutenir cette scène!

— Il n'est rien que je ne sois en état de soutenir dans une telle cause.

— Vous vous exagérez vos forces, Lionel. Ne songez à présent qu'à votre sûreté! Dans un autre moment, dans un moment plus heureux, vous saurez tout, oui, tout! C'est moi, Cécile, votre femme, qui vous promets que tout sera révélé.

— Vous!

— C'est la descendante de John Lechmere qui te parle, dit Ralph avec un sourire qui produisit sur Lionel l'effet d'un sarcasme; et ton oreille ne peut refuser de l'écouter. Va, tu es plus propre à figurer dans un banquet nuptial que dans un cimetière!

— Je vous ai dit que j'étais en état de tout soutenir, répondit Lionel avec fermeté. Assis sur cette humble pierre, j'écouterai tout ce que vous aurez à me dire, quand même des légions de rebelles m'environneraient pour me donner la mort.

— Quoi! oseras-tu braver les regards suppliants d'une femme qui t'est si chère?

— J'oserai tout, quand la piété filiale l'ordonne.

— Bien répondu; et ta récompense est proche. Ne regarde pas cette sirène, ou tu manqueras de résolution.

— Ma femme! s'écria Lionel en entourant d'un bras la taille de Cécile toute tremblante.

— Ta mère! dit Ralph en étendant sa main desséchée vers le monticule de terre gelée qui couvrait la défunte.

Lionel s'assit, ou plutôt tomba sur la pierre sépulcrale dont il venait de parler; et, appuyant un bras sur son genou, il soutint sa tête avec une main, dans une attitude de profonde attention. Le vieillard sourit avec une expression de satisfaction farouche en voyant cette preuve du succès qu'il avait obtenu; et il alla s'asseoir aussi sur une pierre de l'autre côté du tombeau qui semblait devenu le foyer de leur intérêt commun. Il appuya son front sur ses mains, et resta quelques instants en silence comme s'il eût cherché à mettre de l'ordre dans ses pensées, et à préparer ce qu'il avait à dire. Pendant ce court intervalle, Cécile s'assit en tremblant près de Lincoln, et, fixant les yeux sur lui, elle suivait avec une attention inquiète tous les changements qui se succédaient sur la physionomie expressive de son mari.

— Tu sais déjà, Lionel Lincoln, dit Ralph en levant lentement la tête pour porter ses regards sur le major, que dans les siècles passés ta famille vint dans les colonies pour y trouver la liberté de conscience et la paix du juste. Tu sais aussi (car nous en avons discouru bien souvent pendant les longues veilles de la nuit, tandis que les vagues toujours inquiètes de l'océan roulaient autour de nous) que la mort abattit la branche aînée de ta famille, qui était restée au milieu du luxe et de la corruption de la cour d'Angleterre, et qu'elle laissa ton père hériter de tous les honneurs et de toutes les richesses de ta maison.

— La dernière des commères de la province de Massachusetts sait tout cela, dit Lincoln avec impatience.

— Sans doute; mais ce qu'elles ne savent pas, c'est que, par suite de décrets inévitables de la Providence, cette accumulation de fortune sur la tête de ton père était prévue longtemps avant qu'elle arrivât. Elles ne savent pas que cette attente faisait regarder avec des yeux bien différents le fils orphelin d'un soldat sans fortune, même par ses plus proches parents. Elles ne savent pas que cette femme intéressée, cette Priscilla Lechmere, la tante de ton père, aurait remué ciel et terre pour voir ces richesses et ces honneurs, dont la perspective pour son neveu la rendait déjà si fière, appartenir à ses descendants en ligne directe.

— Cela était impossible ; elle était de la branche féminine ; elle n'avait pas de fils.

— Rien ne paraît impossible à ceux dont le levain de l'ambition ronge le cœur avide. Tu sais qu'elle a laissé une petite-fille. Cette petite-fille n'avait-elle pas une mère?

La liaison de ces deux idées fit entrer une conviction pénible dans le cœur de Lincoln, et celle qui était le sujet de cette remarque appuya la tête sur l'épaule de son mari, de honte et de chagrin, ne sentant que trop la justice et la vérité de ce que disait de son aïeule l'être mystérieux qui s'exprimait ainsi.

— A Dieu ne plaise que moi, chrétien et gentilhomme, continua le vieillard avec quelque fierté, je prononce un seul mot, une seule syllabe, qui puisse tendre à souiller le nom sans tache de celle dont j'ai parlé en dernier lieu, de la fille de cette femme coupable! L'être aimable qui tremble près de toi, Lionel, ne peut avoir plus d'innocence et de pureté que celle qui lui a donné le jour; et, longtemps avant que l'ambition se fût rendue maîtresse de la misérable Priscilla Lechmere, le cœur de sa fille appartenait au respectable et vaillant Anglais à qui elle fut unie quelques années après.

En entendant cet éloge de ses parents, Cécile releva la tête; le poids qui oppressait son cœur s'allégea, et elle écouta avec intérêt ce qui suit.

— Comme les désirs de ma malheureuse tante ne se réalisèrent pas, dit le major Lincoln, quelle influence purent-ils avoir sur le destin de mon père?

— Tu vas l'apprendre. Sous le même toit demeurait une autre créature, encore plus belle et en apparence aussi pure que la fille de Priscilla. Elle était parente, filleule et pupille de cette misérable femme. Les charmes et les vertus apparentes de cet être, qui semblait un ange revêtu de la forme humaine, attirèrent les jeunes gens et séduisirent le cœur de ton père, et, en dépit de tous les projets de cette femme artificieuse, il l'épousa avant d'avoir reçu les richesses et les honneurs que la fortune lui réservait, et tu naquis, Lionel, pour rendre doublement précieuse à ses yeux cette faveur du destin.

— Et alors?

— Et alors ton père se rendit dans le pays de ses ancêtres pour réclamer ce qui lui appartenait, et fit tout préparer pour t'y conduire ensuite avec sa chère Priscilla ; car, il y avait alors deux Priscilla, et toutes deux sont ensevelies maintenant dans le sommeil de la mort. Tout ce qui respire dans la nature peut aspirer au repos du tombeau, excepté moi, continua le vieillard en levant les yeux vers le ciel avec un regard de chagrin sans espoir, moi qui ai vu s'écouler tant d'années depuis que le sang de la jeunesse s'est glacé dans mes veines ; moi qui ai vu disparaître des générations, il faut que je continue à habiter parmi les hommes ! mais c'est pour coopérer à la grande œuvre qui commence ici, et qui ne sera terminée que lorsque tout un continent aura été régénéré.

Lionel garda le silence une minute, par respect pour cet élan de sensibilité ; mais ensuite, faisant un mouvement d'impatience qui attira les yeux du vieillard, il allait lui adresser une question, quand Ralph reprit lui-même la parole.

— Ton père passa en Angleterre deux longues années qui lui parurent autant de siècles, constamment occupé des démarches nécessaires pour se mettre en possession des biens de sa famille. Enfin ses affaires se terminèrent, et il revint ici. Hélas ! il n'y trouva plus d'épouse, plus de tendre Priscilla comme l'aimable fleur qui est à ton côté, personne pour l'accueillir à son retour.

— Je le sais, dit Lionel vivement ému ; elle était morte.

— Ce n'est pas tout, ajouta Ralph d'une voix semblable à celle d'un spectre sortant du tombeau, elle était déshonorée !

— C'est un mensonge !

— C'est une vérité ! une vérité aussi sûre que celle du saint Evangile que les hommes ont reçu des ministres inspirés de Dieu.

— C'est un mensonge ! répéta Lionel avec véhémence, un mensonge plus noir que les plus noires pensées de l'esprit immonde du mal.

— Je te dis que c'est une vérité, jeune insensé. Elle mourut en donnant le jour au fruit de son infamie. Quand ton malheureux père revit Priscilla Lechmere, et qu'il eut appris d'elle cette détestable nouvelle, il lut dans ses yeux qu'elle en triomphait, et comme toi il prit le ciel à témoin que ta mère était calomniée. Mais il existait un être qui lui était bien connu, qui se trouvait dans des circonstances qui ne permettaient pas de douter de sa véracité, et qui fit serment, qui prit à témoin le nom de celui qui lit dans tous les cœurs, que ce qu'on lui disait était vrai.

— Et l'infâme séducteur ! s'écria Lionel, se détournant involontairement de Cécile, vit-il encore? Nommez-le moi, vieillard ; livrez-le à ma vengeance ; et je vous bénirai de m'avoir appris cette maudite histoire.

— Lionel, Lionel, pouvez-vous le croire? s'écria Cécile en pleurant.

— Le croire! répéta Ralph avec un sourire horrible, comme s'il eût voulu tourner en dérision toute idée d'incrédulité; oui, il faut qu'il croie tout ce que je lui ai dit, et plus encore. Ton aïeule, jeune fille, employa encore ses anciennes manœuvres pour engager le riche baronnet à épouser sa fille; et, quand elle vit qu'elle ne pouvait réussir à en faire son gendre, elle se ligua avec les puissances infernales pour assurer sa ruine. La vengeance remplaça l'ambition, et le père de ton mari en fut la victime.

— Continuez! s'écria Lionel à qui l'intérêt qu'il prenait à ce récit permettait à peine de respirer.

— Le coup qu'il venait de recevoir l'avait frappé au cœur, et la commotion s'en fit sentir à son cerveau. Cet état ne dura qu'une heure, comparé à l'éternité qu'un homme est condamné à passer sur la terre; mais on profita du dérangement temporaire de sa raison, et, quand ses facultés en désordre eurent repris leur équilibre, il se trouva dans une maison de fous, avec des images dégradées du Créateur, et il y fut retenu vingt ans, grâce aux manœuvres et aux artifices de la misérable veuve de John Lechmere.

— Est-il possible? cela peut-il être vrai? s'écria Lionel en levant les mains au ciel, et en se levant avec une violence et une précipitation qui repoussèrent rudement, sans qu'il en eût l'intention, l'innocente créature qui lui tenait le bras et qui avait toujours eu la tête appuyée sur son épaule. Comment êtes-vous instruit de ces faits horribles? quelle preuve en avez-vous?

Le sourire calme, mais mélancolique, qui paraissait toujours sur les traits flétris du vieillard, quand il parlait de lui-même, s'y remontra de nouveau, et il répondit :

— Peu de choses sont cachées à celui qui vit longtemps pour les apprendre! d'ailleurs n'ai-je pas de secrets moyens d'être instruit qui te sont inconnus? Souviens-toi de tout ce que je t'ai révélé dans nos fréquentes entrevues; souviens-toi de la scène dont a été témoin le lit de mort de Priscilla Lechmere, et demande-toi si ton vieil ami ne connaît pas la vérité.

— Dites-moi tout, ne me cachez rien de cette maudite histoire ;

dites-moi ce qu'il me reste à apprendre, ou rétractez tout ce que vous m'avez dit.

— Tu sauras tout ce que tu veux savoir, et plus encore, Lionel Lincoln, répondit Ralph donnant à sa voix et à ses gestes un air solennel et persuasif, pourvu que tu jures haine éternelle au pays dont les lois permettent qu'un homme innocent et persécuté soit ravalé au rang des animaux des forêts, et soit porté par le désespoir et l'amertume de ses souffrances jusqu'à blasphémer son Créateur.

— Je ferai plus, dix mille fois ; j'embrasserai le parti de cette rébellion, je...

— Lionel! Lionel! à quoi pensez-vous ? s'écria Cécile épouvantée.

Elle fut interrompue par de grands cris qui partaient du village, s'élevant au-dessus du bruit produit par les soldats qui se livraient au plaisir ; et au même instant on entendit la marche d'un grand nombre d'hommes qui semblaient courir par centaines de tous côtés sur la terre gelée. L'oreille de Ralph fut aussi alerte que celle de Cécile ; il se leva sur-le-champ, et s'approcha sans bruit du grand chemin, suivi de ses deux compagnons, Lionel indifférent sur tout ce qui pouvait lui arriver, Cécile tremblant de tous ses membres, et ne craignant que pour la sûreté de celui qui songeait si peu au danger qu'il courait.

— C'est lui qu'ils cherchent, dit Ralph à Cécile en faisant un geste de la main pour attirer son attention ; ils croient trouver un ennemi ; mais il vient de jurer de se ranger sous leurs étendards, et ils recevront avec plaisir dans leurs rangs un homme qui porte son nom.

— Non! non! s'écria Cécile ; il n'a pas juré de se déshonorer ainsi! Fuyez, Lincoln, tandis que vous le pouvez encore! Que ceux qui vous poursuivent ne trouvent que moi ; ils respecteront mon sexe et ma faiblesse.

L'allusion qu'elle faisait à elle-même tira heureusement Lionel de l'état de stupeur dans lequel il était tombé. Entourant d'un bras sa taille svelte, il l'entraîna en avant aussi rapidement qu'il le put, et dit à Ralph, qui était déjà en marche :

— Vieillard, quand j'aurai mis ce dépôt précieux en sûreté, il faudra que tu me prouves si ce que tu m'as dit est vérité ou mensonge.

Mais Ralph, qui n'avait personne à soutenir, et dont les membres de fer semblaient braver les ravages du temps, gagnait du terrain sur ses compagnons, se retournant de temps en temps pour leur faire signe de le suivre ; et ils le perdirent bientôt de vue dans les champs voisins du cimetière qu'ils venaient de quitter.

Le bruit des pas de ceux qui les poursuivaient ne tarda pas à devenir plus distinct, et, dans les intervalles de la canonnade, qui continuait à gronder dans le lointain, on entendait les cris de ceux qui indiquaient aux autres la marche qu'ils devaient suivre. Malgré le bras vigoureux qui la soutenait, Cécile, épuisée par toutes les fatigues de cette nuit, sentit bientôt qu'elle était incapable de continuer les efforts nécessaires pour assurer leur sûreté commune. Ils venaient d'entrer dans une petite route située à peu de distance de la première, quand Lionel s'aperçut que les forces manquaient entièrement à sa compagne.

— Attendons ici ceux qui nous cherchent, dit-il, et que les rebelles prennent garde d'abuser de leur léger avantage.

A peine avait-il prononcé ces mots, qu'un chariot attelé de quatre bœufs tourna un angle que faisait la route en cet endroit, et le conducteur passa à quelques pieds d'eux. C'était un homme très-avancé en âge, mais qui maniait encore l'aiguillon avec une dextérité qu'il devait à la pratique de plus d'un demi-siècle. La vue de cet homme seul et de sa voiture fit naître tout à coup d'autres idées dans l'esprit de Lionel ; et faisant asseoir sa compagne épuisée sur le bord de la route, il s'avança vers ce paysan d'un air capable de donner des alarmes à un homme qui aurait eu la moindre raison pour appréhender quelque danger.

— Où allez-vous avec ce chariot ? lui demanda-t-il d'un ton brusque.

— Où je vais ? Et où voulez-vous que j'aille. Vieux et jeunes, grands et petits, bœufs et chevaux, chariots et charrettes, tout ne va-t-il pas à la presqu'île de Dorchester cette nuit ? Voyez-vous, continua-t-il en posant à terre la pointe de son aiguillon, et en s'appuyant des deux mains sur l'autre bout, j'ai eu quatre-vingt-trois ans, le 14 mars dernier, et j'espère, s'il plaît à Dieu, qu'il n'y aura plus un habit rouge dans Boston à pareil jour de l'année prochaine. A mon avis, il y a assez longtemps qu'ils y sont, et il est temps qu'ils en partent. Mes enfants sont soldats dans le camp, et c'est ma vieille femme qui, depuis le coucher du soleil, m'a aidé à charger ma voiture comme vous le voyez. Je la conduis à Dorchester, et il n'en coûtera pas un farthing au congrès.

— Et vous allez porter ce foin à la presqu'île de Dorchester? dit Lionel, ne sachant trop ce qu'il devait faire, et ne pouvant se résoudre à user de violence envers un homme de cet âge, et si peu en état de résister.

— Parlez plus haut, parlez comme vous le faisiez d'abord, car j'ai l'oreille un peu dure. Ce n'est pas qu'on m'ait mis en réquisition; non, non, on a dit que j'en avais déjà fait assez; mais, comme dit ma femme, un homme n'a jamais assez fait pour son pays, quand il n'a pas fait tout ce qu'il peut faire. On dit qu'on y porte des *fachines*, comme ils les appellent, et qu'il leur faut du foin bien serré; comme je ne sais ce que c'est que leurs *fachines*, et que je ne manque pas de foin, j'en ai chargé cette voiture, et je la leur porte; et si ce n'est pas assez, quoi! Washington n'a qu'à venir, et il peut prendre mes meules, ma grange et tout ce qu'elle contient.

— Puisque vous êtes si libéral pour le congrès, voudriez-vous venir en aide à ma femme qui a besoin d'aller du même côté, et qui se trouve trop fatiguée pour pouvoir marcher davantage?

— De tout mon cœur, répondit le voiturier en jetant les yeux autour de lui pour la chercher; j'espère qu'elle n'est pas bien loin, car je ne voudrais pas que les boulets anglais arrivassent sur nos gens, sur les hauteurs de Dorchester, faute de quelques bottes de foin pour les en préserver.

— Elle ne vous retardera pas un instant, dit Lionel en courant à l'endroit où il avait laissé Cécile, qui était cachée par l'ombre d'une barrière[1]; et l'ayant amenée près du chariot, il ajouta : — Vous serez bien récompensé de ce service.

— Récompensé! c'est peut-être la femme ou la fille de quelque soldat; et en ce cas elle devrait être assise dans une voiture à quatre chevaux, au lieu d'être juchée sur un chariot de foin traîné par quatre bêtes à cornes.

— Vous ne vous trompez pas; son père était soldat, et son mari l'est aussi.

— Que le ciel la bénisse! Je crois que le vieux Put avait plus d'à moitié raison quand il disait que nos femmes suffiraient pour

---

[1]. Des barrières de bois bordent les champs en Amérique, où il y a très-peu de haies vives.

arrêter les deux régiments auxquels un orgueilleux Anglais se vantait de pouvoir faire traverser toutes les colonies, depuis le Hampshire jusqu'à la Géorgie. Eh bien! êtes-vous bien placés?

— Parfaitement, répondit Lionel, qui, pendant ce temps, avait arrangé les bottes de foin de manière à creuser au milieu deux places pour sa compagne et lui; vous pouvez partir quand il vous plaira.

Le charretier, qui n'était rien moins que le propriétaire d'une centaine d'acres de bonnes terres dans les environs, leva en l'air son aiguillon, fit partir ses bœufs, et reprit sa marche lente. A l'instant où le chariot se mettait en mouvement, Lionel aperçut à quelque distance le vieux Ralph, qui, à ce qu'il paraît, n'avait pas voulu les perdre de vue, et qui, après lui avoir fait un signe de la main, traversa la route, et disparut bientôt dans l'éloignement, comme un fantôme qui s'évanouit dans les airs.

Cependant ceux qui poursuivaient les fugitifs n'étaient pas restés dans l'inaction : on entendait leurs voix retentir de tous les côtés, et, à la clarté de la lune, on voyait comme des ombres courir dans les champs. Pour ajouter à l'embarras de leur situation, Lionel s'aperçut, quand il était trop tard, que pour aller à Dorchester il fallait passer par Cambridge, c'est-à-dire par le village qu'ils venaient de quitter. Quand il reconnut qu'ils allaient y entrer, il aurait volontiers abandonné le chariot, si la prudence le lui eût permis, au milieu des soldats en désordre qui remplissaient tous les environs. En pareille circonstance, ce que Cécile et lui trouvèrent de mieux à faire fut de garder un profond silence et de se cacher autant qu'ils le purent au milieu du foin sur lequel ils étaient assis. Contre la juste espérance que leur avait fait concevoir le patriotisme impatient du vieux fermier, celui-ci, au lieu de suivre la grand'rue, changea de direction pour en prendre une détournée, et s'arrêta précisément devant l'auberge dans laquelle Cécile avait été conduite en y arrivant.

Le même bruit et le même tumulte régnaient toujours à la porte. L'arrivée du chariot y attira une nouvelle foule d'oisifs, et les deux époux, fort mal à leur aise sur le haut de la voiture, furent forcés d'entendre la conversation qui s'ensuivit :

— Eh bien! mon vieux, à votre âge vous travaillez encore pour le congrès, s'écria un homme tenant un pot à la main. Tenez, humectez-vous le gosier, vénérable père de la liberté, car vous êtes trop vieux pour qu'on vous appelle son fils.

— Vraiment, on pourrait m'appeler son père et son fils. J'ai dans le camp quatre fils, et sept petits-fils par-dessus le marché, et cela ferait onze bons mousquets dans la famille si nous avions pu nous en procurer plus de cinq ; mais les six autres ont quatre canardières et un fusil à deux coups, et Aaron, le plus jeune, a un pistolet d'arçon aussi bon, je crois, qu'aucun de ceux qu'on puisse avoir dans toute la colonie. Mais quel tapage vous faites aujourd'hui ! vous dépensez plus de poudre qu'on n'en a usé à Bunker-Hill !

— C'est une ruse de guerre, mon brave homme : c'est pour que les troupes du roi ne songent pas à regarder du côté de Dorchester.

— Quand elles y regarderaient, elles ne pourraient pas voir bien loin puisqu'il fait nuit. Mais dites-moi donc, car je suis vieux et j'ai un grain de curiosité, est-il vrai, comme ma femme me l'a dit, que Howe vous jette ses carcasses[1] dans le camp avec ses mortiers ? c'est, selon moi, une histoire irréligieuse.

— Vrai comme l'Evangile.

— Eh bien ! on ne saurait dire jusqu'où la méchanceté de l'homme peut porter l'oubli de Dieu et le mépris de ses semblables. Tout ce qu'on aurait pu me dire sur Howe, je l'aurais cru, excepté cela. Mais, comme il ne reste guère d'habitants dans la ville, je suppose qu'il se sert de ses soldats tués ?

— Certainement, lui répondit le soldat en faisant un clin d'œil à ses camarades ; la bataille de Breeds lui a fourni des munitions pour tout l'hiver.

— C'est terrible, terrible ! Voir le corps d'un de ses semblables fuir dans les airs après que son âme est allée subir son jugement[2] ! La guerre est un cruel métier ! mais qu'est-ce que l'homme sans liberté ?

— A propos de fuir, mon vieux, avez-vous vu deux hommes et une femme fuir sur la route en venant ici ?

— Parlez plus haut, j'ai l'oreille dure. Des femmes, dites-vous ? Quoi ! est-ce qu'ils vous lancent aussi leurs Jézabels dans le camp ? Il n'y a rien que la méchanceté des ministres du roi

---

1. *Carcasses* : espèce de bombes en cercles. Cette expression a causé la méprise de la femme et du mari, ou plutôt a fourni à l'auteur un de ces jeux de mots qu'il affectionne particulièrement.

2. Nous venons d'expliquer dans la note précédente la méprise sur le mot *carcasse*, et le soldat laisse croire à son interlocuteur que ce mot est synonyme de cadavre.

ne soit en état de faire pour triompher de la faiblesse de notre nature.

— Avez-vous rencontré deux hommes et une femme qui s'enfuyaient du village ? lui demanda le soldat en lui criant à l'oreille.

— Deux... deux hommes, dites-vous? demanda le vieillard en tournant la tête un peu de côté dans une attitude de réflexion.

— Oui, deux hommes.

— Non, je n'ai pas rencontré deux hommes s'enfuyant du village, dites-vous?

— Oui, comme si le diable les poursuivait.

— Non, je n'ai rencontré personne qui s'enfuyait. C'est signe qu'on est coupable quand on s'enfuit. A-t-on offert quelque récompense pour celui qui les arrêterait?

— Non, ils viennent seulement de s'échapper.

— Le plus sûr moyen d'attraper un voleur, c'est d'offrir une bonne récompense. Non, je n'ai pas rencontré deux hommes. Vous êtes bien sûr qu'il y en avait deux?

— Avancez donc avec ce chariot qui gêne le passage, avancez donc, s'écria un officier à cheval qui venait du quartier-général, et qui tâchait de rétablir un peu d'ordre dans les rues ; et ce peu de mots rappelant au vieux fermier l'idée du chemin qu'il avait encore à faire, il leva de nouveau son aiguillon, et remit ses bœufs en mouvement. Cependant il les faisait marcher encore plus lentement que de coutume, regardait en arrière, et s'arrêtait de temps en temps, comme s'il eût réfléchi s'il devait retourner sur ses pas. Enfin il monta sur sa voiture, et se plaça sur le foin de manière à pouvoir d'un œil conduire ses bœufs, et de l'autre examiner ses deux compagnons. Il resta ainsi occupé pendant près d'une heure sans qu'un seul mot fût prononcé de part ni d'autre. Alors le voiturier, convaincu sans doute que ses soupçons étaient mal fondés, descendit du haut de son chariot et reprit sa place à côté de ses bœufs ; peut-être aussi s'y décida-t-il parce que la route devenait plus difficile, et que les chariots s'en retournant à vide qu'on rencontrait à chaque pas, exigeaient qu'il donnât toute son attention à son attelage.

Lionel, dont les idées sombres s'étaient dissipées en partie par suite des scènes rapides et successives que nous venons de décrire, se sentit alors soulagé de toute crainte immédiate. Il chercha à faire partager à Cécile les nouvelles espérances qu'il concevait, la couvrit du surtout que Ralph lui avait fait mettre, afin de la préserver du froid de la nuit, et au bout de quelques minutes, il eut le plaisir de voir que, cédant à la fatigue, elle goûtait enfin les douceurs du repos.

La nuit était bien avancée quand ils aperçurent les hauteurs qui s'élèvent au-delà de Dorchester; Cécile venait de s'éveiller, et Lionel cherchait déjà quelque prétexte plausible pour quitter le chariot sans risquer de faire renaître les soupçons du vieux fermier. Enfin il trouva un endroit qu'il jugea favorable pour exécuter ce projet; la route était coupée par deux sentiers de traverse; personne ne se montrait dans les environs, et Lionel allait parler, quand les bœufs s'arrêtant d'eux-mêmes, il vit Ralph devant eux au milieu du chemin.

—Faites place, l'ami! s'écria le voiturier en avançant vers lui; ne voyez-vous pas que vous empêchez mes bœufs de passer?

— Descendez! dit Ralph à Lionel en faisant un geste du bras.

Lionel obéit sur-le-champ, aida Cécile à descendre, et s'approcha du fermier.

—Vous nous avez rendu un plus grand service que vous ne le pensez, lui dit-il; prenez ces cinq guinées.

— Et pourquoi? pour vous avoir fait faire quelques milles sur une voiture de foin? Ces services-là ne se vendent pas dans cette colonie. Mais dites-moi donc, l'ami, il paraît que l'argent ne manque pas dans votre gousset dans un temps où personne n'en a beaucoup?

—Eh bien! mille remerciements; je ne puis m'arrêter pour vous offrir autre chose.

Au même instant, remarquant les gestes d'impatience de Ralph, il alla le rejoindre, et aidant Cécile à franchir une barrière, ils disparurent tous trois aux yeux du fermier surpris.

— Holà! holà! l'ami, s'écria le digne avocat de la liberté en les poursuivant aussi vite que son âge et ses forces le lui permettaient, dites-moi donc, est-ce que vous étiez trois quand je vous ai ramassés sur la route?

Les fugitifs entendirent les cris du vieux fermier; mais, comme on peut se l'imaginer, ils ne jugèrent pas à propos de s'arrêter pour lui répondre. Un instant après, un bruit de roues annonça l'approche d'autres voitures qui s'en retournaient. Les cris et les imprécations qui partirent contre le chariot sans conducteur qui embarrassait la route rappelèrent le vieillard à son poste, et Lionel avec ses compagnons n'était pas encore assez loin pour ne pas entendre le commencement de la narration qu'il faisait de toute l'affaire. On ne songea pourtant pas à les poursuivre, les voituriers étant plus pressés de retourner chez eux que tentés de courir après de prétendus voleurs pour l'arrestation desquels nulle récompense n'était promise.

Après une courte explication, Ralph fit faire à ses compagnons un assez long circuit pour les conduire sur les rives de la baie. Là, ils trouvèrent, cachée dans les roseaux, une petite barque que Lionel reconnut pour être celle dont Job Pray se servait quand il voulait pêcher. Ils y entrèrent sur-le-champ, et Lincoln, saisissant les rames et profitant de la marée favorable, se dirigea vers Boston, dont les clochers se montraient dans l'éloignement.

L'ombre de la nuit luttait encore contre la clarté naissante de l'aurore quand l'éclat d'une flamme soudaine illumina tout l'horizon, et le bruit du canon, qui avait cessé depuis quelque temps, se fit entendre de nouveau. Mais pour cette fois le son partait du côté de la mer, et un nuage de fumée, qui s'élevait au-dessus du havre, annonça que les vaisseaux venaient de prendre part à la contestation. Cette canonnade soudaine détermina Lionel à passer entre les îles, car le château et les batteries méridionales de la ville se réunirent bientôt aux navires pour faire tonner leur vengeance contre les Américains, qui occupaient les hauteurs de Dorchester. Tandis que le frêle esquif passait à peu de distance d'une grande frégate, Cécile y reconnut le jeune midshipman qui l'avait escortée la soirée précédente, quand elle avait quitté Boston. Il était debout sur le couronnement de la poupe, et regardait avec un air de surprise ces hauteurs dont il avait prédit que la possession coûterait tant de sang.

En un mot, tandis qu'il faisait jouer vigoureusement les rames, Lionel vit commencer la répétition de la scène des Breeds, les batteries et les vaisseaux faisant les plus grands efforts pour déloger les colons des hauteurs où ils s'étaient établis avec tant de promptitude et de secret. Au milieu du tumulte et de l'agitation du moment, la petite barque passa sans que personne y fît attention, et les vapeurs du matin n'étaient pas encore dissipées, quand, après avoir passé le long des quais de Boston, elle toucha terre près du vieux magasin, dans l'endroit où elle avait été si souvent amarrée par le malheureux idiot qui en était propriétaire.

CHAPITRE XXXIII.

> Un noble cœur vous quitte. Adieu, bon prince.
> SHAKSPEARE.

Lionel aida Cécile à monter l'escalier qui conduisait sur le quai, et, toujours suivis de leur vieux compagnon, ils se trouvèrent bientôt sur le pont qui joignait les deux jetées formant l'entrée du bassin.

— C'est ici que nous nous séparons, dit-il à Ralph ; dans une autre occasion vous reprendrez, je l'espère, la suite de votre fatale histoire.

—Nous ne pouvons en trouver une meilleure, répondit Ralph : le temps, le lieu, la situation de la ville, tout nous favorise.

Lionel jeta les yeux sur ce qui se passait autour de lui dans la place. La lumière encore douteuse du matin lui fit voir quelques bourgeois alarmés, qui causaient rassemblés en petits groupes, et quelques soldats à demi vêtus, qui couraient précipitamment du côté d'où partait le bruit de la canonnade. Chacun était si exclusivement occupé de l'affaire du moment, que personne ne fit attention à eux.

— Le temps, le lieu, répéta-t-il lentement.

— Sans doute, répondit Ralph. Quel instant est plus propice pour qu'un ami de la liberté puisse passer au milieu de ces mécréants soudoyés sans attirer leurs regards, que celui où la terreur vient d'interrompre leur sommeil ? et quant au lieu, ajouta-t-il en étendant la main vers le vieux magasin, le voilà : c'est là que vous trouverez la preuve de tout ce que je vous ai dit.

Le major Lincoln resta un moment dans une attitude de profonde réflexion. Il est probable que son imagination lui retraça rapidement la liaison mystérieuse qui existait entre la misérable habitante de ce bâtiment abandonné et l'aïeule de Cécile, qui s'était montrée, comme il venait de l'apprendre, ennemie si implacable de son père. Il parut bientôt avoir pris son parti, et il ne tarda pas à le déclarer.

— Je viendrai vous rejoindre, dit-il, car qui sait jusqu'où peut se porter l'audace des rebelles? et nous pouvons ne pas trouver d'ici à longtemps l'occasion de nous revoir. Mais il faut d'abord que je reconduise Cécile dans Tremont-Street.

— Lincoln, s'écria vivement Cécile, je ne veux, ni ne puis, ni ne dois vous quitter. Entrez, écoutez, apprenez tout ; mais sûrement il n'a rien à vous dire que votre femme ne puisse entendre.

Ralph, sans faire aucune objection, leur fit signe de le suivre, et entra le premier dans le magasin d'un pas rapide, suivant son usage. Le trouble et le tumulte qui régnaient dans la ville n'avaient pas pénétré dans ce vieil édifice, qui semblait encore plus sombre et plus silencieux qu'à l'ordinaire. Tandis qu'ils marchaient avec précaution sur les bouts de cordes goudronnés qui avaient été dispersés la veille dans tout l'appartement, quelques gémissements étouffés, partant d'une des tourelles, les attirèrent de ce côté. En ouvrant la porte de cette petite chambre, non seulement Lionel et Cécile restèrent immobiles, mais Ralph lui-même parut hésiter à entrer.

La mère désolée de l'idiot était assise sur un humble tabouret, raccommodant quelques mauvaises guenilles qui paraissaient appartenir à son fils. Mais, tandis que ses doigts s'acquittaient machinalement de la tâche qui leur était imposée, ses sourcils froncés, ses yeux secs mais ardents, et le jeu des muscles de toute sa physionomie, annonçaient la violence des souffrances cruelles qu'elle s'efforçait de cacher. Job était étendu sur son grabat; sa respiration était plus forte et plus pénible que la veille, et ses traits annonçaient les progrès rapides de la fatale maladie. Polwarth, assis à son côté, lui tâtait le pouls avec toute la gravité d'un médecin, et cherchait à s'assurer s'il devait se livrer à la crainte ou à l'espérance, en consultant à chaque instant les yeux à demi éteints de l'objet de ses soins.

L'entrée soudaine de Ralph et de Lionel avec sa compagne ne pouvait même faire une bien forte impression sur un groupe ainsi occupé. Job jeta un regard languissant vers la porte, et ne parut même pas s'apercevoir que des étrangers venaient d'arriver. Un rayon de joie brilla sur le visage du capitaine en voyant Lincoln accompagné de Cécile, mais il reprit sur-le-champ l'air soucieux qui avait banni l'expression de satisfaction qu'on remarquait ordinairement sur sa physionomie. Abigaïl Pray laissa voir un plus grand changement dans son aspect; elle baissa la tête sur sa poitrine, et fut saisie d'un tremblement universl en voyant Ralph paraître inopinément devant elle. Mais cette émotion violente ne dura qu'un instant, et ses mains reprirent leur humble occupation avec un mouvement aussi machinal qu'auparavant.

— Expliquez-moi cette scène de douleur silencieuse, dit Lionel à son ami; par quel hasard vous trouvez-vous dans ce séjour de misère?

— Votre question contient sa réponse, major Lincoln, répondit Polwarth avec gravité, sans cesser de fixer les yeux sur le malade; je suis ici parce que la misère y règne, et que je cherche à la soulager.

— Le motif est louable; mais de quel mal est attaqué ce jeune homme?

— Les fonctions de la nature semblent suspendues en lui par quelque calamité cruelle. Je l'ai trouvé ici hier mourant d'inanition, et quoique je lui aie administré une nourriture aussi substantielle que pourrait le désirer le soldat le plus vigoureux de la garnison, vous voyez que sa situation présente des symptômes effrayants.

— Il a gagné la maladie contagieuse qui règne dans la ville, s'écria Lincoln en examinant Job plus attentivement. Quoi! vous lui avez donné de la nourriture quand la fièvre était au plus haut degré!

— La petite vérole n'est qu'une maladie secondaire, quand celui qui en est attaqué souffre en même temps le mal plus terrible de la faim. Allez, allez, Lincoln, vous avez trop lu les poëtes latins au collége, et vous n'avez pas pris le loisir d'étudier la philosophie de la nature. Il existe un instinct qui apprend, même à l'enfant, quel est le remède contre la faim.

Lionel ne se sentit pas disposé à discuter avec son ami un point sur lequel les opinions de Polwarth étaient inébranlables, et, se tournant vers Abigaïl, il lui dit :

— Votre expérience du moins aurait dû vous apprendre à avoir plus de prudence.

— L'expérience, répondit Abigaïl, peut-elle fermer les oreilles d'une mère aux gémissements que la faim arrache à son fils? Non,

non, elle ne peut être sourde à de pareilles plaintes ; et, quand le cœur saigne, la sagesse est folie.

— Lincoln, vos reproches sont hors de saison, dit Cécile avec douceur ; cherchons à remédier au mal, et ne nous occupons pas de ce qui l'a causé.

— Il est trop tard, s'écria la mère désolée, il est trop tard ! ses heures sont comptées, et la mort a déjà le bras étendu sur lui. Puisse Dieu alléger le poids de sa malédiction, et faire que l'esprit prêt à se séparer du corps puisse reconnaître le pouvoir du Très-Haut !

— Jetez ces misérables haillons, dit Cécile en tirant avec douceur l'ouvrage dont Abigaïl s'occupait, et, dans un moment si sacré, ne vous fatiguez pas d'un travail inutile.

— Jeune dame, vous ne connaissez pas encore les sentiments d'une mère ; puissiez-vous n'en jamais connaître les angoisses ! J'ai travaillé pour cet enfant vingt-sept ans ; ne me dérobez pas le peu de moments qui me restent à jouir de ce plaisir.

— Est-il possible qu'il soit si âgé ? s'écria Lionel avec surprise.

— Quel que soit son âge, il est bien jeune pour mourir. Il lui manque la lumière de la raison. Puisse le ciel dans sa merci lui trouver celle de l'innocence !

Jusqu'alors Ralph était resté immobile près de la porte, comme s'il y eût pris racine. Il se tourna vers Lionel, et lui demanda d'une voix à laquelle son émotion prêtait un accent presque plaintif :

— Croyez-vous qu'il meure ?

— Je le crains. Les symptômes que j'aperçois sont rarement trompeurs.

Le vieillard s'avança vers le lit d'un pas aussi rapide que léger, et s'assit à côté, en face de Polwarth. Sans faire attention aux regards de surprise que jetait sur lui le capitaine, il leva la main comme pour ordonner le silence ; et, fixant alors sur les traits du malade des yeux pleins d'un intérêt tendre et mélancolique, il dit d'un ton solennel :

— La mort est donc encore ici ? Nul n'est assez jeune pour qu'elle l'oublie ; il n'y a que le vieillard qu'elle ne veut pas frapper. Dis-moi, Job, quelles visions s'offrent en ce moment à ton esprit ? Vois-tu les demeures sombres et inconnues des damnés ou le séjour brillant habité par les amis de Dieu ?

Au son bien connu de cette voix, un éclair de raison sembla

ranimer les yeux éteints de Job, et il regarda le vieillard avec un air de douce confiance. Le râle qu'on entendait dans son gosier augmenta un instant et puis cessa tout à coup. Enfin il dit d'une voix qui semblait partir du fond de sa poitrine :

—Le Seigneur ne fera pas de mal à celui qui n'a jamais fait de mal aux créatures du Seigneur.

—Les rois, les empereurs et les grands de la terre pourraient envier ton sort, enfant du malheur, continua Ralph. Tu n'as pas encore subi trente ans d'épreuve, et tu vas déjà quitter ton argile! comme toi j'ai atteint l'âge d'homme, comme toi j'ai appris combien il est dur de vivre, mais je ne puis mourir comme toi! Dis-moi, Job, jouis-tu de la liberté d'esprit? Ta chair sent-elle encore la peine et le plaisir? Vois-tu quelque chose au-delà de la tombe? Vois-tu un sentier s'ouvrir devant toi dans l'immensité des airs? N'aperçois-tu dans le tombeau que silence et obscurité?

—Job va où le Seigneur a caché sa raison, répondit l'idiot d'une voix creuse et sourde comme auparavant; ses prières ne seront plus des folies.

—Prie donc pour un misérable vieillard qui a supporté trop longtemps le fardeau de la vie, que la mort a oublié, et qui est fatigué de la terre où tout est trahison et péché. Mais ne pars pas encore; attends que ton esprit puisse porter au pied du trône de merci quelques signes de repentir de cette femme pécheresse.

Abigaïl fit entendre un profond gémissement; son ouvrage lui tomba des mains, et sa tête se pencha encore sur sa poitrine. Tout à coup elle se leva, repoussa les mèches de ses cheveux qui, quoique grisonnants, montraient encore qu'ils avaient été du plus beau noir, et regarda autour d'elle d'un air si égaré et avec des regards si expressifs, que l'attention générale se fixa aussitôt sur elle.

—Le temps en est arrivé, dit-elle; ni la honte, ni la crainte ne me lieront plus la langue. La main de la Providence est trop manifeste dans le rassemblement qu'il lui a plu de former autour de ce lit de mort, pour que je résiste à sa volonté. Major Lincoln, dans ce jeune homme que la mort va frapper, vous voyez un être dans les veines duquel coule votre propre sang, quoiqu'il ait toujours été étranger à votre bonheur : Job est votre frère.

—Le chagrin lui a fait perdre la raison, s'écria Cécile; elle ne sait ce qu'elle dit.

— Elle dit la vérité! reprit Ralph d'un ton calme.

— Écoutez-le! continua Abigaïl; écoutez un terrible témoin que le ciel a envoyé ici, et qui atteste que ce que je dis n'est pas un mensonge. Il connaît le secret d'une faute que je croyais ensevelie dans l'affection d'un homme qui me devait tout.

— Femme! s'écria Lionel, vous vous trompez vous-même en cherchant à me tromper. Quand une voix descendant du ciel confirmerait la vérité de ce conte abominable, je nierais que cet être misérable pût devoir le jour à une mère qui avait autant d'esprit que de beauté.

— Misérable comme vous le voyez, il n'en doit pas moins le jour à une mère qui n'était pas moins belle que la tienne que tu vantes tant, fils orgueilleux de la prospérité! Tes blasphèmes ont beau insulter le ciel, il n'en est pas moins ton frère, ton frère aîné.

— C'est une vérité, une vérité solennelle! dit encore le vieux Ralph.

— Impossible! s'écria Cécile; ne les croyez pas, Lincoln! ils se contredisent.

— Je trouverai dans ta bouche de quoi te convaincre, lui dit Abigaïl. N'as-tu pas reconnu au pied des autels l'influence que le fils avait sur toi? et pourquoi donc, jeune, vaine et ignorante comme je l'étais, n'aurais-je pas cédé à la séduction du père?

— C'est donc toi qui es sa mère! s'écria Lionel, respirant avec plus de liberté. Mais continuez, vous parlez devant des amis.

— Oui, oui, s'écria Abigaïl avec amertume et en joignant les mains, vous savez tous distinguer entre les fautes de l'homme et celles de la femme, major Lincoln; toute misérable et toute souillée que vous me voyez, votre propre mère n'était pas plus belle et plus innocente, quand ma jeunesse et ma beauté attirèrent les yeux de votre père; il était noble et puissant, j'étais faible et inconnue. Ce gage de notre faute commune ne vit le jour qu'après qu'il m'eut abandonnée pour votre mère.

— Le saint Évangile n'est pas plus vrai, dit Ralph d'une voix grave.

— Et mon père! s'écria Lionel; est-il possible qu'il vous ait laissée dans le besoin?

— La honte arriva quand la vertu eut été oubliée, répondit Abigaïl. Je dépendais de ta race orgueilleuse, et les occasions ne me manquèrent pas pour voir son inconstance et son amour pour

Priscilla. Il ne connut jamais ma situation. Tandis que j'aurais voulu que la terre couvrît ma faute, il me prouva combien il est facile d'oublier dans les jours de sa prospérité ceux dont on devrait partager la honte. Enfin vous naquîtes, et ce fut moi qui reçus son héritier des mains de sa tante courroucée. Quelles maudites pensées m'assaillirent en ce moment! Mais, Dieu soit loué! j'eus la force de les repousser, et mes mains ne furent point souillées par un meurtre!

— Un meurtre! s'écria Lincoln.

— Oui, un meurtre! Vous ne pouvez savoir quels projets le désespoir inspire au malheur. Mais ma vengeance ne se fit pas attendre bien longtemps, et j'en jouis avec un plaisir infernal. Votre père partit pour l'Angleterre, et une maladie impitoyable attaqua sa femme chérie. Oui, quelque défiguré que soit l'être qui expire sous vos yeux, les traits si charmants de votre mère étaient devenus plus hideux que les siens. Cette victime de l'injustice était sur son lit de mort ce que vous voyez Job en ce moment. Mais le Seigneur est juste, et je dois me soumettre à sa volonté.

— Victime de l'injustice! s'écria Lionel; continuez, femme, et je pourrai encore vous bénir.

Abigaïl poussa un gémissement si profond, que ceux qui l'entendaient crurent que c'était le dernier soupir annonçant la fin de la lutte de l'esprit de son fils, cherchant à rompre les liens du corps. Elle se laissa retomber sur son escabelle, baissa la tête sur ses genoux, et se cacha le visage avec son tablier.

— Victime de l'injustice! répéta Ralph avec le ton du sarcasme le plus méprisant. Quelle punition ne mérite pas une femme qui oublie ses devoirs!

— Oui, victime de l'injustice! s'écria Lionel, je le garantis sur ma vie; ce que tu m'as dit est un infâme mensonge.

Le vieillard ne répondit rien, mais ses lèvres s'agitèrent rapidement comme s'il se fût parlé à lui-même, avec un sourire de mépris et d'incrédulité.

— Je ne sais ce qu'il peut vous avoir dit, continua Abigaïl, mais je prends le ciel à témoin que pas un mensonge ne sort maintenant de ma bouche. Les lois de la province ordonnaient que ceux qui étaient attaqués de la petite vérole fussent exclus de toute communication, et votre mère resta à ma merci et à celle d'une autre femme qui la détestait encore plus que moi.

— Juste ciel! et vous osâtes...

— Non; la maladie nous épargna ce crime. Elle mourut dans sa nouvelle difformité, et je restai, sinon dans la pureté de l'innocence, du moins avec la fraîcheur de mes charmes, et encore à l'abri du mépris et du besoin. Toute vaine que j'étais, je n'avais jamais admiré ma beauté avec la moitié du plaisir que je trouvais à contempler la laideur dégoûtante de ma rivale. Cette pensée était pour moi une source de consolation, assouvissait ma soif de vengeance; et votre tante, qui prêtait aussi l'oreille aux conseils de l'auteur de tout mal...

— Ne me parlez pas de ma tante, s'écria Lionel, parlez-moi de ma mère.

— Insensible à toute autre émotion que l'intérêt, elle fut assez aveugle pour ne pas même voir qu'elle ne suivait pas la marche qui pouvait la conduire à son but, et elle s'exposa à détruire un don qu'il n'appartient qu'à Dieu d'accorder. A peine l'esprit de votre vertueuse mère était-il exhalé, que nous conçûmes l'infâme projet de lui donner la mort une seconde fois en calomniant sa réputation : votre tante voulait par-là déraciner du cœur de votre père tout germe d'affection pour sa malheureuse femme, et le ramener aux pieds de sa fille, l'aimable et innocente mère de celle qui est près de toi; et moi j'étais assez folle, assez vaine, pour espérer que votre père, que mon séducteur, me rendrait enfin justice ainsi qu'à mon fils, et m'élèverait au rang de la rivale que j'avais détestée, que je détestais encore.

— Et vous osâtes abuser mon père par cette infâme calomnie!

— Oui, nous l'osâmes, Dieu sait que nous l'osâmes; et quand je le vis hésiter à nous croire, je fis serment sur l'Evangile que c'était la vérité.

— Et il le crut! dit Lionel tremblant d'émotion.

— Oui, il le crut, grâce au serment d'une femme qu'il ne croyait coupable que d'une faiblesse qu'il avait à se reprocher à lui-même. Lorsque nous vîmes l'effet terrible que ce mensonge produisit sur lui et le désespoir qui le transporta, nous crûmes avoir réussi; mais nous ne connaissions guère la différence qui existe entre une inclination passagère et une passion profondément enracinée. Nous voulions détruire l'amour qui brûlait dans son cœur, et nous ne détruisîmes que sa raison.

Quand Abigaïl eut cessé de parler, il régna dans la chambre un silence si profond, que le bruit du canon, qui grondait par intervalles dans l'éloignement, semblait partir de la place voisine, et qu'on entendait la respiration pénible de Job. Mais en ce moment le malheureux jeune homme cessa de respirer, comme si son esprit n'eût attendu pour s'envoler que la fin des aveux de sa mère. Polwarth laissa tomber le bras insensible de l'idiot, auquel il avait pris tant d'intérêt depuis quelques heures.

Au milieu de cette scène de mort, le vieux Ralph se leva tout à coup, les yeux égarés, en poussant un cri terrible qui ressemblait au hurlement d'une bête sauvage plutôt qu'à la voix humaine, et s'élança sur Abigaïl Pray, comme un tigre sur sa proie, tandis que tout ce qui l'entourait frémissait d'horreur et d'épouvante.

— Misérable! s'écria-t-il en la secouant fortement par le bras, je te tiens maintenant! Qu'on m'apporte le livre, le saint livre de la parole de Dieu, et qu'elle se damne par de nouveaux parjures!

— Monstre! dit Lionel en s'avançant au secours d'Abigaïl, lâche cette femme à l'instant! Et toi aussi tu m'as trompé, malgré tes cheveux blancs!

— Lionel! Lionel! s'écria Cécile, retenez cette main dénaturée; vous la levez contre votre père!

Lincoln recula comme frappé de la foudre, et s'appuya contre la muraille, pouvant à peine respirer.

Il était évident que Ralph, ou, pour mieux dire, le père de Lionel Lincoln, en apprenant la calomnie dont on avait noirci la réputation d'une femme adorée, avait éprouvé un nouvel accès de cette aliénation mentale qui allait quelquefois jusqu'à la fureur. Abandonné à lui-même, il aurait bientôt mis fin aux chagrins de la misérable Abigaïl, si l'étranger qu'il avait eu l'adresse de laisser entre les mains des Américains, n'eût ouvert la porte en ce moment, et ne fût entré précipitamment.

— J'ai reconnu votre cri, mon digne baronnet, s'écria-t-il; j'ai passé assez d'années à vous garder en Angleterre pour ne pas m'y tromper, et il n'a pas tenu à vous que je ne fusse pendu en Amérique. Mais je ne vous ai pas suivi à travers les mers sans de bonnes raisons; et, puisque je vous trouve enfin, nous ne nous quitterons plus.

Animé par le ressentiment qu'il conservait du danger qu'il avait couru dans le camp des Américains, il s'avança pour saisir le baronnet. Celui-ci, dont les yeux avaient étincelé de rage du moment qu'il avait aperçu celui qu'il regardait comme son ennemi mortel, avait abandonné Abigaïl pour s'élancer contre lui avec la fureur d'un lion assiégé par des chasseurs. La lutte fut courte, mais obstinée, et accompagnée de jurements et d'exécrations sauvages. Mais enfin la force surnaturelle que la colère donnait au baronnet l'emporta sur celle de son adversaire : il parvint à le renverser, et, lui appuyant un genou sur la poitrine, il lui serra la gorge avec ses doigts.

— La vengeance est sainte! s'écria-t-il en poussant un horrible éclat de rire, et secouant, avec un air de triomphe, ses cheveux gris, qui tombèrent en désordre sur ses yeux égarés ; *urim* et *tumim*[1] sont les mots de gloire! liberté est notre cri! Meurs, misérable, meurs! va rejoindre les esprits de ténèbres, et laisse-nous respirer en liberté!

L'ancien gardien du baronnet, par un effort soudain, parvint à se dégager de la main qui lui étreignait le cou, et s'écria, non sans difficulté :

— Pour l'amour du ciel et de la justice, secourez-moi! Verrez-vous assassiner un homme sous vos yeux?

Mais c'était en vain qu'il implorait du secours. Les deux femmes s'étaient caché le visage, d'horreur et d'effroi; Polwarth, toujours privé de sa jambe artificielle, ne pouvait faire un pas; et Lionel, glacé d'épouvante et de consternation, était aussi incapable de mouvement qu'une statue. Le baronnet serrait de nouveau la gorge de sa victime, qui semblait sur le point d'étouffer; mais le désespoir ranima les forces du gardien, et l'on vit sa main frapper trois fois de suite avec violence le flanc gauche du baronnet; celui-ci se releva au troisième coup, et poussa encore un grand éclat de rire, mais avec un accent si sauvage, qu'il fit frémir tous les spectateurs. Son antagoniste profita du moment, et, se relevant à la hâte, il s'enfuit de la chambre avec toute la précipitation du crime.

On vit alors que le sang du baronnet coulait à grands flots par trois larges blessures qu'il avait reçues ; et, à mesure que la vie s'épuisait en lui, l'égarement de ses yeux diminuait et la raison

---

[1]. Par une singulière coïncidence, tandis que l'auteur écrivait ce livre, un fou privilégié et sans malice entra dans sa chambre; il était dans un moment d'excitation, et prononça précisément ces deux mots.

semblait reprendre son influence. Ses traits perdirent leur air de satisfaction farouche, et il regardait avec une expression de tendresse paternelle le couple désolé qui prenait à lui un si vif intérêt. Il fit un effort pour parler ; on vit frémir ses lèvres, mais aucun son ne put sortir de sa bouche. Il étendit les bras pour donner sa bénédiction à ses enfants, dans la même attitude que l'ombre mystérieuse qui avait paru dans la chapelle, et au même instant il tomba à la renverse et sans vie, sur le corps du fils aîné qu'il avait si longtemps négligé.

CHAPITRE XXXIV.

> Je vis un vieillard habillé de bure : ses cheveux étaient blancs, et sur son front les années et les soucis avaient gravé leurs rides, dernières traces d'un malheur aujourd'hui oublié ; autour de lui régnait la tristesse ; les hommes baissaient la tête, les femmes pleuraient, les enfants remplissaient l'air de sanglots.
>
> BRYANT.

Dès que le jour parut, la garnison de Boston se mit en mouvement, et l'on remarqua le même tumulte, la même activité, la même ardeur dans les uns, la même indifférence dans les autres, qu'on avait vu régner le jour de la bataille qui avait eu lieu l'été précédent. Le caractère orgueilleux du commandant en chef ne pouvait supporter la vue des colons déjà établis sur les hauteurs de Dorchester et travaillant à s'y fortifier ; dès le point du jour il donna des ordres pour les en déloger. Tous les canons qu'on put pointer contre ces montagnes furent employés pour molester les Américains, qui n'en continuèrent pas moins leurs travaux, tandis que les boulets sifflaient autour d'eux de toutes parts. Dans la soirée, des forces considérables furent embarquées pour renforcer la garnison du château. Washington parut en personne sur les hauteurs, et toutes les dispositions militaires annoncèrent qu'on se préparait d'une part à une attaque vigoureuse, de l'autre à une résistance déterminée.

Mais l'expérience qu'ils avaient acquise dans la journée de Breeds était pour les Anglais une leçon qu'ils n'avaient pas encore oubliée. Les mêmes chefs devaient être les principaux acteurs du nouveau drame qui devait se jouer, et ils allaient employer ce qui restait de ces régiments qui avaient perdu tant de monde lors de cette première action. Les paysans à demi disciplinés des colonies n'étaient plus regardés avec mépris, et leurs opérations, conduites avec hardiesse pendant tout l'hiver, avaient appris aux généraux anglais qu'à mesure que la subordination faisait des progrès parmi leurs ennemis, la direction de tous leurs mouvements montrait plus de sagesse et de vigueur. La journée se passa en préparatifs, et des milliers d'hommes dormirent tout armés la nuit suivante dans les deux armées, dans l'attente de se lever le lendemain matin pour être conduits sur un champ de carnage.

D'après la lenteur des mouvements de l'armée royale, il est assez probable que la plupart des forces qui la composaient ne regrettèrent pas l'intervention de la Providence, qui leur épargna certainement l'effusion de torrents de sang, et assez vraisemblablement l'ignominie d'une défaite. Une de ces tempêtes soudaines, particulières à notre climat, s'éleva vers la fin de la nuit, forçant les hommes et les animaux à chercher une protection pour leur faiblesse contre les éléments plus puissants qui leur faisaient la guerre. Le moment où il aurait peut-être encore été possible de disputer aux Américains leur position, fut ainsi perdu, et, après avoir enduré tant de privations et avoir perdu un si grand nombre d'hommes depuis tant de mois, Howe commença, en frémissant de rage, ses dispositions pour abandonner une ville contre laquelle le ministère anglais avait agi depuis plusieurs années avec une rigueur occasionnée par la soif aveugle d'une vengeance dont on vit alors l'impuissance.

On ne pouvait exécuter en une heure cette résolution soudaine, devenue nécessaire ; mais comme les Américains désiraient rentrer dans leur ville sans la détruire, ils ne voulurent pas profiter de tout l'avantage que leur assurait la position où ils venaient de s'établir, et qui commandait également l'ancrage, la cité, et la partie la plus vulnérable des défenses de l'armée royale. Tandis qu'on maintenait une apparence d'hostilités par une canonnade irrégulière qui semblait n'avoir d'autre but que de prouver qu'on n'était pas en paix, d'un côté on s'occupait avec soin de tous les préparatifs du départ, et de l'autre on attendait impatiemment l'instant où l'on pourrait rentrer sans obstacles dans Boston. Il est inutile de rappeler à nos lecteurs que, les Anglais étant complètement maîtres de la mer, toute tentative pour leur couper la retraite de ce côté aurait été parfaitement inutile.

Une semaine se passa ainsi, après la fin de la tempête, et pendant tout ce temps, on vit régner dans la ville une agitation et une activité extraordinaire, une joie mal déguisée d'une part, et un sombre mécontentement de l'autre, sentiments que devait naturellement produire un événement si inattendu.

Vers la fin d'un de ces jours consacrés aux apprêts tumultueux du départ, on vit sortir un cortége funèbre d'une maison connue depuis longtemps comme la résidence d'une des premières familles de la province. Au-dessus de la porte était suspendu un écusson portant les armoiries de la famille Lincoln et le symbole de la main sanglante, entouré des emblèmes ordinaires de la mort. Ce signe héraldique de deuil, qui n'était adopté dans les colonies qu'au décès de quelque personnage de haute importance, coutume qui a disparu depuis ce temps avec les autres coutumes de la monarchie, avait attiré les yeux de quelques enfants, qui, de tout ce qui se trouvait alors dans Boston, étaient les seuls individus assez peu occupés de ce qui s'y passait pour faire attention à ce spectacle peu ordinaire; et ils suivirent le cortége peu nombreux qui se dirigeait vers le cimetière de la chapelle du roi.

La bière semblait d'une largeur inusitée, et le drap mortuaire qui la couvrait était si ample qu'il toucha les deux côtés de la porte quand on entra dans l'église. Le ministre dont nous avons eu occasion de parler plusieurs fois vint l'y recevoir, et regarda avec un étrange intérêt le jeune homme en grand deuil qui était à la tête du cortége funèbre. La cérémonie se fit avec toute la solennité d'usage, et l'on entra lentement dans le saint édifice. Derrière Lionel marchaient le commandant en chef des troupes anglaises et son lieutenant favori, Burgoyne. Entre eux était un officier d'un rang inférieur, marchant à l'aide d'une jambe de bois et d'une canne, et qui semblait amuser ses deux compagnons par quelque récit intéressant et mystérieux, jusqu'au moment où l'on arriva dans l'église. Le reste du cortége se composait d'un petit nombre d'officiers à la suite des deux généraux, des domestiques de la famille, et de quelques oisifs qui s'y étaient joints par curiosité.

Quand le service fut terminé, on se remit en marche, et les deux généraux et l'officier qui les accompagnait reprirent leur conversation à voix basse jusqu'au moment où l'on arriva près d'une voûte située dans un coin du cimetière, et dont la trappe était ouverte. De là on apercevait les hauteurs occupées par les Américains; et les yeux du général en chef, qui avaient toujours été fixés sur l'officier qui lui parlait, prirent aussitôt cette direction. Cette vue parut avoir rompu le charme de la conversation secrète, et la physionomie inquiète des deux généraux prouva que leurs pensées cessaient de s'occuper de l'histoire des chagrins d'une famille, pour songer aux dangers et aux embarras de leur position.

La bière fut placée devant la porte du caveau, et ceux qui étaient chargés de ce soin se présentèrent pour l'y descendre. Mais quand on eut levé le drap mortuaire, on vit, à la grande surprise de la plupart des spectateurs, qu'il couvrait deux cercueils. L'un était couvert en velours noir, attaché avec des clous d'argent et orné avec toute la pompe de l'orgueil humain; mais rien ne couvrait la nudité du bois de chêne de l'autre; une plaque d'argent massive, portant les armoiries du défunt et une longue inscription, décorait le premier; on ne voyait sur le second que les lettres initiales J. P., sculptées sur le bois.

Les regards impatients des deux généraux anglais firent sentir au docteur Liturgy la valeur de chaque instant; et, en moins de temps qu'il ne nous en faut pour le dire, le corps du riche baronnet et celui de son compagnon ignoré furent descendus dans le caveau et placés à côté de celui de la femme qui avait été pendant sa vie un fléau pour l'un et pour l'autre.

Après avoir hésité un instant, par déférence pour le major Lincoln, les deux généraux, voyant qu'il paraissait avoir dessein de rester encore quelques instants en ce lieu, se retirèrent en le saluant. Le reste du cortége imita leur exemple, et il ne resta près de Lionel que l'officier à jambe de bois dont nous avons déjà parlé, et en qui le lecteur a sans doute reconnu le capitaine Polwarth. Quand on eut fermé la trappe du caveau, assurée par une forte barre de fer et un bon cadenas, on en remit la clé à Lionel, qui, mettant quelque argent dans la main des acteurs de cette dernière scène, leur fit signe de se retirer.

On aurait pu croire alors que Lionel et son ami étaient les seuls êtres vivants qui restassent dans le cimetière; il s'y trouvait pourtant encore une femme agenouillée, ou plutôt accroupie le long du mur, à demi cachée derrière une pierre sépulcrale, et couverte d'une vieille mante rouge jetée sans soin sur ses épaules.

Dès que les deux amis l'aperçurent, ils s'avancèrent vers elle; elle entendit le bruit de leurs pas qui s'approchaient; mais, au lieu de jeter un regard sur ceux qui paraissaient évidemment avoir envie de lui parler, elle se tourna du côté de la muraille, et, sans savoir ce qu'elle faisait, suivit avec les doigts les lettres d'une inscription gravée sur une plaque de cuivre scellée dans le mur pour indiquer la situation du lieu de sépulture de la famille Lincoln.

— Nous ne pouvons faire davantage pour eux, lui dit Lionel; leur sort dépend maintenant d'une main plus puissante que toutes celles de la terre.

On vit trembler le bras décharné qui sortait de dessous la mante rouge, mais les doigts continuèrent leur occupation insignifiante.

—C'est sir Lionel Lincoln qui vous parle, dit Polwarth appuyé sur le bras de son jeune ami.

—Qui? s'écria Abigaïl Pray avec un accent de terreur en jetant sa mante de côté, et en montrant des traits que la misère et le chagrin avaient encore bien changés depuis quelques jours. Ah! ajouta-t-elle, j'avais oublié que le fils succède au père; mais la mère doit suivre le fils au tombeau.

— Il est honorablement enseveli, dit Lionel, près de ceux dont il partageait le sang, à côté d'un père qui aimait sa simple naïveté.

— Oui, il est mieux logé après sa mort qu'il ne l'a jamais été pendant sa vie. Grâce à Dieu, il ne connaîtra plus ni la faim ni le froid.

— Vous verrez que j'ai veillé à ce qu'il ne vous manque rien à l'avenir, et j'espère que les jours qui vous restent seront plus heureux que ceux qui se sont écoulés.

— Je suis seule sur la terre à présent; la vieillesse me fuira, la jeunesse me regardera avec mépris; il ne me reste que la honte du parjure et de la vengeance!

Le jeune baronnet garda le silence, mais Polwarth crut pouvoir se charger de la réponse.

— Je ne prétends pas dire que ce ne soit pas une mauvaise compagnie, reprit le digne capitaine, mais je ne doute pas que vous ne puissiez trouver quelque part dans la Bible des consolations pour vos fautes. Ayez soin de prendre une nourriture fortifiante, et je vous réponds que le poids qui vous charge la conscience deviendra plus léger. C'est un remède infaillible. Jetez les yeux sur le monde. Un scélérat bien nourri éprouve-t-il des remords? non. Ce n'est que lorsque son estomac est vide qu'il commence à songer à ses crimes. Et je vous recommande de faire choix d'aliments substantiels, car vous montrez un peu trop les os pour qu'on puisse vous croire dans une santé florissante. Je ne voudrais rien dire qui pût renouveler vos chagrins, mais vous et moi nous connaissons un cas où la nourriture est venue trop tard.

— Oui, trop tard, trop tard! Tout est venu trop tard, et même le repentir.

— Ne parlez pas ainsi, dit Lionel; ce serait manquer de confiance dans les promesses d'un être qui est la vérité même.

Abigaïl jeta sur lui un regard qui exprimait toute la terreur à laquelle son âme était en proie, et dit d'une voix faible :

— Qui a vu la fin de Mrs Lechmere? son esprit a-t-il passé en paix ?

Sir Lionel garda encore un profond silence.

— Je le pensais, continua-t-elle; ce n'est pas un péché qu'on puisse oublier sur son lit de mort. Comploter le mal, appeler Dieu pour être témoin d'un mensonge! bannir la raison d'un cerveau qu'il avait si bien organisé! Retirez-vous! vous êtes jeunes et heureux, pourquoi resteriez-vous plus longtemps au milieu des tombeaux? Laissez-moi y prier : si quelque chose peut adoucir l'amertume des remords, c'est la prière.

Lionel laissa tomber près d'elle la clé qu'il tenait en main, et lui dit avant de se retirer :

— Ce caveau est fermé pour toujours, à moins qu'à votre requête il ne se rouvre encore une fois pour vous placer à côté de votre fils. Les enfants de ceux qui l'ont fait creuser y sont déjà réunis, à l'exception de deux qui mourront sur un autre hémisphère. Prenez cela, et puisse le ciel vous pardonner comme je vous pardonne!

Il jeta une bourse pleine d'or à côté de la clé, et sortit du cimetière avec Polwarth sans dire un mot de plus. Lorsqu'ils furent sur le seuil de la porte, ils se retournèrent et jetèrent un dernier regard sur Abigaïl. Elle se tenait à genoux, les mains appuyées sur une pierre qui couvrait un tombeau, le visage presque à terre, dans une attitude qui annonçait qu'elle implorait avec humilité la miséricorde céleste.

A trois jours de là, les Américains entrèrent en triomphe dans la ville, à l'instant même où l'armée royale venait de l'évacuer. Les premiers d'entre eux qui allèrent visiter les tombeaux de leurs pères trouvèrent dans le cimetière le corps d'une vieille femme, qui semblait avoir succombé aux rigueurs de la saison. Elle avait ouvert la trappe, probablement pour aller rendre le dernier soupir près de son fils, mais la force lui avait probablement manqué à l'instant où elle voulait y descendre. Elle était étendue sur la terre gelée, et ses traits devenus calmes offraient encore des traces de la beauté qui l'avait distinguée et qui l'avait perdue dans sa jeunesse. La bourse était encore près d'elle, à l'endroit où Lionel l'avait jetée.

Les habitants de la ville qui rentraient dans leurs foyers s'éloignèrent de ce spectacle avec horreur, et se retirèrent pour aller voir les changements qui avaient eu lieu dans Boston pendant leur longue absence ; mais un homme attaché à l'armée royale, et que l'amour du pillage avait rangé parmi les traîneurs, passa par hasard dans le cimetière, aperçut la bourse, dont il ne manqua pas de s'emparer, et poussant le corps d'Abigaïl dans le caveau souterrain, il referma la trappe et en jeta la clé.

La plaque de cuivre s'est détachée de la muraille depuis bien des années, l'herbe a couvert la voûte sépulcrale, et il reste aujourd'hui à Boston bien peu de personnes qui puissent indiquer l'endroit qui servait de sépulture aux familles de Lincoln et de Lechmere.

Sir Lionel et Polwarth se rendirent ensemble sur le quai, où ils prirent une barque pour aller à bord de la frégate qui devait les transporter en Angleterre; c'était précisément celle sur laquelle servait le jeune midshipman dont il a été déjà parlé, et qui courait des bordées en les attendant. Ils trouvèrent sur le pont Agnès Danforth, qui y avait accompagné sa cousine quelque temps auparavant. Ses yeux étaient mouillés de larmes, mais la rougeur de ses joues annonçait la satisfaction qu'elle éprouvait en voyant le départ forcé des fiers insulaires qu'elle n'avait jamais aimés.

— Je ne suis restée que pour vous faire mes derniers adieux, cousin Lincoln, lui dit-elle en l'embrassant avec affection ; et maintenant je vais prendre congé de vous, sans vous répéter tous les souhaits que je ne cesserai de faire.

— Vous voulez donc nous quitter ? lui dit le jeune baronnet en souriant pour la première fois depuis plusieurs jours ; vous savez que je ne suis pas le seul à qui cette cruauté...

Il fut interrompu par Polwarth qui, avançant aussitôt, prit la main de miss Danforth, et lui répéta, au moins pour la cinquantième fois, le désir qu'il avait de l'unir pour toujours à la sienne. Agnès l'écouta en silence et avec un air de gravité qui n'empêcha pas un malin sourire de se montrer sur ses lèvres avant qu'il eût fini sa phrase. Elle le remercia de l'air le plus gracieux, mais avec un refus définitif et décidé. Le capitaine soutint ce choc en homme qui en avait déjà essuyé plus d'un semblable ; et il ne l'en aida pas moins avec beaucoup de politesse à descendre dans la barque qui l'avait amenée. Elle y fut reçue par un jeune homme vêtu en officier américain. Sir Lionel crut voir augmenter la rougeur de sa cousine, pendant que son jeune compagnon lui plaçait sur les épaules un manteau pour la préserver du froid. Au lieu de retourner dans la ville, cette barque, qui portait un pavillon parlementaire, se dirigea vers la rive occupée par les Américains. La semaine suivante vit le mariage d'Agnès avec ce jeune officier, et ils prirent possession de la maison de Tremont-Street et de tous les biens de Mrs Lechmere, que Cécile avait abandonnés à sa cousine avec l'agrément de son mari.

Le capitaine de la frégate informa par un signal l'amiral de la flotte de l'arrivée des passagers qu'il attendait, et en reçut l'ordre de partir pour sa destination. Au bout de quelques minutes le léger navire passa devant les hauteurs de Dorchester, vers lesquelles il lança quelques bordées pendant qu'on déployait toutes les voiles. Les Américains ne lui répondirent pas et ne cherchèrent à mettre aucun obstacle à sa course rapide vers la pleine mer. La frégate fit alors force de voiles vers l'Angleterre, où elle portait la nouvelle importante de l'évacuation de Boston [1].

La flotte ne tarda pas à lever l'ancre, et depuis ce temps cette

---

[1]. Boston fut évacué en mars 1776 par suite de la convention conclue entre le général Howe et Washington. Cette ville fut bientôt réparée et fortifiée aux dépens des *loyalistes* déclarés traîtres à la patrie, etc.

ville si longtemps opprimée n'a jamais vu une voile ennemie dans son port.

Pendant leur traversée, Lionel et son aimable compagne eurent le temps de réfléchir sur tout ce qui leur était arrivé. Dans la pleine confiance qui les unissait, ils s'entretinrent de ce dérangement d'esprit qui avait établi une liaison si étroite et si mystérieuse entre le père, dont la raison était égarée, et le fils, qui n'en avait jamais joui ; en remontant des effets aux causes, à l'aide du raisonnement, il leur fut aisé de dépouiller les événements que nous avons rapportés de tout ce qui s'y trouvait de douteux et d'obscur.

Le gardien du baronnet, qui avait été chargé de le poursuivre en Amérique, et qui avait été l'instrument, peut-être involontaire, de sa mort, puisqu'il l'avait frappé à l'instant où il voyait lui-même sa propre vie en danger, n'osa jamais retourner en Angleterre, et il resta en Amérique, confondu et perdu dans la foule.

Polwarth est mort tout récemment. Quoiqu'il eût une jambe de bois, il parvint, à l'aide de son ami, à monter presque jusqu'au dernier échelon des honneurs, et il eut avant de mourir la satisfaction de faire suivre sa signature des mots *général, baronnet* et *membre du parlement*. Lorsque l'Angleterre fut menacée d'une invasion par la France, la place maritime qu'il commandait fut remarquée comme étant la mieux approvisionnée de tout le royaume, et, si elle avait été attaquée, on ne doute pas qu'elle n'eût fait une résistance proportionnée à ses ressources. Dans le parlement, où il siégeait comme représentant un bourg dont sir Lionel Lincoln était propriétaire, il se distinguait par la patience avec laquelle il écoutait les discussions, et surtout par la promptitude qu'il mettait à émettre un vote affirmatif toutes les fois qu'il s'agissait d'accorder une somme pour fourniture de vivres. Jusqu'au jour de sa mort, il soutint vigoureusement la nécessité d'une nourriture succulente dans tous les cas de souffrances corporelles, et surtout, ajoutait-il avec une obstination remarquable, *dans celui de débilité occasionnée par des symptômes fébriles.*

Un an après leur arrivée à Londres, lord Cardonnel, oncle de Cécile, mourut, suivant de près son fils unique, qui l'avait précédé au tombeau. Cet événement inattendu rendit lady Lincoln propriétaire de biens considérables et d'une ancienne baronnie. Depuis cette époque jusqu'à l'explosion de la révolution française, sir Lionel Lincoln et son épouse vécurent dans la plus heureuse concorde, la douce influence de l'affection de Cécile modérant l'impétuosité naturelle de son mari. Cette mélancolie habituelle, héréditaire dans sa famille, disparut même au milieu de leur bonheur. Lorsqu'on craignit des attaques contre la constitution britannique, la justice des ministres cherchant à s'assurer l'appui des individus les plus distingués par leur opulence et leurs talents, sir Lionel fut appelé aux honneurs de la pairie; et avant la fin du dix-huitième siècle on fit revivre pour lui un titre de comte qui avait autrefois appartenu à la branche aînée de sa famille.

De tous les principaux acteurs de notre histoire aucun ne vit aujourd'hui. Les roses de Cécile et d'Agnès ont même cessé de fleurir, et ont été cueillies dans la paix et l'innocence par la mort qui les a réunies dans la nuit du tombeau à ceux qui les y avaient précédées. Les faits historiques que nous avons rapportés commencent à s'obscurcir dans le lointain du temps; et il est plus que probable que le pair d'Angleterre qui jouit maintenant des honneurs de la maison de Lincoln n'a jamais connu l'histoire de sa famille, tandis qu'elle habitait une province éloignée de l'empire britannique.

FIN DE LIONEL LINCOLN.